家国与世情

晚清历史的侧影

十年砍柴

著

中国出版集团　现代出版社

图书在版编目（CIP）数据

家国与世情：晚清历史的侧影/十年砍柴著．— 北京：现代出版社，2020.6（2021.1 重印）

ISBN 978-7-5143-8531-1

I . ①家… II . ①十… III . ①中国历史—清后期—通俗读物 IV . ① K252.09

中国版本图书馆 CIP 数据核字（2020）第 071558 号

家国与世情：晚清历史的侧影

作　　者：十年砍柴
责任编辑：谢　惠
出版发行：现代出版社
通信地址：北京市安定门外安华里 504 号
邮政编码：100011
电　　话：010-64267325　64245264（传真）
网　　址：www.1980xd.com
电子邮箱：xiandai@vip.sina.com
印　　刷：三河市宏盛印务有限公司

开　　本：710mm×1000mm　1/16
印　　张：24　　　　　　　　　字　　数：342 千
版　　次：2020 年 6 月第 1 版　　印　　次：2021 年 1 月第 3 次印刷
书　　号：ISBN 978-7-5143-8531-1
定　　价：59.80 元

雷颐序：十年砍柴的"贯通感"

　　说起李勇，没有几个人会知道；但相反，李勇又太有名，几乎全国人民都知道，每个人都知道甚至认识好些个李勇。这个名字，实在太普通太流行，有太多太多的李勇。不过，十年砍柴只有一个，且因《闲看水浒：字缝里的梁山规则与江湖世界》而"狠狠"地出名，但很少有人知道他的原名也是流行得不能再流行、普通得不能再普通的"李勇"。

　　快十年了，当初我读《闲看水浒：字缝里的梁山规则与江湖世界》，惊讶于作者从梁山泊中能读出那么深刻的"规则"与"世界"，而且这些和现实的"规则"与"世界"颇有内在关联。对"字缝"的解读如此老到，非有一定阅历不可。后来，我认识了十年砍柴，使我更为惊讶的是，原来他是位经历并不丰富复杂的"70后"。经历不丰富复杂而知人论世颇深，可见作者的才华与识见非同一般。

　　十年砍柴毕业于兰州大学中文系，但其对历史却深感兴趣和极力专注，《家国与世情：晚清历史的侧影》便是他读中国近代史的深刻感想和领悟。

　　说起中国近代史，我们马上会想起以曾国藩、左宗棠、李鸿章为代表的一干安邦治国的大臣。他们都不是武将出身，都是中年以文臣典兵，平定了世界历史上规模最大的一次农民起义——太平天国。如果仅仅是"平叛"，稳定了王朝政权，他们的功名不过如此。因为中国历史上文可安邦、武可戡乱的大臣，从汉朝的萧何开始直到清代的陶澍这代名臣，并不乏人。这些大臣治国平天下的"天下"，数千年不变，要解决的问题本质上是中国传统的农耕社会内部的问题，有过去的经验可循，以史为鉴"度数"甚高。但曾国藩、左宗棠、李鸿章等面临的情势却是"三千年未有之大变局"，是传统中国面对"现代"的挑战，是传统中国向现代化转型，这种时代背景完全超出了几千年传统中国士大夫的经验范围。

十年砍柴是在这个时代背景下来分析、评骘近代历史人物的。抓住了这个时代背景，对历史人物的分析述论就能入木三分。诚如他所说，曾国藩、李鸿章以及左宗棠、张之洞等人，是在帝国应对世界之大变局全面失败中总结教训，并一点点适应的。他们的"过人之处是尽管他们青少年时受的是传统的儒家教育，但他们不保守、不僵化，气度恢弘，心胸开阔，善于学习。在镇压太平军中，他们先从军事技术上向西方学习，办军械厂，从而开启了'洋务运动'的帷幕"，是"中国近代化最早的重要开拓者"。正是在与洋人打交道中，曾国藩、李鸿章逐渐了解并尊重当时通行的国际外交准则，痛苦、艰难地走向世界。

当时的世界是炮舰横行、列强欺凌的世界，"前现代"的中国不得不屈辱地一次次与已经"现代"的列强打仗、打交道。身处这样的世界、这样的时代，"曾国藩、李鸿章对朝廷和皇帝的尽忠，比起历代的忠臣更加沉重，更加难为。其中，最重要的一点是要把个人生前死后的毁誉置之度外，说白了就是要有给太后和皇帝背锅的觉悟"，但"曾国藩、李鸿章处在那样的时代和那样的位置，他们已经做到极致了。他们无法突破传统帝制的政治架构，无法突破必须听命于君主的天条，'大才赤忠难补天'，只能做老大帝国那座旧房子的裱糊匠修修补补，为清廷延续一些寿年而已"。这确是他们的悲剧。

曾国藩、左宗棠、李鸿章位极人臣，历史的灯光一直聚焦着他们，但还有一些曾起过重要作用的小人物，却长期不被重视。不过，十年砍柴却没有放过这些"重要"的小人物。比如连文冲，估计没有几个人知道，但庚子年间慈禧太后以光绪帝的名义下诏，向国内发布的"战争动员令"，事实上是向十一国的宣战诏书，就是这位军机处章京起草的。更重要的是，据说他还起草了那份使慈禧太后极为恼怒、促其最后做出开战决定的"归政照会"。慈禧太后有意废掉光绪帝，以端王载漪的儿子溥儁为大阿哥取而代之，但阻力不小。载漪担心夜长梦多，希望向列强开战达到尽快送子入承大位的目的，于是伪造了一份洋人要求慈禧太后把权力归还给光绪的"归政照会"，以刺激慈禧太后。清廷公开宣布开战后，大概是为了让假"照会"不要露馅，连文冲被外放为江西赣州府知府。1902年1月，与列强已经议和成功，慈禧和光绪回到北京后严惩了一干支持义和团、主张开战的大臣作为自己的替罪羊，并发布上谕："上年拳匪内讧酿成巨祸，皆由无知之王大臣，纵庇邪术，挟持朝廷，职为厉阶。其罪固无可逭，而当时愚妄之徒，逢迎附和，与该王大臣等此呼彼应，议论嚣张，淆混观听，实属贻害国家。虽情节轻重不同，要亦难逃洞鉴，自应一并惩创，以肃官常。"连文冲虽然远在江西赣州，但慈禧并没有忘记他，受到了"革职永不叙用"的惩处。——用十年砍柴的话来说，他"也是一把夜壶"。

除了"家国"，十年砍柴还关注"世情"。湘军悍将刘锦棠，家境贫寒，其父在湘军成立之初就参军谋生。不久，父亲战死岳州，母亲彭氏因生活所迫而改嫁，时年刘锦棠才十岁。在祖母的抚养下，长到十五岁的刘锦棠怀着为父亲报仇之志也参加了湘军。他作战勇猛且有智谋，一路升迁，特别是随左宗棠进军新疆后屡建奇功。左宗棠写信夸赞他，"未及三旬，连复四城，兵机神速，古近实罕其比。麾下威名震于海宇，自至收复西四城，俄、英诸族益知所惮"。1884年，清廷批准新疆正式建立行省，设甘肃新疆巡抚驻迪化，刘锦棠被任命为首任巡抚。1889年，刘锦棠八十五岁的老祖母中风倒地，躺在病榻上念着孙儿的名字。他上书引用李密的《陈情表》，诚恳地请求朝廷准假探亲，这一次朝廷终于批准了。刘锦棠衣锦还乡，自然在故乡引起极大的轰动，更是刘氏家族的骄傲，可他却不能去探望还健在的母亲。"因为根据湘中一带的礼法，'孝子不养下堂母'。'下堂'即改嫁，乡俗认为丈夫死后，妻子撇下儿女改嫁，是对丈夫的不忠，是对儿女的不负责任，所以儿女成人后哪怕再有出息，也不得供养改嫁的母亲。身为封疆大吏的大英雄儿子刘锦棠回故乡了，与刘锦棠故居隔一条小河的母亲不能过来看儿子，儿子碍于礼法也不能过去探望母亲，母子俩只能隔河相望。"这就是当时的"礼法""世情"。刘锦棠因作战勇猛而官居巡抚，却无勇气突破这种"礼法"、这种"世情"。如此，"传统"的赞扬者当会称颂他不因官高位重而破坏"礼法"，而"传统"的批判者则认为这恰是"礼法"严苛甚至"吃人"的体现。

不仅如此，细心的十年砍柴还从曾国藩一则短短的日记中窥探到"佃户的权利"。1839年初春，中了进士并选为翰林院庶吉士的曾国藩回到老家湖南湘乡循例休假，他认识的一位朱姓地主托他到县城里疏通官府，帮自己和彭姓佃户打一起租佃官司。朱某原来的田租给了一位彭姓佃户耕种，后来想换给姓易的新佃户耕种。朱某事先已经与彭某说好，并支付了三千钱（道光年间大约一两多银子）做补偿，而彭某也已同意签字画押。但当新佃户来耕种时，这位姓彭的旧佃户却又来阻止。一个佃户竟然敢和东家对抗，让东家不得不请出翰林曾老爷来打通官府，委实与我们从前的认知不一样，"这可能超出一般人的想象。受剥削受压迫的佃户怎么敢这样呢？地主怎么这样窝囊？"同是湖湘农家出身的十年砍柴马上想起小时候他爷爷给他讲的一件自己亲身经历之事，甚有趣味且甚有意味。恕我在此略作介绍：他爷爷年轻时租种了邻村王九老爷的几亩水田，每年交租足额而及时。在秋收的时候，地主一般会巡视其佃户种的田地——担心佃户偷藏稻谷。佃户对巡查的地主当然很是巴结，杀鸡杀鸭招待。可王九老爷到了他爷爷家，他爷爷全不当回事，吃饭时连个鸡蛋也没有，只端上了一碗咸菜和一碗米饭。无论王九老爷怎么暗示，他爷爷就不当回事。最后王九老爷发飙了，饭也不吃了，临走前扔下一句话："明年，这田你别种了。"意思是，强行退佃。他爷爷回敬一句："好吧，我看谁敢接着种。"果然，退佃以后，没有新佃户敢接手他爷爷耕种的田地。原因很简单，他爷爷并没有违背按照收获的一半交租给地主的约定（地租比例，各地和各个时期可能不一样。他记得祖父说过当时东家和佃户对收获的稻谷是对半分），仅仅是因为佃户招待不好东家，东家就退佃，违反习惯法，没人敢接盘。果然，开春时，眼看几亩好水田要荒芜的王九老爷又来找他爷爷，求他爷爷再耕种下去。从曾国藩日记到他爷爷的叙述，足以证明湘中佃户确实不是逆来顺受的。更重要的是，佃户可以主动退佃，不种东家的地，而东家不能无正当理由收回佃权。这种对佃户权利的保护，实质上是为了保障社会稳定。这种习惯法的"世情"，确实有约束力。

读史能随时想到"我爷爷"，这是一种贯通。这种贯通感，从《闲看水浒：字缝里的梁山规则与江湖世界》到《家国与世情：晚清历史的侧影》一以贯之。有此贯通，"70后"的十年砍柴方能读史论世如此成熟老到。

雷　颐

2020年1月己亥季冬于北京方庄

自序：中年读史，如饮浓茶

这是一本我无意中写出来的书。

在过去的十年里，父亲和母亲先后患重病，数次住院治疗，且在不到三年之内，相继谢世。父母在世，我从未意识到自己已不再年轻，因为心中尚有一份童真气；父母俱亡，我一下子就觉得自己不再是以前的我了，岁月如流、马齿徒长的中年心态日益浓烈。

因为父亲和母亲多年患病并接踵而逝，所以我在过去的十年内必须一次次返乡。得益于中国交通条件极大改善特别是北京到湖南的高铁开通，我的返乡较之以前变得更便捷。从2010年春天父亲患病住院，到2015年4月父亲去世，再到2018年1月母亲去世，这些年中我每年要回湖南六七次。从十八岁负笈北上，离乡三十年间，近些年和故乡的关系最为紧密，因此我便有意识地留意乡邦文献，关注湖湘近世人物，撰写一些解读湖湘人物和湖湘文化的文章。

在写这类文字时，我认识到，近世湖湘人才辈出、蔚为大观，必须放在整个中国社会数千年之大变局的历史背景下来考察。也就是说，仅囿于湖南一隅，是看不清庐山真面目的，只能感叹其事功之大、际遇之好或性格之坚韧、才华之突出。此类观感，直如乡下小孩看戏，喜欢其情节曲折、场面热闹和人物个性鲜明。

湖南从一处三面环山、北当大湖的闭塞、落后之地理单元，近世成为对整个中国乃至世界发生深刻影响的省份，举世瞩目的政治、军事、文化人物如井喷泉涌，于大寂静中应时而出。这当然有其时代之因缘，如俗话所言"时势造英雄"，他们搭上了历史的便车。人们所共知的这趟历史的便车是太平天国起事。洪、杨大军离开广西，向北逐鹿，湖南首当其冲。太平军入湘，给湖南士人带来了巨大的危机和机遇。咸丰二年（1852）太平军和清廷的长沙攻防战，就如敲响了大戏开场的锣鼓，一个个湘籍人物闻声而鱼贯上台。

但是，在同样的历史机遇面前，为什么有人脱颖而出，有人寂寂无名，有人半道折翼，除了才华、能力的差别以及说不清、道不明的运气因素外，我以为一个人能否将自己的人际关系转化为助力至关重要。一个人不可能凭空长大，也不可能平白无故成功，他是在自己所处的人际网络中一点点前行，寻求突破。"人的本质不是单个人所固有的抽象物，在其现实性上，它是一切社会关系的总和。"①马克思的这个著名论断，用在中国社会尤为精准。中国古代是以血缘、宗族为核心的家国同构社会，单个的人结成一个群体做事，很自然地以血缘、姻亲和地域为纽带。所以，我们能看到，在历史巨变中，左右历史进程的人物总是以某地为基础成集群地出现，如汉代的丰沛旧友，隋唐的关陇集团，明初的淮左老兄弟。读史或者看以历史故事为底色的小说或戏曲，重要人物的结识和订交总会被浓墨重彩地书写，如《三国演义》中的"桃园三结义"和"隆中对"，《水浒传》中的李逵初见宋江。这其实就是一个人在人生重要关头，其人际资源获得了提升和重组。

基于这样的认识，我在阅读晚清湖湘人物的史料时，喜欢以人际关系为切入点去观察、分析，进而从湖湘旁及其他地区的人物，挖掘和梳理他们的一辈子从家族到江湖，从本土到外地，对其影响最大的社会关系是什么。譬如曾国藩，影响其一生重要的人际关系，首先是他通过科考成为进士，并选为翰林庶吉士，进入清帝国最精英的社交圈子里——他的座师是道光朝政坛第一大佬穆彰阿，他在诗酒征逐中结识的都是大清官场的重量级人物或"潜

---

①[德]马克思：《关于费尔巴哈的提纲》，《马克思恩格斯选集》（第1卷），人民出版社，1995年，第60页。

力股"；而在与太平军交战处于焦灼期时他苦苦支撑中，其九弟曾国荃出山募兵，急兄弟之难，曾国荃的"吉字营"成为他后来最为倚仗的嫡系力量。再如李鸿章，他能考中进士、入翰林院是他人生极为重要的起点；而因为他父亲与曾国藩是会试同年，他得以拜曾国藩为师，为后来的功业埋下重要的伏笔；当他遭遇人生低谷、彷徨苦闷时，已经为曾国藩的湘军办理几年后勤的大哥李瀚章及时点拨，为其指明道路。

人总是活在人情世故之中，无论是帝王将相，还是升斗小民。只要是有血有肉的人，对别人总会有分别心，会分亲疏远近，会有好恶之感，因此我颇能理解太后和皇帝为什么习惯用佞臣，大官喜欢用同乡和门生，这是普遍的人性使然。

杰出的人物或者位高权重者，他们不仅仅活在世情之中，其行为对国家、对社会、对时代产生了较大的影响——不管是正向的还是反向的。他们的言行，与家国之祸福大有关系，他们中间的许多人，身上有着浓厚的家国情怀。谭嗣同、曾国藩、左宗棠、李鸿章、胡林翼、彭玉麟、刘坤一、刘锦棠、刘铭传这类人物自不必说，即使在高层政治角逐中因为私情而做出了颇受非议举动的大僚，如身为帝师的翁同龢，其基本底色是大清的忠臣，主观上希望国家强盛，摆脱内忧外患。包括一些触发"庚子之祸"的守旧派大臣，如徐桐、刚毅、赵舒翘、毓贤等人，他们的下场很惨，他们的认知和行为现在看来很可笑、可恨，而在当时他们何尝不自认是为了江山社稷那样做，内心充满着道义优越感。他们处在高位，昧于大势、颠顸糊涂的"家国情怀"反而害了家与国。

以"家国"和"世情"两个维度去品评晚清大变局中的人与事，我断断续续写了一些读后感，发在微信个人公众号（"文史砍柴"）上与朋友分享。我不是在写历史类专业文章，所以不关心自己那些想法有无学术价值；也不想迎合眼下自媒体读史"语不惊人死不休"的风潮，以此来吸引粉丝。我的这些写作，确切地说是一个中年文史爱好者的内心自我观照。人年少时多喜欢读诗歌和小说，因为诗是情感最直观的表达方式，小说的情节曲折生动，而读史是需要有一定人生阅历的。同样的一位历史人物和一个历史事件，少年时和中年时去看，感受是很不一样的。年少时爱憎分明，喜欢对历史人物进行简单的褒贬。到中年后，有着较为丰富的人生经历，见过许多事，结识过形形色色的人，对历史人物和事件方才有一份从容与冷静的态度，才能理解一个历史人物所处时代的种种复杂性，如品一杯茶，几道冲泡，其浓淡与悠远，需要细细品味。

如品茶一样去读历史，我自己似乎回到了历史人物所处的时代。我常反躬自问，如果我是他，我会怎么做？我和某公，若在一百多年前相遇，我们怎么交谈？有可能结交为朋友吗？对某一件事，若换作我，能处理得更好吗？左宗棠所言"读破千卷，神交古人"的人生状态，虽不能至，心向往之。对于那些历史人物，若放到当下，我当然会有情感层面的直接判断，可敬、可爱、可怕或可怜。我喜欢可敬又可爱的人物，这样的人能在家国与世情两端达到平衡。若无对世情的体察和尊重，一味强调家国情怀、社会责任那样的大词，则面目可憎，不近人情；若一味地屈从世情，圆融处事，将家国情怀与社会责任当作不合时宜的累赘，则不可能从流俗中卓然崛起，即使其社会地位再高，其人格也是猥琐的，不值得尊重。

这些文章在我的公众号上引起不少朋友的肯定与赞扬，他们鼓励我继续写下去，也在留言中常不留情面地指出文中的错讹处，或就一些观点与我辩论。感谢这些绝大多数未曾谋面的朋友，在与他们的互动中，我获益良多，也有了继续阅读和写作的动力。因文章是在不同的时间有感而作，其篇幅长短不一，我也没想过要结集出版。谢惠是一位勤奋而专业的编辑和出版人，她和我曾同事几年。她读了这些文章后，建议整理出版，让更多的人看到。承蒙其不弃，我想愚者千虑，或有一得，也许我的孔见能博得读者茶余饭后一哂，便答应下来。这本书的选题、编排、整理，谢惠费心力颇多。同时，特别感谢雷颐先生拨冗为本书作序。雷先生是湖湘籍前辈学人，其对中国近代史研究之成就，海内公认。我定居北京后，有幸识荆，时常向雷先生请教，他有问必答，言无不尽。雷先生在大序中夸我解读历史有"贯通感",实在是过奖了,我就当作前辈学人对后辈的勉励吧,且愧且受之。

今年是农历庚子岁,新春伊始,新冠病毒大疫荼毒全球,我禁足于北京一个小区内整理书稿,看窗外的树木由枯枝变枝叶嫩绿,进而深绿,院内的各种花儿也循时序吐蕾、绽放,再凋谢。心有所感,口占一绝,权当描写中年读史的心境吧:

早岁读诗如饮酒,中年阅史似喫茶。

倚窗忽见三春尽,空负满庭桃李花。

十年砍柴

2020年4月庚子季春于北京定福家园

目　录

第二编　管理与统治的迷局

第三编　世情与人情的秘密

第四编　末世不济运偏消

第五编　走不出的历史困局

第一编　晚清名臣的家国情怀

大才赤忠难补天：曾国藩、李鸿章的共同悲剧

清朝咸同年间太平天国和湘淮军之间的战争，总体而言，这是一场民族的悲剧，是中国历史上最大的内战之一，有上千万人为之丧生。战死的双方士兵，几乎都是普通百姓的儿子，还有更多无辜平民死在战火之中。主战场在长江中下游当时中国经济最为发达的地区，经济、文化因之受到了巨大的破坏。

对双方重要人物和这场战争原因做评价，我以为不能简单的褒贬，更不能因自己的政治立场而做意识形态色彩过于浓烈的判断。陈寅恪所言"同情之理解"和钱穆所言"温情的敬意"，或许应是我们看待这场大事件中的历史人物合适的态度。

首先要肯定太平天国起义的正当性。在统治阶层腐化堕落，中华大地民不聊生的情形下，老百姓揭竿而起就是"造反有理"。孟子说："君之视臣如土芥，则臣视君如寇仇。"① 对广大百姓来说，更是如此。至于后来太平天国高层腐化，出现了残酷的内讧，那是另一个问题。

在当时的历史条件下，洪秀全、杨秀清以"拜上帝教"作为整合、动员的工具，亦可以理解。中国古代农民起义，往往以神秘宗教来动员，如"五斗米道""天师道""明教""白莲教"，等等。在鸦片战争之后，中国几大沿海城市被迫开放门户，基督教大肆侵入，这个时代的底层知识分子洪秀全取外来宗教之鳞爪和中国底层社会的神巫传统结合，改造出一个意识形态和组织机制合一的动员武器，岂非正常之事？

从另一方来说，湘、淮军的领导人曾国藩、胡林翼、左宗棠、李鸿章，

---

① 《孟子·离娄下》。

他们都是受儒家文化教育长大的士人精英，而曾、胡、李三人还是翰林出身。他们忠于清廷，挺身而出保卫名教，亦是尽他们的本分而已。在曾国藩出生时，清朝统治中国已近二百年，大清皇帝已经续接了中国帝制时代的道统，所以曾、左、李他们已经没有必须反抗异族统治的历史包袱了。如果他们忠于大清王朝是民族败类的话，那么此前所有出仕为官的汉族士人是不是都要被否定？那后来梁启超等人建构的"中华民族"概念又何以立足？

因此，曾、左、李他们忠于清朝、保卫道统也具有正当性。

因缘际会，李鸿章独领一军去支援上海，从此一飞冲天。淮军因此而起，李鸿章的功业甚至超过了老师曾国藩。

对曾国藩的提携，李鸿章可以说做到了投桃报李。虽然羽翼丰满的李鸿章和曾国藩在一些重大问题上有分歧，但李鸿章能在事理层面上向老师作解释和说服，在姿态上对老师维持着尊重。在关系到曾氏兄弟核心利益的大事上，李鸿章很知趣。譬如，在曾国荃围困金陵城数年却迟迟不能攻克时，李鸿章的淮军已经收复了金陵东面的苏州、常州，清廷命令李鸿章率军西进和曾国荃的湘军吉字营合攻金陵。但李鸿章知道金陵是曾老九的禁脔，如果他来合攻是公然抢功，会成为曾氏兄弟的仇敌，于是便想各种托辞向朝廷敷衍，终于成就了曾九帅的军队独自攻陷天京（今南京）城的首功。金陵攻占后，曾氏兄弟分别获得侯、伯爵位。为此，曾国藩对李鸿章说："愚兄弟薄面，赖子保全。"①

对比另一个出自曾国藩幕府的封疆大吏沈葆桢，李鸿章对曾国藩可谓十分仁义了。沈葆桢是林则徐的女婿，办事能力很强，经曾国藩大力保举，一路平步青云。后来，沈葆桢做到了江西省巡抚，于是"屁股决定脑袋"，马上和管辖江西的两江总督曾国藩闹翻，原因是扣留江西应解给湘军的银两，而且绕过曾国藩直接疏通户部。由此，湘军上下说如果朝廷开"绝无良心科"

---

① [清] 刘体仁：《异辞录·卷一》，山西古籍出版社，1996年，第40页。

的考试，沈葆桢肯定是状元。

在清代近三百年的统治中，曾国藩、李鸿章师生两人无论是才能还是对清廷的忠诚，应该算得上十分突出的。然而在那样的体制中，大才赤忠难补天，这又是曾、李师生二人的共同悲剧。

曾国藩和李鸿章是中国传统文化培养出来的精英，他们的事功放在中国秦以后的历史长轴中衡量，亦做到了人臣的顶峰，能与郭子仪、李光弼、王阳明等人相埒甚至过之。曾国藩是中国帝制时代最后一个实现"立德、立功、立言"三不朽的人物。曾、李二公早年中进士，入翰苑，达到了科举时代读书人的最高等级；中年以文臣典兵，平定了规模最大的一次农民起义，而对清廷来说，此二人领导的湘、淮军延长了五十多年的国祚。

与古代中国那些"文可安邦，武可戡乱"的大臣相比，曾国藩、李鸿章面临的情势很不一样。此前的历朝大臣，从汉朝的萧何开始，到清道光年间陶澍这代名臣，所要解决的问题是中国传统的农耕社会的问题，是帝国内部的问题，可以史为鉴，有经验可循。但到了鸦片战争时，时势大变，英国、法国等西方国家完成了"工业革命"，从政治、经济到文化都完成了近现代化的转型，国力大增，进而雄心勃勃向外扩张，用坚船利炮敲开了东方帝国的大门。面对如李鸿章所言的"数千年未有之大变局"①，超出了传统中国士大夫的经验范围，无论是尊为民族英雄的林则徐，还是曾国藩的座师穆彰阿，应对都是失败的。

曾国藩、李鸿章以及左宗棠、张之洞等人，是在帝国应对世界之大变全面失败中总结教训，一点点适应的。曾、李师生二人的过人之处是，尽管他们青少年时受的是传统的儒家教育，但他们不保守、不僵化，气度恢弘，心胸开阔，善于学习。在镇压太平军中，他们先从军事技术上向西方学习开办

---

① 《李鸿章全集·奏议六》，"同治十三年十一月初二日"条，《筹议海防折》，安徽教育出版社，2008年，第159页。

军械厂，从而开启了"洋务运动"的帷幕。李鸿章比他的老师曾国藩更进一步，淮军很早就开始学习西方军队的操练和管理模式。

在与洋人打交道中，曾国藩、李鸿章逐渐了解并尊重当时通行的国际外交准则。曾国藩生前所办的最后一件大事，是批准容闳关于选拔幼童去美国学习的建议。可以说，从产业、外交到科技教育，曾、李师生二人是中国近代化最早的重要开拓者。

历史上能臣不少，但做到赤忠的能臣并不多。曾国藩、李鸿章二人对他们服务的朝廷和皇帝，真是"鞠躬尽瘁，死而后已"。当然，在曾、李所处的时代，爱国和忠君是不可分的，尽管"行道"与"忠君"有矛盾，但为江山社稷、为天下黎民尽己所能，必须以"忠君"为前提。

在列强欺凌的时代，曾国藩、李鸿章对朝廷和皇帝的尽忠，比起历代的忠臣更加沉重，更加难为。其中最重要的一点是要把个人生前、死后的毁誉置之度外，说白了就是要有给太后和皇帝"背锅"的觉悟。

曾国藩受命去处理天津教案时，正当其声誉如日中天，德行、事功天下士民景仰。从保定赶赴天津之前，他就知道这个差事太难了，既不能不负责任地硬怼法国引起战争；又不能把仇外的爱国士民的怒火引向太后和皇帝，他能做的只能是牺牲自己的名节。同治九年（1870）六月，曾国藩刚到天津着手处理教案，他在六月十六日的日记中写道："本日办一咨文，力辩外国无挖眼、剖心之事。语太偏徇，同人多不谓然，将来必为清议所讥。"①可见，他对办理教案将影响自己的清誉已经料到了。

曾纪泽《使西日记》记载了他被任命为驻英国、法国钦差大臣后拜别慈禧太后时两人的对话，其向太后讲到当年其父受命处理天津教案如何忍辱负重，替国家保全大局。兹节选如下：

慈禧太后：这些人明白这理的少。你替国家办这等事，将来这些人必有骂你的时候，你却要任劳任怨。

---

① 《曾国藩全集·日记四》，"同治九年六月十六日"条，岳麓书社，2011 年，第 330 页。

曾纪泽：臣从前读书到"事君能致其身"一语，以为人臣忠则尽命，是到了极处。观近来时势，见得中外交涉事件，有时须看得性命尚在第二层，竟须拼得将声名看得不要紧，方能替国家保全大局。即如前天津一案，臣的父亲先臣曾国藩，在保定动身，正在卧病之时，即写了遗嘱分付家里人，安排将性命不要了。及至到了天津，又见事务重大，非一死所能了事，于是委曲求全，以保和局。其时京城士大夫骂者颇多，臣父亲引咎自责，寄朋友的信常写"外惭清议，内疚神明"八字，正是拼却声名以顾大局。其实当时事势，舍曾国藩之所办，更无办法。①

作为手握重兵的汉族大臣，曾国藩尽心尽力为清廷做事，但他依然要受到皇帝及太后的猜疑和其他大臣的暗算、掣肘。可见，在大清官场那个酱缸里，要做一件事是何等的艰难。曾国藩晚年的幕僚赵烈文在日记中感叹："师历年辛苦，与贼斗者不过十之三四，与世俗文法斗者不啻十之五六。"②也就是说，曾国藩大部分精力不是用来与造反的太平军、捻军斗争，而是与体制内各种错综复杂的力量斗争。对此，曾国藩有过愤怒，有过想撂挑子的想法，但最终都能坦然承受，以"好汉打落牙齿和血吞"的态度待之。曾国藩曾经写过一副对联自警："养活一团春意思，撑起两根穷骨头。"③对此，他在日记中解释道："余谓当竖起骨头，竭力撑持。"④意即不管身处何种境地，都要如同春天一样保持生机盎然，努力向上；无论遭遇怎样的磨难，都要坚守自己的骨气。

尽管李鸿章处理事情比曾国藩更加圆通，但大体上说他对朝廷忠心耿耿，不计毁誉做事是延续师门一脉的。与前述曾国藩那副对联对应的是，李鸿章

---

① [清] 曾纪泽：《使西日记》，"光绪四年七月二十八日"条，《出国前东西两大后召见》，湖南人民出版社，1981年，第5—6页。

② [清] 赵烈文：《能静居日记》（第二册），"同治六年六月二十三日"条，岳麓书社，2013年，第1072页。

③《曾国藩全集·诗文·联语》，岳麓书社，2011年，第132页。此联作于咸丰九年十月十四日夜。

④《曾国藩全集·日记二》，"咸丰九年十月十四日"条，岳麓书社，2011年，第477页。

也写过一副对联自勉："受尽天下百官气，养就胸中一段春。"①李鸿章显然是得了老师曾国藩的心法，只是牢骚表达得尤为明显，不如曾国藩那样含蓄。

经过天津教案的折磨，曾国藩身体和精神上都受到了极大的打击：骂名满天下，旧疾常常复发，不时头晕、失眠，一只眼睛失明。他拖着病体强打精神做事，很快油尽灯枯，于同治十一年（1872）二月初四午后在两江总督衙署突发疾病而逝。曾国藩去世这天早晨，他起床后写了一段日记，这是他留在世上最后的文字：

> 晨起，书："既不能振作精神，稍尽当为之职分，又不能溘先朝露，同归于尽，苟活人间，惭悚何极。"②

这段文字流露出曾国藩有些许的厌世情绪，死对他来说是个解脱，千钧重担终于卸肩交给了弟子李鸿章。李鸿章面临的局势比曾国藩更为险恶和复杂，他活了七十九岁，寿则多辱，所受到的非议和背的黑锅也远比老师多、比老师重。

李鸿章一生背的最大的黑锅是对日"甲午战争"战败，代表清廷与日本签订了丧权辱国的《马关条约》。甲午战败，作为淮军和北洋水师的实际统帅，李鸿章当然要负责任，但我以为不应负主要责任。当时的清朝还是"前现代"国家，政府和军队的组织形式、动员能力以及具体战略战术、武器装备，无法和经过明治维新而实现近代化的日本相比，所以此战必败。李鸿章的畏葸避战，尽量以外交方式斡旋、拖延，是当时不得已的法子，也是最为现实的应对方式。可在志大才疏、血气方刚的光绪帝和他那位善于弄巧、对湘淮军成见很深的老师翁同龢，以及不知道中日战争能力差距、善于打口炮的"清流派"官员强力推动下，李鸿章只能硬着头皮打下去。

---

① 小横香室主人：《清朝野史大观》（第二册），浊尘点校，中央编译出版社，2009年，第789页。

②《曾国藩全集·日记四》，"同治十一年二月初四日"条，岳麓书社，2011年，第533页。

战败后，李鸿章带着儿子李经方去马关签约，忍受人生最大的侮辱，差点被日本刺客杀死。在当时的情形下，李鸿章讨价还价，尽最大能力在赔款、割地诸方面使清廷避免更大的损失，后来还运作三国干涉日本归还了辽东半岛。可这样换来的是"李二先生是汉奸"的天下诟詈，而促成浪战的"清流派"大臣倒是被人称颂为不畏强敌的爱国者。

背着甲午战败的黑锅，千夫所指的李鸿章不得不以"谢罪"的姿态，卸掉直隶总督、北洋大臣的重要职位，去广州做两广总督。此后，慈禧太后和光绪帝"双核心"的清廷不断作死，一个昏招接着一个昏招：先是"戊戌变法"失败，太后、皇帝母子彻底闹翻；然后是太后重用义和团来"扶清灭洋"，引发八国联军攻占北京，两宫仓皇西狩。这时候，他们又把大清第一"背锅侠"李中堂请出来了。已是衰朽老人的李鸿章北上京师，呕心沥血和列强谈判，从列强要求的十亿两白银赔款减少到了四亿五千万两白银赔款，总算保住了太后的面子和避免大清被瓜分。李鸿章代表清廷在《辛丑条约》上签字后，身体和精神彻底垮了，不久后在屈辱中去世。

据李鸿章的得力助手周馥回忆，他得到李鸿章病危的电报后，急忙从保定赶往京师贤良寺李鸿章的病榻前，当时李已身着殓衣，呼之能应，嘴巴却不能说话。周馥在其耳边哭道："老夫子，有何心思放不下，不忍去耶？公所经手未了事，我辈可以办了，请放心去罢！"[1]周馥以手抹其目，且抹且呼。听了这话，李鸿章流出两行清泪，闭上了双眼。周馥后来写诗《感怀生平师友三十五律》挽悼这位对自己有知遇之恩的乡前辈李鸿章：

> 吐握余风久不传，穷途何意得公怜。
>
> 偏裨骥尾三千士，风雨龙门四十年。
>
> 报国恨无前箸效，临终犹忆泪珠悬。

---

[1] [清]周馥：《周悫慎公全集·年谱》，"光绪二十七年九月二十六日"条，民国十一年（1922）秋浦周氏石印本。

山阳痛后侯芭老，翘首中兴望后贤。①

　　同为曾国藩门生的大学者俞樾，写给李鸿章的挽联上联曰"一个臣系天下重轻，使当年长镇日畿，定可潜消庚子变"②。这当然只是俞曲园先生一厢情愿，认为如果继续让李鸿章留在京畿当直隶总督，就不会发生庚子事变。老太后发起疯来，连她信任的满族大臣荣禄都挡不住，何况李中堂？李鸿章幸亏去了广州，既避免了留在京畿遭受不测，也有机会和刘坤一、张之洞联手促成"东南互保"，为国家保住了南方的安宁。

　　李鸿章死后多年，流传出一首据称是其签订《辛丑条约》后所写的"绝命诗"，诗云：

　　　　劳劳车马未离鞍，临事方知一死难。
　　　　三百年来伤国步，八千里外吊民残。
　　　　秋风宝剑孤臣泪，落日旌旗大将坛。
　　　　海外尘氛犹未息，诸君莫作等闲看。

　　据史家考证，这首诗应该是当时的士人伪托李鸿章所作。诗的内容和口气很是切合李鸿章的身份，而且刻意呼应李鸿章早年进京参加乡试所作的诗——"一万年来谁著史，八千里外欲封侯"。根据这首"绝命诗"的内容推测，模拟地更近似于《马关条约》签订后李鸿章的心态。不过，虽系伪作，但我认为不妨视为李鸿章真实的情感。"临事方知一死难"，与曾纪泽所言"有时须看得性命尚在第二层，竟须拼得将声名看得不要紧，方能替国家保全大局"，是一样的意思。一死倒是干脆，可是对大臣来说，有时候轻易地死也是不负责任，但更艰难的是苟活下来替君主受过并收拾残局。

　　①[清]周馥：《周悫慎公全集·玉山诗集·卷四》，民国十一年（1922）秋浦周氏石印本。
　　②[清]俞樾：《春在堂全书·春在堂楹联录存·卷五》，江苏凤凰出版社，影印本，2010年。

一代人只能做一代人的事，曾国藩、李鸿章处在那样的时代和那样的位置，他们已经做到极致了。他们无法突破传统帝制的政治架构，无法突破必须听命于君主的天条，"大才赤忠难补天"，只能做老大帝国那座旧房子的裱糊匠修修补补，为清廷延续一些寿年而已。这是师生二人共同的悲剧，这样的悲剧更能使后人动容。

虽然如此，但曾、李二公留下的政治遗产对历史的走向起到了正向效应。洋务运动给"东南互保"打下了基础，也催生了立宪派。

李鸿章为何成为"门生长"？

李鸿章并没有协助曾国藩参与湘军早期的操练、作战，他直到咸丰八年（1858）十二月十一日，才进曾国藩在建昌的湘军大营谒见老师并留下来当幕僚，其入曾氏之幕的资历远不如其大哥李瀚章。李瀚章在咸丰三年（1853）时就在长沙协助老师曾国藩募勇练兵。李鸿章之所以能后来居上，成为"门生长"，可从三方面探求原委：1.人生机缘；2.个人能力；3.历史机遇。

曾国藩喜欢安徽人

在人生机缘这个方面，我以为有曾国藩对安徽人的亲近感因素，也有李鸿章一家与曾国藩交往的因素。

人是很复杂的，故乡之外，对某一个地方的好感和偏见，除了受并没有统计数据支持的社会流行观点（如某地人讲义气，某地人鸡贼，等等）影响外，对某一地区的人是否有亲近感，与个人青年时期的经历大有关系。

曾国藩一生"文宗姬传，书尊完白"。姬传先生乃清代大古文家姚鼐，安徽桐城人，他开创了流行两百年的文派——"桐城派"。完白先生即邓石如，安徽怀宁人，清代大篆刻家、大书法家。

曾国藩是"桐城派"的传人，"桐城派"的支系"湘乡派"的代表人物就是曾文正公。他一生推崇姚鼐的文章，姚鼐主编的《古文辞类纂》一直是他的案头书。他对姚鼐的崇拜达到什么程度呢？例如，同治三年（1864）十二月，他在日记中记载："梦见姚姬传先生颀长清癯，而生趣盎然。"[1]当

---

[1]《曾国藩全集·日记三》，"同治三年十二月十七日"条，岳麓书社，2011年，第121页。

时，曾国藩已攻占了金陵城，封为一等侯，任大学士、两江总督，但在他心目中姚鼐是他永远的文化偶像，所谓"日有所思夜有所梦"也。

对邓石如的书法，曾国藩非常推崇。咸丰十一年（1861）湘军攻占安庆城后，曾国藩将两江总督衙门设在此处。驻节安庆，有地利之便，他到处搜罗邓石如先生的书法拓片，一有时间就拿出来欣赏、学习。邓石如的儿子邓传密、孙子邓解都成为曾国藩大营的幕僚，参与机务。邓解英年早逝，曾国藩深感痛心。邓传密将邓解的遗孤邓绳侯托付给曾国藩，曾国藩和湘军其他大佬以及后继的淮军领导李鸿章对邓石如这唯一的男性直系后人都照顾有加，从而保住了怀宁邓氏文脉。邓绳侯后来做过芜湖安徽公学监督；宣统时，任安徽优级师范学堂教务长；武昌起义后，出任省维持统一机关处议长，并奔走于南京、上海，完成了全省统一局面，后任教育司司长。邓绳侯的孙子中，有一位伟大的科学家邓稼先。

曾国藩早年中进士、入翰林后，在京师最尊重、过往最密切的朋友吴廷栋（字彦甫，号竹如）是安徽霍山人。吴廷栋生于1793年，大曾国藩十八岁，拔贡出身。吴廷栋在刑部做小官时，和刚入仕途的曾国藩一见如故，成为终身好友。对曾国藩而言，吴廷栋一直是老大哥、畏友、诤友的角色。

曾国藩与吴廷栋的结交，缘由是吴精通医术。道光二十年（1840）五月，曾国藩庶吉士散馆，列二等十九名，授翰林院检讨。是年七月，曾国藩患重病，非常凶险，经其湖南同乡好友欧阳兆熊和吴廷栋治疗、护理，两月始愈。可见，吴廷栋是曾国藩的救命恩人，没有他的救治，曾哪有后来的功业。

在曾国藩官京师时的日记中，多数有向吴廷栋请教的记载。道光二十二年（1842）九月，曾国藩在给四位胞弟的家书中说："吴竹如近日往来极密，来则作竟日之谈，所言皆身心国家大道理。"[1]在同年十月的家信中，曾国藩又向几位弟弟说起吴廷栋："吾友吴竹如格物工夫颇深，一事一

---

[1]《曾国藩全集·家书一》，"道光二十二年九月十八日"条，岳麓书社，2011年，第30页。

物，皆求其理。"①

吴廷栋后官至山东布政使、刑部右侍郎。同治五年（1866），吴廷栋以衰病乞请退休，朝廷许可。但吴廷栋并没有回到老家霍山养老，而是寓居金陵（今南京）度过余生，这大概和他的好友曾国藩在金陵城做两江总督有关。

吴廷栋晚年寓居金陵的岁月里，只要曾国藩没有出城，他俩几乎每天都见面，相互串门、聊天，宛若一家人。曾国藩的家人患病，首先想到的是请吴廷栋前来号脉诊治，或请他推荐当地的名医。

曾国藩殁于同治十一年（1872），次年即同治十二年（1873）八十一岁高寿的吴廷栋也辞世了。两人从青壮年订交，相伴到白头，并先后而逝。这样能善始善终的友谊是不多见的。

年家子的优势

李鸿章能够得到曾国藩的提携，第一个原因是他投胎投得好，生在一个官宦人家。他的父亲李文安不仅仅是位进士出身的官员，更关键的是和曾国藩会试同年。

李文安（1801—1855），字式和，号玉川，又号玉泉，别号愚荃。如果说曾国藩少年时并不显露聪颖，那么李文安更是如此。李文安到八岁才读书，到了十三岁才读完"四书"和《毛诗》。——一些聪明的读书种子这个年龄已经进学成为秀才了。

道光十八年（1838），三十八岁的李文安会试登第，殿试名列三甲，和曾国藩同榜。李文安整整大曾国藩十岁，算是不折不扣的大器晚成了。殿试后，李文安的运气不如曾国藩，被分发到刑部做一名主事，而曾国藩则小概率地以"三甲"被选为翰林院庶吉士，进入朝廷"重点中青年官员培训中心"。果然，曾国藩仕途比年兄李文安顺得多，在三十八岁那年晋升为二品侍郎。

---

①《曾国藩全集·家书一》，"道光二十二年十月二十六日"条，岳麓书社，2011年，第35页。

李文安进入刑部后，不得不按部就班地办案子、熬资历，远不如翰林院的官员风光与轻松。李文安先后督理提牢厅兼行秋审处，做过四川司主事、云南司员外郎，督捕司郎中，记名御史。李文安到死也就是一个知府级别的官员，大约相当于现在的司局长。

李文安为官清廉正直，方刚厚重。刑部是清代朝廷六部中专业性最强的衙门，提牢厅是管理刑部直属监狱的（也关押未判决的嫌疑犯）。那时候的监狱没什么"人权"可言，人犯在里面的生存条件非常差——看过方苞的《狱中杂记》便可知——非正常死亡者很多。秋审处是刑部专门进行死刑复核的办事机构，如果能在各省上报的死刑犯案卷中发现冤情或认为量刑过重者，可以改判，刀下留人。据《合肥李氏宗谱》记载：

> 文安居官忠厚正直，以孝友为政，明治狱，尽心职事，政声卓著。在管理提牢厅时，束吏安囚，严禁狱卒虐囚，时例各囚每饭一勺，文安散饭务必满勺，生熟亲尝之。捐米煮粥，以济晚间后到之囚。狱中易发疾病，文安制药备之。夏则赠蒲扇，秋冬各司捐散棉衣，又在各所添置棉被，以备病囚发汗养病。狱无瘐死者。总办秋审，亦多所平反，人无冤抑，世称长者。

俗话说"公门之中好修行"，尤其是在操纵人犯生死的刑部，更是如此。李文安善待犯人，复核死刑审慎。后来，李文安的六个儿子个个是人中龙凤，官场便说是李文安为官时积的阴德所致。

李鸿章生于1823年，比曾国藩小十二岁，即整整一轮。道光二十年（1840），中秀才。道光二十三年（1843），他被选为庐州府的优贡生（各府州县的优秀生员选出来贡献于京师的国子监）。入了国子监的生员，可以到北京参加顺天府的乡试，因此李鸿章在道光二十三年赴京参加第二年的乡试，避开了在家乡去金陵参加竞争最为惨烈的江南乡试。——这个路径是否有其父亲的安排，存疑。

李鸿章在入京赶考路上写就了《入都》这首诗：

丈夫只手把吴钩，意气高于百尺楼。

一万年来谁著史，三千里外欲封侯。

定将捷足随途骥，那有闲情逐野鸥。

笑指芦沟桥畔月，几人从此到瀛洲。①

自信满满的他，以为蟾宫折桂，指日可待。第二年的乡试他很顺利地中举，但接下来一年即道光二十五年（1845）的恩科会试，李鸿章落第。不过，这算不得什么挫折，乡试、会试连捷的士子是很少的。

李鸿章拜曾国藩为师，应该是在他第一次会试落第以后。李文安请自己的同年曾国藩给李鸿章做辅导老师。——翰林出身的官员比整天忙于事务性工作的六部官员更懂得科考的套路和为文的窍门。据《曾国藩年谱》记载："（道光二十五年九月）合肥李公鸿章，本年家子也，中甲辰科举人，是年入都会试，受业公门。公大器重之。"②

由于曾国藩道光二十五年（1845）二月至咸丰元年（1851）七月间的日记业已散佚，无从知道当时曾国藩对李鸿章的评价。但可以知道，曾国藩不愧是文章高手，又是翰林院侍讲学士，对李鸿章的辅导效果很好。道光二十七年（1847），李鸿章会试及第，殿试列二甲第十三名，科考成绩超过父亲李文安和老师曾国藩，朝考后改翰林院庶吉士。同时，李鸿章继续跟随曾国藩学习。道光三十年（1850）翰林院散馆，授翰林院编修，充武英殿编修。

跟着曾国藩学习的，大约不仅仅是李鸿章，还应该有他的大哥李瀚章。比起李鸿章，早期李瀚章受曾国藩的恩惠更重。

李瀚章才气不如弟弟李鸿章，气质禀赋、办事风格更接近父亲李文安。他在道光二十九年（1849）以拔贡（贡生的一种）参加朝考——大约相当于公务员扩招考试，贡生通过朝考为官者，和进士、举人一样，算正途出身。

---

① 《李鸿章全集·诗文》，安徽教育出版社，2008 年，第 69 页。

② [清] 黎庶昌等撰：《曾国藩年谱（附事略 荣哀录）·卷一》，岳麓书社，2017 年，第 7 页。

这次朝考的主考官是礼部侍郎曾国藩，李瀚章朝考通过，并分发到湖南做官。按照科举的规矩，曾国藩是李瀚章的座师。

咸丰元年（1851），李瀚章署永定县（今张家界市区）知县。咸丰二年（1852），调任署益阳县（今益阳市）知县，照当时规章要进省城汇报，但正好碰上太平军进犯长沙，湖南巡抚骆秉章命其驻守南门天心阁。李瀚章力战保全天心阁，长沙解围，奖六品衔。咸丰三年（1853），再署长沙县首县之一的善化县知县。

李瀚章参加了咸丰二年的"长沙保卫战"并立下战功，这个资历非常重要。在李瀚章署善化县知县时，他的老师曾国藩恰好因丁忧回籍，奉圣旨任团练大臣，到长沙操练团勇，湘军由此而起。作为门生，李瀚章成为曾国藩练兵最重要的助手。——这就是缘分。

曾国藩带湘军出省作战后，即奏调李瀚章至江西南昌综理粮秣（粮草）。咸丰四年（1854），李瀚章因功任补湖南直隶州知州。咸丰五年（1855），李瀚章总理湘军后路粮草——相当于任湘军后方基地的"后勤部长"。湘军攻克义宁州，保知府，赏戴花翎。咸丰七年（1857），曾国藩奔父丧回籍，李瀚章因父亲李文安去世也回合肥守制。次年，曾国藩奉旨复出督师，仍召李瀚章回南昌总核粮台报销。

当时，安徽是清军和太平军交战的主战场，州县残破，皖省两大名城安庆、庐州相继失陷。李瀚章带着母亲、弟辈移家于南昌，逃出战火连绵的家乡。

在李瀚章辅佐曾国藩那几年，李鸿章很不顺。咸丰三年，李鸿章怂恿安徽旌德籍的工部左侍郎吕贤基上奏，并代为捉刀写奏章，表示要为国分忧。吕大人太相信这位同乡才俊的文才了，奏章看也不看就递上去了。咸丰帝看完后对吕的忠诚大为感动，诏谕工部左侍郎吕贤基前往安徽，任安徽团练大臣，办理团练防剿事宜。吕贤基大惊失色，知道被李鸿章代写的奏折坑了，对李说："君祸我，上命我往；我亦祸君，奏调偕行。"[1]于是，李鸿章随同侍

---

[1] [清] 刘体仁：《异辞录·卷一》，山西古籍出版社，1996年，第7页。

郎吕贤基回籍办团练。

安徽办团练，远不如湖南有章法，各自为政，互相扯皮，没有严明的纪律和统一的规划。这样的乌合之众，哪能和气势方盛的太平军作战呢。咸丰三年十月，太平军克舒城，吕贤基投水自杀，而失去"大哥"的李鸿章则投靠在安徽巡抚福济的麾下效力。

在老家安徽办团练时，李鸿章还是年轻气盛，"专以浪战为能"，即虽然勇敢，但作战轻率，被人讥笑为"翰林变绿林"。虽然李鸿章叙功赏加按察使衔，但在老家官场受人嫉妒，人际关系搞得很不好，处处受排挤。

咸丰七年，李鸿章和大哥李瀚章一起回家为父亲守制，从而结束了他为时五年的团练活动。咸丰八年（1858），太平军再陷庐州，李鸿章携带家眷出逃，辗转至南昌投靠大哥李瀚章。在大哥的建议下，李鸿章决心投靠当年的受业师曾国藩。举目四望，此时天下可以依靠的大树也只有曾国藩了。

咸丰八年十二月，李鸿章赴江西建昌，入曾国藩幕府，负责起草文书。可以说，李鸿章是走投无路时才跟着老师曾国藩混的，而他的大哥李瀚章，在老师刚刚练兵、前途未卜时就为老师筹办粮草。但李鸿章后来居上，很快在老师曾国藩心目中的位置就超过了大哥李瀚章。

李鸿章是全能冠军

有一位长者说过："一个人的命运啊，当然要靠自我奋斗，但也要考虑到历史的进程。"

这句话用在李鸿章身上很适合。"只要在风口上，猪都会飞起来"，所谓时势造英雄。长者谦逊地说出了历史进程对其的重要性，但"自我奋斗"还是第一位的。在历史机遇面前，有人抓住了，有人却失去了。能够抓住历史机遇而大有作为的人，既要有相应的才能，还要有相当的见识。

咸丰八年十二月才入曾国藩幕府的李鸿章，脱颖而出，后来居上，成为曾国藩的政治接班人，除了前文所言的因素外，主要还是李鸿章的才与识超越同侪。

如果比入幕先后和亲近程度，李鸿章不如自己的大哥李瀚章，以及郭崑焘、郭嵩焘兄弟和李元度、陈世杰等人。郭嵩焘在曾国藩中进士前即结交，李元度、陈世杰与曾国藩还有同乡之谊，而江西人吴坤修早就独领一军"彪军"作战了。

李鸿章刚进曾国藩幕府时，也确实有一段适应期，而众位大哥把这位"见习生"李二并不放在眼里。在安徽办团练时，李鸿章性格疏阔，不拘小节，其中一件事就是起居无时，睡懒觉，不吃早饭。为此，曾国藩专门整治他一番，让他在即将天明时必须起来和众幕友一起陪着老师吃早饭，从而养成严格的军营生活习惯。这让后来的李鸿章受用无穷。

但过了不久，曾国藩和众幕僚对李鸿章则刮目相看。此人的综合素质超过幕府同僚，可从几方面加以分析：

一、出身。这个出身不是指家庭，而是指科场功名。李鸿章是以殿试二甲进士被选进翰林院的。这在当时的士子里面，最为清贵。在重视科第出身的清代，曾国藩幕僚中只有郭嵩焘等几个人可比，其他举人、秀才出身的对其必须甘拜下风。

二、文才。李鸿章早年跟随曾国藩学作文，深得其老辣笔法。幕府中，起草公牍特别是奏章是非常重要的工作，至今也一样——机关里的公文高手总是被人高看一眼。李鸿章起草公文又快又好，很能打动阅读者。李鸿章替曾国藩拟稿参劾翁同龢之兄、安徽巡抚翁同书，其中"臣职分所在，例应纠参。不敢因翁同书之门第鼎盛，瞻顾迁就"[①]一句，字字千钧，堵住了慈禧太后想对翁氏子弟网开一面的嘴。

三、带兵经验、办事能力和决断的气魄。这也是最重要的一点。比起办后勤的李瀚章、郭崑焘和文才出众的郭嵩焘、李榕、李鸿裔等人，李鸿章最大的经验是带过兵。虽然他在安徽办团练和捻军、太平军作战时败多胜少，

---

①《曾国藩全集·奏稿四》，"同治元年正月初十日"条，《参翁同书片》，岳麓书社，2011年，第27页。

但打败仗也能积累宝贵的经验。李鸿章办事能力很强，手腕比他的老师曾国藩还高明，格局阔大，能当机立断。同为曾国藩幕僚的何栻曾写诗称颂李鸿章"一洗书生酸儒气"，是精到的评论。至于老家士绅笑话他"翰林变绿林"，在战乱时期可视为对其一种能力的肯定。大敌当前，书生气百害无一益，必须作风泼辣，有杀伐决断之气魄。

四、现实条件也使曾国藩不得不选择李鸿章。咸丰十一年（1861），钱鼎铭来到刚刚规复的安庆城，代表上海士绅向两江总督曾国藩乞师。上海是当时苏南唯一还由清廷掌握的重镇，洋人聚集，洋行林立，是最重要的财赋之地。作为两江的最高军政长官，无论是政治层面还是财经层面，曾国藩都必须保住上海，可当时他无兵可派。三河之战，李续宾及近六千湘军精锐战死了。李续宾的弟弟李续宜重病，已因丁忧回湘休养，不久后去世。鲍超等人显然不是独当一面的帅才。曾国藩也劝说过九弟曾国荃领军去支援上海，而倔强的曾老九把攻占南京立下首功看得更重要。至于能力超群的左宗棠，已带兵去另一个战略重点地区浙江。

曾国藩提出"以两江之才平两江之难"，那么两江的人才中没有比李鸿章更合适的了。上海在太平军的围攻下岌岌可危，沪上士绅望大兵若甘霖，不可能拖延太久再练一支新军；而皖省在与太平军、捻军作战中有了团练基础，已经涌现了张树声、潘鼎新、刘铭传、吴长庆、周盛传等将领和一批经过实战的兵士。李鸿章要做的工作，就是凭李家和他本人的威望，把这些活跃在江淮之间的家乡团练整合起来，迅速成军，挥师东下。

李鸿章的眼光比曾国荃长远，他看到了自领一军去上海的远大前景，便自告奋勇争取了这个千载难逢的机会。尽管在太平军围攻曾国藩的祁门大营时，李鸿章为保命离开了老师，且拒绝拟稿参劾好友李元度，与老师结下芥蒂，而导致曾国藩对李鸿章的评价亦是"不能共患难"。但曾国藩毕竟是宰相肚量、大将胸怀，要做大事的他原谅了门生这些惹他不高兴的小事，最终拍板让李鸿章自领一军去援沪，并分拨所器重的韩正国带领亲兵营和战斗力强悍的程开启营等几个营作为"嫁妆"随李鸿章东下。自此，李鸿章一飞冲天。

同治元年（1862）四月，署江苏巡抚，不久后实授，而淮军也因此而兴。

　　历史证明，曾国藩选择李鸿章是他一生最为正确的决定之一。李鸿章及淮军兴起，影响清朝政局三十年，也使得曾国藩避免了人亡政息的结局。李鸿章挽悼曾国藩所言"师事三十年，薪尽火传，筑室忝为门生长"①，乃是写实之语。

---

①《李鸿章全集·信函二》，"同治十一年二月十六日"条，《唁曾公子》信附赠挽联，安徽教育出版社，2008年，第422页。

1892年，李鸿章站在人生之巅

清光绪十八年正月初五（1892年2月3日，立春前一天），京师门户、直隶总督官邸所在地之一的天津城一片祥和的节庆气氛，各衙署大小官吏尚未开印上班，还在忙乎拜年、访亲、宴饮。这一天，津门的士民都在关注一件千载难逢的盛事——光禄大夫、太子太傅、文华殿大学士、一等肃毅伯、直隶总督、北洋大臣李鸿章七十大寿庆典。

在内忧外患交织的晚清，光绪十八年算是一个太平年份，甚至可以说大清帝国表面上看起来呈现了一些欣欣向荣的景象。所谓"同光中兴"，并非一味自吹自擂。如果从同治三年（1864）平定太平天国算起，大清以"洋务运动"为重心的革新事业颇有成就，政治、经济、军事、科技教育等诸方面都取得了不殊的业绩：

一、内政、外交方面。剿平延续十三年的太平天国运动，紧接着平息了中原的捻军和西北、西南的回民起事，赶走了阿古柏收回了新疆，并在新疆建立行省，由湘军名将刘锦棠任第一任巡抚。开始放下天朝大国的身段，以"万国公法"为圭臬和洋人打交道：曾纪泽赴俄国要回了伊犁，南部和法国的战争以胜求和，划定了中越边境；东南在与日本交涉中虽然失去了琉球，但断然出兵抗击法国侵略保住了台湾，并在台湾建立行省，由淮军名将刘铭传任第一任巡抚；吴长庆率袁世凯驻扎朝鲜，袁世凯脱颖而出，以"驻扎朝鲜总理交涉通商事宜大臣"身份行监国之实，当机立断挫败了朝鲜倒向日本的图谋。

二、经济建设和军事建设方面。自江南制造局设立开始，已经在全国各地建立军工厂，建成一个还算完整的近代军工体系；冶炼、开矿等产业发展迅速，电线在全国范围内铺设，京师和各大城市的通信已由电报代替驿马；

纺织、制糖等近代化的民生企业也开始涌现；第一条铁路唐胥线在光绪十三年（1887）延续至天津，称"津沽铁路"。陆军装备有了很大的革新，军队开始告别了冷兵器时代，配备了近代的枪支和大炮；光绪十四年（1888）北洋水师成军，其舰队为亚洲第一，令近邻特别是日本颇为忌惮。在人才培养方面，马尾船政学堂、天津武备学堂等海军、陆军军校设立，并自同治十一年（1872）官派第一批幼童赴美留学开始，陆续派出留学生去欧美学习。——这样的成就还可以继续列举下去。

在帝国的中枢，即位十八年的光绪帝正值弱冠之年，他已亲政五载，年轻气盛，颇思作为。当国已三十年的慈禧太后虽退居幕后，但在重大问题上有最后的决策权，仍然是帝国的实际掌舵人。

大清能有"同光中兴"之成就，在与太平军作战中涌现出来的湘淮系汉族大臣居功至伟。这些中兴名臣中，排第一的是李鸿章的老师曾国藩，早在同治十一年（1872）去世，距此时二十年矣；胡林翼死得更早，于咸丰十一年（1861）病殁，未能见到收复金陵；骆秉章死于同治六年（1867）；沈葆桢死于光绪五年（1879）；光绪初年与李鸿章在政坛上不分颉颃的左宗棠于光绪十一年（1885）逝于福州；彭玉麟和曾国荃死于光绪十六年（1890）。——张之洞的资历比李鸿章浅得多，并未指挥过咸丰、同治年间的平乱之战。

环视天下，中兴元老仅存的只有李鸿章了。李鸿章自同治元年（1862）任江苏巡抚算起，身膺封疆重寄逾三十年；从湖广总督任上晋协办大学士开始，居中堂相位二十四年；从同治九年（1870）时，任直隶总督兼北洋通商事务大臣，以拱卫京师达二十二年之久。淮军驻扎在全国各地特别是边塞，帝国防务几乎全仰仗淮系将士。

李鸿章于道光三年（1823）正月初五出生在安徽省庐州府合肥县东乡。中国古人记年龄以虚岁计，光绪十八年（1892）正月初五正值李鸿章七十揽揆之辰，此时的李鸿章门生故吏遍天下，太后、皇上对其倚界之重，无以复加。其权势、声望处在人生的顶峰，他的七十寿辰自然要大大地庆贺一番，太后、皇上以此表示对元勋之恩宠，而天下百官则要以此来表示对李中堂的爱戴之情。李中堂的七十大寿，是清光绪十八年开年第一件国家大事。

关于李鸿章的七十寿辰，2019年9月朋友赠送我的一套由合肥市图书馆编的《合肥相国七十赐寿图（附寿言）》（一函六册，竖排线装）说得详细。这套书收录了慈禧太后、光绪帝赐给李鸿章贺寿的匾额、对联以及礼品的绘图，西苑门赐寿图、恭迎赐寿图以及李鸿章的谢恩折子，文武官员和外国使节参加的寿筵图。附录的五册收录了文武百官给李鸿章祝寿的寿序、寿诗和寿联。

这套书详细地再现了李鸿章在生前享受了为人臣者最高的荣耀，读者可一窥人生顶峰的李鸿章的煊赫威势，正如编者所言："这是历史上少有的一次祝寿庆典，规模之大，规格之高，都创下了清王朝之最。"①通过阅读这些官样文章，也能品味大清上层社会的世态人情，分析大清官场微妙复杂的关系，并看到当时大清帝国君臣因"洋务运动"取得的一些成绩而吹嘘为"海清河晏"的自我陶醉。

其中，慈禧太后御赐的物品有：御书"调鼎凝釐"匾额一块，"栋梁华夏资良辅，带砺河山锡大年"对联一副，"福""寿"字各一方，"益寿"题字一幅，蟠桃图一轴，无量寿佛一尊，带慄貂褂一件，嵌玉如意一柄，蟒袍面一件，大卷江绸十二匹。

光绪帝御赐的物品有：御书"钧衡笃祜"匾额一块，"圭卣恩荣方召望，鼎钟勋勚富文年"对联一副，"福""寿"字各一方，无量寿尊佛一尊，嵌玉如意一柄，蟒袍面一件，小卷江绸十六匹。

赐寿仪式在天津的直隶总督府衙门西苑门举行，文武百官聚集在此恭迎钦差大臣和护送两宫御赐礼品的官员、太监。据《合肥相国七十赐寿图（附寿言）》序言《晚清官场的一场盛宴》介绍：

> 恭迎仪式结束后，由九位官员骑马引导的仪仗队绕城进入总督府寿

---

① 安徽省合肥市图书馆整理：《合肥相国七十赐寿图（附寿言）·序言》，浙江人民出版社、荣宝斋出版社，2015年。

堂，御赐物品用二十二乘大轿抬着徐徐跟进，每轿由四名官兵抬杠，另有两名官员护轿。①

祝寿的官员太多，寿筵分三处摆设，分别是吴楚公所、大王庙和戈登堂，其中戈登堂专门招待外宾。

由此可见，太后和皇上对李鸿章恩宠之厚，远超对其师曾国藩。清代咸丰、同治、光绪三朝如此风光者，李鸿章可谓满汉大臣第一人。

煌煌五册收录的寿序、祝寿诗、寿联，其作者上至亲王、贝子、军机大臣，下至知州、知县，当时大清多数总督、巡抚都有祝寿文字致意。若再细读这些文字，既能察觉出当时大清官场的重要官员和李中堂的亲疏远近关系，也能分析出大清官场的派系、门阀，还能看出在李鸿章处于荣耀之巅时以他为首领的淮军系势力也处在鼎盛时期，而湘军系已是明日黄花被边缘化了。

撰写寿序的大佬中，排第一人的是体仁阁大学士、军机大臣张之万，他一人撰写了三篇寿序。三篇文章各有侧重：第一篇官方口吻最浓，大约是代表以军机处为首的百官，由礼部尚书李鸿藻书写；第二篇代表甲辰年（1844）乡试、丁未年（1847）会试的同年，亦由李鸿藻书写；第三篇侧重张之万的私人角度，且强调了李鸿章治理直隶的功德（张之万是直隶南皮人），由上书房总师傅、协办大学士、吏部尚书徐桐书写。

张之万和李鸿章是道光二十七年（1847）一起会试登第的同年，那一科张之万是状元，李鸿章是二甲十三名，被选为翰林院庶吉士。科举时代，同年之间关系是很亲密的，基本上都结成了荣辱与共的利益同盟，且张之万的女儿嫁给了李鸿章的儿子李经迈，两人是儿女亲家。这样的关系是铁上加铁了，因此张之万在寿序上的落款是"年姻愚弟"。

清代会试历科有"响榜""哑榜"之说。"响榜"也称"龙虎榜"，指的是

---

① 安徽省合肥市图书馆整理：《合肥相国七十赐寿图（附寿言）·序言》，浙江人民出版社、荣宝斋出版社，2015年。

那一科所取的进士日后做大官、有成就者甚多，而"哑榜"则是所取士后来没出几个大人物。道光二十七年的会试是不折不扣的"龙虎榜"，那一榜有大学士二（张之万、李鸿章），协办大学士一（沈桂芬，1892年时已经去世），尚书二（庞钟璐、徐树铭），侍郎三（郭嵩焘、刘有铭、广凤），内阁学士三（许彭寿、袁希祖、伍忠阿），总督四（李宗羲、沈葆桢、何璟、马新贻），巡抚一（鲍源深），布政使五（孙观、黄彭年、林之望、李孟群、刘郇膏）。

李鸿章是甲辰科乡试举人、丁未科会试进士中成就最大的，因此张之万在寿序中赞美李中堂为这两届"毕业生"的骄傲，曰："故一时受论功之爵位、蒙延世之赏者甚众，而要以公独膺五等封为荣。泊乎海内绥定，深宫加意吏治，则两科之出任方面者，殆以百数。"[1]张之万认为，丁未科诸同年官场亨通的好头，是由李鸿章开启的。

张之洞时任湖广总督，这位探花出身的大官有经营八表之志，目无余子，但他是张之万的族弟，老家南皮县又在李鸿章的治下。这番张之洞恭恭敬敬地以晚辈的名义奉送寿序，并写有寿联曰："四裔人传相司马，大年吾见老犹龙。"[2]

军机大臣张之万对李鸿章都有如此高的评价，其他官员特别是淮军系或早年与李交情甚厚的官绅更是不吝溢美之词。在他们的笔下，李爵相庶几对大清有再造之功，是世界景仰的伟人。李鸿章的庐州府同乡、出身翰林、随他一起领淮军驰援上海的刘秉璋送寿联曰："南平吴越北定燕齐二十年前人羡黑头宰相；西辑欧洲东绥瀛海三万里外共推黄发元勋。"[3]其他如孙家鼐、吴汝纶、吕佩芬、刘瑞芬等皖籍大佬也奉送了寿序或寿联，属于淮军系的后起之秀龚照瑗、丁汝昌、袁世凯等人更是不甘落后。那些当年随李鸿章创建

---

① 安徽省合肥市图书馆整理：《合肥相国七十赐寿图（附寿言）》（第二册），浙江人民出版社、荣宝斋出版社，2015年。

② 安徽省合肥市图书馆整理：《合肥相国七十赐寿图（附寿言）》（第六册），浙江人民出版社、荣宝斋出版社，2015年。

③ 同上书。

淮军、已经故去的宿将，则是由儿侄辈送寿序寿联。例如，周盛波之子周家谦、周盛传之子周家驹兄弟，自称"小门生"（他们的父亲是李鸿章的门生）联合送寿序；张树声的儿子张华奎送了寿序。袁世凯亦以子侄辈身份撰写寿序祝寿，其在寿序中言"中外群僚，文武百官，竞为诗文，赞述勋德"之盛况，更申明他与李鸿章的关系："世凯以通家年少，公府末吏，从事最晚，受知独深。"①袁世凯的嗣父袁保庆、叔父袁保恒和李鸿章是同辈人，彼此在剿捻中结下深厚的友谊。

淮军系元勋除李鸿章外，当时尚在世的有刘铭传，但在《合肥相国七十赐寿图（附寿言）》这套书中未能发现他送的文字，殊为不解。难道当时回到合肥养老的刘铭传对李鸿章这场风光寿典别有看法？

湘军系送寿序、寿联的有谭继洵、彭楚汉、陈湜、王之春和曾国藩家族专用写手王定安，而尚在人世的重要官员如陕甘总督杨昌濬、两江总督刘坤一和在湘乡老家养伤的新疆巡抚刘锦棠无一字致意。曾国藩去世后，湘军系的代表人物左宗棠和李鸿章多有冲突。这大概是原因之一。

曾国藩家族竟然无一个重要代表以一字致敬，亦是值得玩味的事情。虽然在两年前（1890年）曾纪泽、曾国荃先后谢世，但曾国藩的孙辈已有成人出仕者，如其长孙曾广钧三年前（1889年）就入翰林院，且是京师有名的才子，其身份和才华完全可以写祝寿文字的呀。曾氏家族只有曾纪泽的女婿吴永（指在庚子事变时做怀来知县并接待逃难的慈禧太后的那位）送了一副寿联曰："茂德所绥中外提福；长生无极饮食寿康。"②这还是因为曾纪泽的另一个女儿嫁给了李鸿章的侄子李经馥（李鹤章之子），他得叫李鸿章为岳伯父，故自称"姻世愚侄"。

一些拍马屁的官员为了凸显李中堂的丰功伟业，甚至拿曾国藩出来做铺垫。例如，潮州镇总兵刘世俊在寿序中说："并称之曾、李，而不知江宁未

---

① 安徽省合肥市图书馆整理：《合肥相国七十赐寿图（附寿言）》（第三册），浙江人民出版社、荣宝斋出版社，2015年。
② 安徽省合肥市图书馆整理：《合肥相国七十赐寿图（附寿言）》（第六册），浙江人民出版社、荣宝斋出版社，2015年。

克，公决其策。江宁既克，公善其成。湘乡所赖于我公，较公之所得于湘乡者为更多。"①意思是李鸿章从曾国藩那里得到的好处，不如曾国藩得力于李鸿章。如果曾氏子孙看到这些文字会作何感想？世态炎凉，一至于斯！

还有一个人的态度值得注意，他就是光绪帝的老师、李鸿章的老冤家、时任户部尚书的翁同龢。翁、李两家，结怨日久。当李鸿章七十大寿时，太后、皇帝都那么重视，善于弄巧的翁同龢自然不会没有一点表示。他写了副寿联曰"我国有大佬，是身得长生"②，落款"晚生翁同龢"。作为一位状元出身的帝师，这样的文字完全是官场的应付。

"乐极生悲，月满则亏"，古人所言不差。七秩寿庆的第二天即正月初六，李鸿章小妾所生的最幼子李经进突发疾病而亡。是月十三日，翁同龢在日记中云：

> 闻合肥相国之幼子颂阁之婿，今年十五，极聪慧，于初六病卒，三日病耳。相国初五寿，将吏云集，致祝之物争奇竞异，亦已泰矣，倚伏之理可畏哉。相国笃信洋医，此亦为其所误。③

"颂阁"即徐郙，字寿蘅，嘉定人，时任左都御史，后官至协办大学士、礼部尚书。翁同龢这段文字，读起来真使人不舒服。人家钟爱的幼子死了，他非要提及其庆寿的场面太大，连李鸿章相信西医也成为他讥讽之事。难道信中医就能救治其幼子的性命？

李鸿章的七十大寿能成为旷世盛典，原因不外乎这几个方面：

一是对清廷而言，李鸿章确实是忠心耿耿、劳苦功高。从咸丰三年（1853）回合肥办团练以来，李鸿章为清廷呕心沥血四十年，平内乱，搞外

---

① 安徽省合肥市图书馆整理：《合肥相国七十赐寿图（附寿言）》（第三册），浙江人民出版社、荣宝斋出版社，2015年。

② 安徽省合肥市图书馆整理：《合肥相国七十赐寿图（附寿言）》（第六册），浙江人民出版社、荣宝斋出版社，2015年。

③ [清] 翁同龢：《翁同龢日记》（第五册），"光绪十八年正月十三日"条，中华书局，1989年，第2500页。

交，办实业，都有相当的成绩。

二是如张之万寿序中言，李鸿章"曩时横戈跃马之场，指挥豪俊收拾山河，重扶日月，其文经武纬与公相颉颃者，今已如星辰落落，不可多得矣。其次者，名位声望又稍出公下。惟公以鲁国灵光，岿然独存"。咸丰年间因应对太平天国内乱而崛起的诸位元勋先后谢世，李鸿章是硕果仅存者，而人活得久有一个好处，最后的话语权属于他，所以此时清廷只能仰仗这根唯一的柱石。

三是李鸿章很喜欢这样的大排场。比起要做圣人的老师曾国藩，李鸿章是豪杰性格，做事手腕更圆通，也不那么忧谗畏讥，名利之心比乃师重得多，因此对皇恩浩荡和百官逢迎很是受用。

还有一个原因，就是前文所提到的，此时的清廷内外局势大体平静，国家经过几十年休养生息，国库较为丰盈，可以为一位元勋办这样的庆祝典礼。甚至可以说，这次庆寿是清廷革新大业的一次巡礼。如果对照一下曾国藩同治九年（1870）十月十一日六十岁生日的冷清，可见二十多年来情势之变和师生二人性格的差异。

当时，曾国藩办完了天津教案，委曲求全的他被士林唾骂，两江总督马新贻又被刺杀，舆论则指向湘军是幕后操纵者。曾国藩被钦命回金陵再做江督。回任前，曾国藩进京觐见太后和皇上，他的六十岁生日是在北京度过的。虽然太后也赐了曾国藩御书"勋高柱石"匾额，赏赐玉如意、蟒袍等物以示恩宠，但祝寿的规模很小，就是一些同乡聚在一起吃了个饭。据当天曾国藩的日记载：

> 黎明起，寓中拜寿者数起。是日为余六十生日。饭后少停，即出门。细雨泥泞，至长沙会馆一坐，全无一人在馆寓居。途次，拜客三家。自长沙会馆出，又至辰沅馆、宝庆馆、上湖南馆各一坐，三处皆有人陪谈。旋又回至西头麻线胡同，拜魏庚臣。未正始至湖广会馆，南北同乡，唱戏公请。一则督抚进京，同乡向有公钱之局，一则借此为余祝寿也。听戏至酉正，灯上时始归。夜饭后清理文件。刘省三（刘铭传）来，久

谈。二更四点睡。①

平息太平天国起事第一功臣、膺一等侯爵之封的高官，同乡为其祝寿还是借督抚进京公钱的惯例，这动静还不如乡下一个有钱的土财主六十大寿，何等的低调！

在大清君臣为李中堂庆寿之时，东邻日本在做什么呢？他们在卧薪尝胆，从天皇开始节衣缩食，扩充军备，特别是向欧洲购买先进的军舰，时时以北洋水师为假想敌，冀图在未来的交锋中一举击溃大清的海军。1892年，日本伊藤内阁公布了建造10万吨级别军舰的计划。

1893年，日本明治天皇向全国发出命令，决定在此后六年里，再从国库中每年拨出三十万日元，并从文武官员的薪金中抽出十分之一作为造舰费上缴国库，专款专用来购造军舰。

李鸿章寿典的前半年即1891年6月26日，丁汝昌亲率"定远""镇远""致远""靖远""经远""来远"等主要军舰组成的北洋舰队访问日本。此次访问历时四十余天，访问了马关、横滨、长崎等地，受到了明治天皇的接见。——此行给日本官民极大的刺激。

其后，日本法制局局长宫尾崎三郎记述了上清国军舰参观的感受："同行观舰者数人在回京火车途中谈论，谓中国毕竟已成大国，竟已装备如此优势之舰队，定将雄飞东洋海面。反观我国，仅有三四艘三四千吨级之巡洋舰，无法与彼相比。同行观舰者皆卷舌而惊恐不安。"②日本《时事新报》也报道称："舰体巨大、机器完备、士兵熟练，值得一观之处颇多。"③

焉知这次晚清官场的集体盛宴过后才两年多（1894年）的甲午之战中，李鸿章苦心经营的北洋水师惨败于日本海军，樯橹灰飞烟灭；淮军则在陆战中一

---

① 《曾国藩全集·日记四》，"同治九年十月十一日"条，岳麓书社，2011年，第362—363页。

② 史春林：《清朝北洋舰队两次访日》，载《炎黄春秋》2004年第9期，第69页。

③ 同上书。

败于朝鲜，再败于辽东。这时，清廷想起了边缘化日久的湘军，希望通过换将来挽回败局。于是，刘坤一临危受命任前敌总指挥，左宗棠和曾国荃的旧部魏光焘、陈湜、李光久应召，带领仓促成军的将士赴辽东作战，但于事无补。

其实，从官员给李鸿章的祝寿文字中，可以一窥甲午淮军战败的某些原因。张华奎盛赞李中堂大人待人宽厚、提携部属不遗余力，云："公膺疆寄三十年，未尝轻劾一属吏。"[1]对官员来说，遇到这样的上司，是福气；但对国家来说，未必是好事。曾国藩善于培植人才，亦能量才而用之，不会因为和自己的关系亲密而将某人放在不合适的位置。例如，曾国藩和郭嵩焘青年时即结为好友，但他知道郭不能独当一面，就告诫初任江苏巡抚的李鸿章不要重用同年郭嵩焘；其对下属赏罚分明，像李元度这样早年随他的同乡好友、姻亲，犯了大错照样参劾。但李鸿章不然，他更善于做人，对"自己人"过于宽厚仁慈。因此，做了三十年封疆大吏的李鸿章的幕府，涌现的人才远不如曾国藩的幕府。

甲午战败的原因是多方面的，主要原因是清廷政治腐败，高层相互倾轧，指挥体系混乱。但李鸿章用人讲亲疏、重乡谊甚于量才适用，也是原因之一。例如，像叶志超、卫汝贵这样品行低劣、贪财怕死的庸才，却委任那么重要的职位，无非因为他俩都是合肥同乡。此二将统率军队在朝鲜与日军交战中，一战即溃，毫无斗志，贻羞中外。

甲午战败后，李鸿章父子代表清廷与日本签订了《马关条约》，割地赔款，而李鸿章本人则承受了千古骂名。从荣耀之巅坠入人生低谷，竟是如此之快。"同光中兴"的气象也被雨打风吹去，国运从此一蹶不振。但在1892年那个早春时节，李鸿章乃至慈禧太后、光绪帝，恐怕料想不到这些吧？

1892年，李鸿章和他效忠的大清帝国都处在繁花似锦、烈火烹油的幻象中。不过，这一切只是一抹回光返照。

---

[1] 安徽省合肥市图书馆整理：《合肥相国七十赐寿图（附寿言）》（第五册），浙江人民出版社、荣宝斋出版社，2015年。

李瀚章：宗族的规矩，大哥还是大哥

曾国藩去世后，他的得意门生李鸿章送挽联曰："师事近三十年，薪尽火传，筑室忝为门生长；威名震九万里，内安外攘，旷世难逢天下才。"[1]

这副挽联流传甚广，上联写李鸿章自己和老师曾国藩的关系，下联颂扬老师的功业，颇为贴切。不过，李鸿章自我表明是"门生长"，即曾国藩众多门生和幕僚中的第一人，未免让人议论。因为李鸿章的哥哥李瀚章入曾国藩的幕府更早，排座次怎么能屈居弟弟之下呢？

当然，无论从地位、事功，还是对老师事业的继承与光大，李鸿章确实是曾文正公众多门生和幕僚中的第一人。按官场的规矩来论，李鸿章说自己是"门生长"，不算托大，因为官场就是按职位排座次的。

1882年，李瀚章、李鸿章的母亲李太夫人以八十三岁高寿殁于湖北武昌衙署，皇帝下谕旨曰：

> 大学士直隶总督李鸿章、湖广总督李瀚章之母，秉性淑慎，教子义方，今以疾终，深堪轸恻，朝廷优礼大臣，推恩贤母，灵柩回籍时，著沿途地方官，妥为照料，到籍后，赐祭一坛，以昭恩眷。钦此。[2]

可见，在皇帝的圣旨中，也是把老二李鸿章排在老大李瀚章的前面，这是朝廷的规矩。

在宗族中，排座次则与朝廷按级别高低的排序法不一样，而是严格按长

---

①《李鸿章全集·信函二》，"同治十一年二月十六日"条，《唁曾公子》信附赠挽联，安徽教育出版社，2008年，第422页。

②参见《文安公之配李太夫人饰终谕旨》。转引自宋路霞：《李鸿章家族》，重庆出版社，2005年。

幼尊卑。日前，吾友李超平兄赐我一篇他从《合肥李氏宗谱》中抄录的《合肥李氏家乘序》，为曾国藩所撰，未收录于岳麓书社出版的《曾国藩全集》。兹录如下：

古者虞姚、夏姒、殷子、周姬，百世不通昏媾。小史奠系世，序昭穆，实掌其事。战国分争，封建之典废，氏族之学寝焉。汉晋迭兴，诸牒始盛。六朝迄唐，尤尚门第，士或投牒就试。唐初奉敕第甲乙，勒成书，欧阳修赖以成《宰相世系表》。然而，颜师古犹有近代谱牒妄将托附之讥。五季而后，私谱攀系，至污其祖，洵乎实事求是之难也。

合肥李氏本姓许，先世迁自江右。始迁之祖曰福三公，传十世，慎所公遵其父银溪许公命，为心庄李氏嗣，遂世为李氏。至于今浙江巡抚筱荃中丞，八世矣。惧源流之昧也，与子孙之繁而罔纪也，为谱以鸠之。奉慎所公为李氏一世祖，而以许氏始迁祖福三公至银溪公九世，冠于谱端。许与李百世不通昏媾，犹《周礼》小史义也。不标远胄，杜托附也。

筱荃尊人玉荃公，与余同登戊戌钮福保榜为进士，有子六，筱荃其家嗣也。曩以拔萃生一试成均，余忝一日之长。筱荃弟少荃，今湖广总督协办大学士，又与余同官诸季。当粤寇炽时，麟腾凤翥，各以功名显。合肥自圣清御宇，历二百余年，称大族者，莫李氏比，当代以为荣。筱荃独兢兢业业，举葛庇其根，葵卫其足。聚族人而诰之，持盈保泰，唯筱荃尤贤韦平，事业鼎鼎未艾。然则是谱也，谓即他日宰相世系表也。可视五季私谱邈乎远矣。

诰授光禄大夫、太子太保、武英殿大学士、兵部尚书、兼都察院右都御史、总督直隶等处长芦盐课河道、提督军务紫荆密云等关隘、管巡抚事务、世袭一等毅勇侯、姻年通家生曾国藩顿首拜撰。

这篇文章分三层。第一层从远古开始，简述谱牒源流与变迁，强调"同姓不婚"之意，并讥讽世间修谱攀附古贤之病。这是入题，先述古来引发论今。

第二层讲述李瀚章家族之源流。李家原来姓许，先祖过继给李姓，于是改姓，犹遵循古礼不与许姓通婚，并赞扬李家实事求是，不攀附古代的牛人做祖先。为什么这一段特别要说李瀚章兄弟出自许姓呢？我以为含有为这个家族"辩诬白谤"的意思。李瀚章、李鸿章的母亲也姓李，如果按照"同姓不婚"的古训，李家会被士林腾笑。既然李瀚章兄弟八世祖由"许"改姓"李"，实际上就不是"同姓而婚"了。

第三层述自己和李氏父子两代的交情，并赞扬李家门第之盛，为大清开国以来合肥第一家，称颂李氏兄弟的事功与品德，特别是慎终追远，庇护族人之举。

曾国藩与李氏兄弟父亲李文安为同榜进士。李瀚章（字筱荃）以拔贡生参加朝考，被曾国藩录取，所以曾自谦"忝为一日之长"。周朝称太学为"成均"，后世用来代指最高学府；清代称国子监，贡生乃州县生员贡于太学也。科考和朝考的主考官是被录取者的座师，这是由官场法则规定的师生关系。因此，曾国藩为李瀚章的老师，乃天经地义。李鸿章在道光二十六年（1846）问学于曾国藩，由曾教授作文之法，这是民间的师生关系。李鸿章当然要称曾国藩为老师，但曾国藩却不能大刺刺地自称为李的老师，所以他只能说和李鸿章（字少荃）是同朝为官之关系。这是大儒曾国藩的谦逊。

《合肥李氏宗谱》修撰的实际主持人是李家老三、早早归隐故里的李鹤章，因为他两位兄长在外做大官，公务繁忙，没修谱的时间。不过，名义上主事者却必须是大哥李瀚章，即曾国藩文中所说的"冢嗣"。"冢嗣"即冢子，嫡长子之意。《左传·闵公二年》："大子奉冢祀、社稷之粢盛，以朝夕视君膳者也，故曰冢子。"杜预注："冢，大也。"

曾国藩在这一段称颂李家兄弟，其重点是李瀚章——因为李瀚章是宗族当然的"法定代表人"，如"唯筱荃尤贤韦平，事业鼎鼎未艾"。"韦平"，乃西汉时期韦贤、韦玄成与平当、平晏两对父子的并称。韦、平父子相继为相，世所推重。

在曾国藩的这篇序言里，大哥李瀚章是主角，而老二李鸿章只能是配角。这是宗族的规矩。

曾国华：牢骚满腹的人福薄

曾国藩最重要的一组诗《次韵何廉昉太守感怀述事诗十六首》，从风格、体例上看，我以为师法杜甫的《秋兴八首》。这十六首诗堪称史诗，叙事兼抒怀。

此组诗作于咸丰九年（1859）初，三河之变过去不久。咸丰八年（1858）十月，湘军第一将李续宾和曾国藩的三弟曾国华（大排行第六）合湘军精锐五千余人战死在安徽三河镇。但清廷对曾国藩仍然不给予充分的信任，他只能以"前兵部侍郎"的尴尬身份督师于江西抚州。

曾国藩在京师就认识的老哥们、幕友何栻（字廉昉）写了一组十六首诗寄给曾国藩，曾氏读后有知己之感，遂次韵和之。其中，第九首、第十首是曾国藩伤悼手足同胞曾国华（字温甫）之死：

> 鸰原横贾第三人，鹤唳华亭不复春。
> 先轸归元何日是？虞翻相骨本来贫。
> 科名久滞青云路，身手难扶赤日轮。
> 十二万年香不灭，从渠捣麝作灰尘。①
>
> 江雪湖波路几千，壶头归葬事堪怜。
> 铸金叩叩终何益？理玉深深不计年。
> 夜月一钩凉蕙帐，春风十万散榆钱。
> 神灵甲马如相助，莫遣愁人叹逝川。②

---

① 《曾国藩全集·诗文》，岳麓书社，2011年，第80页。
② 同上书，第81页。

上面第九首诗中，"鹡原"，典出《诗经·小雅·棠棣》："脊令在原，兄弟急难。""脊令"，即"鹡鸰"，一种鸟。这种鸟只要一离群孤飞，其余的就都鸣叫起来召唤它，以此比喻兄弟友爱。"横贾"，"贾"通"陨"，陨落、陨灭之意。意思是，相互帮助的兄弟中第三人横死。

"鹤唳华亭"，典出《晋书》。陆机在入首都洛阳之前，常常与弟弟陆云游于松江华亭别墅。陆机入仕后，曾任后将军、河北大都督，率军讨伐长沙王司马乂，大败于七里涧，被人进谗言而处死。临行前，陆机叹息曰："华亭鹤唳，岂可复闻乎！"意思是，感叹往昔和兄弟一起在故乡的幸福日子永不再来。

曾国华的尸体被找到后，头却不见了，只得用金属铸刻一个头放置于尸身上部下葬（唐浩明小说《曾国藩》中却有另一种解释，说曾国华并未死）。因此，曾国藩用了"先轸归元"的典故，且叹息"铸金叩叩终何益"。先轸，春秋时晋国的大将，因为国君晋襄公私自释放三名崤之战中被俘虏的秦国将领而唾骂国君。事后，先轸为自己冒犯主君而后悔。为了赎罪，在一次对狄人的战争中，先轸脱下头盔、铠甲，冲进敌军中战死。狄人将先轸的首级送还给了晋国，其面色如生。可见，曾国藩伤心自己弟弟的头颅不知道什么时候才能找到。

"虞翻相骨"，典出《三国志·吴书·虞翻传》。虞翻，三国时孙吴的大臣，博学洽闻，精通《易经》，性情疏直，说话不给人留面子。有一次，孙权与张昭论及神仙，虞翻指着张昭训斥："彼皆死人，而语神仙，世岂有仙人邪！"这等于把主君孙权一起骂为将要死的人。孙权大怒，将其贬斥到岭南。

曾国华在曾国藩诸弟中，被大哥教训得最多。曾国华少时聪明，天分不低，文字有奇诡之气。但曾国华做事为人不踏实，比较浮躁，爱发牢骚，遇事喜欢怨天尤人。自视甚高的他，一直郁郁不得志，科考屡次失败，如其长兄曾国藩这首诗中所言"科名久滞青云路"，最终他不得不出钱捐了个监生功名。

曾国藩平生很不喜欢动辄发牢骚的人，哪怕此人很有才华。他认为牢骚满腹的人，"必多抑塞"，福气将离他而去，"盖无故而怨天，则天必不许；无故而尤人，则人必不服"①。因此，曾国藩常因曾国华这个毛病批评他，如他有一次看到曾国华写给他的信字迹潦草，很生气，评论说写字不认真的人命薄福浅。

曾国华这人虽然有这些毛病，但他一个很大的优点是讲义气、有胆略，帮助兄弟、朋友不计个人得失。咸丰五年（1855），曾国藩坐困江西，江西大部分州县被太平军"第一战神"石达开指挥军队攻占。"江楚道闭，文报不通凡数月"，曾国藩在瑞州的大营岌岌可危。曾国华请示父亲后，长途跋涉到武昌向胡林翼乞师。据《清史稿》记载：

> 胡林翼令刘腾鸿、吴坤修、普承尧率五千人往援，以国华领其军。攻克咸宁、蒲圻、通城、新昌、上高，以达瑞州。腾鸿战城南，国华偕承尧战城西北，屡破贼。国藩至，乃合围，掘堑周三十里，断贼接济。②

正是曾国华在万分凶险时引领大军救了大哥，而曾国藩此时可能更明白一个道理：还是亲兄弟靠得住。曾国华阵亡后，曾国藩在祭文中说："国藩得拔其不肖之躯，复有生还之一日，温甫力也。"③

曾国华和别人不对脾气，但和李续宾很投缘，两人还结为了儿女亲家。因此，曾国华后来跟随李续宾襄赞军务，事业渐有起色。谁料到，壮志未酬，惨死于三河。

对曾国华之死，曾国藩既悲伤又内疚，内疚的是他平时对曾国华过于严厉，言辞不好，伤了弟弟的自尊心。在确认了曾国华的凶讯后，曾国藩在咸丰八年（1858）十一月二十三日给曾国潢、曾国荃、曾国葆的信中说：

> 第一，贵兄弟和睦。去年兄弟不知，以致今冬三河之变。嗣后兄弟

---

① 《曾国藩全集·家书一》，"咸丰元年九月初五日"条，岳麓书社，2011年，第200页。
② 《清史稿·卷四百八·列传一百九十五》。
③ 《曾文正公全集》（第十册），线装书局，2015年，第363页。

当以去年为戒。凡吾有过失，澄、沅、洪三弟各进箴规之言，余必力为惩改；三弟有过，亦当互相箴规而惩改之。①

爱发牢骚的人福薄，曾国藩此种看法在胞弟曾国华身上果然应验。对此，曾国藩的心情应该是十分复杂的，通过唱和何廉昉的诗，这种沉痛而带有愧疚的情感得到悱恻而曲婉的表达。曾国藩希望"十二万年香不灭"（典出温庭筠《达摩支曲》："捣麝成尘香不灭。"），死去的弟弟能在另外一个世界永远享受香火。

---

①《曾国藩全集·家书一》，"咸丰八年十一月二十三日"条，岳麓书社，2011 年，第 397 页。

故园好风水，何必葬扬州：有感于曾公吐槽魏源迁坟

在清代，魏源的故乡邵阳县和曾国藩的故乡湘乡县相邻。这两个湘中大县在二十世纪中叶被拆分，魏、曾二公的故里分属隆回县和双峰县，就不再是邻县了。曾国藩比魏源小十七岁，按年齿，魏是曾的乡前辈。然而魏源中进士比曾国藩晚六年，以科第论，魏源又是晚辈。

曾国藩对魏源的见识与学问，颇为钦佩，魏的许多著作他都认真阅读过。可在曾国藩咸丰九年（1859）十二月初十的日记中，他对魏源很是吐槽了一番，字里行间不无嘲讽。其日记载：

> 与牧云邑谈家事。沅弟改葬先考妣，本系买定夏家之地，而临开穴时，乃反在洪家地面。洪家之索重资，有由来矣。大抵吉地乃造物所最闷惜，不容以丝毫诈力与于其间。世之因地脉而获福荫者，其先必系贫贱之家，无心得之，至富贵成名之后，有心谋地，则难于获福矣。吾新友中，如长塘葛氏阮富后则谋地，金兰常氏既贵后而谋地，邵阳魏默深既成名后而谋地，将两代改葬扬州，皆未见有福荫，盖皆不免以诈力与其间。造物忌巧，有心谋之则不应也。①

"牧云"即曾国藩的大舅哥欧阳牧云，郎舅之间可以无所顾忌地谈论家事。这段话基本上说明白了曾国藩对风水的态度。曾国藩并非不信风水，但反对刻意去谋求吉地。因此，长塘葛氏、金兰常氏和邵阳魏源做了他这番理论的反证。

长塘葛氏在今湖南双峰县荷叶镇长塘村，与曾家是近邻，蔡和森、蔡畅

---

①《曾国藩全集·日记一》，"咸丰九年十二月初十日"条，岳麓书社，2011年，第494—495页。

兄妹的母亲葛健豪出自这一族。长塘葛氏在嘉庆年间成为巨富，修建了规模浩大的宗祠，至今尚存。金兰常氏指与曾国藩家乡湘乡县荷叶塘毗邻的衡阳县金兰镇常大淳家族。常大淳是曾国藩的翰苑前辈，在京时过从甚密，后官至湖北巡抚。咸丰三年（1853）一月，太平军破武昌，常大淳举家自尽以殉国。葛、常两家是富贵后花大气力为祖上觅吉地，却没带来福荫。魏源（字默深）对风水更为痴迷，他竟然把祖上两代（应该是其祖父和父亲）的坟墓迁到扬州，觅一块吉壤改葬。

魏源虽然成名较早，但科场蹭蹬。嘉庆十八年（1813）选拔贡，道光二年（1822）壬午科中式举人第二名，但此后多次会试落第。他长期在东南一带谋生，先后做过江苏布政使贺长龄、两江总督陶澍的幕僚。早在嘉庆二十五年（1820），其全家便迁居扬州，同时在南京的龙蟠里亦购得住宅，号"小卷阿"。其子魏耆（字伯孺，号刚己）在《邵阳魏府君事略》中言："（道光）十五年，以陈太恭人（魏源之母）春秋高，思所以尽其欢，买园于扬州新城，甃石栽花，养鱼饲鹤，名曰'絜园'。"①

魏源举家迁到了当时的"一线城市"扬州，将老母亲迎来奉养，并把两代祖上的骨殖迁移到此处，这或许是为将来子孙扫墓方便。但在当时，历数千里路，不惜重金将祖上从湖南迁葬到江苏则很少见，常人难以理解。大概魏源确有风水的考量，认为在扬州找到吉地更能庇荫后人，因此这个故事在士林流传甚广。

魏默深先生数千里外到扬州为祖上找好风水，而他自己去世后葬在另一座美丽的城市杭州南屏山方家峪。如今，坟堆已不复存在，只剩下芳草萋萋，灌木丛生（几年前，在杭州的湘籍商人集资在其坟地旧址立碑）。有意思的是，魏源所舍弃的老家邵阳金潭的风水并不差。若干年后，魏源的族侄孙魏光焘以一乡间淘金工入湘军大营，因军功步步升迁，最终官至两江总督，品级远高于魏源的高邮州知州——这恐怕是魏源生前想不到的事。按照风水理

---

① [清] 魏耆：《邵阳魏府君事略》。《魏源集》（下），中华书局，1976 年，第 846 页。

论，魏源老家邵阳金潭一带的好风水让魏家另一支占了，这证实了曾国藩所言："其先必系贫贱之家，无心得之，至富贵成名之后，有心谋地，则难于获福矣。"

曾国藩年轻时因其祖父星冈公的教导，自言不信风水、巫鬼和佛道。在生活中，对风水这种神秘主义的东西，曾国藩还是保持着必要的敬畏。例如，道光二十年（1840）十二月，曾国藩做京官不久，其父将护送其妻儿及弟弟来京，必须先租一处大一点的房子。曾国藩先到琉璃街看房子，其日记载：

> 因拜其屋侧蒋君，谈及知此屋曾住狄老辈听之夫人王恭人，在此屋殉节。京城住房者多求吉利，恭人殉节，族间不得谓之非命，此房亦不得谓之不祥。然"忠、节"二字，事后仰慕芳徽，当时究非门庭之幸。加以此房太贵，屋太多，亦不愿住。①

据儒家的价值观，前辈的夫人在房里自杀殉节，此乃贞节之举，族人和邻居不能以死于非命待之，房屋也不是寻常的凶宅。可在曾国藩看来，毕竟不是件好事，住进去会感觉不舒服。曾国藩以租金太贵婉拒了，后来租住了棉花六条胡同的房子。不相信风水的人，往往亦会在住房、葬亲上图吉利，这大概是寻常人的心理，曾国藩亦不能免俗。

道光二十六年（1846）十一月，曾国藩祖母王恭人去世，其不信风水的祖父尚在，便为老妻选择了木兜冲一块坟地安葬。几位孙辈认为此地风水不佳，百般劝阻，但祖父坚持已见。王恭人下葬后几年内，曾家运势很好。曾国藩在道光二十九年（1849）给诸弟一封信中提及此事：

> 自丙午冬葬祖妣大人于木兜冲之后，我家已添三男丁，我则升阁学，升侍郎，九弟则进学补廪。其地之吉，已有明效可验。我平日最不

---

① 《曾国藩全集·日记一》，"道光二十年十二月十三日"条，岳麓书社，2011年，第52页。

信风水，而于朱子所云"山环水抱""藏风聚气"二语，则笃信之。木兜冲之地，予平日不以为然，而葬后乃吉祥如此，可见福人自葬福地，绝非可以人力参预其间。[①]

这段文字说明曾国藩在早年对风水已形成稳定的态度，他对风水并非全不相信，但主张不要去强求，因为好风水可遇不可求，有福之人才可得之。咸丰九年（1859），曾国藩和九弟曾国荃率军在赣、皖等地与太平军作战，但曾国荃仍然放下重要的军旅大事，回湘乡主持为父母迁葬的事。

此前的咸丰七年（1857）正月，曾国藩之父曾麟书在老家去世，其从战场回到故乡守制。曾氏兄弟当时并未将父亲和咸丰二年（1852）去世的母亲江太夫人合葬，而是单独葬在另一个地方。乡间有懂风水的人说这块地含"凶煞"，不是一块吉地。咸丰八年（1858）十月，曾国藩六弟曾国华随李续宾战死在安徽三河镇。大概在曾国藩、曾国荃等兄弟看来，父亲的葬地果然是有"凶煞"，故要找一块吉地将父母迁葬在一起。

也许是信息不对称，那么精明的曾老九却犯了错。曾国荃为迁葬父母看中的地方从夏家购得，可风水先生看完山向，用罗盘择定穴位，一开挖却挖到了洪家的地面上。但按湘中风俗，选定的墓穴一旦开挖，不可以填土废弃再选新址，如此对主家大不吉，因此洪家坐地起高价。这平添的麻烦让曾国藩觉得无奈而烦躁，大约在和大舅哥议论时其对曾国潢、曾国荃两位弟弟办事不甚牢靠有微词，也认为给父亲找一块吉地迁葬是有了机巧之心，用了"诈力"，因而不顺利。

后来，通过一番斡旋，曾家出了大价钱，将洪家这块地买下葬了父母。不久后，曾国藩被皇帝简任为两江总督，终于拥有了一块多年来求之不得的地盘；九弟曾国荃也乘势而起，直至两兄弟封为侯伯。若由风水先生来解释，曾国藩父母有福气、有阴德享受了那块吉地，从而带给了子孙绵绵福荫。

---

① 《曾国藩全集·家书一》，"道光二十九年三月二十一日"条，岳麓书社，2011年，第165页。

李续宾：湘军第一将被皇帝的瞎指挥逼进了绝路

收到湖南作家莫美先生惠寄的其新著《李续宾传》（岳麓书社，2019年版），我忆起了去年夏天莫美先生陪我参观湖南涟源市杨家滩一带（清代是湘乡县上里地区）湘军将领故居群的情形。

在李续宾、李续宜兄弟俩的故居"锡三堂"中，我大为感慨。这座宅邸规模不小，但与杨家滩湘军故居群其他院落相比，无论是占地面积还是用料、做工都是最不显眼的一处，风格略显俭朴。李续宾、李续宜兄弟是最早扬名立万的湘军将领，且官至巡抚（李续宾战殁前为巡抚衔布政使，李续宜实授安徽巡抚）。咸丰帝称赞李续宾"其有古名将之风"①，由此可见一斑。

莫美先生认为，李续宾当得起"湘军第一将"之称号。理由有三：一是首创团练，孕育湘军；二是攻占枢纽，奠定胜局；三是知人善任，广育人才。我同意莫美先生的论断。湘军早期诸大将中，李续宾兼具鲍超之强悍勇猛与塔齐布之忠诚纯良，而器具恢弘、识见高迈却超过鲍、塔二将。另外，胡林翼也多次在信札中称李续宾为"圣人"。②

李续宾的故居在老湘乡县最西南的边鄙乡村，与老邵阳县隔着一座龙山，其去邵阳县城（宝庆府城）的距离比去湘乡县城还要近。李续宾早年在家乡过着半耕半读的生涯，犁地耙田、栽种果蔬等诸般农艺无不精通。这样的环境下能生长出李续宾、李续宜这样攻守兼备、品行高洁的军事将领，真是很奇妙的事。

三河一役，在李秀成、陈玉成两位太平天国后期的天才将领合击下，李

---

① 彭再新、梅国华校注：《李续宾史料三种》，岳麓书社，2018年，第12页。
② 莫美：《李续宾传》，岳麓书社，2019年，第3页。

续宾战死，其麾下湘军精锐五千余人损失殆尽，湘乡县几乎家家戴孝，户户招魂。这一仗使太平天国从"天京事变"的阴影下走了出来，天国上游的军政中心安庆脱困，天京粮荒纾解，太平军后期军心、士气得到了恢复，天国的寿命延长了数年。

李续宾战殁于三河，后世读史者分析了诸多原因。有人分析曰因为湘军系领导人胡林翼守制回乡，湖广总督官文拖延推诿，不派援兵。亦有人分析曰李续宾在攻占九江、声威正盛时，有些轻敌，孤军深入，陷入陈玉成、李秀成的大军包围之中。

上述这些分析都有道理。看完莫美先生的《李续宾传》，我以为李续宾的三河之败，最重要的原因是清廷最高统治者咸丰帝瞎指挥，其他如无援军、轻敌、战场大雾弥漫都非关键。

按照李续宾及湘军诸位大佬的共识，打通湖口、攻下九江后，湘军的后方基地两湖得到了巩固，困于江西的曾国藩的军队亦与两湖及皖南声息相通。湘军下一个目标就是九江和金陵（天京）之间最重要的城池安庆，只要毕其力克安庆，那么金陵就是孤城一座。李续宾已经做好了围攻安庆的战略部署，并进攻安庆西边的门户太湖县。可就在此时，安徽另一座重要城池、安庆失陷后的省会庐州（今合肥）被太平军攻克。于是，咸丰帝下诏曰：

> 现在楚军水陆马步数万，悉由太湖、安庆进攻，贼必北窜。著官文即行知照李续宾、都兴阿等，先其所急，改道赴援庐州……①

李续宾很清楚关键时刻分兵驰援庐州是昏招，便上奏咸丰帝说："现在攻剿太湖县城，正当吃紧，若遽行分兵庐州，该逆或分股窜越，不特顾此失彼，两无裨益，且恐因此偾事，贻祸将来。"②这道理说得很明白。同时，他还提出在庐州附近的滁州、全椒、巢县驻扎重兵，可以就近调遣去堵住庐州

---

① 《清咸丰实录·卷二百五十九》。此为咸丰八年七月上谕。转引自莫美：《李续宾传》，岳麓书社，2019年，第164页。
② 同上书，第165页。

北路。

但是，咸丰帝不听李续宾的建议。对咸丰帝来说，南方再怎么战火连绵，毕竟距离京师尚远，而庐州一丢失，通往河南、山东的门户便大开。一旦太平军以此为据点挥师北上，咸丰帝可就睡不着觉了，大约林凤祥、李开芳的北伐军留给他的心理阴影太大了。

没有战略眼光与定力的一把手，往往会犯咸丰帝类似的错误：一遇到危机，就想起用最能干的部属当救火队，头痛医头，脚痛医脚，而不做通盘考虑。咸丰帝不但才具平平，而且刚愎自用。自从咸丰帝登基后，太平军就开始纵横中华大地，战争延续了八年仍不见平息的迹象，使其很是焦虑浮躁，因此他过于干预地方督抚和带兵统帅的战略布局，处处插手兵力的调遣。李续宾是咸丰帝最为喜爱的战将，那么必须调他去庐州堵住中原的南边门户。

作为湘军名将的李续宾，其悲哀就在于明明知道北援庐州是"顾此失彼"，会"贻祸将来"，但君命不可违抗，他不得不分兵北上，钻进十万太平军布下的"口袋"。

李续宾死得很英勇，当身边只剩下几百亲兵时，他知道败局已定，决定战死在沙场。据《李忠武公年谱》记载："立遗疏稿，写家书数行，授周宽世曰：'持此达湖北，以授吾弟。'因取朱批奏疏，顿首焚之，曰：'勿使辱于贼手！'"[1]然后，李续宾跃马冲入敌阵战死。不过，据李秀成在被俘后供述，李续宾在敌人攻进之前便在营中自缢而死；亦有投水而死一说。李续宾在遗疏最后一段言：

> 臣所难安者，朝廷信任恩深，未能报于万一；父母衰颓年老，何堪遭此惨伤？忠孝多亏，君亲两负，此则臣毕生大恨，所为椎心泣血、死不瞑目者也。伏愿皇上万机余暇，珍卫圣躬，优礼亲贤，推诚将帅。毋以臣军一覆，辄谓巨乱之难平；毋以臣命已终，或谓人才之可惜

---

① [清] 傅耀琳撰：《李续宾年谱》。[清] 梅英杰等撰：《湘军人物年谱（一）》，岳麓书社，1987年，第158页。

君臣同德，文武和衷，则大难芟夷，复成郅治，直可计日而待。臣虽不获躬逢际会，然死而有知，当率从死弁勇咸为厉鬼以杀贼，借抒生前之诚愤也。①

这些文字，至今读来仍觉浩气长存，感人肺腑。

咸丰帝被李续宾的忠诚刚烈所感动，或许还有一点点因自己瞎指挥导致大将身死的内疚吧。于是，他在手诏中动了真情：

详览奏牍，不觉陨涕。惜我良将，不克令终。尚冀其忠灵不昧，他年生申甫以佐予也。②

咸丰帝希望李续宾转世托生仍然是周代申伯、仲山甫那样的名臣，辅佐自己。他发上谕曰："李续宾从军数载，所向成功。及其见危授命，麾下将士无一偷生，实为古名将之风，允宜垂诸信史，百世流芳。"③并予谥"忠武"。除翰林出身或做过大学士的文官谥号第一个字坐"文"，其余谥号中"忠武"最贵，而清代获此谥号者共八人。

李续宾战殁，令曾国藩、胡林翼十分伤心，深感痛失长城，况且曾国藩的六弟曾国华亦随李续宾死在三河。可后来的史实证明，李续宾过早阵亡，最大的受益者是曾国藩、曾国荃兄弟。

朝廷一直防止出现尾大不掉的地方军政集团，对其领头人物倍加防范与打压。曾国藩自率湘军出省作战后，处处被中枢为难，原因端的在此。太平军破武昌、占金陵后军威大振，后因为天国高层内讧出现双方实力对比之消长，而清廷这才扭转了战局。咸丰帝的如意算盘是依靠湘军水师肃清长江，控制水运通道；依靠湘军陆师守住湖北、湖南，规复江西、安徽，控制上游；

---

① 彭再新、校国华校注：《李续宾史料三种》，岳麓书社，1987 年，第 93—94 页。
② [清] 傅耀琳撰：《李续宾年谱》。[清] 梅英杰等撰：《湘军人物年谱（一）》，岳麓书社，1987 年，第 158 页。
③ 同上书。

由江北大营、江南大营困住金陵，收最后破城之全功。湘军水陆之师涌现了罗泽南、李续宾、塔齐布、王鑫、彭玉麟、杨岳斌、黄翼升等一大批将领，这些将领率军队由朝廷直接指挥，与八旗、绿营协同作战，无须曾国藩这样处在朝廷和诸位带兵官之间的湘军统帅。于朝廷而言，这是最理想不过的。

这种盘算眼看就要成功，特别是旗人官文坐镇武昌，李续宾等新锐将领凯歌高奏，而这在咸丰帝看来，没有曾国藩，也能灭长毛。曾国藩在李续宾攻克九江前，事实上已经边缘化了，故而咸丰帝有底气下诏对曾国藩说："江西军务，渐有起色，即楚南亦就肃清，汝可暂守礼庐。"[①]这就是要抛弃湘军的"精神领袖"曾国藩。在胡林翼、李续宾、左宗棠等人的运作下，虽然咸丰帝让曾国藩再次出山带兵，但看明白大势的曾国藩已无实力讨价还价了，不得不以"钦命办理浙江军务前任兵部侍郎"这一尴尬的"临时工"身份出来做事。

李续宾及近六千精锐在三河覆没，天平立刻向曾氏兄弟倾斜了。等到重建的江北大营、江南大营先后被太平军消灭，朝廷不得不把全部希望寄托在曾国藩身上，故授其两江总督之职，尔后令其总揽皖、赣、苏、浙四省军务。曾国藩亦尽量争取作战的自主权，消极抵抗北京的胡乱指示。例如，英法联军威逼京师时，咸丰帝下旨让曾国藩带兵"北上勤王"——又如当年让李续宾分兵援庐州那样瞎指挥。曾国藩知道远水救不了近渴，反而会影响与太平军作战的大局。于是，曾国藩和李鸿章合计，一拖再拖，直到咸丰帝逃到热河，恭亲王与英法合议达成，"北上勤王"也毫无必要了。咸丰帝死在热河行宫后，经"辛酉政变"，联合执政的恭亲王和两宫太后一改咸丰帝处处插手的作风，放手让曾国藩按照自己的战略部署推进：攻占安庆，肃清皖南，由李鸿章带兵守住财赋重地——上海，最后由亲弟弟曾国荃围攻金陵。

如果不是咸丰帝出昏招让李续宾分兵北上收复庐州，而是按照事先的规划，李续宾挟克九江之威，破太湖，围安庆，那么安庆很可能由李续宾攻

---

①《曾文正公全集》（第十六册），线装书局，2015年，第91页。

克，不是两年后才由曾国荃来完成，如此接下来收复金陵的首功或许也很难落在曾国荃头上。

曾国藩晚年说"不信书，信运气"①，历史就是这样吊诡。

---

① [清] 朱克敬：《瞑庵杂识 瞑庵二识》，杨坚点校，岳麓书社，1983 年。

国家不幸个人幸：左宗棠诗中的桃源胜景只是幻境

2018年年末，我的故乡湖南普降大雪，三湘四水皆银装素裹。在家乡的朋友和亲人纷纷在朋友圈里发照片和视频，本来就山清水秀的湖湘大地在雪后更是妖娆。

遥看故乡的胜景，我想起了一百八十年前吾湘先贤左宗棠写的一首诗，题为《催杨紫卿画梅》[①]：

> 柳庄一十二梅树，腊后春前花满枝。
>
> 娱我岁寒赖有此，看君墨戏能复奇。
>
> 便新寮馆贮琼素，定与院落争妍姿。
>
> 大雪湘江归卧晚，幽怀定许山妻知。

写这首诗时左宗棠卜居湘阴柳庄，那是左氏和家人在一起度过最安宁平和的一段时光。

左宗棠出生在湖南湘阴一个"积代寒素"的家庭，祖上好几代都是秀才。那时候，民间有"穷秀才，富举人"的俗语。秀才之所以穷，因为只是功名的起点，若一个人进学获得秀才的功名，虽有一定的特权如见官不跪，但是经济收益很有限。如果不能继续考举人、进士而出仕为官，又不事稼穑、不做买卖的话，只能靠做私塾老师为生，那是很清苦的。左宗棠的父亲左观澜就是一名秀才，但考运不好。左观澜和胡林翼的父亲胡达源是岳麓书院同窗，可胡达源日后高中了殿试一甲第三名（探花），而他只能以秀才终老。

不过，左观澜感到宽慰的是他有三个聪明而刻苦的儿子：左宗棫、左宗

---

① 《左宗棠全集·家书 诗文》，岳麓书社，2009年，第409页。

植、左宗棠。三个儿子跟着当私塾先生的父亲读书，学业都很好。长兄左宗棫在二十四岁时病亡，左宗植和左宗棠两兄弟在道光十二年（1832）湖南乡试中同时中举：左宗植为第一名（解元）；左宗棠中第十八名，时年二十岁，可谓相当年轻了。但那时候，大左宗棠一岁的曾国藩连个秀才的功名都没有，直到第二年（1833年）参加第七次童子试才进学，成为一名生员。

可接下来，左氏兄弟的考运实在是太差，止步于举人。左宗棠分别于道光十三年（1833）、道光十五年（1835）、道光十八年（1838）三次进京参加会试，皆落第。其中，第二次会试已经被录取了，后来考官发现湖南多录了一名，湖北少录了一名，便把左宗棠的名字划掉，补上了一名湖北举人。——人生，就是这般有许多偶然性，得失往往在某个大人物的一念之间。在道光十八年（1838）左宗棠第三次会试时，后来居上的曾国藩不但中了进士，且被选为翰林院庶吉士。这一年落第后，左宗棠决定从此不再参加会试。

不参加会试，就无法成为进士而做官，可日子还得过下去。左家没什么田土，大概比曾国藩家还要穷。左宗棠中举人后，被湘潭周家看上，将女儿周筠心嫁给了他。周夫人的长辈做过户部侍郎（相当于财政部副部长），在湘潭算得上数一数二的大户人家。穷家小子左宗棠只能入赘周家，做了好些年上门女婿。由于三次会试落第，周夫人娘家当地的人便瞧不上这个倒插门女婿，自尊心极强的左宗棠亦有寄人篱下的屈辱感。左宗棠多年后在给亡妻周夫人的墓志铭中曰："逾年，长女生，余居妇家，耻不能自食，乞外姑西头屋别爨以居。"①"外姑"，即岳母。好在妻子和岳母对左宗棠很好，相信其非池中之物。

举人毕竟是地方精英，虽然不能直接出来做官，但竞聘教职远比秀才有优势，而且左宗棠的学问和才能远近闻名。于是，左宗棠得以主讲于醴陵的渌江书院。因为这段机缘，左宗棠结识了道光年间的名臣、湖湘人才的"推手"陶澍。

---

① [清] 罗正钧：《左宗棠年谱》，"道光十四年甲午"条，岳麓书社，1982年，第12页。

道光十七年（1837），时任两江总督的陶澍巡阅江西，顺道回湖南安化扫墓，经过醴陵，在当地要住一宿。醴陵的知县当然要好好招待这位湖湘第一大员，必须布置一下陶澍下榻的行馆。那时候，当官的读书人多，逢迎高官讲究一个"雅"字，于是知县找来左宗棠给行馆前新写一副楹联，专门欢迎陶澍。——如果搁在现在，一定是大红横幅，上面是电脑打印的大字："热烈欢迎陶澍总督莅临醴陵视察工作"。

左宗棠大笔一挥，写就一副流传至今的楹联：

春殿语从容，廿载家山印心石在；
大江流日夜，八州子弟翘首公归。①

这副对联写得太好了，奉承陶澍非常到位，用典很贴切。上联说的是道光帝接见陶澍，天语慰劳问及陶澍早年在家乡安化资江边的印心书屋读书的往事，并挥毫写下"印心书屋"几个字赐给陶澍——这是旷代殊荣。如今离家二十余年的陶澍回老家，资江中间的印心石仍在，等待着旧时的主人。下联既用旧典，又贴现实。陶澍的先祖是东晋名臣陶侃，而陶侃身兼荆州、江州二州刺史，都督八州诸军事，封长沙郡公，据长江上游，乃东晋最有实力的大臣，和王敦、王导兄弟分庭抗礼。"八州子弟"可指陶家先祖管辖荆湘八州军政大事，也指家乡各州的子弟翘首盼着陶澍回乡。

陶澍一看行馆前的楹联，很是高兴，要知县把写对联的先生找来一见。一见面，看到左宗棠只是一个二十多岁的年轻人，深谈下去，惊为奇才，于是两人结成了忘年交。第二年即道光十八年（1838）左宗棠第三次会试落第后，绕道南京去见陶澍，陶澍替自己七岁的小儿子陶桄向左宗棠的大女儿求婚。一位总督和一介布衣，两人年龄差了一辈，却结为儿女亲家，这在当时成为官场奇闻。陶澍此举，含有托孤之意。道光十九年（1839），陶澍死在南

---

①《左宗棠全集·附册·年表》，"道光十七年丁酉"条，岳麓书社，2009年，第454页。

京，而陶澍的好友、左宗棠的老师贺熙龄和左宗棠的好友、陶澍的女婿胡林翼皆写信给左宗棠，请左宗棠去陶澍的安化老家以给女婿陶桄做家庭教师的名义主持陶家大计。在陶桄之前，他的兄长夭折，其余的都是姐姐。陶桄成了陶家的一根独苗，又是小妾所生，而陶氏家族对宫保大人的遗产可是虎视眈眈。宗族夺孤儿寡母之产，在那个时代的湖南乡下是常事。左宗棠来替女婿做主，颇有威慑力。

左宗棠在安化陶家做了八年的家庭教师，将陶桄教养成人，并把女儿嫁了过去。在此期间，左宗棠举家离开湘潭岳母家，于道光二十三年（1843）在湘阴东乡柳家冲买了七十亩田，建宅院名"柳庄"。其"每自安化归来，督工耕作，以平日所讲求者试行之。日巡行陇亩，自号'湘上农人'"[1]；他还把安化的茶树引进到湘阴，并栽培成功。

做一个隐居乡下的土地主了却终身，应该是左宗棠当时真实的想法。一个举人，如果没有特别的机遇，即便通过"大挑"出来做官，也就是一个县的教谕，而年龄已是一大把。左宗棠不乐意这样的仕进之道。咸丰元年（1851），左宗棠在给贺熙龄的次子贺仲肃的信中云：

> 兄东作甚忙，日与庸人缘陇亩。秧苗初苗，田水琮琤，时鸟变声，草新土润，别有一段乐意。出山之想，又因此抛却矣！[2]

回到左宗棠《催杨紫卿画梅》这首诗，其写于道光十八年（1838），描写的是一年冬天左公从安化归来，船行湘江，正是大雪漫天。回到柳庄，天色已晚，而庭院中十二棵蜡梅正吐蕊怒放，芳香扑鼻。然后，他想到了要让画家朋友杨紫卿把雪中蜡梅画下来，并给了个命题："娱我岁寒赖有此，看君墨戏能复奇？"——如果那时候有智能手机，何必请画家？以左文襄公的性格，他一定会拍无数张"柳庄雪中蜡梅"照片，并发到朋友圈里嘚瑟。

---

① [清] 罗正钧：《左宗棠年谱》，"道光二十四年甲辰"条，岳麓书社，1982年，第23页。

② 《左宗棠全集·书信一》，岳麓书社，2009年，第71页。

但这种世外桃源的生活，只是幻境。就在左宗棠对贺仲肃说不想出山的咸丰元年（1851），洪秀全、杨秀清于广西金田村起事，洪流滚滚，浩荡向北。湖南毗邻广西，太平军出广西后，攻打的第一个省会城市便是长沙。湘阴距离长沙很近，又当北上岳阳的孔道，如果长沙被太平军占领，覆巢之下，安有完卵？为了桑梓能够保全，在各方催促之下，左宗棠终于出山，入湖南巡抚张亮基之幕，参与筹划保卫长沙。

是年，左宗棠四十岁。从此，他永别了闲适的田园生活，而时刻处在危险的战争与繁忙的政务之中。直到他七十三岁督师东南，指挥与法国的战争，病逝于福州。

如果天下太平，没有洪、杨的起事，左宗棠终老于柳庄，至死也只是一位乡绅，恐怕是大概率事件，而他后来的不朽勋业也就无从谈起。但天下大乱，左宗棠的人生下半场才那样精彩。

国家不幸个人幸，于左公而言如此，对当时大多数湘淮军将领来说亦是如此。

精通一行就有饭吃：从大哥教导诸弟的家信说起

道光二十二年（1842），第一次鸦片战争以清廷失败告终，被迫与英国签订了《南京条约》。这是天朝上国被夷人第一次重重地打脸，但那时中国的士大夫普遍只认为这是一次类似过去胡骑扰边的战争，天朝不过是以岁币换和平而已。

这一年，曾国藩虚岁三十二岁，在翰林院做一个清苦的京官，正致力于程朱之学，公事不多。这一时期，他给家人的信写得勤，而每封篇幅颇长。

是年九月十八日，曾国藩在给诸弟的信中有这么一段话：

> 卫身莫大于谋食。农工商劳力以求食者也，士劳心以求食者也。故或食禄于朝，教授于乡，或为传食之客，或为入幕之宾，皆须计其所业，足以得食而无愧。科名者，食禄之阶也，亦须计吾所业，将来不至尸位素餐，而后得科名而无愧。食之得不得，穷通由天作主，予夺由人作主；业之精不精，则由我作主。然吾未见业果精，而终不得食者也。农果力耕，虽有饥馑必有丰年；商果积货，虽有壅滞必有通时；士果能精其业，安见其终不得科名哉？即终不得科名，又岂无他途可以求食者哉？然则特患业之不精耳。
>
> 求业之精，别无他法，曰专而已矣。谚曰"艺多不养身"，谓不专也。吾掘井多而无泉可饮，不专之咎也。诸弟总须力图专业。如九弟志在习字，亦不必尽废他业。但每日习字工夫，断不可不提起精神，随时随事，皆可触悟。四弟、六弟，吾不知其心已有专嗜否？若志在穷经，则须专守一经；志在作制义，则须专看一家文稿；志在作古文，则须专看一家文集。作各体诗亦然，作试帖亦然，万不可以兼营并鹜，兼营则

必一无所能矣。切嘱切嘱，千万千万。①

这段话主要是针对其四弟曾国潢、六弟曾国华未考上秀才而言，恐两位弟弟心思浮躁、自暴自弃，不知道努力的目标。曾国藩和亲弟弟说话，力求平实，避免空洞的说教。在曾国藩看来，"谋食"即找到终身可依靠的职业是最重要的事。在农耕社会，士、农、工、商四民中，士是靠智力吃饭，其他三类是靠体力吃饭。可不管是劳心还是劳力，都是找一个饭碗。读书也一样，做官食俸禄，那是朝廷给的饭碗；当教师、当清客、当师爷，也都是为了吃饭。能不能得到一个好的饭碗，自己做不了主，得别人说了算；可自己的专业是否精通，就完全取决于本人了。读书人如果真能精其业，安能最终得不到功名？即使运气很差，没有获得功名，也能有其他的途径谋食。曾国藩认为，"然吾未见业果精，而终不得食者也"。也就是说，如果一个人的专业精通，不可能总是找不到饭吃的。

"求业之精，别无他法，曰专而已矣。"要让自己精通某一行，没有别的窍门，就是专心致志，而不能这山看到那山高，想法太多。曾国藩天资不高，能成就大事，最根本的原因就是他用"笨办法"——做一件事就认认真真、心无旁骛地做好，把事情做到极致。曾国藩有一句名言："莫问收获，但问耕耘。"②"莫问"之意，不是真的不需要收获了，而是说只要好好地耕耘，不需要太担心收获，因为土地不负勤劳人。

此中道理，至今不过时呀。我等驳杂不专，已历半生，惭愧！

①《曾国藩全集·家书一》，"道光二十二年九月十八日"信，岳麓书社，2011年，第31—32页。

②《曾国藩全集·诗文·联语》，岳麓书社，2011年，第129页。此句为联语"不为圣贤，便为禽兽；莫问收获，但问耕耘"的下联，以自箴。此联作于咸丰元年七月十二日。

佃户的权利：读曾文正公一则日记有感

道光十九年（1839），中了进士并被选为翰林院庶吉士的曾国藩回到老家湖南湘乡，循例休假。

在休假日，曾国藩无非是访亲拜友，四处打秋风。他在农历二月二十日一则日记中云：

> 朱良二旧佃彭简贤阻新佃易朝宗耕，昨日有人和释，劝朱出钱三千。简贤已写退耕领信字，本日复强悍不服，辰后带上永丰分司处法禁。午饭后，由永丰起程，至走马街宿。①

这段话记载了当时湘中地区一起退佃纠纷。"朱良二"是湘乡县梓门桥人（今属双峰县），与杏子铺的朱尧阶同族。朱尧阶是曾国藩早年在故乡时最为尊重的兄长和同学，朱家比曾家富裕，常年资助曾家粮米，直到曾国藩做了京官依然。朱良二原来的田租给了一位叫彭简贤的佃户耕种，后来想换给新佃户易朝宗耕种，且事先已经给彭简贤说好了，并支付了三千钱（道光年间大约一两多银子）做补偿，而彭佃户已同意签字画押。可到新佃户来耕种时，这位姓彭的旧佃户又来阻止。作为新科翰林的曾国藩，帮助朱家将闹事的旧佃户带往永丰镇（今双峰县城）分司衙门办"学习班"。

湘乡当时是超级大县，县境包括今天的湘乡市、双峰县、娄底市娄星区和涟源市一部分，故派县丞（副县长）分驻永丰镇，处理湘乡中里一带乡村的事务。

这位姓彭的旧佃户，或许此前由于信息不对称受了骗，轻易交还了佃

---

①《曾国藩全集·日记一》，"道光十九年二月二十日"条，岳麓书社，2011 年，第 8 页。

权，所以到了新佃户来耕种时又反悔并前来阻止；或许此人纯是耍无赖，出尔反尔，得了钱后又反悔。不管怎么样，一个佃户竟然敢和东家对抗，让东家不得不请出了新翰林曾老爷来打通官府。县丞看着新翰林曾老爷的面子，估计会对"闹事"的旧佃户严厉处置，以示震慑。——中国古代的穷人未必怕富人，但是怕官府。

这件事可能超出一般人的想象，受剥削、受压迫的佃户怎么敢这样呢？地主怎么这样窝囊？

下面以我小时候爷爷给我讲过的一件他亲身经历的事为例，证明湘中佃户确实不是逆来顺受。

我爷爷年轻时租种了邻村王九老爷的几亩水田，每年交租足额而及时。在秋收的时候，地主一般会巡视其佃户种的田地——担心佃户偷藏稻谷。佃户对巡查的地主当然是很巴结，杀鸡杀鸭招待。可当王九老爷到了我家，我爷爷不当回事，吃饭时连个鸡蛋也没有，端上一碗咸菜和一碗米饭。无论王九老爷怎么暗示，我爷爷就是不当回事。最后，王九老爷发飙了，饭也不吃了，临走前扔下一句话："明年，这田你别种了。"——意思是，强行退佃。

没成想，我那位硬气的爷爷回敬一句："好吧，我看谁敢接着种。"

果然，退佃以后，没有新佃户敢接手我爷爷耕种的田地。原因很简单，我爷爷并没有违背按照收获的一半交租给地主的约定（地租比例，各地和各个时期可能不一样。我记得祖父和父亲说过当时东家和佃户对收获的稻谷是对半分），仅仅是因为佃户招待不好东家就被东家退佃，违反习惯法，所以没人敢接盘。开春时，眼看几亩好水田要荒芜的王九老爷不得不来找我爷爷，求他再耕种下去。——我爷爷很是牛气地拿糖了一把。

曾国藩日记所写的事和我爷爷与王九老爷的交锋大约相隔一百年，那一百年间湘中地主和佃户的关系基本稳定，地主对佃户并不是予取予夺，随便就能收回佃权的。由此可见，这个习惯法很是强大。

曾国藩日记所写的是道光年间的事。道光帝的儿子咸丰帝即位后，下谕旨将这一习惯法变成了成文法：

佃不辞东，东不得辞佃。

意思是，佃户可以主动退佃，不种东家的地，而东家不能无正当理由收回佃权。这种对佃户权利的保护，实质上是为了保障社会稳定。这种规定一直延续到民国年间，所以我爷爷晚年还能给我吹牛说他赢了东家。

从一封家书可窥太平天国爆发的必然性

太平天国是中国两千年帝制时代最大规模的一场农民起义，延续十四年，席卷大半个中国。其与清廷的战争亦是中国史上最大规模的一场内战，所造成的惨重后果，考诸史册，无可逾之。太平天国的重点活动地区是当时中国经济、文化最为发达的江苏、浙江、安徽、江西、湖北等地，而战争过后昔日的富庶之地呈现了"白骨露于野，千里无鸡鸣"（曹操《蒿里行》）的境况，人口和财富呈现跳崖式下降。这场战争究竟使中国损失了多少人口？有不同的说法，最多的估算是1.6亿，较少的估算也超过5000万。

显然，如果只把这场大劫的原因归咎为领导起事的洪秀全、杨秀清等天国的高层，是不公平的。洪、杨起事的根本原因是清朝政治腐败导致官吏横征暴敛、人民生活困苦，只要有一点火星，就会成燎原之火，即使没有洪秀全、杨秀清，也还会有其他人。洪秀全等人借用基督教的几本经书和一些名词、概念、组织形式，加上中国底层知识分子对其望文生义、生搬硬套的理解，搞出一个非驴非马的"拜上帝教"，对中国传统文化深怀仇恨并进行毁灭式的摧残，是其失败的重要原因。但这是另一个问题，洪、杨后期的骄奢和残暴并不能否定"官逼民反"的必然性。

从太平天国起事前做京官的曾国藩给湖南老家几位弟弟的一封家书中，可窥中国普通百姓生活之穷苦已到了极点，而天下大乱只是时间早晚的问题。

道光二十三年（1843），曾国藩被委派为四川乡试的主考官。也是在这一年，洪秀全、冯云山创立了"拜上帝教"。乡试主考官是个肥差，曾公为此发了一笔财。据张宏杰《给曾国藩算算账》（中华书局，2015年版）考证，公款支付的程仪加上私人赠送的钱物，大约六千两白银。曾国藩给老家寄去一千两，其中六百两用于偿还积年的债务，四百两用来赠送给族人和亲戚。为此，几位弟弟啧有怨言，因为六百两不够还家里的欠账，弟弟们在家书中抱怨大哥给族戚馈赠的数目太大了，有"非有未经审量之处，即似稍有近名之心"①之语，认为老兄不顾自家的实际状况而穷大方来博取好名声。

接到家书后，曾国藩很是伤心，回了一封长信来解释他为什么要这样做。其信中叙述了族戚的穷苦之状，几两银子的接济便是雪中送炭。信云：

兄己亥年至外家，见大舅陶穴而居，种菜而食，为恻然者久之。通十舅送我，谓曰："外甥做外官，则阿舅来作烧火夫也。"南五舅送至长沙，握手曰："明年送外甥妇来京。"余曰："京城苦，舅勿来。"舅曰："然。然吾终寻汝任所也。"言已泣下。兄念母舅皆已年高，饥寒之况可想。而十舅且死矣，及今不一援手，则大舅、五舅者又能沾我辈之余润乎？十舅虽死，兄意犹当恤其妻子；且从俗为之延僧，如所谓道场者，以慰逝者之魂而尽吾不忍死其舅之心。我弟我弟，以为可乎？

兰姊、蕙妹家运皆舛。兄好为识微之妄谈，谓姊犹可支撑，蕙妹再过数年则不能自存活矣。同胞之爱，纵彼无觖望，吾能不视如一家一身乎？

欧阳沧溟先生夙债甚多，其家之苦况，又有非吾家可比者。故其母丧，不能稍隆厥礼。岳母送余时，亦涕泣而道。兄赠之独丰，则犹徇世俗之见也。

楚善叔为债主逼迫，抢地无门。二伯祖母尝为余泣言之。又泣告子植曰："八儿夜来泪注，地湿围径五尺也。"而田货于我家，价既不昂，事又多磨。尝贻书于我，备陈吞声饮泣之状。此子植所亲见，兄弟尝歔歔久之。

丹阁叔与宝田表叔昔与同砚席十年，岂意今日云泥隔绝至此！知其

---

① 《曾国藩全集·家书一》，"道光二十四年三月初十日"条，岳麓书社，2011年，第67页。

窘迫难堪之时，必有饮恨于实命之不犹者矣。丹阁戊戌年曾以钱八千贺我。贤弟谅其景况，岂易办八千者乎？以为喜极，固可感也；以为钓饵，则亦可怜也。任尊叔见我得官，其欢喜出于至诚，亦可思也。

………………

六弟、九弟之岳家皆寡妇孤儿，槁饿无策。我家不拯之，则孰拯之者？我家少八两，未必遂为债户逼取；渠得八两，则举室回春。贤弟试设身处地而知其如救水火也。

彭王姑待我甚厚，晚年家贫，见我辄泣。兹王姑已没，故赠宜仁王姑丈，亦不忍以死视王姑之意也。腾七则姑之子，与我同孩提长养。各舅祖则推祖母之爱而及也。彭舅曾祖则推祖父之爱而及也。陈本七、邓升六二先生，则因觉庵师而牵连及之者也。

其余馈赠之人，非实有不忍于心者，则皆因人而及。非敢有意讨好沽名钓誉，又安敢以己之豪爽形祖父之刻啬，为此奸鄙之心之行也哉？[①]

曾国藩要接济的人，要么是几位舅舅，要么是亲姊妹，要么是几位兄弟的岳家，要么是姑妈，要么是近支族人，皆为至亲，而他们都巴望着做官的曾国藩能够施以援手。曾家是个小地主，并不富裕，因此长年欠债。但他们这些族戚，则更为贫穷，几乎到了生活难以为继，随时可能饿毙的地步。

这是当时中国大多数农民生存的常态。在农耕时代，湖南湘乡尚属田土肥沃之地，广西、贵州等地更为贫瘠。洪、杨决心揭竿而起，振臂一呼，应者如云，太正常不过了。但洪、杨起事后，曾国藩练湘军，在老家招兵，亦是得到热烈响应。因为湘军比起绿营待遇优厚，穷苦山民希望跟着曾大人出去挣饷银养家，运气好能博个富贵前程，运气不好无非战死沙场，也强似穷死在老家。这和跟随太平天国起事的农民几乎是一样的。

以命谋食，都是穷苦使然。

––––––––––––

① 《曾国藩全集·家书一》，"道光二十四年三月初十日"条，岳麓书社，2011年，第67—69页。

肃六爷拿胥吏也没办法：咸丰九年户部衙门的火灾

咸丰九年（1859）十一月二十九日，正值冬至，大清帝国的户部衙门发生了一场火灾，大火从午时开始，到亥时才熄灭，差不多烧了六个时辰，"存案尽毁"。据史料记载：

> 户部灾发，自稿库延至大堂、二堂、二门、八旗俸饷处、司务厅、现审处、官票所、陕西、湖广、浙江、山东四司，凡三百馀楹，贵州司当火道独存。①

这场火起得实在是蹊跷，灾后胥吏们纷纷说这是天灾。时有诗人丁颐伯写别赋《跋扈将军行》，亦持此说：

> 上帝命祝融，扫荡无孑馀。
> 煌煌大农署，创建亦有初。
> 岿然数百载，一炬成空虚。
> 将军不悔祸，叱咤风云惧。②

"大农署"即户部。司农，在上古时代是负责教民稼穑的官。汉为九卿之一，明、清两朝以户部司漕粮田赋，故别称户部尚书为"大司农"。

"将军"指的是咸丰朝第一权臣肃顺。他是铁帽子王之一郑亲王济尔哈朗七世孙，其兄长端华承袭了王爵。他在兄弟中排行第六，宗室中有"肃六爷""肃老六"之称。此人见识远大，办事干练，对清廷也是忠心耿耿，深得

---

① 郭则沄：《十朝诗乘·卷十七》，民国二十四年（1935）栩楼刊本。
② 同上书。

咸丰帝倚重，因此不免飞扬跋扈。

肃六爷早看清楚满蒙亲贵子弟不堪重用，对旗人很是严苛，常说"旗人多混蛋"这类"政治不正确"的话。但他对汉族有名望、有能力的士大夫很客气，延聘王闿运、高心夔等名士为西席。清廷与太平天国的战争中，八旗和绿营腐败不堪，屡战屡败，而身处中枢的肃顺则大力支持曾国藩、胡林翼、左宗棠等湘军统帅。因此，旗人很讨厌这位胳膊肘往外拐的黄带子。

咸丰九年，肃顺被咸丰帝任命为户部尚书。此公一来就清查旧档案，察觉宝钞处所列"宇"字（古代许多档案编号用千字文，按"天地玄黄，宇宙洪荒"排下来）五号欠款，与官钱总局存档不符。也就是说，同一笔钱，两处的记录对不上，那肯定有人在里面动了手脚，做假账从中渔利。于是，眼里揉不得沙子的肃顺请示皇帝，要求彻查此事。

京城官员都知道肃顺老爷心狠手辣，对犯事的官吏毫无仁慈之心。咸丰八年（1858），顺天乡试"科场舞弊案"事发，蒙古正蓝旗人、大学士柏葰为主考官。其本可以不死，咸丰帝也想饶他一命，但肃顺向皇帝据理力争。这样，皇帝也没办法，下谕旨曰：

> 科场为抡才大典，交通舞弊，定例綦严。自来典试诸臣，从无敢以身试法者。不意柏葰以一品大员，辜恩藐法，至於如是！柏葰身任大臣，且系科甲进士出身，岂不知科场定例？竟以家人干请，辄即撤换试卷。若使靳祥尚在，加以夹讯，何难尽情吐露？既有成宪可循，即不为已甚，就所供各节，情虽可原，法难宽宥，言念及此，不禁垂泪！①

于是，柏葰成了清代科举史上唯一被斩杀（连赐自尽的待遇也不给）的一品大员。当然，有史家说因为肃顺和柏葰素有过节，所以肃顺挟私报复。

---

① 《清史稿·卷三百八十九·列传一百七十六》。又，军机处主谕档，"咸丰九年二月十三日"上谕，中国第一历史档案馆藏。

但在明清时期，科举舞弊实在是太大的把柄了，被政敌抓住，也没什么可喊冤的。

"阎王"六爷现在来主政户部了，上下官吏心惊胆战。对于"宝钞案"，肃顺委派自己器重的户部主事李寿蓉主持调查。李寿蓉乃湖南长沙人，生了个女儿李闰，后来嫁给了同乡俊杰谭嗣同，而谭嗣同的父亲谭继洵也多年在户部为官。

李寿蓉不想扩大查处范围，禀报时想办法替涉案的人开脱。肃顺大为失望，指责李寿蓉为"君欲从井底救人耶"。李寿蓉回答说："某何能救人，但不忍下石耳。"①肃顺盛怒之下，将户部中与"宝钞案"诸多的人统统弹劾，株连达百数十人。李寿蓉也被打入刑部大狱，随之被抄家籍没。

清代六部和地方衙门，是铁打的胥吏流水的官。老爷们干几年就走，而办事的胥吏往往父子、师徒相承，把持一个部门很长的时间，所以新来的官员只有和这些胥吏合作才能坐得安稳，然后大家一起发财。

案子牵连的人越来越多，于是有书办害怕继续查下去，便一把火毁了档案——很有可能有更高级别的人指使。

肃顺当然知道里面有鬼，决定彻查火灾。可很快洋人来了，英法联军从大沽口登陆，向京师进发。此时，御敌是第一要事，其他的事先搁下。

后来的事大家都知道了，肃顺跟着咸丰帝仓皇北狩，逃到了承德。咸丰帝驾崩于此，临死前任命肃顺为赞襄政务王大臣即辅政大臣，肃顺就此达到了个人权力的顶峰。再后来，慈禧太后和小叔子恭王奕䜣联手，做掉了肃顺。肃顺因为得罪旗人太甚，押到刑场处决时，两旁的观看者向其吐唾沫、扔果皮，大呼杀得好。肃顺的家亦被抄，可并没发现多少值钱的东西。——这是一个当时少有的清官。

---

①［清］朱克敬：《〈天影盒诗存〉序》。［清］李寿蓉：《天影盒全集·诗存》，民国三年（1914）湘南印务馆刊刻本。又，《李寿蓉集》，岳麓书社，2011年。

肃顺被杀后，李寿蓉等人被放出，官复原职，而户部大火也无人再追查下去，结果不了了之。

话说在电视连续剧《天下粮仓》中，乾隆皇帝派人清查通州粮仓亏空时，贪官潘世贵害怕罪证暴露，指使人放了一把火把通州西仓烧了个精光。这样的戏码，在中国历史上一再上演。

君民末世自乖离：清代最后一位重臣的临终悲鸣

清宣统元年七月初六（公历1909年8月21日），大清最后一棵大树枯萎倒地——军机大臣、体仁阁大学士张之洞在京师辞世。此前的元年正月，袁世凯以"足疾"开缺，回河南安阳养病。摄政王载沣本来想杀掉袁世凯，张之洞以"主少国疑，不可轻于诛戮大臣"①为由劝谏，保住了袁项城之头颅。

自太平天国起事后，汉人督抚逐渐掌握了实权，先后涌现了曾国藩、左宗棠、李鸿章、张之洞等大臣，这些大臣对大清是实心实意的忠诚，与后来逼宫的袁世凯很不一样。可以说，张之洞的死是一个大时代的结束，从此大清的颟顸权贵们在自取灭亡的道路上狂奔，他们以为掌握了枪杆子，收回了汉臣的大权，重用大清的黄带子、红带子，江山就永固了。

张之洞是在忧心忡忡中死去的。时下，网上盛传一个故事：宣统帝的生父、摄政王载沣在张之洞病危时亲赴府邸探望，张之洞弥留之际仍不忘清廷的安危，对载沣说"舆情不洽"，担心"激出变故"，希望安抚民众，而载沣信心满满地说"有兵在"。

有野史说，张之洞受载沣此话刺激，吐血而死，但这未必可信。不过，张之洞几乎看到了大清快要覆亡的命运，则是确凿的，有其留世的最后一首诗《读白乐天"以心感人人心归"乐府句》为证：

> 诚感人心心乃归，君民末世自乖离。
> 岂知人感天方感，泪洒香山讽喻诗。②

---

① 载涛：《载沣与袁世凯的矛盾》。文史资料委员会编：《晚清宫廷生活见闻》，文史资料出版社，1982年，第80页。

② 《张之洞全集·诗文》（第十二册），河北人民出版社，1998年，第10586页。

这是张之洞读唐代大诗人白居易的《七德舞》有感而发。张之洞号"香涛"，白居易号"香山"，"二香"可谓隔代知己。白香山《七德舞》的主旨是"美拨乱，陈王业也"，生在元和衰世的白居易怀念唐太宗李世民辅佐父亲李渊定鼎平乱的伟绩，所谓：

> 太宗十八举义兵，白旄黄钺定两京。
>
> 擒充戮窦四海清，二十有四功业成。
>
> 二十有九即帝位，三十有五致太平。

白居易认为唐太宗的成功不仅仅是靠武力，而是民心所归：

> 则知不独善战善乘时，以心感人人心归。

"人"当是"民"，为了避李世民的讳。到了晚清末造，张之洞看到的是"君民末世自乖离"，上层骄横，民众怨愤，上下离心离德，动乱一触即发。然而大势已去，走到生命最后时刻的张之洞对这一切无能为力，当年的"清流派"骨干、心怀"经营八表"之志的重臣也只能"泪洒香山讽喻诗"了，并在死前对好友陈宝琛曾叹息"国运尽矣"[1]！

张之洞所感"君民末世自乖离"，不限于皇帝与臣子、黎民的"乖离"，也包括大臣之间的倾轧。黄濬《花随人圣庵摭忆》中言：

> 光绪初叶，帝后两党交哄，而李高阳与翁常熟交恶，其终也，促成中日甲午之战，所关于国运者甚大。……其后翁主战，李欲格之，不能。不可战而战，所失倍甚。[2]

"李高阳"指直隶高阳籍的李鸿藻，"翁常熟"则指帝师翁同龢。后世许多人同情光绪而憎恨慈禧太后，褒扬主战派翁同龢。但历史远非这么简单，

---

① 胡钧编：《张文襄公年谱》，民国二十八年（1939）北京天华印书馆铅印本，第287页。
② 黄濬：《花随人圣庵摭忆》，中华书局，2013年，第87页。

翁因与湘淮系的私怨而刺激李鸿章所掌握的海、陆军与日军交战，是不争的史实。

张之洞是李鸿藻的同乡，又是李仰仗的"清流四谏"之一，因此翁同龢等"南党"对其常常使绊子。黄濬在《花随人圣庵摭忆》又言：

> 《广雅堂诗集》，《送同年翁仲渊撰从尊甫药房先生出塞》一首，下有文襄自注："药房先生在诏狱时，余两次入狱省视之。录此诗，以见余与翁氏分谊不浅。后来叔平相国一意倾陷，仅免于死，不亚奇章之于赞皇，此等孽缘，不可解也。"①

张之洞的幕府曾劝其删去此段"自注"，以免影响高层团结和谐，但张执意不肯，可见其对翁同龢的恨意。"翁仲渊"是同治二年（1863）的状元翁曾源，这一科探花是张之洞。"翁叔平"即翁曾源的叔叔翁同龢。"药房先生"即翁曾源的父亲翁同书，在任安徽巡抚时犯下大错被曾国藩所参（据传是其得意门生李鸿章拟稿），先被判处斩监候，后被流放。——张之洞是睚眦必报的人，他才不会为了面子在笔墨上饶过翁同龢。

在张之洞此首绝命诗之前还有一首《读宋史》，讽喻大清设满汉畛域，重用满蒙亲贵而压制汉族精英：

> 南人不相宋家传，自诩津桥惊杜鹃。
> 辛苦李虞文陆辈，追随寒日到虞渊。②

宋太祖赵匡胤登基后，认为南人奸猾，诏令不许南方人当宰相。据邵雍《邵氏闻见录》记载："治平间，（邵雍）与客散步天津桥上，闻杜鹃声，惨然不乐。客曰：'何也？'康节先公曰：'不三五年，上用南士为相，多引南人，专务变更，天下自此多事矣！'"到了北宋中后期，由于经济、文化重心南

---

① 黄濬：《花随人圣庵摭忆》，中华书局，2013年，第88页。
② 《张之洞全集·诗文》（第十二册），河北人民出版社，1998年，第10585—10586页。

移，南人为相已是寻常之事。张之洞在此诗中刺了一把宋太祖的遗训：李纲、虞允文、文天祥、陆秀夫等南人宰相，伴随宋王朝自南渡中兴到崖山亡国。

张之洞去世两年后（1911年），武昌首义，引发大清政权坍塌。张之洞生前以孤臣之心担忧的结局终于发生了。不过，他大概没有料到，大宋毕竟还善待士大夫，但大清防范汉人到最后，至覆亡时竟然没有一个像文天祥、陆秀夫那样的人为这个王朝殉葬。

丁宝桢为什么敢杀慈禧的心腹安德海？

曾国藩颇为看重的幕僚赵烈文，同治八年（1869）八月初六正在曾的直隶总督衙门中。赵烈文在当日的日记中记载：

> 下午，入谒涤师（曾国藩）久谈。闻太监小安儿假冒造办龙衣钦差，在山东招摇，为东抚丁宝桢揭参，奉廷寄沿途拿获，无庸问供，即行就地正法。本朝约束阉宦家法本严，自两宫垂帘，不得不假此辈传命令，遂成城社之恶，都门物议哗然。此旨一下，人心为之大快，朝政清明，可为额手。①

八月十一日，赵烈文又在日记中记载：

> 是日见丁抚来咨，安太监得海（青县人，年二十六岁）。已于八月初二在泰安截获，初六奉沿途正法之廷寄，初七斩之。闻丁抚入觐时，曾受当道意旨，故未奏奉上谕即下手擒拿，而安之出，实有人诪之也。②

这就是同治朝的大事件、让后人津津乐道至今的丁宝桢智除安德海。

安德海，何许人也？他是慈禧太后最宠幸的心腹太监，此人自幼净身入宫，长相俊俏，又聪明伶俐。咸丰帝驾崩后，他为慈禧"垂帘听政"立下大功。

咸丰帝死前任命肃顺等八大臣为顾命大臣——实际上是八位重臣联合摄

---

① [清] 赵烈文：《能静居日记》（第三册），"同治八年八月初六日"条，岳麓书社，2013年，第1273页。
② [清] 赵烈文：《能静居日记》（第三册），"同治八年八月十一日"条，岳麓书社，2013年，第1274页。

政，而两位太后慈安和慈禧，以及咸丰帝的弟弟恭亲王奕䜣被冷落一旁。不甘心的慈禧和慈安两位太后商量后，拟了一道密诏，盖了两位太后"御赏"和"同道堂"印章，派安德海秘密进京，召奕䜣速来承德共商除肃顺大计。

奕䜣接到密诏后，以为兄长、皇帝奔丧为名，于咸丰十一年（1861）八月初一日来到承德行宫。其又在安德海的安排下，与两宫皇太后秘密见面商讨，最后叔嫂联手发动了"辛酉政变"，褫夺了肃顺等八位顾命大臣的权力，并将肃顺斩首于菜市口。

论功行赏，安德海很快成了太监总管。由于两宫太后是女流，不方便面见大臣，许多命令需要他去传达。于是，得意忘形的安德海开始干预朝政，开始了他"自作孽，不可活"的人生旅途。

同治七年（1868）冬，安德海上演了一幕"太监娶妻"的丑剧。他在北京前门外天福堂大酒楼张灯结彩，大摆酒席，娶徽班名旦角、十九岁的美女马赛花为妻。慈禧太后特地赏赐白银一千两，绸缎一百匹。

据说，因为安德海伺候慈禧太后到了几乎形影不离的地步，这番娶妻便被老百姓添油加醋地传播，说他是个"假太监"，并没有完全丧失男人的性功能，所以才让三十余岁的慈禧太后那么喜欢。这简直是淫乱后宫呀！同时，这样的丑闻让法定地位高于慈禧太后的慈安太后很不安。

安德海得意忘形到什么地步呢？他不把年幼的同治帝和相当于内阁总理的恭亲王奕䜣放在眼里。慈禧太后对年幼的同治帝管教甚严——孤儿寡母多半如此，而安德海服侍慈禧太后很舒服，所以慈禧十分信任他，有时候他还承慈禧太后之意训斥小皇帝。但小皇帝也是有自尊的，同治帝幼小的心灵里对安德海已充满了恨意。

大清入关之后，鉴于明朝太监干政导致亡国，顺治帝于顺治十年（1653）颁布上谕，严禁太监干政：

一、非经差遣，不许擅出皇城；

二、职司之外，不许干涉一事；

三、不许招引外人；

四、不许交接外官；

五、不许使弟侄亲戚暗相交接；

六、不许假弟侄名置买田产，从而把持官府，扰害民人。①

两年后（1655年），顺治帝又命工部将这道上谕铸成铁牌立于紫禁城内交泰殿门前，以示警诫。

作为爱新觉罗的子孙的恭亲王奕䜣，对气焰熏天的安德海自然很是憎恶，便想尽一切办法来压制他。安德海自恃有慈禧太后做靠山，根本不把恭亲王放在眼里。同治四年（1865），慈禧太后利用一位御史弹劾奕䜣的奏折，亲笔写诏书责奕䜣骄盈溺职，召对不检，罢直军机、议政。后经王公大臣九卿科道等公奏，"兹览王公、大学士等奏，佥以恭亲王咎由自取，尚可录用，与朝廷之意正相吻合"②。因为当时天下很不太平，慈禧太后还需要恭亲王，不久后就恢复了恭亲王领班军机的地位，但罢掉了他"议政王"的头衔。据说，这次慈禧太后向恭亲王发难，也是安德海挑拨而成。

安德海得罪了正是叛逆少年的皇帝和相当于内阁总理的首席军机大臣，等于把自己置于危险的境地，虽然有慈禧太后这座大靠山，但稍不留意，潜伏的杀机便可致命。

正如赵烈文日记中所言，这一次是有人引诱安德海，把他往火坑里推，因为在宫内乃至北京城内，没人杀得了安德海。骄横惯了的安德海上了套，想出京威风威风，以皇帝大婚采办龙衣为名下一趟江南。安德海几次请求慈禧太后，对其言听计从的慈禧太后答应了他。于是，一个太监成了奉太后之命的钦差，坐着龙船大摇大摆出京了。

可是，安德海这个钦差是没有法理上的支撑的，这也是丁宝桢能杀掉他

---

① 转引自曾凡炎：《清代宦官制度与晚清宦官事件探析——兼评丁宝桢杀安德海》，载《贵州师范大学学报（社会科学版）》2001年第1期，第85页。

② [清] 吴庆坻：《蕉廊脞录·卷一》，中华书局，1990年，第25页。

的原因。

安德海并未携带钦差的凭证，一路张扬。到了山东境内时，德州知州赵新对此很是不解：既是钦差过境，却为何未接到"明降谕旨"并部文传知（按例，清朝派遣大臣出京，军机处向沿途地方衙门发出公文，沿途地方官员按礼迎送）？

安德海手下的护兵购买物品，也未出示"传牌勘合"（清朝奉命出京的军人由兵部签发，途经各地可凭"勘合"由地方官府供应物品）。赵新立即将此事上报巡抚丁宝桢，丁宝桢命令手下的州县见到安德海就立刻擒拿。

同治八年（1869）八月二日，安德海在泰安县被知县何毓福抓获，与其随从陈玉祥等三人随即被先行押往济南，由丁宝桢亲自审讯。拿到安德海的口供，丁宝桢即写好奏章让快马直接递交军机处。军机处当然是恭亲王奕䜣做主，马上给丁宝桢发出密谕，内称：

> 太监安德海，违背祖制，擅自出都，若不从严查办，何以肃宫禁而儆效尤？著直隶、山东、江苏各督抚速派干员，严密拿捕，拿到即正法，毋庸再行请旨。[①]

八月七日，丁宝桢亲自验明正身，将安德海就地正法于济南。如果将安德海带回北京处理，只要慈禧太后说一句话，多半死不了，必须快刀斩之。

这其实是丁宝桢和恭亲王奕䜣主持的军机处上演的一出"双簧戏"，绕过了慈禧太后，拿违背祖制说事，堵住了慈禧太后的口。慈禧太后当然明白这是恭亲王奕䜣导演的戏，心里又给这位能干的小叔子记了一笔。

至于丁宝桢，此后仕途不但没有受影响，反而升至四川总督。有野史说，丁宝桢杀掉安德海后，命令手下人将安德海的下身赤裸示众，让围观的吃瓜群众眼见为实——这果然是个真太监。丁宝桢用这种方式替慈禧太后辟谣了。

---

① 转引自曾凡炎：《清代宦官制度与晚清宦官事件探析——兼评丁宝桢杀安德海》，载《贵州师范大学学报（社会科学版）》2001 年第 1 期，第 86 页。

丁宝桢是贵州人，翰林院庶吉士出身，丁忧后就在湖南做官，先后担任过岳州知府、长沙知府，与湘军大佬关系密切。在光绪元年（1875）慈禧太后拿平反"杨乃武与小白菜"案来打压湘军系、整顿吏治时，丁宝桢还大为不平，面斥刑部尚书桑春荣糊涂，说这个案子如果翻过来，将来"外官难为"。杀安德海时，丁宝桢已经充分考虑了利弊，把风险降到了最低。——这真是一个官场老油条。

不过，安德海自取灭亡，还是他见识太浅了，以为有慈禧太后的庇护，就没人奈何得了他，可他成了那么多重量级人物的眼中钉，必死无疑。安德海只不过是老佛爷的一把夜壶，而老佛爷又何必为了这把夜壶将小叔子、儿子和天下督抚都得罪完呢？

郭嵩焘：已中洋毒的大臣，朝廷怎么可能给谥号

在中国明清两代，高官死后，最大的哀荣是皇帝赐予谥号。赐何种谥号，非常有讲究。

谥号，是以一个字或两个字（明清大臣多是两字）对某人一生做出评价，这是皇帝的恩典，要带进棺材，要留给子孙，是千秋万代荣耀所系，其重要性可想而知。历史上一些大臣被冤杀了，多年后平反昭雪一个重要的标志是追谥，如明代的于谦先追谥为"肃愍"，万历年间又改为"忠肃"。"愍"表示"在国遭忧""在国逢难"，意指其悲惨遭遇，正能量不如"忠肃"。反之，一位大臣刚去世时备极哀荣，予一个很高的谥号，但过了些日子被皇帝清算，重要的惩罚就是"夺谥"，如张居正谥"文忠"，后被万历帝褫夺。直到崇祯帝即位，明白张居正这样的"救时宰相"太难得，又恢复了他的谥号。

曾国荃去世后，其长兄曾国藩的得意门生俞樾（字曲园）所送的挽联下联是："钟灵秀三湘七泽，予谥法者五，建专祠者四，晋赠太傅者二，数列代凌烟盛迹，玉璜金版，足冠千秋。"[1]俞曲园先生特意点出曾氏一门兄弟父子五人死后获得了谥号，其中曾国藩谥"文正"，曾国荃谥"忠襄"，曾国华谥"愍烈"，曾贞干谥"靖毅"，曾纪泽谥"惠敏"。

光绪十七年（1891），湘军系大佬、中国首任驻外公使的郭嵩焘在长沙逝世，但清廷没有赐予他谥号。许多人为之不平，而清廷不予谥的根本原因，恐怕是他在清朝官场的形象已经被定格了：已中洋毒，且不知悔过。

考查清代予谥大臣，大约有三条标准，我以为郭嵩焘都够得上。

第一条是级别。予谥的官职起点一般在朝廷为侍郎及以上，在地方为巡

---

[1]《曾国荃全集·荣哀录》（第六册），岳麓书社，2006年，第121页。

抚以上。这个标准也不是铁定的，更高级别的官员如果因为受过处分也可能不予谥，如当过云贵总督的刘岳昭因"马嘉理事件"被革职，死后没有得到谥号。不过，有战功的官员，这一标准就会放宽。郭嵩焘做过署理广东巡抚、兵部侍郎，职位的标准是够的。

第二条是政绩，尤重战功。在岗位和战场上殉职的，职位低于巡抚的予谥的很多，如罗泽南、王鑫、曾国华、曾贞干，不过是道员甚至知府的职衔。但他们是在战场上或战死或病死，给这样的官员谥号是为了表彰忠节。郭嵩焘也是有战功的，虽然不是像曾国藩、左宗棠、胡林翼那样指挥千军万马与敌军作战，但他在第二次鸦片战争时，随僧格林沁亲王帮办军务，后来长期为湘军筹集粮饷。郭嵩焘还举荐过左宗棠，劝说曾国藩墨绖从军，关键时刻做李鸿章的工作，告诉他只有跟着老师曾国藩才有前途。郭嵩焘在晚年历风波万里出使英法，风险一点不亚于上战场。

第三条是科第出身。清代中后期不入翰林者很难谥"文"，当然也有例外，如左宗棠以举人出身谥"文襄"，那是因为他功劳太大了，且有大学士的身份。如果说中进士是一个门槛，那么入翰林院是更高的门槛，而入值南书房（做皇帝的"文字秘书"）的门槛还要更高，但这三个门槛郭嵩焘都跨过了。郭嵩焘在咸丰六年（1856）以翰林院编修身份充南书房行走，深得咸丰帝器重。

光绪元年（1875），在长沙闲居近十年的郭嵩焘奉旨进京，这是朝廷想起用他。陛见太后和小皇帝之前，据郭嵩焘日记记载："内侍传恭邸（恭亲王）命，至军机处坐。佩蘅（军机大臣宝鋆）相国让座，予谢不敢。恭邸言：南书房旧人，何谦为！"[1]可见，那个时代入值南书房是多么耀眼的资本。

为此，郭嵩焘的会试同年、好友李鸿章专门上疏皇帝，恳请朝廷将郭嵩焘宣付国史馆立传并赐予谥号。李鸿章重点指出郭嵩焘出使欧洲的功绩：

---

①[清]郭嵩焘：《郭嵩焘日记》（第三卷），"光绪元年正月初八日"条，湖南人民出版社，1982年，第2页。

（光绪）二年充出使英法大臣。遣使之初，人皆视为畏途，朝命特以充选。在西洋三年，考究利病，知无不言。英国于南洋开辟新嘉坡［新加坡］一岛，闽广人流寓贸易工作者，不啻十万，悉受制于英官。该侍郎据约力争于英外部，乃设中国领事官，英埠设华官自此始。自是华人得官保护，遇事不至见陵。其品望最为西人敬服，去任后犹称颂弗衰。①

危难之中挺身而出，任公使期间向中国介绍西方，保护了在英国及其殖民地的华人利益，赢得了外国政界的尊重，这哪一条都是硬邦邦的功绩，而且当时李鸿章是文华殿大学士、一等伯爵、直隶总督兼北洋大臣，为疆臣之首，位高权重。即便是李鸿章这样的重臣出面，清廷亦不给面子，光绪帝下旨曰："郭嵩焘出使外洋，所著书籍颇滋物议。所请著不准行。"②

在出使英法时，郭嵩焘的副使刘锡鸿向朝廷打小报告，列举他的几大罪状：

> 游甲敦炮台披洋人衣，即令冻死亦不当披。
>
> 见巴西国主擅自起立，堂堂天朝，何至为小国主致敬？
>
> 柏金宫殿听音乐屡取阅音乐单，仿效洋人之所为。③

此类外交场合的常识，在清朝众多官员的眼里，竟然是大逆不道的行为。郭嵩焘若不向公众宣扬出洋的事，也就只是被调回中国，不会有太大的风波。可郭嵩焘将出使外国的经历写成了一本书《使西纪程》，并抄录一份寄给了总理衙门（这是当时对出洋大臣的规定），而后欲在同文馆刻印出版，这一下便捅了马蜂窝了。

---

①《李鸿章全集·奏议十四》，"光绪十七年七月二十二日"条，《郭嵩焘请付使馆折》，安徽教育出版社，2008年，第136页。

② 同上书，第137页。

③ 转引自孟泽：《洋务先知郭嵩焘》，江苏凤凰出版社，2009年，第197页。

郭嵩焘若只夸赞洋人的器物比天朝上国先进，士林还能接受，毕竟从鸦片战争开始，中国人已经见识了西方人的枪炮和军舰。可士大夫们心中还有一份软实力方面的自信，即我华夏虽然器物不如泰西，但我乃文明古国，是礼仪之邦，文教制度优于洋人。但郭嵩焘在《使西纪程》中连这一点都否定了，他夸赞英国"法度严明，仁义兼至，富强未艾，寰海归心"①，说西方也有悠久的文明，"西洋以智力相胜，垂两千年。麦西、罗马、麦加迭为盛衰，而建国如故……"②，并介绍英国的议会制度且加以肯定："都城有公会所（议会），内分两所，一曰爵房（上院），一曰乡绅房（下院）。爵房者，有爵位贵人及耶稣教师处之；乡绅房者，由庶民推择有才识学术者处之。国有大事，王谕相，相告爵房众公议，参以条例，决其可否，复转告乡绅房，必乡绅大众（议员）允诺而后行，否则寝其事勿论。"③

"是可忍孰不可忍"，这让中国许多士大夫的心脏哪受得了？从军机大臣以下，士大夫群起攻之。李鸿藻对《使西纪程》非常不满；湖南大学者、与郭嵩焘多有诗词唱和的大学者王闿运说其"殆已中洋毒，无可采者"④；翰林编修何金寿上了一份奏折，参劾郭嵩焘崇洋媚外，"丧心失体，已堪骇异"，"挟以震骇朝廷"，"摇惑天下人心"。⑤郭嵩焘被京师士大夫群体指责为"汉奸之人"⑥，近乎被西方思想洗脑了。在强大的舆论压力下，清廷只能下诏将《使西纪程》列为禁书，毁版而不许印刷。

如果郭嵩焘在光绪十年（1884）甲申易枢之前死去，军机处由通晓洋务的恭亲王奕䜣主持，朝廷还可能给他一个谥号。但甲申易枢后，恭亲王奕䜣

①［清］李慈铭：《越缦堂日记》（第十册），广陵书社，2004年，第7453—7455页。
②［清］郭嵩焘：《使西纪程》，"光绪二年十二月初六日"条，辽宁人民出版社，1994年，第39页。
③［清］郭嵩焘：《伦敦与巴黎日记》，岳麓书社，1984年，第429页。
④［清］王闿运：《湘绮楼日记》（第二卷），岳麓书社，1997年，第569页。
⑤转引自杨锡贵：《首任驻外公使郭嵩焘被参五折析》，载《文史博览（理论）》2012年第11期，第8页。
⑥孟泽：《洋务先知郭嵩焘》，江苏凤凰出版社，2009年，第195页。

被逐出权力中枢，军机处由一帮子保守而颟顸的人把持，怎么可能给郭嵩焘谥号呢？

从不给郭嵩焘谥号这件小事亦可看出，四年后（1894年）甲午之战败于日本，九年后（1900年）而有庚子事变，二十年后（1911年）清廷覆亡，也是毫不意外的结局。

刘锦棠：身为封疆大吏，为何不能探望健在的母亲

光绪年间，曾国荃为新建成的湘乡试馆作《湘乡试馆记》，文中曰：

> 窃计三十年之间，乡人出而为士卒，历东、西、南、朔，更番迭代勤劳王事者，数不下二十余万人。兄战死于前，弟斗伤于后，在外则流为无定河边之骨，在里则时闻老父慈母及垂髫孤寡哭泣之声，几于比屋皆是。大约捐躯疆场及积劳病殁军次者，不止六七万人。①

清代的湘乡县包括今天湖南湘乡市（县级）、双峰县、娄底市城区以及涟源市（县级）的大部，是辖区面积广阔、人口众多的大县。太平天国起事后曾国藩在家乡兴办湘军，一直到收复新疆的三十年间，这个县先后有二十万人从军，战死和病死的不下六七万人。

可以说，这个县的人为大清帝国付出了沉重的代价。"在外则流为无定河边之骨，在里则时闻老父慈母及垂髫孤寡哭泣之声，几于比屋皆是"，形容的就是父母和妻子闻说亲人战死的噩耗后的惨状，首任新疆巡抚刘锦棠的家族即如此。

刘锦棠，字毅斋，湘乡县山枣人，生于道光二十四年（1844），卒于光绪二十年（1894）。湘军成立之初，刘锦棠的父亲刘厚荣、叔父刘松山都参加了湘军。咸丰四年（1854），成军不久的湘军和太平军战于岳州，刘厚荣战死。是年，刘锦棠才十岁，他的母亲彭氏因生活所迫而改嫁。在祖母陈氏的抚养下，长到十五岁的刘锦棠怀着为父亲刘厚荣报仇的心愿，投靠到当年父亲效力的老湘军中，成为叔父刘松山手下的一名少年兵。

---

① 《曾国荃全集·文集》（第六册），岳麓书社，2006 年，第 36 页。

刘锦棠跟随叔父转战安徽、江西诸省，逐渐成熟，成为一位杰出的青年将领。太平天国被湘淮军平定后，曾国藩调任直隶总督，负责剿灭华北地区的捻军。曾国藩奏请朝廷，调刘松山的老湘军北上作为对付捻军的主力。刘氏叔侄率军纵横华北，直至捻军头领张宗禹投水自杀，捻军平定。此时，陕甘两省又爆发了因民族纠纷导致的战争——清廷的官方史书称"同治回乱"，刘松山部又奉命"平乱"。

战乱中，刘松山在招抚诈降的马化龙部途中被对方杀死。为了稳定军心，左宗棠任命年仅二十七岁的刘锦棠代理老湘军的统领。刘锦棠统领这支哀兵对马化龙部据守的金积堡进行猛烈进攻，堡垒终于被攻破，而刘锦棠也一战成名，被清廷任命为老湘军的正式统领。

陕甘的战争虽然平息了，但陕西回军的重要首领白彦虎已率部下逃到新疆，投靠了占据天山南北、自立为汗的阿古柏。因此，刘锦棠自然成为左宗棠追剿白彦虎、消灭阿古柏势力、收复新疆最为倚重的将领。

光绪元年（1875），清廷任命陕甘总督左宗棠为钦差大臣督办新疆军务。左帅从兰州移驻肃州，运筹帷幄，指挥入疆作战。左宗棠上书清廷，夸赞刘锦棠"英锐果敏，才气无双，志虑忠纯"[1]，推荐他总理行营事务，朝廷照准。此时，年仅三十一岁的刘锦棠实际上成了收复新疆的前敌总指挥，不仅手下的老湘军，甚至新疆其他各路官军都受其节制。

光绪二年（1876）四月二十六日，刘锦棠率二十五营老湘军从肃州分批出发，出嘉峪关，经千里戈壁，向北疆进军。七月下旬，会合先期进疆驻扎于济木萨（今吉木萨尔）的金顺部，进占阜康。然后，以"明修栈道暗度陈仓"之计迷惑敌人，并亲自率精兵抄小路突袭，趁夜夺取黄田，以迅雷不及掩耳之势攻占了迪化（今乌鲁木齐）外围的重要据点古牧地。当大军出现在迪化城下时，守城的白彦虎想不到湘军如此神速，而此时城内空虚，援兵未

---

[1]《左宗棠全集·奏稿六》，"光绪元年八月二十五日"条，《请敕两江迅解老湘全军月饷片》，岳麓书社，2009年，第307页。

到。湘军将大炮架在郊外制高点六道湾水塔山上，一炮击中城门，城墙轰塌，守城的敌军立刻作鸟兽散，弃城而逃。

光绪二年（1876）大雪封山之前，刘锦棠的部队收复了北疆。光绪三年（1877）开春后，刘锦棠又运用了其擅长的"运动战"，率骑兵、步兵挺进南疆。是年四月，大军先后攻占了阿古柏重兵把守的达坂城、吐鲁番、托克逊，南疆门户洞开。

在持续不断的军事压力下，损兵折将的阿古柏伪政权起了内讧，先是阿古柏患病而死（也有其服毒自杀的说法），其长子伯克胡里杀死了挟父亲尸体而掌握政权的另一个儿子海克拉。刘锦棠看到机不可失，立刻率军千里奔袭，一个来月就光复了喀喇沙尔、库车、阿克苏、乌什等南疆东部四城。左宗棠大喜过望，写信夸赞他"未及三旬，连复四城，兵机神速，古近实罕其比。麾下威名震于海宇，自至收复西四城，俄、英诸族益知所惮"①。因此，刘锦棠被"敌人"称为"飞将军"。

战乱平息后，恢复新疆全疆的社会秩序、保障民生成为头等大事，而改变传统的管理体制便成了当务之急。继两任陕甘总督左宗棠、谭仲麟（湖南茶陵人、民国行政院长谭延闿之父）上奏在新疆建立行省制之后，刘锦棠以督办全疆军务的钦差大臣身份，再一次向朝廷提出新疆建立行省的奏请。光绪九年（1883），清廷批准新疆正式建立行省，设甘肃新疆巡抚，驻迪化（今乌鲁木齐），刘锦棠被任命为首任巡抚。

由于多年征战，刚过不惑之年的刘锦棠伤病缠身，更由于抚养他成人的祖母思孙心切，于是刘锦棠多次上书请开缺回乡，但朝廷让他以新疆军政事务为重，一次次不予批准。

刘锦棠的祖母陈氏是一位伟大而坚韧的妇女，她的两个儿子战死在沙场，儿媳妇改嫁，自己将几个孙儿养大成人。光绪十五年（1889），已八十五

①《左宗棠全集·书信三》，"光绪三年"信，《与刘毅斋》，岳麓书社，2009年，第270页。

岁的老祖母陈氏中风倒地，躺在病榻上念着孙儿刘锦棠的名字。刘锦棠上书引用李密的《陈情表》，诚恳地再次请求朝廷准假探亲，这一次朝廷终于批准了。

刘锦棠少小从军，中年衣锦荣归，自然在故乡引起极大的轰动，而他也成为刘氏家族的骄傲。刘锦棠的归来，给重病的老祖母陈氏以莫大的安慰。可是，刘锦棠却不能去探望还健在的母亲。因为根据湘中一带的礼法，"孝子不养下堂母"。"下堂"即改嫁，乡俗认为丈夫死后，妻子撇下儿女改嫁，是对丈夫的不忠，是对儿女的不负责任，所以儿女成人后哪怕再有出息，也不得供养改嫁的母亲。身为封疆大吏的大英雄儿子刘锦棠回故乡了，与刘锦棠故居隔一条小河的母亲不能过来看儿子，儿子碍于礼法也不能过去探望母亲，母子俩只能隔河相望。刘锦棠的父亲刘厚荣因为儿子的官位，被追赠"光禄大夫"，而母亲彭氏因为改嫁却不能得到任何诰封——儿子的富贵，刘家的显赫，已与她没有半毛钱关系。

此后，刘锦棠一直隐居故乡。直到光绪二十年（1894）甲午中日战事起，朝廷想要起用这位"飞将军"，传旨刘锦棠招募旧部火速赶赴辽东迎战。刘锦棠二话没说立刻启程，但在从老家山枣刚行进到湘乡县城时忽然中风，身体偏瘫，不久后在湘乡县城去世。临死前，刘锦棠将儿子和旧部召集床前，口授遗折，说："死不瞑目，伏愿皇上圣谟坚定，激励将帅，扫荡夷氛……"①

不能供养生母，不能去辽东抗击倭寇，也许是刘锦棠人生最遗憾的两件事了。

---

① [清] 王龙文撰：《平养堂文编·卷七》，清宣统三年（1911）稿本，湖南图书馆藏。

湘军威名血染成：读《湘乡试馆记》有感

同治年间，湘乡人为清廷收复了半壁江山，迎来了所谓的"同治中兴"。其间，湘乡籍涌现了众多高官，他们在曾国藩的倡议下，集资在省城修建了"湘乡试馆"，并在试馆旁边建了配套设施"昭忠祠"。试馆竣工后不久，曾国藩逝世，那就只能请威望最高的九帅曾国荃写《湘乡试馆记》以志庆。

清代的湘乡县包括今天的湖南湘乡市、双峰县、娄底市城区以及涟源市大部分地区，为超级大县。曾九帅这篇《湘乡试馆记》文采飞扬，情真意切。先是叙述了湘乡的地理与人文历史，特别提到湘乡百姓和士人的风气以及性格特质："其民多勤，执业读书习武而外，咸务农工，不愿弃本逐末"，"士皆特立独行，无论身之遇不遇，业之精不精，名之立不立，各抱百折不回之操"。[1]也就是说，湘乡人朴实、坚韧，甚至说有点一根筋的固执。曾国荃本人即如此。

《湘乡试馆记》用一大段文字讲述了湘乡人为效忠朝廷、维护领土完整而做出的巨大牺牲，至今读来不觉为之泪下：

> 洎乎曾文正公恪守乡先辈矩度，与同时忠义奋发之宿儒，率涟湘子弟数万人，上辅圣清，下荡十余行省稽诛之强寇，易乱为治，转危为安。南逾百粤五岭，东暨全楚、三吴、两浙、七闽，转战关陇、齐、豫、燕、晋，西迄三峡、滇、黔，又西北薄雪山戈壁、五戎百狄之域，固无一仗湘人师武臣力，挈已失之疆土还之朝廷，而皆口不言功。吁！何其盛也！
>
> 窃计三十年之间，乡人出而为士卒，历东、西、南、朔，更番迭代

---

①《曾国荃全集·文集》（第六册），岳麓书社，2006年，第35页。

勤劳王事者，数不下二十余万人。兄战死于前，弟斗伤于后，在外则流为无定河边之骨，在里则时闻老父慈母及垂髫孤寡哭泣之声，几于比屋皆是。大约捐躯疆场及积劳病殁军次者，不止六七万人，其存者虽饥饿无以自活，靡所告诉，而终不悔亲上死长之初心，固由于风俗尚义之所积。迄今追忆前徽，亦良苦矣。是宜为采风问俗者之所以矜悯，书之竹帛、纪之国史，以昭告来兹者也。①

从太平天国起事始，湘乡人以一县之武力，不但纵横内地十八省，而且进入沙漠戈壁收复了新疆。曾国荃殁于光绪十六年（1890），未能经历甲午中日之战，见证陈湜、李光久率领湘军赴辽东作战，否则此文还可加一笔——"出山海关抗击倭寇"。诚如《湘乡试馆记》中所言，湘乡人的辉煌，背后是斑斑血泪，"兄战死于前，弟斗伤于后，在外则流为无定河边之骨，在里则时闻老父慈母及垂髫孤寡哭泣之声，几于比屋皆是"。湘乡六七万人捐躯疆场和病死在军营，包括曾国荃的一位哥哥曾国华和弟弟曾国葆。率军在天山南北追击阿古柏部的新疆首任巡抚刘锦棠亦是如此，其父刘厚荣在湘军成军不久时战死在岳阳，他长到十五岁后又从军，跟随叔父刘松山征战南北。刘松山在平"陕甘回乱"中战死，刘锦棠接过叔父的帅旗，继续带兵打下去。

其实，湘乡试馆就是建在省城长沙的湘乡籍考生"招待所"兼"驻省办事处"，所附的昭忠祠则是湘乡籍"烈士纪念馆"。湘乡虽是人口大县，但《湘乡试馆记》中说"湘邑学额仅中县，科第之盛不如他邑"②亦是实情。"学额"是朝廷分配给该县的生员（秀才）名额，后来因为湘乡籍将士战功赫赫，湖南巡抚几次上疏朝廷要求增加湘乡的学额并获同意，但所增数额有限，且湘军军兴以后年轻子弟以当兵打仗立战功为博取富贵的捷径，读书应科举的反而少了。同治初年，整个湘乡县连有资格去北京参加会试的人都很少。当时，湘乡县属于长沙府，长沙对湘乡人而言，既是府城又是省城。因此，考

---

① 《曾国荃全集·文集》（第六册），岳麓书社，2006 年，第 35—36 页。
② 同上书，第 36 页。

生参加府试（文章需通过县、府、院试方能进学，成为一名秀才）、诸生参加乡试都要来长沙。《湘乡试馆记》中说："自道（光）、咸（丰）以迄今兹，每岁应文童试者约三千人，应武童试者约八百人，大比之年，应乡试诸生五百余员。"①如此，这么多湘乡籍考生到了长沙，总得有个落脚、歇息之所吧。因此，曾国藩生前倡议建此试馆，既是为服务家乡的俊杰，更是要激励家乡子弟发奋读书——靠打仗改变命运总归不是常态。

湘乡试馆位于长沙城新安巷，此巷今已不存，成为五一广场的一部分。1905年，湘乡籍的禹之谟从日本留学归来后，动员了湘乡五十余名青年赴长沙读书。为了安置这批学子，在曾国藩长孙、翰林曾广钧支持下，遂将"湘乡试馆"改为"湘乡驻省中学"。这一年，科举废除，试馆改中学也是顺应潮流之举。

据中共中央文献研究室编《毛泽东传》一书所述："1911年春天，东山小学堂的贺南纲老师应聘到长沙的湘乡驻省中学任教。因为毛泽东成绩优异，贺老师愿意带他前往读书，他第一次坐轮船到长沙，顺利地考入了湘乡驻省中学。"②湘乡试馆成了青年毛润之落脚省城的第一站，不知他当时是否意识到其受惠于曾氏兄弟和无数湘乡先贤的遗泽。

---

①《曾国荃全集·文集》（第六册），岳麓书社，2006年，第36页。
② 中共中央文献研究室编：《毛泽东传（1893—1949）》（电子版），中央文献出版社，1996年，第16页。

第二编　管理与统治的迷局

清代地方官为什么那么害怕"京控"？

　　清代的"京控"，指地方官民觉得有冤屈循正常的渠道无法得到伸张，遂进京控诉。郑小悠在其著作《清代的案与刑》中说："至于京控，从广义上说有两个层面：一是各地百姓控诉于在京各衙门，如通政司、都察院、步军统领衙门等；二是各地百姓直接向在京或出巡的皇帝控诉，主要有'拦舆、叩阍'两种形式。"①

　　"京控"，可以说是正常的司法、监察渠道之外的一种补充，大约相当于今天的"进京上访"。参与者既有对冤案不平的普通百姓，也有认为得到上宪不公正对待的官员。例如，清咸丰年间永州镇总兵樊燮得罪左宗棠后被免职，在湖广总督官文的支持下进京控诉左氏"劣幕把持"一省之政，皇帝差点要了左公的脑袋。

　　吴趼人所著《二十年目睹之怪现状》虽是小说，但几乎是当时官场的写实。其第四十六回《翻旧案借券作酬劳 告卖缺县丞难总督》，描述了一位候补县丞（副处级）以"京控"要挟闽浙总督，可见"京控"之威力。

　　福建一位姓彭的候补县丞，父亲是位提督。这位候补县丞胆子大，主意多。一次，侯官县丞出缺，按理说怎么也该轮到他了，却被别人抢了去。侯官是清代福州两大附郭县之一（另一个为闽县），县丞亦是肥缺。

　　愤愤不平的彭县丞以有公事禀告为名，见到了总督，对总督说他捐这个候补花了多少钱，验看花了多少钱，从某年指派到福建省等到今天又花了多少钱。他让总督把这些钱还给他，意即退回本钱，然后注销这个候补资格，不做官了。总督（明清称制军，雅称"制台"）大怒，说他是个疯子。两人有

---

① 郑小悠：《清代的案与刑》，山西人民出版社，2019年，第73页。

一番对话：

> 制台说道："都照你这样候补得不耐烦，便要还银注销，哪里还成
> 个体统！"他说："还银注销不成体统，难道买缺倒是个体统么？这回侯
> 官县丞，应该是卑职轮补的，某人化了四千银子买了去，这又是个甚么
> 体统？"制军（制台）一想，这回补侯官县丞的，却是自己授意藩司，
> 然而并未得钱，这句话是哪里来的。制台不觉又大怒起来，说道："你
> 说的话可有凭据么？"他道："没有真凭实据，卑职怎敢放恣！"制台就
> 叫他拿凭据出来。他道："凭据是可以拿的，但是必要请大帅发给两名亲
> 兵，方能拿到。"制台便传了两名亲兵来，叫他带去。他当着制台，对两
> 名亲兵说："这回我是奉了大帅委的，我叫你拿甚么人，便拿甚么人。"
> 制台也分付，只管听彭县丞的指挥去拿人。[1]

实际上，这位彭县丞早就私下侦查清楚了。他带着两位亲兵去闽县辖区
内将一位总督从老家带来的裁缝（就是买缺卖缺的白手套）给逮住了，押送
到闽县县衙，要和知县一起审讯。闽县知县当然不愿意蹚这摊浑水，得罪总
督。于是，彭县丞威胁道：

> "堂翁既是不肯问，就请同我一起去辞差。这件事非同小可，我在这
> 里和制军拼命拼出来的，稍迟一会，便有了传递，要闹不清楚了。这件
> 事闹不清楚，我一定丢了功名。我的功名不要紧，只怕京控起来，那时
> 就是堂翁也有些不便。"[2]

没办法，知县只得会同彭县丞审讯裁缝，取得了口供，原来是总督的一
位姨太太卖这个缺。彭县丞拿着口供去找总督，总督推托再三。于是，彭县
丞瞅准总督和布政使、按察使等下属见面的一天闯进场子，拉住总督的衣袖

---

① [清] 吴趼人：《二十年目睹之怪现状》，新华出版社，2011 年，第 252 页。
② 同上书。

要说法。布政使看不过，对其训斥："没规矩。"彭县丞不怕事，大声道：

> "没规矩！卖缺的便没规矩！我不像一班奴颜卑膝的，只知道巴结
> 上司，自以为规矩的了不得。我明日京控起来，看谁没规矩！"说完
> 后，他又把那裁缝的亲供背诵了一遍，对臬台说道："你是司刑名的，
> 画了这过付赃私的供，只要这里姨太太一句话便要了出来，是有规矩
> 是没规矩？"①

这下等于让总督当众丢了大人，气得总督七窍生烟。但把柄抓在彭县丞
手中，总督没办法，托人找彭县丞讲和，说那侯官县丞缺一年有八千的好
处，三年一任，共二万四千两银子。总督把这笔银子补偿给了彭县丞，他才
见好就收，不去"京控"了。

二万四千两银子，这可是笔巨款！彭县丞多半是拿着银子回家乡养老
了，强似做个等缺多年的候补官。

道光九年（1829）进士张集馨在自叙年谱《道咸宦海见闻录》中，讲述
了他署理太原府知府时如何搞定一位"老上访户"。

山西平定州（今阳泉市平定县）讼师（文中蔑称为"讼棍"）、已革生
员郭嗣宗，借其出嫁的女儿于夫家自杀一案，进京控诉三次，进省控诉四
次，去钦差行辕（大约相当于中央巡视组到山西的办公处）控诉两次。由
朝廷部院和省衙发回太原府重审，四年不能结案，主审官和知府王有壬都
害怕郭嗣宗。

这个郭嗣宗从小受到法律的职业训练，业务素养高于官府大多数官吏。
他父亲是位老讼师，他小时候就由父亲教习律例，而且采取"情景教学"的
方式，让他和兄弟们各做控词相互控诉，有点像法律系学生的模拟法庭。

郭嗣宗的父亲死后，他和哥哥闹了矛盾。郭嗣宗便以母亲的名义，做控
词控诉其亲哥哥、生员郭绍宗调戏自己正在洗澡的妻子（伯戏弟媳，为宗法

---

① [清] 吴趼人：《二十年目睹之怪现状》，新华出版社，2011 年，第 254 页。

所不容）。控词云："妇临窗解衣盥洗，兄隔窗将手带金镯掷入伊妇盆内，顾之而笑。"[①]后经审理，此事子虚乌有。郭嗣宗的母亲被判流放，他本人被褫夺秀才功名，发配到雁北的朔州服刑，"及徒满回籍，益肆无赖，而例案甚熟，地方官甚畏之"[②]。

郭嗣宗的一个女儿嫁给了童家，有个四岁的儿子。一天，儿子在窗前哭闹，郭女不管，婆婆训斥儿媳，而郭女性格桀骜不驯，顶嘴。正好丈夫童某回家，碰到妻子顶撞老妈，就给郭女肩胛上殴打了几拳。郭女一气之下，拿起剃刀自刎。

童家母子一看郭女自杀，十分惊慌，但阻挡不及。两人将郭女扶到炕边，并用鸡皮蒙补——土法止血，因此炕边和母子两人身上也溅上了血迹。可为时已晚，郭女喉咙已断，当即死去。童某畏惧自己那位当讼师的岳父郭嗣宗，不敢亲自去报死讯。出门时，正好遇到了郭家的邻居王举人，彼此熟悉。于是，童某撒了个谎，说自己的妻子病重，急着去找大夫，让王举人回家时顺路告知自己的老丈人。童某本人则跑到了州衙，据实汇报了妻子自杀情状，请官府派人来查验。

以为女儿病重的郭嗣宗，立刻来到女婿家探望。当他看到女儿凄惨地死去，不发一言，直接到州府控告，但他不知道女婿已早他一步报案了。当地官吏都畏惧郭嗣宗的"威名"，验尸非常谨慎，结论是"入重出轻，实系自刎。肩胛有拳伤二点，令童比验相符"。一般而言，他杀刀刃刺进去和拔出来都较重，而自杀刺进去用力重，但拔出来已无气力，故轻。

郭嗣宗不甘罢休，未在验尸报告上签字，而是写状纸直接上省衙控诉。控词云：

> 查《洗冤录》所载，自刎者入重出轻，今细阅伤口，入重而出亦重，何也？又自刎者右手弯曲，今细阅两手皆弯曲，何也？伤重如此，

---

①［清］张集馨：《道咸宦海见闻录》，中华书局，1981年，第40页。
②同上书，第41页。

断不能再行挪步，今看血迹数处，并炕边俱有血迹，何也？自刎既云甚重，必然立时殒命，今衣斜发散，何也？血迹只该流在尸身，不应其母子衣上亦有血痕；所云用鸡皮掩补，母子同扶等情，安知非有装点情节？州官年幼，初次署事，相验惟凭刑仵喝报，所填尸格与自己所填不同。①

这份控状中，郭嗣宗对自杀结案的报告提出几个疑点，并用反问的语气指出有可能是童某母子伪造了自杀现场。但是，他只是控告自杀结案不成立，疑点太多，而不明确指出女儿系他杀，被人谋害，并声明很可能刚刚到任的年轻知州为办案的法医蒙蔽。——这是郭嗣宗给自己留了退路。为此，张集馨感叹说："即将来水落石出，伊并未控人谋害也，讼师之技巧哉！"②

由于郭嗣宗的数次"京控"和"省控"，这案子数年也结不了案。参加验尸的仵作有人死在省城（估计是因为翻来覆去带到省城提审），更委屈的是王举人受童某蒙骗告知郭嗣宗其女病重，因牵扯到命案中，两科不能进京参加会试。每次提审此案，郭嗣宗让其七旬开外的母亲站在大堂听审，如果主审官对控告人稍微严厉一些，老太太就要以头碰地寻死。如此，搞得没有一个官员敢主审此案，知府王有壬也只能拖延下去。

张集馨看完所有的案卷后找到了突破口，派候补知县靳廷玉主审这个案子，并亲自督审。初次开庭后，张集馨把郭嗣宗叫到身边安慰一番说，你是死者的父亲，女儿死了，要为死者伸冤，雪生者的愤怒，理所当然。可你的母亲年龄大了，又有疾病，你是读书人，何苦如此拖累老母亲？我的意思是，你先送你母亲回家，由你妻子奉养，你再回来听审。③

郭嗣宗叩头称谢，请准假送母回籍。书吏请派差役押送，担心他逃脱。张集馨对郭嗣宗说，我给你半个月假送母回籍，不派人押送，你若逾期不

---

① [清] 张集馨：《道咸宦海见闻录》，中华书局，1981 年，第 41 页。
② 同上书。
③ [清] 张集馨：《道咸宦海见闻录》，中华书局，1981 年，第 42 页。

归，以你畏罪潜逃结案。郭嗣宗于是将母亲送回老家，在期限之前回到太原府候审。张集馨对郭嗣宗说了一番话：

> "汝信人也。今且详询汝，词中情节，汝若支饰，自罹于法。汝故作疑阵，欲难为官耶？抑欲自造讼师手段耶？我今问汝：初词臂伤一处，第四词则又添出臂伤二处，伤痕可随时增添耶？尸格是刑部颁发图样，验官当场朱笔填写，随题咨部，汝系何人，乃云亦填尸格耶？余今不多说，但问汝一句，汝女若系自刎，汝即具结了案；若系被杀，汝即具结，余提尸棺到省检视，如验非被杀，即将汝平素行止及借命扰累各情，详请奏交刑部审讯。" [1]

这段话抓住了郭嗣宗控词的关键破绽，且不无恐吓地让他自己做选择。如果认可女儿是自刎，可具结了案，不追究其数次控告之责；如果不认可，以控告"被杀"审案，挖出棺材验尸，但如果结论不是被杀，新账、老账一起算，将送他到刑部审讯。

当郭嗣宗还在支支吾吾时，张集馨喝令掌嘴，主审官靳廷玉大惊，担心这位讼师被责打后更加心不甘，后患无穷。张集馨曰："责一讼师，何惧之有？" [2] 从气势上碾压了郭嗣宗，郭心理防线崩溃，经过权衡，同意以自杀结案。山西按察使又担心郭嗣宗以后想翻案再次进京控告，将他的女婿童某以"不应为而为"，判处笞三十的肉刑，让郭出了口气。

以今人观之，张集馨这次解决"老上访户"的手法，并不符合法治精神，但以当时情形而言，不能不如此。郭嗣宗之所以能折腾得整个太原府乃至山西省不安宁，是因为他精通律例，为多数官员和书吏所不及。

清代对"京控"也是做出了详细规定的，并不是说只要觉得有冤屈就可以"京控"。这个规定要言之，就是必须逐级控告，不能越级"上访"。《台湾

---

① [清] 张集馨：《道咸宦海见闻录》，中华书局，1981年，第42页。
② 同上书。

通史·刑法志》（连战的祖父连横所著）如此叙述：

> 凡人民之赴诉者，先告代书，书其事，呈之厅县。定日召讯，判其曲直。搢绅、命妇可使家人代之，谓之抱告。不服者，则控之府。不服，复控之道。然道控之案，每饬府再勘，唯重大者亲鞫之。道判不服，控之省。复不服，则控之京，谓之叩阍。天子不能亲听，命刑部与都察院、大理寺讯之，所谓三司会审也。路远费重，迁延岁月，非有奇冤巨案，未尝至于京控也。[①]

由厅县、州到府，到所辖的道，再到省衙，必须一级级控告，仍然不服，才能进京控告。这样的控告成本之高，可想而知。单说从偏远省份跑到北京城，那盘费就非一般人家所能承受的。

对辖区的官民进京控告，地方大员是很害怕也很提防的，因为多数案子在"京控"之前经过了府、道、省几级控告，一省审理过此案的大小官员事实上已坐到一条船上。如果"京控"案被翻过来，所有与此案有关联的官吏，上至巡抚、按察使，下至知县乃至具体验尸的仵作，都要受到程度不等的处罚。于是，截拿"京控"者，往往成为一省的官府共同对付的大事。

截拿"京控"者，一般有两种方式：一是在地方官的默许甚至指使下，被控告的一方（多是有势力的豪绅）雇人在路途中偷走或抢夺"京控"者的盘费；二是干脆派差役到路途中捉拿"京控"者回籍。不过，清廷受制于技术条件，对社会控制力有限，不能有效地掌握"京控"者的信息并迅速将其截拿。

---

① 连横：《台湾通史》（上册），商务印书馆，2010年，第199页。

清代大臣死后朝廷的恤典很讲究

中国人历来看重死后哀荣。特别是在官场，一个高级别官员去世，朝廷予他何种恤典，不但是对其盖棺论定——相当于官方对其做出了历史性评价，且这评价对子孙后代也会带来相当的庇荫。

以清代为例。一位大臣去世后，朝廷将根据这位官员的级别和生前的功勋，对这位大臣赐予一系列的恤典。

一是在原官衔的基础上追赠更高级别的官职，其葬礼的级别也相应提高。例如，胡林翼病殁于湖北巡抚任上，赠总督，以总督级别办理丧事。曾国荃生前加太子太保，死后赠太傅。太师、太傅、太保合称"三公"，太子太师、太子太傅、太子太保为"三师"，少师、少傅、少保为"三孤"。到清代，这几个衔是有官无职，专门用来给德高望重的大臣作为荣誉性官衔。

二是由皇帝赐金治丧。古代大臣的级别再高，其丧事也是私事，朝廷并不包办，只根据级别赐给银两。例如，曾国藩和左宗棠去世后，朝廷皆赐治丧银三千两，算是当时最高规格了。但《辛丑条约》签订后不久李鸿章去世，慈禧太后赐白银五千两治丧，和亲王薨所得到的丧葬补贴一样，可见慈禧太后对为她背一辈子黑锅的合肥相国之感念。对勋高位隆尤著者，皇帝还会辍朝三日以示沉痛哀悼，大约相当于降半旗吧。曾国藩享受了这等待遇。

三是赐予谥号和御祭文，付国史馆立传。一般官居从一品以上，可以得到谥号（因过错致仕的一品大员也有未得谥号的，如做过云贵总督的湘军系大佬刘岳昭未能予谥）；正二品的侍郎、加侍郎衔巡抚和从二品的巡抚，其功高望重者也能获得谥号；战争期间战死或病死的官员，以及道员、知府衔有时也能予谥，以彰忠义。

凡是大臣是否应该予谥，先由礼部奏请，得到旨意允准后，由内阁拟四个谥号备皇帝挑选。文官由翰林出身或官至大学士的大臣上一个字坐"文"，死事之臣上一字坐谥"忠"。清代文官最荣耀的谥号为"文正"，这个内阁不敢拟，必须由皇帝特旨。清代一共有八位文臣谥"文正"，分别是汤斌、刘统勋、朱珪、曹振镛、杜受田、曾国藩、李鸿藻、孙家鼐。

不能得到"文"之谥者，谥号最美者为"忠武"，文武皆可。清代一共有五位大臣谥"忠武"，分别是杨遇春、塔齐布、向荣、李续宾、张国梁。

御赐的祭文当然是内阁代拟的，文采斐然，亦能充分表达皇帝对忠臣轸念之感。例如，赐祭黄海之战中英勇殉国的邓世昌文曰：

> 伏波横海，具折冲千里之威；劲草疾风，标烈士百年之节。哀国殇于授命，颁葬典以荐馨。尔提督衔记名总兵邓世昌，识洞韬钤，材雄超距。帆樯练技，究风涛沙线之殊形；闽粤筹边，奋虎阚龙骧而奏绩。
>
> …………
>
> 沉沧海而不悔，矢舍命以全忠。葬蛟鳄之腹中，血三年而成碧；戮鲸鲵于地下，魄千载而犹雄。用褒死事之勋，特著易名之典。於戏！臣心不二，抒浩气而壮山河；大节在三，留英光以争日月。钦兹芬苾，慰尔忠魂！[①]

赐予曾国藩的御祭文曰：

> 原任大学士、两江总督、一等毅勇侯、赠太傅曾国藩，赋性忠诚，砥躬清正。起家词馆，屡持节而抡才；浒陟卿曹，辄上书而陈善。值皇华之载赋，闻风木而遄归。忽乡邻有斗之频惊，潢池盗弄；懔战阵无勇之非孝，墨绖帅兴。奇功历著于江淮，大名永光于玉帛。
>
> 俾正钧衡之位，仍兼军府之尊。一等酬庸，锡侯封于带砺；双轮曳羽，飘翠影于云霄。重锁钥而任北门，百僚是式；还儆戒而惠南国，万

① 政协河北省委员会文史资料委员会等编：《民族英雄邓世昌》，中国民间文艺出版社，1989，第21页。

众腾欢。

> 方期硕辅之延年，岂意遗章之入告。老成忽谢，震悼良深！颁厚赙于帑金，遣重臣而奠辍；特易名于上谥，赠太傅之崇阶。列祀典于昭忠、贤良，建专祠于金陵、湘渚。彝章载考，祭典特颁。於戏！天不慭遗一老，永怀翊赞于元臣。人可赎兮百身，用寄咨嗟于典册。灵其不昧，尚克钦承。①

四是建专祠，配享太庙或入祀贤良祠。在清代配享太庙的有二十六人，多是满蒙亲贵，如怡亲王允祥、科尔沁亲王僧格林沁、恭亲王奕䜣及鄂尔泰、傅恒、阿桂、福康安等人，而张廷玉为唯一汉人。汉人大臣缺资格去太庙陪着满人皇帝，只能入贤良祠，如曾国藩、曾国荃兄弟都享有建专祠、入祀贤良祠之荣。

五是对其子孙的恩荫。这也是有套路的，若有世袭罔替的爵位，由长子（若长子已殁，则由长房长孙）承袭，其他子孙都有明确的恤荫。例如，曾国荃去世时，其两位儿子已先于他而逝，上谕对其几位孙子、曾孙的待遇如下：

> 伊孙特用主事曾广汉，即著承袭一等伯爵，毋庸带领引见；附生曾广江，著赏给举人，准其一体会试；监生曾广河，著赏给员外郎，分部学习行走。伊曾孙曾兆龙、曾兆祥、曾荫椿，均著俟及岁时由吏部带领引见，候旨施恩，用示朕眷念勋臣至意。②

也就是说，对曾国荃几位成年的孙子，都安排了官职或给予举人身份；未成年的曾孙，等他们成人后由吏部带领陛见皇帝，再施加恩惠。

可见，帝制时代对官员荫及子孙是写在明面上有章可循的，不用羞羞答答。其实，这样更好。

---

① [清] 黄翼升等撰：《曾文正公荣哀录·卷一》，清光绪十三年（1887）鸿文书局铅印本。
② 《曾国荃全集·传略》（第六册），岳麓书社，2006年，第9页。

一件冤案引发朝廷和地方督抚在司法权上的角力

青年历史学者郑小悠去岁赠我一本她的著作《年羹尧之死》，读完后心中感想颇多，本想掇拾成文，后因琐事搁下。近日又以新作《清代的案与刑》（山西人民出版社，2019年版）见赐。读后，对作者史料分析的剥茧抽丝、写作角度的巧妙切入很是钦佩，其从分析刑事个案如何演绎成重大政治事件，以观察政风、制度之演变，给我启发良多。

书中一篇《内轻外重，事已积成：光绪年间的河南镇平王树文顶凶案》，从这件骇人听闻的冤案由地方县、府、省到朝廷刑部一波三折、翻来覆去的昭雪过程，很精彩地展现了在清咸丰、同治年间以湘淮系为代表的地方政治势力崛起而对中央权威产生冲击的政治生态。对于此案，中央和地方围绕司法权的角力尤其值得关注。

在平反此冤案中博得美名的律法专家、刑部员外郎赵舒翘自此进入升职快车道，后官至刑部尚书、军机大臣、总理衙门大臣，成为慈禧太后最为倚重的汉人大臣之一。庚子事变后，避难西安的慈禧太后在八国联军的强烈要求下，不得不下令让赵舒翘自尽。当时，清廷朝野人士认为赵舒翘被处死实在冤枉，慈禧太后心里亦明白这个道理，但他不得不做替罪羊。

这位清代的律法专家高官的人生悲剧，或许是清末仍忠于朝廷的士人精英命运的写照，也兆示了清帝国必将快速覆亡的命运。

其实，王树文顶凶案本是一件很普通的刑事案。光绪五年（1879），一股强盗抢掠了河南镇平县的富户，离家出走的天真少年王树文不明就里让强盗团伙诱骗给其看管赃物。后来，一干强盗包括倒霉的王树文被地方官府捕获，参与作案的大盗胡体洝买通衙门的差役偷梁换柱，在文书上由王树文顶替胡体洝。真的胡体洝被释放，顶着"胡体洝"之名的王树文被判处死刑，将要开刀问斩。王树文临刑前喊冤，斩首暂停。此案通过河南籍官员传到朝廷，一些科道官（专司监察之责的御史、给事中）上疏到御前，要求重新审理此案。

光绪帝下旨由河南巡抚李鹤年、河道总督梅启照共同复查此案。清代朝廷对官员考核非常严格，特别是错案一旦被翻过来，上上下下许多官员将受到严惩。维护本辖区内的官员就等于维护自己，这几乎是地方督抚的本能选择，而一个地方的官场上下结成同盟就是必然的。李鹤年、梅启照仍然维持原判，即认定王树文并非是顶替真凶。朝廷的科道官为之哗然，仍不依不饶上疏，于是皇帝再指派刑部直接审查此案。

此时，案子已拖到了光绪八年（1882）九月。赵舒翘是西安人，生长于寒素之家。同治十三年（1874）中进士，时年二十八岁。其由刑部任提牢厅主事起步，历直隶司主事，八年间做到了员外郎。赵舒翘和几位业务精湛的同人接手王树文案后，很快就察辨出此案的种种破绽。

翻案的过程异常艰难，这些刑部的律法专家面对的是官场游走多年、在朝廷和地方势力盘根错节的封疆大吏。在主管监察的"友军"都察院助力下，借用舆论的力量，最终祭出政治大杀器，王树文才得以洗冤，真犯得以伏法。

这个政治大杀器即朝廷的权威至高无上。刑部在给皇帝的上疏中如此参劾李鹤年："长外省草菅人命之风犹小，启疆臣欺罔朝廷之渐，其罪实大。现在诸事内轻外重，事已积成，尚未有如斯之明目张胆、护过饰非者。"①

虽然郑小悠在《清代的案与刑》中将这段话视为"诛心之论"，但在中央集权的专制时代，这种上升到政治高度的话术是很管用的，也是实话实说。对维护朝廷的权威而言，草民之性命确实是"小事"。

赵舒翘在平反此冤案中出力甚大，他坚持己见，敢于公开顶撞十分关照自己的刑部尚书潘祖荫。潘祖荫和地方实力派交情颇深，其曾以奏折中"天

① 转引自郑小悠：《清代的案与刑》，山西人民出版社，2019 年，第 143 页。

下一日不可无湖南，湖南一日不可无左宗棠"打动了咸丰帝，使左宗棠不但洗掉"劣幕"之罪，且从此被委以重任，飞黄腾达。潘祖荫还是奉旨复查王树文案的主审官之一梅启照的会试同年（咸丰二年恩科，1852年），因此曾一度想压下此案。

观察分析此案，放在清末的整个政治大背景下，更能看出其反射出的复杂光谱。

太平天国起事以前，清帝国是高度的中央集权，人事、军事、财税、司法大权由朝廷把持，质言之是操于皇帝之手，地方大员无非是奉旨照章办差而已。洪秀全、杨秀清起于岭南，很快席卷中国南方，清廷的八旗、绿营已不堪用，湘军应势而起，踵其武者为从湘军分出来的淮军。战事日久，为支撑摇摇欲坠的政权，皇帝不得不赋予地方督抚大员便宜从事的大权。于是，朝廷的权力逐渐被地方大员侵夺。人事权方面是督抚对官员的保举权增大，自己辖区委派差使更不需要上报朝廷；军事方面则是自己招兵练勇，将士对统帅有人身依附关系，而非为朝廷作战；财税方面则是自己设厘卡收税；司法方面便是因战时状态的"严打"，对案犯有"就地正法"之权。此前，清廷对死刑犯的执行是非常审慎的，全国各地判处的死刑案件最终要汇总到刑部，由刑部秋审处复核，核准后才能执行死刑。

湘军的缔造者曾国藩是大规模"就地正法"的开启者。咸丰二年（1852）年底，丁忧在家的曾国藩奉旨出山，到长沙任团练大臣。曾氏设"审案局"，以乱世用重典为由，对一些涉嫌谋反、抢掠的重大犯罪行为审理后取得口供，请王命旗牌对案犯即可处死，毋庸上报朝廷。例如，一位有秀才资格的林明光因人诬告其通匪被曾国藩杀头，而事先曾国藩没有照规定通报省学政褫夺其功名。此事惹得湖南学政刘昆大怒，认为曾国藩越权，上告到抚台。因此，曾国藩亦被坊间赠以"曾剃头"之恶名。

如此，刑部的死刑核准权名存实亡，地方官滥用权力草菅人命，造成冤狱遍地。到光绪初年，局势稍见太平，刑部一直努力要将死刑核准权收回朝廷，但遇到地方督抚的拖延抵制。此案即是一例。

李鹤年、梅启照二人虽非湘淮籍，且皆起家于翰林，但他俩和湘淮系的关系颇深。李鹤年在咸丰初年任御史时，奏举重用曾国藩。其外放做地方官的生涯，大半在中原度过。在河南平捻时，其募集两军人马约两万余人：一为毅军，由宋庆统领；一为嵩武军，由张曜统领。宋庆和张曜后来成为左宗棠平定西北、规复新疆的两员大将。梅启照就更不用说了，他是曾国藩的得意门生和重要幕僚，是曾国藩一手培养成长的大员。两江总督马新贻被张汶祥刺死后，梅启照是"刺马案"的主审官之一。当时，许多人认为湘军系有重大嫌疑，因为湘军攻占天京后两江一直是湘军系的势力范围，而朝廷派山东籍的马新贻总督两江，就是要遏制湘军系势力。不过，"刺马案"最终糊里糊涂结案，以张汶祥被凌迟处死了结，并未牵涉其他人，毕竟那个时候朝廷还需继续倚仗湘军。同时，曾国藩临死前的遗疏，即由梅启照亲抄代陈。梅启照在挽曾国藩的联中曰："廿六载门墙回首，代陈遗疏剧悲哀。"①

李鹤年这样长期在军旅之中的地方督抚，养成了杀伐决断之气魄，时人对李鸿章"翰林变绿林"之诮用在李鹤年身上也恰当，他是地方督抚飞扬跋扈的代表。比王树文案早几年的"杨乃武与小白菜"案也是刑事案件政治化的一例，以被朝廷用来打压湘淮系为代表的地方督抚势力。曾诛杀太监安德海的丁宝桢时任四川总督，他对刑部尚书说此案如果要翻，恐怕将来就没有人敢做地方官。——这是当时诸多地方大员的心声。

不过，说清朝同治、光绪年间清朝政治架构真的因督抚坐大而导致内轻外重，则是言过其实。只是比起乾纲独断、说一不二的雍正、乾隆皇帝时的君权分量有所下降而已，但清廷还是守住了中央集权的底线，对地方督抚的权力用各种方式收回来或做限制。王树文案被翻，制造冤案的众多官员受到了处罚，即说明在司法权层面朝廷并非一味退守，只是这一次反击赢得不是那么漂亮。

---

①［清］黄翼升等撰：《曾文正公荣哀录·卷二》，清光绪十三年（1887）鸿文书局铅印本。

北京师范大学历史学院教授邱涛在其专著《咸同年间清廷与湘淮集团权力格局之变迁》中详细论述了清廷对地方权利集团的成功反制。他认为：

"虽然自太平天国起义爆发、湘军集团崛起后，直到北洋集团，确实对清王朝专制主义中央集权产生了巨大冲击，但是清中央政府采取了较为有效的应对措施，使得清廷在有所分权的情况下，仍在较大程度和较大范围内维持了自身控制力，并未出现地方政府极大分权、中央政府控制力极大减弱的情况，晚清时期并未形成地方势力尾大不掉的局面。"①

"事实上，整个晚清时期中央和地方权力斗争始终是处于互有攻守、波浪式前进的过程。总体而言，清王朝高度集权的专制统治确实受到了冲击。但是，清最高统治集团通过各种手段，基本维持了中央权重的局面，并未出现地方势力尾大不掉、内轻外重的严重局面。"②

我以为，邱先生的论断是精当的。

---

① 邱涛：《咸同年间清廷与湘淮集团权力格局之变迁》，北京师范大学出版社，2010 年，第 11—12 页。
② 同上书，第 19 页。

赵舒翘：为效忠太后背弃职业伦理，下场悲惨

赵舒翘因"谳河南王树文狱，承旨研辨，获平反，巡抚李鹤年以下谴谪有差"（《清史稿》)，其砺砺风节和高超的专业水平赢得了朝野的交口赞颂。不久后，赵舒翘被提升为湖广司郎中。在刑部办案之余，赵舒翘根据在提牢厅任职的经历和对监狱管理的思考写成了《提牢备考》，而该书是清代一本具有相当专业水准的监狱学著作。

按照清廷对官员的一般培养路径，长期在部院做官的赵舒翘在司官职位上外放为凤阳知府，开始了地方历练。赵舒翘立身甚严，勤于政事，无论后来做温处道道员、浙江布政使，还是在封疆大吏江苏巡抚的任上，官声都很好。在其任凤阳知府时，当地迭遭水、旱灾害，赵舒翘及时拨出府库银救济灾民，并捐出俸银二千两买救生船、办育婴堂。据说，赵舒翘还发动了妻子带着女婢昼夜加班为灾民缝制棉衣裤。一个地方主官这样做，有很强的示范作用，至少在相当程度上舒缓了民怨。——中国的百姓自古是很知足的，给点阳光就灿烂。

在地方历练一圈后，光绪二十三年（1897）赵舒翘奉旨回到北京，任刑部左侍郎兼礼部左侍郎，第二年升为刑部尚书，执掌清廷治安和司法的最高衙门。

赵舒翘是专家型高官，在官场无强大的后援。他无法和有着长白山血统的满蒙亲贵相比；没有湘淮系军功集团内来自袍泽的相互支持；也没有像翁同龢、潘祖荫这类科场世家，祖孙、父子、兄弟皆身居高位及门生故吏遍天下的资源。这样的专家型高官，能在官场立足并步步高升的原因无非两点：一是德才服众，能清廉为官，认真做事，民望高；二是在政治圈里不树党，不刻意依附哪一派势力，只对"最高领导"效忠。

赵舒翘思想上偏保守。在他回到中枢后，变法改良风起，他看不惯康有为、梁启超这些改良派新贵。"百日维新"失败后，康有为、梁启超潜逃，"六君子"（谭嗣同、康广仁、林旭、杨深秀、杨锐、刘光第）被捕。如何处置谭嗣同这几位让慈禧太后恨之入骨的"维新派"官员，作为大清朝"首席大法官"兼"公安部长"，赵舒翘的意见很重要。据蒋正侪《都门识小录》载：

> 当光绪戊戌时，赵舒翘为刑部尚书，六君子案作，孝钦后（慈禧太后）震怒，命严究其事，赵对："此等无父无君之禽兽，杀无赦，不必问供。"孝钦颔首。①

赵舒翘有一位门生是杨锐、刘光第的四川同乡，任职刑部提牢厅。他向赵舒翘泣告，认为应当分别审讯再判刑。赵舒翘的回答是："南山可移，此案不可动。汝速出，旨即下。"②

"六君子"就这样没经过任何审讯即拉到菜市口杀头。以光绪帝名义下发的圣旨曰："前经将各该犯革职，拿来交刑部讯究。旋有人奏，若稽时日，恐有中变。朕熟思审处，该犯等情节较重，难逃法网，倘若语多牵涉，恐致株累，是以未俟复奏，于昨日谕令将该犯等即行正法。"③

如果说谭嗣同因为策划围攻慈禧太后所居的颐和园是谋逆大罪，康广仁是替逃走的长兄康有为顶罪，那杨锐、刘光第则实在是冤枉。杨锐、刘光第为人本分，办事低调，不喜欢康有为的招摇，和康、梁师生二人几乎没有来往。刘光第做过刑部广西司主事，通晓《大清律》，他在押送刑场途中大骂："未提审，未定罪，即杀人头耶？何昏聩乃尔。"④但慈禧太后"恨屋及乌"，

---

①[清]蒋正侪:《都门识小录》.《清代野史》（第四辑），巴蜀书社，1987年，第266页。
② 同上书，第266—267页。
③[清]朱寿朋:《光绪朝东华录》。转引自丘铸昌:《戊戌变法一志士:刘光第评传》，华南理工大学出版社，2003年，第231页。
④ 黄濬:《花随人圣庵摭忆》，中华书局，2013年，第206页。

一定要把光绪帝重用的几个年轻官员处死而后快。

当初在王树文案中讲程序、抠法条的赵舒翘，以专业素养赢得了士林尊重，但此时政治站位则重于职业操守，也就不讲法条、程序和祖制了。赵舒翘逢迎慈禧太后之意，终于成为自己年轻时所憎恨的李鹤年那样的大官。

因为慈禧太后满意赵舒翘的表态，赵舒翘迎来了人生的高光时刻，由刑部尚书而任军机大臣、总理衙门大臣，兼管顺天府事务。其一人主天下之刑名，并兼任内政、外交两大中枢的大臣，还分管了首都的事务，眼看着晋位大学士就是顺理成章的事。谁料两年后，赵舒翘遭遇了"戊戌六君子"一样的厄运。

光绪二十六年（1900），直隶地面的义和团闹得越来越大。是年五月，清廷命令刚毅和赵舒翘前往京郊良乡、涿州一带调查义和团虚实。赵舒翘是个明白人，本来也认为"拳匪不可恃"。刚毅是推荐赵舒翘入军机处的恩人，又是旗人、协办大学士，和端王载漪（大阿哥溥儁之父）打得火热，而赵舒翘在六个军机大臣中又排名最后。赵舒翘不敢得罪颟顸霸道的刚毅，于是顺着刚毅的意思回朝后报告"其术可用"，提出："拳会蔓延，诛不胜诛，不如抚而用之，统以将帅，编入行伍，因其仇教之心，用作果敢之气，化私忿而为公义，缓急可恃，似亦因势利导之一法。"[1]慈禧太后接受了赵舒翘和刚毅的意见，开启了义和团进入京师的闸门。

八国联军攻陷北京后，赵舒翘已追随慈禧太后和光绪帝西逃到自己的家乡西安。李鸿章奉命和八国联军谈判，八国联军提出必须处死支持义和团的"战犯"，而赵舒翘为联军开具的名单之一。

慈禧太后本来并不怨赵舒翘，她知道这祸是载漪和刚毅等人引起的，且赵舒翘不像毓贤那样有杀洋人的血债。朝廷一开始对赵舒翘"革职留任"以示薄惩，但在洋人的威逼下，逐渐加码，后改为"交部严惩"，再改为"斩

---

① 故宫博物院明清档案部编：《义和团档案史料》（上），中华书局，1979年，第110页。

监候"。

太后还是想最后努力，留下赵舒翘一条性命，李鸿章、刘坤一、张之洞这几位联合实施"东南互保"的实力派督抚，亦颇为同情赵舒翘。光绪二十六年十二月二十六日，西安行在的军机处致刘坤一、张之洞等电文中曰"赵查办拳匪，仅去两日，颇有解散，回奏亦称拳为邪术不可恃，更属冤抑"①，这显然是慈禧太后的意思。光绪二十六年十二月底，即1901年2月，张之洞在给上海盛大臣并转各国大使等的一封电报中亦说："惟赵舒翘一员，似乎所拟罪浮于情。此等重案，关系国家全局，必须核实，方能有所劝诫，众情自觉允服。"②其认为杀戮赵舒翘这样的大员，要保重国体，不能听从洋人的意见，必须经过核实并公开其罪状再处罚，才能让公众服气。

留在北京和洋人谈判的全权大臣奕劻和李鸿章回电西安行在的军机处，说赵舒翘没法活命，"据称，赵一味附和刚毅，称拳匪为义民，去冬曾有不禁办团习拳之明发谕旨，系赵所拟，是主持义和团之实据。又拳匪进京时，赵曾出迎，其家眷出京系拳匪护送，都人皆能言之。且无论有无证据，各国必欲治死。……朝廷若再护庇，必将决裂"③。可见，赵舒翘作为通"拳匪"的所谓证据是"据称"，只是传闻而已。洋人不管有没有证据，必须要他死，不惜谈判决裂。

另一位比刘坤一、张之洞资历浅的实力派大员袁世凯更懂政治，他的意见是，如此急迫危险的局势，只要能保住江山，让太后、皇帝安全，其他人即便有冤枉，也管不了啦。

道理就是这么个道理，朝野皆知赵舒翘冤，但面对洋人的不依不饶，朝廷最后将赵舒翘定为"斩立决"。消息传开后，西安城内绅民联合为赵舒翘

① 故宫博物院明清档案部编：《义和团档案史料》（下），中华书局，1979年，第947—948页。

②《张之洞全集·电牍》（第十册），"光绪二十六年十二月三十日"条，河北人民出版社，1998年，第8501页。

③ 故宫博物院明清档案部编：《义和团档案史料》（下），中华书局，1979年，第948页。

请命，愿以全城人保其免死。光绪二十七年（1901）正月初二，西安鼓楼集数万人，声言要劫法场，太后若杀赵舒翘，请离开西安回京。迫于群情激愤，慈禧太后下诏将赵舒翘"赐死"，令其在西安家中自尽，陕西巡抚岑春煊监督执行。当日，赵舒翘先吞金、吃鸦片膏自尽未死，又服砒霜仍未死，于是岑春煊逼迫赵府仆人用湿纸糊住赵舒翘七窍闷死。死时，赵舒翘虚岁五十四岁。

赵舒翘在自杀的十来个小时里，一直盼望慈禧太后会回心转意，下恩旨免其一死，但最后岑春煊劝他不要存这个幻想，太后不可能救他了，他才彻底绝望。一代律法名家就这样冤死了。据说赵舒翘在临死前给后代交代，子孙要多读书，但不要入仕途。① 这大约能看出赵舒翘对清廷彻底失望吧。

当政治凌驾于法律之上，带来的灾害可加诸自己不喜欢的人身上，亦可加诸己身。不知道赵舒翘被下诏自尽时，是否想起他主张不经审讯即行正法的"戊戌六君子"？蒋正侪《都门识小录》则以赵舒翘的结局来佐证有因果报应，"福祸报应之说，近于迷信，知者弗道。然而左氏有言：'人谁不死，凶人不终。'则确为理论之信而有征者"②。

如此，慈禧太后向列国宣战前杀了反对孟浪行事的徐用仪等五位忠臣，战败后又处死了同样忠心耿耿的赵舒翘。不过，这样如此折腾，清王朝仍然又维持了十年，也算是奇迹了。

---

① 凡雨：《风雨悲思赵舒翘》，载《西安晚报》2012 年 7 月 1 日。"记得小时候，听祖父讲起赵舒翘临终时告诫家人：'教娃们以后只读书，勿入仕途发展。'我一直不得其解。后来，我带着疑问拜访了赵舒翘的族侄、92 岁的赵巩伯老人，他告诉我说：'赵舒翘的话缘于他的死因，他在临终前看清了清末官场的黑暗与凶险，他不想让后辈再步其辙。'"
② [清] 蒋正侪：《都门识小录》。《清代野史》（第四辑），巴蜀书社，1987 年，第 266 页。

连文冲：起草宣战诏书的大才子命运，也是一把夜壶

清光绪二十六年（1900），岁在庚子，五月二十五日（公历6月21日），慈禧太后以光绪帝的名义明发上谕，向全国官民进行战争动员。——后世许多人将其看作对列国的宣战书，按照国际法，这并不是一份外交文本。

从文本上来评价，这封诏书写得不错，文采斐然，气势豪迈，情理交融。诏书开头叙述清廷为政仁厚，特别是对列强采取怀柔政策，可列强得寸进尺，欺人太甚。诏书云：

> 我朝二百数十年，深仁厚泽，凡远人来中国者，列祖列宗罔不待以怀柔。迨道光、咸丰年间，俯准彼等互市，并乞在我国传教；朝廷以其劝人为善，勉允所请，初亦就我范围，遵我约束。讵三十年来，恃我国仁厚，一意拊循，彼乃益肆枭张，欺陵我国家，侵占我土地，蹂躏我人民，勒索我财物。朝廷稍加迁就，彼等负其凶横，日甚一日，无所不至……昨日公然有杜士兰照会，令我退出大沽口炮台，归彼看管，否则以力袭取。危词恫吓，意在肆其披猖，震动畿辅。[①]

然后笔锋一转，宣称自知对方强大，但受此侮辱的大清国，不得不以"宁为玉碎不为瓦全"的气魄向列强宣战，以图唤起全国士民，万众一心，同仇敌忾。又云：

> 朕临御将三十年，待百姓如子孙，百姓亦戴朕如天帝。况慈圣中兴宇宙，恩德所被，浃髓沦肌，祖宗凭依，神祇感格。人人忠愤，旷代所

---

① 故宫博物院明清档案部编：《义和团档案史料》（上），中华书局，1979年，第162—163页。

无。朕今涕泣以告先庙，慷慨以誓师徒，与其苟且图存，贻羞万古，孰若大张挞伐，一决雌雄。连日召见大小臣工，询谋佥同。近畿及山东等省义兵，同日不期而集者不下数十万人，下至五尺童子，亦能执干戈以卫社稷。

彼仗诈谋，我恃天理；彼凭悍力，我恃人心。无论我国忠信甲胄，礼义干橹，人人敢死，即土地广有二十余省，人民多至四百余兆，何难翦彼凶焰，张我国威。其有同仇敌忾，陷阵冲锋，抑或尚义捐资，助益饷项，朝廷不惜破格懋赏，奖励忠勋。苟其自外生成，临阵退缩，甘心从逆，竟作汉奸，朕即刻严诛，绝无宽贷。尔普天臣庶，其各怀忠义之心，共泄神人之愤。朕实有厚望焉！[①]

宣战诏书发布后，清廷还处死了主张和谈、不同意攻打使馆的许景澄及袁昶等，以震慑天下持和谈幻想的"投降派"。结局很快就揭晓了，京师沦陷，两宫西狩，清朝赔款四亿五千万两银子给列强，以换得慈禧太后和光绪帝回銮，而老佛爷照样掌握最高权力。有高层"玉碎"者，一部分是八国联军进城后自杀，一部分是战后重要的主战派人物被老佛爷下令处死以平息洋大人的怒火。但"瓦碎"者更多，先是义和团的兄弟进城杀戮了不少的无辜百姓，然后是八国联军攻陷北京后英勇战死的普通士兵如老舍的父亲，再然后则是被清廷当作替罪羊剿杀的义和团师兄弟们。

这份诏书的起草者为军机章京连文冲。连文冲，浙江绍兴府上虞县崧厦上湖头村人，寄籍杭州府钱塘县，光绪三年（1877）进士，其时本职为户部郎中。清廷真正的中枢在军机处，军机大臣为真宰相。但军机大臣每天要处理那么多军国大事，一些案牍工作必须假手于人，于是便从各部院选拔一些中低层官员来做章京，其实就是各位军机大臣的"秘书"。

连文冲有着绍兴师爷的祖传基因，脑子活，文才好，办公务干脆利落，

① 故宫博物院明清档案部编：《义和团档案史料》（上），中华书局，1979 年，第 163 页。

很快受到了军机大臣中排次位的荣禄的信赖。荣禄的重要公文都委托连文冲处理，用现在的话来说，就是连文冲成了荣禄"大秘"。首席军机大臣礼亲王世铎，没有什么才干与魄力，只是个摆设，真正的首席宰相是荣禄。作为首席宰相"大秘"，连文冲在清朝官场中炙手可热，地方和部院大员争相巴结他并通过他运作。于是，连文冲便让自己的幕僚和亲弟弟连仲三组成"官场公关公司"，大把大把地挣银子。

戊戌变法前，湖广总督张之洞想过一把"宰相瘾"，谋取军机大臣之位，给了连仲三一笔巨款去活动，后被光绪帝的老师翁同龢使招阻止在军机处之外。但花了的钱也没退给张之洞，不过"钱屠"张香帅（张之洞号香涛，时为总督，故称）也不当回事。

光绪二十一年（1895），甲午战争进入后半段，淮军在朝鲜大败，北洋水师也全军覆灭，日军侵入辽东。此时，清廷换下了淮军的创始人李鸿章，以两江总督刘坤一为战争总指挥。刘坤一带领一批新招募的湘军，仓促进入战场，于事无补，徒增战争之惨烈而已。

清廷战败后，刘坤一想再回到富庶的两江当总督，于是走连文冲的路子。刘坤一让人奉送二万两银子给连文冲的幕僚，该幕僚把这笔钱独自吞了，但回去问连文冲时得到消息，慈禧太后有意让刘坤一回任两江总督。可这人见到刘坤一的代表后，只说事难办，于是刘坤一以为嫌钱少，再追加了二万两银子，方得到确切的消息。这位幕僚又只给了连文冲一万两银子，连文冲还从中拿出二千两银子作为辛苦费酬谢幕僚。这里外里幕僚一人得了三万二千两银子，然后便找个理由携款回家了，就此与连文冲道别了。

庚子年（1900），慈禧太后有意废掉光绪帝，以端王载漪的儿子溥儁为大阿哥——摆明了就是储君。载漪担心夜长梦多，希望利用义和团向列强宣战的时机，尽快送儿子溥儁入承大位。为了刺激慈禧太后，载漪伪造了一份洋人的"归政照会"，要求慈禧太后把权力归还给光绪帝，并让粮道罗嘉杰通过荣禄把假"照会"递给了慈禧太后。"是可忍孰不可忍"，这是赤裸裸干涉大清内政，触及了老佛爷的根本利益，于是慈禧太后这才下了决心向列强宣战。据说，这份假"照会"也是由连文冲草拟的。毕竟溥儁很可能马上就会当皇帝，其生父载漪是一棵比荣禄更粗的大树。

清廷向列强开战后，大概是为了让假"照会"不要露馅，连文冲被外放为江西赣州府知府。江西归两江总督管辖，连文冲循例以下属的身份去拜见两江总督刘坤一，闲谈间吹嘘自己在任军机章京时一钱不取。刘坤一再也忍不住，便说前几年送你二万两银子还嫌少，又追加了二万两。于是，连文冲这才明白自己被幕僚坑了。——也有可能是连文冲在刘坤一面前说假话，或许敲刘坤一的竹杠就是他本人的主意，只是现在身为刘坤一的下属只得把责任推到"临时工"身上。

不过，从历史来看，刘坤一这四万两银子花得真值。如果不是他回任两江总督，而是像刚毅、毓贤这类颟顸的官员占据这个位置，就很可能没有庚子年的"东南互保"了，而中国富庶的南方便难逃兵燹之祸。

但是，连文冲在赣州知府的位置上也没待多久。光绪二十七年十二月，即1902年1月，慈禧和光绪回到北京，发布上谕：

> 上年拳匪内讧，酿成巨祸，皆由无知之王大臣纵庇邪术，挟持朝廷，职为厉阶，其罪固无可逭。而当时愚妄之徒逢迎附和，与该王大臣等此呼彼应，议论嚣张，淆混观听，实属贻害国家。虽情节轻重不同，要亦难逃洞鉴。自应一并惩创，以肃官常。开缺都察院左副都御史何乃莹、翰林侍讲学士彭清藜、编修王龙文、江西赣州府知府连文冲、陕西补用知府曾廉，均著革职永不叙用。[1]

被革职的连文冲，大约是回到故乡杭州养老了。在军机处那些年，连文冲的钱早已挣够了，而比起义和团那些师兄弟们，这个"夜壶"算是很幸运的了。

---

① 故宫博物院明清档案部编：《义和团档案史料》（下），中华书局，1979年，第1345页。

对官员的“团团伙伙”太后无可奈何

　　光绪十八年正月初五，即1892年2月3日，是李鸿章七十大寿庆典日。当时，李鸿章圣眷正隆，权势显赫，大清帝国文武百官争相奉献诗文、礼品为之祝寿。在众多的寿言中，已故两江总督沈葆桢的次子沈莹庆所写的《恭祝诰封光禄大夫宫太傅中堂一等肃毅伯七秩寿序》[①]，是很值得关注的一篇。

　　这篇寿序没有如其他人的祝寿文字那样，一味地赞美李中堂的丰功伟绩，而是着重写了两家三代的交情，以及感恩李鸿章对沈氏子弟的关照与提携。全文感情真挚、叙事清晰、文采斐然，很有感染力。尤其值得注意的是这篇寿序所具的史料价值，它生动地显现了清朝晚期高层政治人物错综复杂的关系，特别是同年、姻亲结成利益同盟相互关照的政治生态。——这是帝制时代人所共知、习以为常的潜规则，这种潜规则是影响帝国政治、军事等大局的重要因素。

　　我不揣愚陋，试着逐段分析之。

　　第一段为全文做铺垫，说像李中堂这样的元勋，一般人看到的只是他的功名事业，而其性情和交友之道，只有在他早年没有显达时相过从的朋友了解。

　　第二段则提到相国大寿，海内外祝寿的诗文烂若云锦，作为相国故人的儿子，如果和大家一样写文章赞美相国的功业，没什么价值，于是另辟蹊径讲述两家数十年的交往故事，以及相国对晚辈的关照，来彰显相国的高尚品德，以此来为之祝寿。——这一下把阅读者的兴趣提起来了，如果放到现在

---

　　① 安徽省合肥市图书馆整理：《合肥相国七十大寿图（附寿言）》，浙江人民出版社、荣宝斋出版社，2015年。

公众号上，可以起一个标题："中堂大人年轻时那些你所不知道的往事"。

第三段叙述李鸿章和他们的父亲年轻时的交往，以及两家深厚的渊源。李鸿章和他们的伯父缄西公是优贡同年，李瀚章和他们的叔父滨竹公是拔贡同年。他们的父亲沈葆桢，不但和李鸿章同在道光二十七年（1847）会试及第，而且一个房师，一起被选为翰林院庶吉士，一起住在"研究生"宿舍，一起留翰林院正式任职。这比其他的同年关系更要亲近。明清两代会试有正主考、副主考，然后下面分若干房，每一房阅卷的考官推荐本房优秀的试卷给主考官定夺，因此房师的选择是最重要的。李鸿章、沈葆桢两人共同的房师孙锵鸣活了八十五岁，一生官场并不得志，他最大的成就大概就是识拔李鸿章、沈葆桢两人。同治三年（1864），孙锵鸣被左宗棠参劾罢官。是年三月，江苏巡抚李鸿章延请孙锵鸣主讲苏州正谊书院。光绪四年（1878）正月，两江总督沈葆桢延请孙锵鸣主讲钟山书院。弟子报房师之恩，在当时视为当然。

这一段还可以看出李鸿章、沈葆桢二人性格和处事态度的区别：李鸿章圆融通达，沈葆桢则性格刚直清高。翰林留馆，生活是很苦的，薪水低，而且不能按时发放，又没有六部主事、御史和知县那样的实权。翰林愿意吃这个苦，就是买"潜力股"——翰林院是高级官员培训基地，只要不犯大错或过早死亡，成为方面大员、侍郎尚书的概率很高，一旦外放都是知府起步。沈葆桢在北京的小家庭生活窘迫时，李鸿章劝他向在京外当总督的岳父林则徐求援，但沈葆桢笑而谢绝。这种性格和处事态度的差异，也决定日后他们羽翼丰满时对待老师曾国藩不同的方式。

第四段则叙述在剿灭太平天国的战争岁月里，沈葆桢、李鸿章、李瀚章、李元度四位长辈相扶相持、患难与共的情谊。李瀚章早在咸丰三年（1853）初就随曾国藩办理营务，而李鸿章在兄长的推荐下，于咸丰八年（1858）入曾国藩幕府。沈葆桢在江西与曾国藩的交集比李鸿章早，他署理广信府知府，广信乃今天的上饶，正当浙江江西交界处的孔道。咸丰六年（1856），太平军围攻广信府城，当时沈葆桢正离城外出募集军粮，其妻林普晴不愧是名臣之女，一方面鼓励守城的兵卒固守待援，另一方面则派人送血书到驻守浙江衢州的提督饶廷选那里求援。饶廷选亦是福州人，还是林则徐的老部下，见此大难，他不能不救。兵贵神速，饶廷选来不及请示浙江省军政首领，随即带兵入江西解广信之围。这惹得当时的浙江巡抚何桂清很不高兴，饶廷选被勒令撤营回到浙江防守，而且被劾擅自出兵，并受到处分。从这件事也能看出，清帝国当时军事机器的失效，各省、府长官为了自己不受处分，首先是保住自己的一亩三分地，而不愿意救援兄弟省、府，甚至以邻为壑，最终被太平军各个击破。何桂清这种鸡贼心思后来贻害无穷，其在做两江总督驻节常州时，李秀成部队攻城，他竟然开枪打死恳请他留下来守城的百姓，并逃窜到上海，后被清廷抓捕正法。于是，曾国藩让李元度的平江营戍守广信府，以防东边的浙江之敌。后来，李元度防备未密，导致徽州失守，威胁到湘军大本营，李元度不敢回来见曾国藩。与此同时，由李鸿章兄弟做媒，李元度的女儿许配给了沈葆桢的儿子沈莹庆。李元度后来竟然受湘军的政敌、浙江巡抚王有龄之召，回乡募湘勇八千帮助王有龄协防，彻底激怒了曾国藩。曾国藩严词参劾李元度，本来要判处其流放之刑，又是李鸿章、沈葆桢邀请鲍超等人一起上疏为其求情，李元度这才免流戍而仅罚金归乡，后来得以东山再起。

咸丰十一年（1861），沈葆桢本来想辞官回家奉养父母，李鸿章写信劝他以国事为重，邀请他来已经被曾国荃收复的安庆两江总督衙门暨湘军大本营效力。在曾国藩的举荐下，沈葆桢出任江西巡抚。在曾国藩就任两江总督后，其战略思路很清晰，所辖的江苏、江西、安徽必须是自己信得过的门生故吏：江苏给了李鸿章，江西给了沈葆桢，安徽巡抚先保彭玉麟但其未就任，后来李续宜短暂担任，再后来是衡阳的唐训方。曾国藩以调度三省之力，来支持曾国荃围攻金陵。李鸿章很会办事，尽管和老师曾国藩的意见不尽相同，但他善于和老师沟通，而且重大事项上给曾国藩兄弟面子，如坚决不让淮军来金陵与曾九帅抢功。但沈葆桢则不然，一到江西巡抚任上，就马上"屁股决定脑袋"，以本省利益为重。事先，沈葆桢和曾国藩约定，江西全省的田赋留本省，而厘金交给两江总督衙门使用。可那时江西打了多年的仗，民财已尽，田土抛荒，田赋即农业税收不了多少，而厘金即商业税是收入主要来源。沈葆桢要在本省养王德榜、席宝田两支军队以资防卫，于是先不通报曾国藩而向朝廷户部运作，获得同意江西厘金截留一半，然后再向曾国藩摊牌。已有户部背书，厘金的分配无可更改，而此时金陵围攻正在最艰苦的时候，将士正眼巴巴望着粮饷和弹药。感觉到被沈葆桢背叛的曾国藩，心底里将其视为白眼狼，而湘军内部一些人则说沈葆桢是"绝无良心科"第一名。——今日，若换位思考，对沈葆桢的做法应能理解。守土有责，沈葆桢作为江西省的军政长官，不如此做又能如何？

金陵城破后，曾国藩、曾国荃兄弟成不世之功，而幼天王在江西被抓获又使沈葆桢和曾国藩的关系更加恶化。其时，忠王李秀成被抓，天王府被焚，幼天王的下落不明，而曾国藩在给朝廷的上奏中只是含糊地以"积薪自焚"上报。跑到江西的幼天王被席宝田部队抓获，并押送到南昌交给巡抚沈葆桢，而沈葆桢和左宗棠皆上疏主张将幼天王送到京师献俘，但这等于打曾国藩的脸，坐实了坊间关于吉字营破金陵后将士只顾抢劫而使幼天王逃逸的口实，也成为朝廷求之不得的"炮弹"，以此用来打压担心其拥兵自重的曾氏兄弟。此时，与老师曾国藩彻底掰了的沈葆桢继续在两江地面做官也确实相当为难，他便再以父母年老乞归故里，朝廷同意了。沈葆桢与曾国藩决裂后，和左宗棠倒是相处得很好。或是因为两人性格相近？或是因为两人对曾国藩相似的态度？左宗棠任闽浙总督，规划了福州马尾船政局，但还没有破土动工，便受命调任陕甘总督。为了不使船政局这个事业半途而废，左宗棠极力举荐并三顾茅庐请在籍守制的沈葆桢出山主持大事，后担任船政大臣。马尾船政局是造船和育人并举：一面请技师、买设备建造近代的船舰；一面办马尾船政学堂，培养海军的指挥和技术人才。沈葆桢主持马尾船政局达十年之久，成为近代中国海军事业重要的开创者之一。

第五段讲述成为重臣的李鸿章、沈葆桢晚年相互支持和合作的佳话，主要是两件事：保卫台湾和办北洋水师。虽然都是为国事，但两人的私谊起了决定性的作用。

同治十三年（1874）即日本明治七年，日本以台湾少数民族居民杀死琉球人为理由，派兵侵略台湾，统兵官为西乡隆盛的弟弟西乡从道。清廷派沈葆桢为钦差大臣，孤舟一叶登台岛布防，而台湾当时无可用之兵、可指之饷。李鸿章派驻扎在徐州的铭军十三营，在唐定奎的率领下去台湾，并令上海招商局准备船只、器械。由于应对及时，更由于当时日本国力尚弱，日本不得已退兵。

光绪元年（1875），在李鸿章的举荐下，沈葆桢出任两江总督。其时，江南地面驻防了许多淮军，他们历来唯李鸿章之命是从，两江总督只能待之如宾客。李鸿章手书给淮军各营，让他们老老实实听沈葆桢的指挥。沈葆桢投桃报李，当朝廷摊派各省拿出厘税的一部分分配给北洋、南洋各练一支近代舰队，其高风亮节地请求朝廷将南洋应得的那部分钱全部给北洋，先成北洋水师以拱卫京师，然后再办南洋水师。光绪十八年（1892），北洋水师已成，而沈莹庆文中曰"岁巡边海数千里有常期，水师之盛，为外人指目"不是虚言，当时着实让日本等国很是忌惮。李鸿章在北洋水师中任用大批马尾船政学堂的毕业生即沈葆桢的门生做海军的将领，以致引起淮军老将的埋怨并说其"客卿用事"，显然淮军上下是把北洋水师看作自家的海军而非国家的海军，于是李鸿章不得不开导这些发牢骚的淮军将领。马尾船政学堂培养的海军人才以福建籍为主，这个地缘集团对中国近现代海军的影响，一直延续到民国。

这一段说的是李鸿章、沈葆桢两位同年的肝胆相照，而今天分析却能看出晚清政治的一大痼疾：尽管朝廷非常不乐意，想方设法破解，但督抚隐然有藩镇割据之势，兵将私有成为常态。虽然在名义上淮军早就是朝廷的经制之师、李鸿章也在直隶做了二十多年的总督，但驻扎在两江地面的淮军旧部仍只听李鸿章的命令，两江总督沈葆桢却指挥不动，公事反而要靠私谊来推动。

第六段说的是沈葆桢去世后，李鸿章对故人子孙周全的照顾。沈瑜庆（沈葆桢四子）会试落第后，找年伯李鸿章讨要个饭碗。于是，李鸿章写信给时任两江总督的曾国荃，推荐沈瑜庆去南洋水师学堂，先做会办，第二年则升总办；李鸿章又给闽浙总督卞宝第去信，推荐沈葆桢的长孙沈翊清掌管学生出洋肄业局；沈葆桢的另一个孙子沈赞清，以诸生游广东，被两广总督李瀚章招进幕府。——这种恩德，沈家子弟当然没齿不忘。

从这段叙述，亦可看出晚清督抚在用人方面的自主权。太平天国、捻军平息后，中枢一再想办法收回旁落的人事权，各地督抚对占编制的文武官职，如知县、知州、知府、游击、副将、总兵等，只有保举权，决定权操之于吏部（兵部），若吏部不点头，只能署理不能实授。然而，随着"洋务运动"的开启，官方兴办了许多以前没有的机构，如工厂、学堂、厘卡税局等。这些不在编制的职位是"差使"，可以由督抚私人委派，而其油水一点不比在编的朝廷命官差。如果做得好，可以由这样的"差使"变为命官，如曾国藩的小女婿聂缉椝从江南制造局起步，后来官至浙江巡抚。——这些"差使"是用来安排私人的好去处。

今日看沈莹庆这些文字，简直就是一份交代托关系、走后门、任人唯亲的"自供状"。官宦子弟因为有父辈的照顾能轻而易举地谋得好差事，他们中间固然有品行、能力不错者，可贫寒子弟中同样有能力甚至能力比他们强的人又如何出头呢？同年、同乡、师生之间结成利益共同体，互相关照，用今天的话来说就是搞"团团伙伙"，破坏正常的政治生态。可是在晚清那个时期，李鸿章如此关照故人的子弟，是被士林传颂的官场美德，是有情有义、居高位而念旧的君子。所以，沈家子弟不但不回避这些，还在李鸿章寿庆时撰写成文并装裱成轴，公然挂出来以彰显李中堂的盛德。

历朝统治者对臣工拉帮结派是很防范的，尤其是明清两代皇帝最恨大臣"树党"，对以同年、同乡结成的集团很是头痛，也曾有过整肃，但是没用。中国是个人情社会，人情社会的核心就在于讲贵贱尊卑，辨远近亲疏，如果把这些打掉了，社会都无法运转了。因此，晚清官场存在"团团伙伙"是公然的秘密，即使强悍精明如慈禧太后者也没法破。更重要的是，即便清朝灭亡了，这种政治文化仍然有着强大的生命力。

【附】

恭祝诰封光禄大夫宫太傅中堂一等肃毅伯七秩寿序[1]

一代元勋硕辅，予人可见者功名事业而已矣！性情行谊之笃挚，则非微时之交，固无由知之。若其微时之交，既尝举其事以诏其后之人，而其后之人亦遂识之，而无忘言之，而若有余于言是何其入人之深欤？

开年正月五日为我合肥伯相年伯[2]暨年伯母爵夫人七十揽揆之辰[3]，海内人士作诗，歌以赓燕喜[4]者，烂若云锦。莹庆兄弟，故人子也，若即众人之言以为言乎？既晨露之于山海，亦非莹庆兄弟所以为言之道。无已，则请述两家故事，并今日小子所由蒙恩知者，以明受祉之原，而致难老[5]之祝，可乎？

相国为世父缄西公癸卯同年[6]，先文肃公公车过夏[7]，为定交之始。丁未会试同出瑞安孙蘖田[8]先生门下，改庶吉士，同居庶常馆。时吾乡陈心泉观察[9]、舒城孙省斋方伯[10]，皆同年翰林应馆试者。先叔父滨竹公与相国兄、今两广督部筱泉公[11]为己酉拔贡同年，相从居馆中，盍簪[12]之雅，盛于一时。先公留馆后，赁屋居长安，寓庐库薄，器用空乏，客位坐具有缺落者。时舅氏林文忠公[13]开府在外，值岁饷未至资斧时或不继，相国时相过从，从容语先公：盍以情言舅氏乎？笑谢之，顾以其安贫乐道，情好弥笃。

先公转御史出守九江，调署广信[14]。其时，湘乡曾文正公[15]以侍郎督师江西，相国以编修佐曾公幕，长公筱泉制府亦以拔贡知县留军中。先公广信解围后，卸郡事，调管营务处，始与相国兄弟重叙京国之欢。平江李次青[16]先生亦癸卯同年，同在曾公幕中。方广信之以浙兵解围也，浙中大吏意微不嗛，严檄撤援回防，先公乞师填扎大府，久不报，曾公檄次青先生以所部平江营来戍。及兹同时袍泽毕集幕府，次青先生以道义之交，申婚姻之好，相国兄弟实合二姓之成，此莹庆所由婿于平江李氏也。厥后先公由九江道乞归养，曾公疏调，辞未赴。相国私函敦促，乃赴安庆大营，中途拜抚江之命。

时相国淮军特起，复苏、常，巡抚吴中矣。江西以客军肃清全省，逆竖洪福瑱[17]就擒豫章。先公申前请乞归。相国既平捻由两湖移督畿辅，而先公在籍主船政垂十年。

甲戌日本构衅台湾，廷旨命先公综台防，即日单舸东渡。台地无可用之兵，可指之饷，日人方窥台事亟甚。相国以所部驻徐州之铭军十三营，由提督唐定奎[18]率之来台，并饬上海招商局部署船只、器械利师行，手书月必数至。台地练土勇亦以向导淮军，台防屹然，倭人以淮军之急难也，始气夺输款。先公疏谓生平得人之力易危为安者，凡三事，一即此役。先公所不忘者，而谓莹庆兄弟忘之耶？值两江虚席，廷议难其人，相国言先公，旨属焉。先公疏辞衰惫，相国复贻书以主恩之隆、时事之棘，重相劝勉。既不得请，始于乙亥冬履两江任。时江南留防淮军皆相国旧部，历任督部处之若宾客。相国令诸营听指挥，军政之隙，捕蝗浚河，诸役无弗从者。先公恒言，相国于我深故，我亦深得淮部之力也。中旨划诸省税厘收入，分储南北洋，供制船购械之资。先公请以南洋应有者尽归北洋，先成一师以巩畿辅，而后推广南洋。事未就，先公薨，遗疏犹以为请。未几，北洋开学堂，成铁舰，岁巡边海数千里有常期，水师之盛，为外人指目。所拔海军将领，皆船政学堂书生。淮右老将，闲以客卿用事、少年积薪[19]为言，相国向之弥笃。北洋舟师既成军，至是南洋亦奉廷旨推办水师学堂。

昔年瑜庆[20]偕侪辈礼闱报罢出都，就相国谋所以赡其身家者。相国进而抚之，与谈曩事甚悉，亟称先时交谊，并先公处约之时事以勖小子。作书商前江督曾忠襄公[21]，以南洋水师学堂见属。瑜庆改官江南，仍执前役，志广术疏，常用懔懔。相国驰书开视，勉其学识之未逮者。先公任船政时，设学生出洋肄业局，今夏任是役者，及瓜请代[22]。相国函商闽督卞颂臣[23]制府，以翊清[24]充其选。提挈故人子弟，必使之各有以继志若此。瑜庆又忝与相国二公子仲彭[25]为乙酉乡榜同年。璘庆[26]、翊清又与相国犹子[27]为戊子、乙丑乡榜、优贡同年。赞清以诸生粤游，为筱泉世伯招致幕府。羊舌、郤成[28]之义，奚以如此。虽然，此非莹庆兄弟之私言也。趋廷之日，先公诏之；侍座之日，相国又诏之。其后之事，则为先公之所以不及见而相国固见之，此莹庆兄弟所为愈不能已于言者也。

闻之寿者，酬也，酬其德也。相国功在天下，为世所共见者。如此而其性情行谊为莹庆兄弟所闻，诸先训而躬被之者，又如此然，则酬德之券当于是乎？在相国或为欣然引一觞，而以为知言也。

谨序。

湖南候补知府年愚侄沈莹庆顿首拜撰　江苏候补道年愚侄沈瑜庆顿首拜书

【注释】

[1] 此文乃光绪十八年（1892）正月五日李鸿章七十寿庆时，沈葆桢之子沈莹庆代表沈家子弟撰写的祝寿文。沈葆桢（1820—1879），原名沈振宗，字幼丹，又字翰宇，福建侯官（今福建福州）人。晚清时期的重要大臣，官至两江总督、南洋大臣，与李鸿章会试同年登第。此时，沈葆桢及其长子沈玮庆已去世，故以沈莹庆领衔。

[2] 伯相：有伯爵之封的相国。年伯：古人对父亲科第同年者的尊称。

[3] 揽揆之辰：生日。《离骚》云："皇览揆余初度兮。"

[4] 赓：意为连续，继续。燕喜：宴饮喜乐。《诗经·小雅·六月》："吉甫燕喜，既多受祉。"

[5] 难老：长寿。《诗经·鲁颂·泮水》："既饮旨酒，永锡难老。"

[6] 癸卯同年：指李鸿章与沈莹庆伯父沈缄西为道光二十三年（1843）的优贡同年。

[7] 公车：指举人进京应试。过夏：唐时举子下第后在京重新攻读以待再试。道光二十四年（1844），沈葆桢随父亲赴京应会试，父子皆落第，其父回福建老家，沈葆桢则留在北京继续攻读，而其时李鸿章亦奉父命进京应顺天乡试。

[8] 孙蘧田，名锵鸣，字韶甫，号蘧田，晚号止庵，浙江瑞安人，大学者孙依言之弟。

[9] 陈心泉观察，名濬，福州闽县人，官至湖北盐法道。古人对道员雅称"观察"。

[10] 孙省斋方伯，名观，字国宾，号省斋，安徽舒城人，官至直隶布政使。古人雅称布政使为"方伯"。

[11] 筱泉公，即李鸿章之兄李瀚章，字筱泉，时任两广总督。

[12] 盍簪：指代士人聚会。《易经》："勿疑，朋盍簪。"

[13] 林文忠公，即林则徐，谥"文忠"，乃沈葆桢舅父，因又将女儿林普晴嫁与沈葆桢，又为其岳父。古人将岳父称为"外舅"，若儿媳称公婆为"舅姑"，此上古两氏族长期通婚之遗习也。

[14] 广信：今江西上饶市，当为浙赣孔道。

[15] 曾文正公，即曾国藩，谥"文正"。

[16] 李次青，即湘军将领李元度，从曾国藩戎行甚早。

[17] 洪福瑱，即洪秀全之子幼天王洪天贵福。天京城破后，逃到江西被席宝田部擒获。

[18] 唐定奎（1833—1887），字俊侯，安徽合肥人，官至福建陆路提督，谥"果介"。

[19] 客卿用事、少年积薪：比喻后来者居上。春秋战国时，外国人在本国做官为客卿。商鞅、李斯皆为秦国客卿，苏秦佩六国相印，以客卿身份掌握大权。《汉书》卷五十《汲黯传》："始黯列九卿矣，而公孙弘、张汤为小吏。及弘、汤稍贵，与黯同位，黯又非毁弘、汤。已而弘至丞相封侯，汤御史大夫，黯时丞史皆与同列，或尊用过之。黯褊心，不能以无望，见上，言曰：'陛下用群臣如积薪耳，后来者居上。'"

[20] 瑜庆，即沈葆桢第四子沈瑜庆（1858—1918），字志雨，号爱苍、涛园，清光绪十一年（1885）举人，贵州最后一任巡抚。

[21] 曾忠襄公，即曾国荃，谥"忠襄"，清末大臣，曾国藩胞弟。

[22] 及瓜请代：指任期届满请求派人接任。《左传·庄公八年》："齐侯使连称管至父戍葵丘，瓜时而往，曰'及瓜而代'。"言任期一年，今年瓜时往，来年瓜时代之。后以"及瓜"指任职期满。

[23] 卞颂臣，即时任闽浙总督卞宝第（1824—1893），字颂臣，江苏仪征人。

[24] 翊清，即沈葆桢长孙沈翊清，沈玮庆长子。

[25] 仲彭，即李鸿章次子李经述（实为长子，其嗣长子李经方为侄子过继）。

[26] 璘庆，即沈葆桢如夫人潘氏所生之子沈璘庆。

[27] 犹子：侄子。

[28] 羊舌、邴成：南朝梁刘孝标《广绝交论》："自昔把臂之英，金兰之友，曾无羊舌下泣之仁，宁慕邴成分宅之德！"羊舌，指春秋时晋国大夫叔向，羊舌氏，名肸。叔向与司马侯为友，司马侯曾荐举叔向。司马侯死，叔向每见其子便抚而哭之。邴成，指春秋时鲁国大夫邴成子。"分宅之德"，邴成子与卫右宰榖臣为友，后榖臣遭乱而死，邴成子将其妻子接来，分出房屋给他们居住。此典用来赞美资助亡友之亲属的美德。

禹之谟迫使官员就范的招数太损

禹之谟（1866—1907），字稽亭，湖南湘乡县六都（今属双峰县青树坪镇）人。此人是清末湖湘反清革命中一个重要人物。然而，其在今天却声名不彰，远不如同乡前辈曾国藩、罗泽南、曾国荃、刘蓉、杨昌濬诸位湘军大佬。我以为，重要原因是禹之谟未活到辛亥革命成功时，没有参与武昌起义、建立民国等重大事件。

如果要研究清末民初湘中青年志士的性格、气质，禹之谟应该是一个典型的标本。此人只活了四十二岁，最后被清廷绞杀于靖州监狱。在禹之谟短暂的一生中，很难给他找一个固定的身份。

禹之谟读过十几年书，却不喜欢"四书五经"，喜欢阅读王船山（王夫之）的著作和历史、小说。禹之谟做过买卖。其祖父在邵阳县岩口铺开有商店，读书不成的他曾去邵阳当过一段时间的店铺学徒，后因厌烦而辞工，模仿《史记·游侠列传》中的侠士"提三尺剑，挟一卷书"，游历四方。禹之谟当过兵。湘军崛起后，禹氏家族不少子弟跟着曾氏兄弟从戎，有好几位做到了知府级别的官员。禹之谟的亲叔叔禹骏烈在两江总督刘坤一幕中，他去南京投奔叔父谋得一个军中文书职务，后经办粮草。在中日甲午之战中，禹之谟随湘军北上，负责运输粮饷到前线，叙功被赏赐五品顶戴，刘坤一保奏其为县主簿候选。后来，禹之谟醉心实业，自费去日本考察纺织业，回到湖南在湘潭办了一家毛巾厂。禹之谟热心教育，曾带头捐钱将在长沙的湘乡试馆（曾国荃主持修建，供湘乡县来省城参加考试的生员使用）改建为湘乡县驻省中学（今湘乡一中）。禹之谟在会党中威望很高，和哥老会首领毕永年交情甚笃。

可以说，士、农、工、商、兵、侠都不足以概括禹之谟，他是一个天生的江湖人士，用现在的话来说，生就是一位"职业革命家"，不安分，喜欢"造反"是他的命数。在湘中，老家的朋友叫他"稽猛"，因为湘人把胆子大、做事不计后果的男子叫"猛子""猛脑壳"；讨厌他的绅士则称之为"织匠"，讽刺他从事的乃纺织之"贱业"。——湖南双峰话中"织"和"稽"都念ji。

这个人做事之"猛"，恐怕连黄兴等人都不能比。1904年长沙起义流产后，黄兴等一大帮华兴会会员流亡日本，禹之谟成为留守湖南事实上的大哥。此后，湖南每一次群众运动，无论是以学生还是工人、农民、商贩为主力，禹之谟都是不缺席的重要领导人，用湖南的俗话来说是"十次打锣，九次到堂"，不，他是次次到堂。

同盟会在日本成立后，受黄兴委托，禹之谟在湘创立了湖南分会并任会长。"日持革命书报于茶楼酒肆，逢人施给，演说排满，悍然不讳。"[1]这可是在大清帝国统治的湖南省会长沙呀，真是够生猛的。

禹之谟在普罗大众中名声大噪的一件事是，他组织了长沙学生公葬陈天华、姚宏业于岳麓山。不过，这件事也为他埋下了杀身的祸因。

湖南新化县留日志士陈天华于1905年12月8日在日本投水自杀，后灵柩被运回中国。1906年3月，船到了上海，陈天华的朋友、先期从日本回上海的益阳人姚宏业亦跳黄浦江自杀，他的灵柩和陈天华的灵柩一起运到长沙。一同从日本运回来的还有一口棺材，那是湘中革命元老、陈天华恩师周叔川的。周叔川的子女一定要将父亲埋回新化县大同镇（今属新邵县坪上镇）的老家，岳麓山就只葬了陈天华、姚宏业二公。

公葬陈天华、姚宏业，是反清志士向朝廷的一次"亮肌肉"。1906年5月23日公葬那天，长沙全城的学生被发动，一时男女青少年万人高唱哀歌，队伍绵延十几里，从朱张渡、小西门渡过湘江。当时，长沙城区在湘江以东，岳麓山在湘江以西，往返必坐渡船，而学生皆穿白色制服，远远望去，满山缟素。

---

① 粟戡时等：《湖南反正追记》，湖南人民出版社，1981年，第60页。

曹孟其在《禹之谟传》中载："之谟短衣大冠，负长刀，部勒指挥。执拂者数以万计，皆步伐无差。观者倾城塞路。"[1]队伍前方高举着禹之谟为陈天华、姚宏业二烈士写的挽联[2]：

　　　　杀同胞是湖南，救同胞又是湖南，倘中原起事，应是湖南，烈士竟捐生，两棺得赎湖南罪；

　　　　兼夷狄成汉族，奴夷狄不成汉族，痛建房入关，已亡汉族，国民不畏死，一举能张汉族威。

这副挽联也写出了清末湖南反清志士对湘军前辈的矛盾心态。禹之谟与人言谈，往往对故乡前辈曾国藩、左宗棠、彭玉麟、胡林翼的功业嗤之以鼻。在他那一代反清革命者看来，曾国藩、左宗棠等湘军大佬效忠的是异族当皇帝的大清朝廷，杀的太平军将士才是自己的同胞。但是，包括禹之谟在内，许多革命者的家族和湘军都有着千丝万缕的联系，他们祖上光大家族的"第一桶金"不少是跟随湘军征战取得的。

从组织公葬陈天华、姚宏业的形象来看，禹之谟是一个表现欲极强的人，喜欢在大场面演主角。这样一个凡事冲在前头、不屑保护自己的人，在乱世中将注定难以善终。

萍浏醴起义前，侦知到情报的清朝官府担心禹之谟的影响力，便于1906年8月10日将其逮捕。官府不敢把禹之谟关在长沙，因为他被捕的消息刚传出，商学各界每天有十几拨人出面找官府为他申辩，想营救他。官府将其秘密押送到常德审判，判处十年监禁，然后将他关到非常闭塞的湘西靖州。

不久后，萍浏醴革命军起事，湖南巡抚已换成办事霸道的岑春蓂，他密令靖州知州金蓉境将禹之谟绞杀在监狱中。据说，因为禹之谟在狱中时放言不怕为民族流血，官府偏不让他流血而死。禹之谟留下的遗书中言：

---

① 陈新宪等编：《禹之谟史料》，湖南人民出版社，1981年，第4页。
② 同上书，第52页。

> 禹之谟正告同胞曰：身虽禁于囹圄，而志自若；躯壳死耳，我志长存。同胞！同胞！其善为死所，宁可牛马其身而死，慎勿奴隶其心而生。前途莽莽！死者已矣，存者诚可哀也。我同胞其图之，困心衡虑，终必底于成也！禹之谟，四十一岁，丙午十一月十九日，靖州狱中遗书。[1]

这份对清廷而言反动透顶的遗书，竟然没有被销毁，而能送到亲属手中并流传下来，今天想来也是一件不可思议的怪事。禹之谟就义后，遗体葬回青树坪老家。民国建立后，应黄兴之请，民国政府将其迁葬于岳麓山陈天华、姚宏业墓旁。公葬时，黄兴执绋前导。

禹之谟虽然做事很猛，但绝非莽夫，办过学、经过商、打过仗的他其实是很有谋略的。例如，禹之谟迫使长（沙）善（化）学务处总监俞诰庆就范的策划，可见其江湖手段。

公葬陈天华、姚宏业后，长（沙）善（化）学务处总监（大概相当于长沙市教育局局长）俞诰庆指使官差抓了十几名领头学生。禹之谟与学务处交涉，要求释放这些学生，被拒绝，于是他想出了一个"损招"。

原来这位俞诰庆大人喜欢嫖娼，在长沙官场也不是什么秘密。禹之谟指使小弟跟踪俞诰庆数日。一天晚上俞大人走进了一家妓院，于是跟踪的小弟纠集一帮兄弟，在俞大人和妓女玩兴正酣的时候冲进去抓了个现行，而且强迫俞大人做各种动作，"黥其面，裸其体，拍其照于土娼胯下"[2]。美国学者周锡瑞在《改良与革命：辛亥革命在两湖》中写道：

> 第二天早晨，举行了一个群众大会，揭露检举学务处总监。俞诰庆被带到会场，全身只着一条妓女的裤子。到会的五六百学生，指控和嘲讽这个羞恼的官僚。之后，学生们强迫他答应：释放被捕者，停止镇压学生运动，再不宿娼嫖妓，还有对于自己所受到的羞辱，不进行任何打

---

① 陈新宪等编：《禹之谟史料》，湖南人民出版社，1981年，第43页。
② 同上书，第10页。

击报复。①

　　最后，聊一下双峰二中和禹之谟的关系。双峰二中前身是起陆学校，和禹之谟有关系，但并非禹之谟所办。该校于1926年创立，此时禹之谟已牺牲多年。禹之谟生前有为家乡青树坪办一所学校的心愿，但愿望未实现就被抓进了大牢里，而他自知命将不保，写信给自己的两位堂弟禹泽亭、禹慰亭，希望二位弟弟能完成自己未竟心愿。民国后，禹泽亭做了衡山县县长，牵头办起了起陆学校。

　　学校为何起名"起陆"？《黄帝阴符经》云："天发杀机，移星易宿。地发杀机，龙蛇起陆。人发杀机，天地反覆。"意即如果天杀机四起，结果是星宿的位置将产生变动；地若杀机出现，那么龙蛇将纷纷走出巢穴；而人类社会杀机被激发，那将是天翻地覆。——禹之谟所处的时代，确实是"龙蛇起陆""天地反覆"呀。也有人说，青树坪处在蛇形坪和龙歇坪之间，以应"龙蛇起陆"之说。

---

　　①［美］周锡瑞：《改良与革命：辛亥革命在两湖》，杨慎之译，中华书局，1982年，第65页。

皇帝痛恨捐官，但这样的生意他不得不做

捐钱买官，是皇权时代的一个痼疾，不仅仅中国而且世界范围内都曾长期存在。英国历史学家威廉·多伊尔写有专著《捐官制度：十八世纪法国的卖官鬻爵》（中国方正出版社，2017年版）。该书介绍，在十八世纪的法国，王国几乎所有的职位都必须购买或者继承，用以扩充财政收入。到十八世纪晚期，法国整个司法系统的七万多个职位都是买来的，此外军官职位亦是花钱购得的。

中国的捐官，到清代最为盛行，数量之多、项目之繁远超前代。平民花钱不仅可以买到没有实权的荣誉性虚衔，而且也能买到实职，堂而皇之地治民理政。不过，比起同时代的法国尚要好一些，毕竟中国有着千余年成熟的科举制度，一部分治理国家的精英还是通过一级级科举考试获得官位的。

作为最高统治者的皇帝，未尝不知道捐官制度的弊病，但在帝国财税吸取能力有限的时代，为了解决财政困难，不得不如此。据《清史稿》记载，清代的文官捐纳始于康熙年间平定三藩之乱：

> 文官捐始康熙十三年，以用兵三藩，军需孔亟，暂开事例。十六年，左都御史宋德宜言："开例三载，知县捐至五百馀人。始因缺多易得，踊跃争趋。今见非数年不克选授，徘徊观望。宜限期停止，俾输捐恐后。既有济军需，亦慎重名器。"帝纳其言。滇南收复，捐例停。①

本来是一种临时性的应急措施，却成为制度伴随一个政权之始终，为历史上常有的现象。清代三藩之乱平定后，又有各种灾害频发，赈灾济难，需

---

① 《清史稿·卷一百二十·志八十七·选举七》。

要银子，于是从筹集军费到救灾，捐纳成为朝廷的路径依赖。到了道光、咸丰、同治朝，对外、对内战争不断，捐官之风就越来越烈了。

清代官员由科举入仕者为"正途"，捐纳属于"异途"或曰"杂途"。张集馨《道咸宦海见闻录》记载了他从翰林外放为山西省朔平府知府时，皇帝召见时的一番对话。道光帝说："捐班我总不放心，彼等将本求利，其心可知。科目未必无不肖，究竟礼义廉耻之心犹在，一拨便转。得人则地方蒙其福，失人则地方受其累。汝读书明理，不待朕之多言也。"①张集馨叩首回答："谨遵圣训，不负生成。"

道光二十九年（1849），张集馨补授贵州布政使时入京陛见皇帝，召对时道光帝又说了一席话：

> "第用人不可预存成见，登士籍者只有四样，满、汉、科甲、捐班而已，何途没有人才？我最不放心者是捐班，他们素不读书，将本求利，廉之一字，诚有难言。我既说捐班不好，何以又准开捐？"上拍手叹息曰："无奈经费无所出，部臣既经奏准，伊等请训时，何能叫他去？岂不是骗人么！"②

可见，皇帝心底里把捐班出身的官员看得很透彻。这是一笔生意，纳捐者支出了本钱，那么得官后就一定会想办法"将本求利"。道光帝是个实在人，他瞧不起捐班，可拿了人家的钱，就得按规矩给人一个职位，否则就是骗人呀。——看来皇帝卖官也得有职业道德。

张集馨是由进士而入翰林，在"正途"中是最为清贵的，又加上心高气傲的性格，自然非常瞧不起捐班出身的。在张集馨的笔记中，这种出身歧视处处可见，对捐班出身的同僚笔下非常刻薄，如其文中言：

> 福建票本例开，佐杂微员，积年劣幕，皆捐升道府厅县，其流品直

---

① [清] 张集馨：《道咸宦海见闻录》，中华书局，1981年，第22页。
② 同上书，第119—120页。

不可考核。候补道陈淮汉，乃广帮茶伙，其弟候补府陈翀汉，在粤树旗械斗为首，地方查拿，逃闽报捐候补；直隶州王于宗，乃省城布铺小伙，市肆无赖者，莫不相识，俱已委署地方，觍颜民上。[1]

可捐官这块"臭豆腐"，骄傲的张集馨最后也不得不吃。此公四十四岁才生了一位独子张兆兰，自然将其视为掌上明珠，并为其前途早做打算。在张集馨六十七岁时（同治五年，即1866年），其为儿子张兆兰捐了个"兵部郎中"，但僧多粥少，只剩下"主事"（低于郎中、员外郎）这样的官职了，于是"复在京加捐员外"，即追加了一次纳捐，用了一千两银子。不过，张集馨这个儿子还算争气，在光绪四年（1878）于顺天乡试中举，算是漂白了，为"正途"出身。

清代像张兆兰这样先捐官占个位置，再通过科举中举人、进士的官员不少。例如，大名鼎鼎的绍兴才子李慈铭，早岁就有才名，可考运不好，接连落第，不得已卖掉田产，花巨款捐了个郎中——捐官的起步都是候补的，如果要得实职，还得持续花钱。同治九年（1870），四十一岁始中举。光绪六年（1880），五十一岁始中进士，补户部江南司资郎。

捐纳制度很复杂，花样繁多。以康雍两朝军需纳捐的规定为例：（1）捐虚衔捐出身。笔帖式等捐银二百两给八品顶戴；包衣佐领子弟照例捐银准为监生。（2）捐革职起复。因公革职官员，内外四品以下者及进士、举人、生员俱准捐复，照原品录用。（3）捐中书与知县。进士捐一千两以中行评博及内阁中书用；举贡分别捐银一千两、二千两以知县用。（4）捐免候选。汉人候选各官，自通判、知县、州同、州判、县丞、经历、主簿等分别捐银五百两至二百两不等俱准先用，候选州同州判经历捐一千两者以知县用，捐一千五百两者以知县先用。

清朝咸丰年间的重臣胡林翼出身翰林，因任乡试副主考时受牵连被处分，紧接着丁父忧回老家益阳，守制结束后迟迟不得起复，最后花了一笔巨

---

[1] ［清］张集馨:《道咸宦海见闻录》，中华书局，1981年，第275—276页。

款才得以授官为贵州省安顺知府。可以说，这位胡润芝（胡林翼字润芝）大人是自己花钱买来了为大清鞠躬尽瘁、死后而已的尽忠机会。

朝廷越缺钱，捐班就会越滥，捐班越滥，就会愈加阻塞寒门子弟通过科考获得官职的"正途"，而官场不可避免地进入逆淘汰。为了尽快回本、盈利，如欧阳昱《见闻琐录》所言，捐官者一旦得到官，"如委群羊于饿虎之口，虽有强弓毒矢在其后，亦必吞噬而无所顾"①。

---

①[清]欧阳昱:《见闻琐录》，岳麓书社，1986 年，第 47 页。

养贪肃贪的游戏：看咸丰帝怎样勒索高官

黄濬在《花随人圣庵摭忆》中对皇帝"无事养肥贪官，有事敲贪官的竹杠"有过精妙的论述：

> 吾国公私不分，故唐、宋以来以清官为美称，实则清乃本分，一清亦殊不足以尽官守也。因此念及吾国官俸至薄，所入实不足养廉；不足养廉，其势必以官物自养，于是能稍饬廉隅，便以清为美德。[1]

这个道理很简单，中国古代评价官员最看重的是清廉，其实做官不贪腐、廉洁奉公是本分，仅仅为官清廉还不足以尽职，但是中国历来做官的俸禄比较低，正当收入实在不足以养廉，势必利用职位来谋私，能够稍微清廉为官相当不易，于是以清为做官的美德。用现在的话来说，推崇清官是将底线道德当作崇高的道德。

黄濬还说：

> 惟明明使仕者不能以禄养，故必驱官吏于娄索之途，官稍亨，所入辄富。世称藏富于民，吾国近一二千年历史，实可谓藏富于官，其能津逮农商润泽田舍者，皆所谓士大夫一阶级也。朝廷心知其然，有事则责官吏以捐输；盗贼心知其然，得志则索财贿于巨室。[2]

这段话可谓振聋发聩，揭示了两千年来中国一大不便明说的历史真相：藏富于官，有官职则能有财。做过驻藏大臣、成都将军、刑部尚书的完颜崇实

---

① 黄濬：《花随人圣庵摭忆》，中华书局，2013年，第478页。
② 同上书，第479页。

（满洲镶黄旗人），曾在自著《惕庵年谱》中记载了咸丰三年（1853）皇帝强令高官捐输的事。

当时，太平军攻陷江宁城，改名为"天京"，将其作为天国的首都。太平军的势力遍布东南诸省，官军闻风溃败，清朝国库空虚，这仗怎么打下去？副都御使（大概相当于国家监察委副主任）文瑞上奏咸丰帝，请下令让高官和富绅捐助军费。皇帝让其提供一个名单，文瑞列出首批十八名在世或去世不久的高官，包括穆章阿、潘世恩、卓秉恬、耆英、陈官俊五位做过大学士、军机大臣（雅称相国）的家族，其中陈官俊已逝。皇帝下旨让这些家族的当家人到户部等候有事，年迈多病者必须派至亲子弟一名做代表。穆章阿、卓秉恬、崇实和已经革职在家的前山东巡抚崇恩提前到了，几位官场老油子见面商量道：

> 今日之集，必系劝捐，但吾等有富名者不过房产地土，就使全行报
> 效，亦无济于事。大约须各自量力，尽一月之内能呈缴若干现银，方不
> 负此举。[1]

就这样，几位大佬商量好了。后惠亲王、恭亲王和僧格林沁亲王手捧圣旨进来，让人宣读："文瑞所奏之人，皆系受国厚恩，当此时势艰难，谅各情殷报效等因。钦此。"[2]

宣旨后，穆章阿带头伏地痛哭，叫苦喊穷，最后和几位亲王讨价还价，十八家一共捐银二十万两。这点钱，对一场大规模战争，能起多少作用呢？

明朝崇祯十七年（1644）三月初，闯王李自成兵临宣府城下时，崇祯皇帝为了激励将士，向贵戚高官搞过一次逼捐，但效果很差。太监王永祚、王德化、曹化淳各捐银五万两，其余高官一毛不拔，内阁首辅魏藻德仅捐银五百两，皇后的父亲周奎只愿意认捐白银一万两。

---

① ［清］崇实《惕庵年谱》。转引自黄濬：《花随人圣庵摭忆》，中华书局，2013 年，第480 页。
② 同上书。

不久，李闯王破城，崇祯帝煤山自缢身亡。这些高官被闯王的部下抓过去"拷掠"，命令他们出银子。这下他们老实了，国丈周奎贡献了五十二万两银子及价值十余万两白银的珍宝，东厂提督、大太监王之心吐出了现银十五万两。只给皇帝报效五百两白银的魏藻德在被夹棍夹断十指的威逼下，交出白银数万两。李闯王的大将刘宗敏不相信一个内阁首辅仅有几万两白银，继续用刑。魏藻德在数日的酷刑后，死于狱中，其子也被处死。

黄濬评价皇帝勒索高官的一段话很是精到："专制之朝，家天下，故私财随时可为天之所有，其中自含平日驱官以娄得于民，事急当然追比之之意。"[1]这种养贪肃贪是中国帝制时代玩了超过两千年的游戏。

---

① 黄濬:《花随人圣庵摭忆》，中华书局，2013 年，第 481 页。

1853年，中华帝国的三个男人

1853年，对中国最有影响的三个男人处于不同的状态：北京的咸丰帝焦虑愤怒，南京的洪秀全志得意满，湖南的曾国藩压力山大。

愤怒而无奈的咸丰帝

咸丰二年十二月十八日，时值西历1853年1月26日，已近年关，北京紫禁城——统治全球人口最多国度的清帝国政治中枢，却没有往年节前的喜庆，气氛显得沉闷而紧张。

二十二岁的天子爱新觉罗·奕詝心烦意乱，愤怒异常。他刚接到前方的战报，帝国腹地第一大城、湖广总督和湖北巡抚的驻地武昌城于十二月初四被"发逆"攻陷，固守城内的巡抚常大惇下落不明，十数万百姓和许多钱粮、军械落入敌手。痛心之余，咸丰帝于十二月二十四日写下了一道措辞严厉的上谕：

> 本日据徐广缙弛奏，逆匪攻陷武昌，省城失守一折。览奏愤恨莫可言喻。向荣等追剿贼匪，于省城之东叠获胜仗，而西面平湖、文昌各门滨临大江，该逆开挖地道，竟于本月初四日地雷轰发，守陴兵溃，武昌省城遂致失守。该大臣前次奏报尚云武昌可解围，乃数日之间遽报失陷，岂军情缓急但凭禀报，如在梦中耶！徐广缙自长沙前赴湖北，本已迁延，向荣为军营统领，虽经赶到获胜，乃不能乘势择要攻剿，迟延数日，致误事机，均属罪无可逭。现值剿办吃紧之际，若重治其罪，转得置身事外，徐广缙著革去两广总督，拔去双眼花翎，仍以钦差大臣暂署湖广总督。向荣著革职，仍帮办军务，戴罪剿贼，

以观后效。

　　武昌为省会要地，巡抚大臣驻扎处所，乃竟被贼攻陷，官兵士民惨遭荼毒，朕自愧自恨用人失当，不能迅速拯我生民，殄兹群丑。顾瞻南服，寝馈难安。前已令琦善、陆建瀛为钦差大臣，各带重兵，驱往迎剿，又命陕甘总督舒同阿、四川将军署总督裕瑞，各选精兵，弛往楚省交界，合力戮剿捕。其各力同心，以靖疆圉，毋得各存畛域，观望迁延，致干重罪。武昌城内文武各员，著徐广缙查明具奏。钦此。[1]

这封上谕能读出咸丰帝满腔的怒火和无奈。从"如在梦中耶"这样的词句，可揣度此乃咸丰帝亲自拟稿，不假文臣之手。

　　十二月初五，还未得知前一天武昌已陷落的署理湖广总督徐广缙，正奉旨带兵在湖南、湖北交界的重镇岳州阻击太平军。在咸丰帝统驭的文武大臣中，徐广缙算得上能吏。在两广总督任上，徐广缙镇压了"拜上帝教"中率先在广东信宜起事的凌十八领导的农民武装，深得咸丰帝器重。当太平军进入湖南后，咸丰帝将其调任署理湖广总督，充当救火者。徐广缙当日给咸丰帝上奏了一封折子，说"武昌追剿贼匪，迭次进攻，大获胜仗"[2]，奏折中铺陈叙述官兵作战英勇，将官指挥得当，并说"查武昌城外之贼经此痛剿，自可解围"[3]。

　　但窝火归窝火，咸丰帝也没办法，尽管清廷养了那么多的文武官员和十几万八旗兵及六十万绿营兵，事实上却是无官可用，无兵可用。大员们对皇帝是报喜不报忧，而在作战中则争功诿过，败不相救，"各存畛域，观望迁延"这样的问题皇帝也知道。八旗、绿营腐败不堪，将官吃空饷，克扣士兵薪水，士兵为谋生不得不兼职做工、做小生意，几乎毫无战斗力。

---

　　① 中国第一历史档案馆编：《清政府镇压太平天国档案史料》（第四册），社会科学文献出版社，1992年，第237页。

　　② 同上书，第196页。

　　③ 同上书，第197页。

晚清的外交家、曾任曾国藩重要幕僚的薛福成在《书沪阳陆帅失陷江宁事》中如此评价清军的战斗力："当道咸之际，民不知兵，强寇窃发岭外，其势焱忽震荡。是时，湘军淮军风气未开，疆臣武臣但倚疲窳渔散备丐充数之营兵，当彼黠悍方张之寇，譬若驱群羊咋饿虎，掇槁苇以燎于烘炉，至则糜矣。"①

太平军的突围和狂飙猛进

1851年1月11日，即道光三十年十二月十日，洪秀全三十八岁生日这天，"拜上帝教"在广西浔州府桂平县金田村起义。自此，洪秀全和他的太平军像梦魇一样绕着刚刚即位还未改元的咸丰帝，一直到咸丰帝在承德行宫去世，依然没有见到"洪逆"授首、东南平定。

太平天国早期的老冤家向荣将军，就在太平天国起事前刚刚镇压了地处湘桂边境的湖南新宁县李沅发起义。向荣被咸丰帝任命为广西提督，就近赴桂去剿灭广西大地狼烟四起的造反，而此时向荣已是一位六十岁的老将。当时，丁父忧在新宁老家的江忠源亦在镇压李沅发的战争中组织民团参战，并崭露头角，其日后在清廷对太平天国之战中成为最早为朝廷所倚重的湘籍统帅。

几个月后，向荣发现了金田村起事的洪秀全一伙才是"群盗之冠"，于是集中力量围剿洪秀全、杨秀清。这位久经沙场、曾立下赫赫战功的战将向荣发现，他这番遇到的对手远非以前剿灭的小股"贼寇"可比。在太平天国金田村起义后，他们早期在紫荆山区的密林深沟中飘忽不定，逃避清军的追剿。向荣给新生的太平军带来很大的麻烦，如果他当时和另一员清军的大将乌兰泰配合密切而不是扯皮，且清军前敌总指挥赛尚阿指挥得力，太平天国很可能早被扼杀在襁褓之中了。

1851年3月、5月、7月、9月，太平军四次突破向荣和乌兰泰所率重兵

---

① 左舜生选辑：《中国近百年史资料初编》，中华书局，1938年，第120页。

的围剿。1851年9月25日（农历闰八月初一），太平军攻克广西永安（今蒙山），并在这座小城里休整了半年，确定官制，分封诸王，史称"永安建制"。向荣和乌兰泰率兵分别围守永安城的北、南通道，但向荣犯了一个战略性错误，担心困兽犹斗而提出要"纵而剿之"，给太平军留出一个缺口，放出城后再剿灭，此举又让太平军第五次从他的围堵中突围。

此后，向荣只能像牛皮糖一样黏着太平军，一次次堵截或追剿，但有心无力，并一次次被太平军打败。向荣如太平军的护卫一样，率军尾随着入湖南、守长沙、战武昌，一直到太平军攻占江宁后在江宁南面设立了"江南大营"，充当起了天京城的"守门员"。咸丰帝一次次下旨将向荣骂得狗血喷头，但又不得不继续重用他。咸丰六年（1856），江南大营被太平军击溃，向荣在愧愤中死去。

其实，向荣并非后世一些论史者所说的那样窝囊无用，他带兵打仗很有经验，对战局的判断也还可以。但清军当时已是整体性、结构性腐败，向荣带领的那支战斗力尚可的军队顶多滞碍太平军的行动，不会对战局带来什么根本性的改观。

在太平军永安突围北上时，向荣率军抢先两天入桂林城坚守，保住了广西的省会。太平军在广西与湖南接壤的全州境内的湘江上游蓑衣渡遭遇江忠源率领楚勇伏击，伤亡甚大。其中，对创教贡献甚大的太平天国南王冯云山在全州城外受伤，在此战突围时伤痛加剧死去，给太平天国带来了无法估量的损失。太平天国蓑衣渡战败后，未能实现顺湘江而下攻打长沙的战略规划，不得不在湘南地区辗转了几个月。等到咸丰二年（1852）七月二十八日，太平天国西王萧朝贵率领先锋部队抵达长沙城下时，湖南官兵已经做了较为周密的部署，向荣也及时赶到了长沙增援。十月十九日，太平军撤长沙之围，西渡湘江，进据益阳，再过湘阴，于十一月攻占了两湖之间的咽喉要地岳州，缴获官军船只五千多艘，兵分水陆两路经由洞庭湖顺长江向东，直指武汉，先下汉阳府城，再围攻武昌。

在永安突围之前，太平军时时处在围剿之中，清军掌握着战争的主动权。永安突围后，攻守之势倒过来了，变成太平军攻城，清军龟缩守城。

太平军在湖南南部一带转战几个月，最大的收获是在耒阳有一批有着丰富坑道作业经验的矿工加入太平军。这支工兵队伍成为太平军攻城的利器，他们将地道掘进到城墙的下面，然后塞满火药引爆将城墙炸塌，攻城的太平军便一拥而入。太平军在攻占岳州后，又招募了众多老练的水手，用缴获的船只组成水师，从而取得了"制江权"，控制了长江的航道。

太平军攻陷武昌，是地下爆破的经典战例。据陈徽言《武昌纪事》记载：

（十二月）初四日黎旦，黑雾中闻大声震动，文昌城门颓二十余丈，盖贼于地道以柜盛火药轰裂也。时守城兵勇，有入帐就睡者，有下城买菜物者。贼八人扬旗先登，见垛口疏落，招飐大呼，逆党继之。复四围乘梯攻入，兵勇纷纷走避，城遂陷。①

武昌城陷后，湖北巡抚常大惇及以下文武官员一百多人全部捐躯。

太平军攻占了武昌、汉阳这一九省通衢之地，控制了华中腹地、长江中游，此时的局面豁然开朗。对咸丰帝来说，武昌的陷落，已经预示着"发逆"绝非一地一隅之寇，而是可能夺取清廷两百余年江山的心腹大患。

于太平军而言，此时有好几个选项。一是北上，越过大别山，突进到中原大地，集中全部兵力直捣"清妖"的巢穴——北京城；二是向西突破荆州、襄阳防线，进入河南西部和陕西，在此建立根据地，如当年李自成一样，等羽翼丰满时由河南、山西南北包抄北京；三是当然还有最容易实现、短期内对太平天国益处最大的一条进军路线，即顺江而下占领东南数省，以江宁（南京）为中心，与清廷分庭抗礼，伺机北伐。

清廷已将太平军可能的进军路线做过预判，派出钦差琦善在河南、湖北交界处，陕甘总督舒与阿在西北方向，成都将军兼署四川总督裕瑞在长江上游川鄂交界处，两江总督陆建瀛驻扎沿江东下第一个重镇九江，而革职留任

---

① [清]陈徽言：《武昌纪事》。《清代野史》（第六辑），巴蜀书社，1987年，第215页。

的湖广总督徐广缙早已屯兵在湖北南下水路要冲之地岳州。清廷的战略意图很明显，就是要从四周合围，将太平天国压缩在武汉地区，进而一举歼灭。

可舍长沙而入湖北的太平军，已是出山猛虎、出匣利剑，而咸丰帝派出的这几位一品大员带领一群"饭桶"部队，根本无法挡住势头正盛的太平军之兵锋。

咸丰三年正月初二岁在癸丑，即1853年2月9日，亦即太平天国自定的历法"癸好年"，太平军水、陆军号称五十万撤出武昌城，沿长江东下，目标是洪天王对将士们所宣扬的"小天堂"江宁城（今南京）。

太平天国第一能征善战的翼王石达开，率领秦日纲、胡以晃、李开芳、林凤祥、罗大纲、赖汉英、唐正财、黄生才、吉文元诸将为先锋，他们或领陆军夹长江两岸行进，或督水兵以万船齐发。此时，太平军先锋部队的那些主要将领，真如一支超级球星云集的五星球队，任何一人放到清军的将领团队中都是一等一的大将。

历史就是这样有趣。朝廷花公帑无数养了一支庞大的军队，临战时几乎无将可堪重任，如向荣之辈是矬子中拔将军，咸丰帝虽对其很是不满亦不得不继续用他；而太平军这些骁将，几年前还是荒服之地的村野农夫或深山炭工。

因此，石达开率领的这支先锋部队如入无人之境，沿江清军几乎没有组织像样的抵抗。

正月十一日（2月18日），太平军先锋部队水师取九江；正月十七日（2月24日），先锋部队取安徽省会安庆，缴获库银三十万两，大炮一百多尊，安徽巡抚蒋文庆战死；正月二十五日（3月4日），太平军将领黄生才取芜湖；正月二十九日（3月8日），太平军先锋部队抵达江宁城（今南京）西南郊的板桥，扎营围城；二月初十（3月19日），太平军破外城，第二天太平军攻占了八旗兵驻扎的内城。

太平军从攻城开始到外城攻陷，只有短短十日，虽然江宁的城墙比武昌的城墙高大而厚实，却亦如此不堪一击。城破后，两江总督陆建瀛、江宁将军祥厚、副都统霍隆武战死。进入南京城后，太平军遭遇到最顽强的抵抗是内城（满城）的四万旗人，其中军士五千人，其余为家眷。这些旗人自知太平军绝不会绕过他们，无论老幼妇孺皆全员拿起武器抵抗，终究实力相差悬殊，几乎全部阵亡。

太平军破南京又是用地道爆破，再加上声东击西的战术。当时，太平军在南门外，他们扎了许多纸人安放到马背上，每匹马带一盏灯，然后鞭打马匹让其向水西门狂奔。如此，守城的清军以为太平军的突破点是水西门，于是集中兵力到水西门防堵。此时，空虚的东门被地道里的火药炸塌，太平军从缺口处冲进城内。

洪秀全的高光时刻

咸丰三年二月二十日，即1853年3月29日，太平军占领南京城十天后，城内残敌基本肃清，天王洪秀全由水西门进城，江宁改为"天京"，作为天国的首都，原两江总督衙门作为天王府。

天王洪秀全进城的排场可大了：夹道迎接大驾的十余万百姓必须在路边低头跪下，不许抬头看圣驾；打着红、黄、白、黑、蓝五色军旗的众多先导武官骑马在前面开路，洪秀全坐在一顶六十四人抬的黄轿子里，轿身绣着巨龙，黄轿后面是十六队吹鼓手、十六队铜鼓手，乐队后面是三十六位年轻女兵护卫着洪秀全的三十六位娘娘，殿后的是数百名步兵。这气派，超过了清朝皇帝出巡的卤簿仪仗。

进入天京城那一天，无疑是洪秀全的高光时刻，他迎来了人生的光辉顶峰。谁能料到，这位让北京紫禁城的咸丰帝寝食难安，让无数清朝官员心惊肉跳的客家汉子，十年前是位考秀才四次落第的寒酸书生，三年前尚是被清朝官差追赶得如丧家之犬的秘密教会首领。

奔丧的曾国藩卷入历史的漩涡

在洪秀全走上人生顶峰之时，湖南一位同样是寒门书生出身的高官，正在经历着人生的低谷，他就是在籍礼部侍郎曾国藩。曾国藩生于嘉庆十六年（1811），比洪秀全大三岁。

曾国藩二十八岁中进士并被选为翰林院庶吉士，到三十七岁那年官至侍郎衔内阁学士，他前半生的仕途顺遂和洪秀全前半生的科场蹭蹬恰成反向对比。一直过着悠闲京官生涯的曾国藩，恐怕在北京时很难想到他人生的后半程将过着饱经流血与战火的戎马生涯。但曾国藩的母亲——湖南湘乡县乡下一位江氏老孺人的死，让曾国藩这位二品文官被动地卷入中国历史上最大的一场内战，并以自己的努力改变了历史进程。

咸丰二年七月二十五日，即1852年9月8日，钦命江西乡试主考官的曾国藩走到安徽太湖县小池驿时接到了丧报。此时，曾府老太太的去世，对她做官的长子来说，有些不是时候。曾国藩好不容易得到一省乡试主考官的美差，正巴望着获赠一笔不菲的程仪，收一批江右才子为门生。现在，这一切泡汤了，曾国藩必须马上告假，卸下差使，回湘奔丧，并按照礼法丁忧三载。

八月二十三日，曾国藩回到了阔别十二载的故乡湘乡县。此时，湖湘人心浮动，风声鹤唳，太平军的先锋部队已兵临长沙城下。湘乡县是长沙府最为偏远的县，曾宅所在的荷叶塘地处长沙、衡州、宝庆三府交界处，虽为崇山之间的僻壤，但如果太平军攻下了长沙，以中国粮食主产地之一的湖南为根据地，湘乡很难不被波及。湘中地区自古民风强悍，历代扯旗造反的不乏其人。太平军到了湖南后，地方一些会党人士纷纷摩拳擦掌准备接应，而各地一些乡绅开始组织团练以资自卫，作为湘乡县的士大夫代表人物、深孚众望的曾国藩岂能旁观。

十二月十三日，武昌陷落一旬后，在老家的曾国藩接到了湖南巡抚衙门转来的圣谕，要求他中止丁忧，墨绖从军：

> 前任丁忧侍郎曾国藩，籍隶湘乡，闻其在籍，其于湖南地方人情自必熟悉，著该抚传旨，令其帮同办理本省团练乡民、搜查土匪诸事务。

伊必尽力，不负委任。钦此。①

早在嘉庆年间白莲教起义时，各地兴办过团练。但在朝廷看来，团练这样的民间组织只能是经制之师的补充，主要用来歼剿小股土匪，维持地方的稳定。太平天国兴起后，因为八旗、绿营战斗力实在太差，朝廷在全国各地委任好些在籍的大员做团练大臣，颇有病急乱投医的意思。

接到上谕，曾国藩颇为犹豫彷徨，他虽然兼任过兵部侍郎，但长期在京师的大衙门里做官，熟悉的是文牍、是民政。曾国藩从来没有带过兵，书生典兵，谈何容易。可是，国难当头，自我道德要求甚严的曾国藩如果以守制为借口婉拒皇帝的任命，必将引发皇帝的指责和士林的腾笑。曾国藩多年的好友郭嵩焘赶到湘乡曾宅，一番规劝和鼓动，曾国藩终于下定决心出山，操办团练来保卫桑梓，纾君父之忧。

兵情如火，尽管离除夕没几天了，但曾国藩无心思在老家过年。腊月十七，曾国藩从湘乡上里出发，于当月二十一日赶到省城长沙，主持全省兴办团练事务，并挂出"审案局"的牌子行保甲法，对土匪和有"通匪"嫌疑的人抓到后从速处决，绝不手软。曾国藩在给皇帝的奏折中如此说：

> 湖南会匪名目甚多，近来有司掩饰弥缝，任其猖獗，非严刑峻法无以销遏乱萌。②

清朝的司法制度对判处死刑是非常慎重的，人犯必须报到皇帝那儿勾决，方才可以在秋后行刑。但是，在战时状态可以从权，用令旗就可以对抓获的"匪贼"就地正法。曾国藩此举不外乎"乱世用重典"之意，但这样做要得罪官场同僚：他在奏折中对皇帝说，湖南官员捣糨糊的恶习造成了今天的局面；

---

①《曾国藩全集·奏稿一》，"咸丰二年十二月二十二日"条，《敬陈团练查匪大概规模折》，岳麓书社，2011年，第68—69页。此为咸丰二年十一月二十九日上谕。

②[清]黎庶昌等撰：《曾国藩年谱（附事略 荣哀录）·卷二》，"咸丰三年二月初三日"条，岳麓书社，2017年，第24页。

他在省会长沙单设"审案局",自行审查处决"匪徒",这等于强行从湖南原来的官僚体系中抢走了一部分司法权。

曾国藩的这番大刀阔斧,必然会引起湖南官场的反制。例如,审案局曾对一位"通敌"嫌疑的秀才,不按惯例通报省学政大人褫夺该人生员资格就将其直接正法,引起官场和士林哗然。民间舆论亦认为曾国藩杀人过多,送给他一个"曾剃头"的绰号。

在训练团勇时,曾国藩又和旧军队绿营产生了巨大的冲突。

曾国藩深感绿营兵纪律涣散,战斗力低下,在招募的团勇操练时,也命令驻在省会的绿营兵一起训练。训练强度很大,那些绿营兵油子根本吃不了苦,怨声载道。湖南提督(一省最高军事长官,相当于省军区司令)鲍起豹等旧军队的将官认为,曾国藩此举不但是多管闲事,而且是夺他们的军事指挥权。曾国藩重用满族将领塔齐布,"逐日抽调操阅,暑雨不辍,亟奖其勤劳。提督鲍起豹至省城,乃宣盛夏操兵之非,由时管伍咸怨塔公及于公,时复与湘勇争讧"[1]。但在绿营将士看来,曾国藩这个团练大臣只是皇帝委派的"临时工",凭什么指挥他们这些正规军?

绿营和团练的摩擦不断,几乎酿成了大祸。八月初六晚上,永顺协的绿营兵哗变,手持武器涌入曾国藩的公馆,差点将这位大臣杀掉。湖南巡抚骆秉章也对曾国藩的揽权不满,想让他吃点苦头。兵士哗变时,隔壁巡抚衙门里的骆秉章装着听不见,直到快发生血案才出面制止了哗变的将士。

在省会长沙,曾国藩与湖南的官僚们龃龉频发,深感被排挤、刁难,只能打落牙齿和血吞。曾国藩看出来了,要想摆脱湖南官场的掣肘,必须离开长沙。经过一番权衡,曾国藩将操练湘勇的大本营迁往湘江上游的衡州城,并在郭嵩焘的建议下招募兵士,请衡阳名士彭玉麟出山,开始训练水师。他深知必须从太平军手中夺取"一江两湖"(长江、洞庭湖、鄱阳湖)的控制

---

①[清]黎庶昌等撰:《曾国藩年谱(附事略 荣哀录)·卷二》,"咸丰三年六月二十二日"条,岳麓书社,2017年,第27页。

权，这场战争才有胜算。

此时，心急如焚的咸丰帝恨不得操办团练能立竿见影。太平天国定都天京后，派出了精锐部队进行北伐和西征。太平军东下江宁时，攻陷了武昌、九江等城，撤离后又被清军重新占领。太平军咸丰三年（1853）春季开始的西征，已非早期攻陷一座城池后席卷资财、募集兵员就撤离的游击战法，而是开疆扩土对占领区行使行政管理职能。西征军将天京以西的城市包括武昌再次攻陷，直接威胁到湖南的安全，于是朝廷三番五次命令曾国藩派训练未成的湘勇出省作战。

六月，太平军在石达开的指挥下进入江西，占领多个州县，并将省会南昌围困，有向西攻击长沙的意图。在严旨的催促下，曾国藩不得不派出朱孙诒、罗泽南等人率领湘勇三千六百人赴江西与太平军作战。七月二十四日，初次出省的湘勇在南昌城外与太平军交火，没有实战经验的湘勇凭一股锐气哪挡得住太平军那些身经百战的健卒。是役四位营官谢邦翰、易良干、罗信南、罗镇南战死，阵亡者八十余人，而这些人多数是湘中大儒罗泽南的学生。

南昌初败，曾国藩认识到如果队伍训练未熟，与太平军仓促接仗，很容易一战即溃，前功尽弃。自此，曾国藩一门心思筹集粮饷，操练湘勇的陆军与水师。在接到上谕出任团练大臣时，曾国藩就对皇上说过筹集粮饷是练勇成败的关键。大清朝国库已经因连年的战争消耗空了，根本无法向曾国藩拨款，所有的粮饷必须自筹。筹款之艰难心酸，湘省官僚的冷嘲热讽，皇帝不断施加的压力，使曾国藩几近心力交瘁，但也只能咬牙挺住。

安徽、湖北的大片土地被太平军西征部队占领，山东巡抚吴文镕调任湖广总督。升任安徽巡抚的江忠源在安庆失陷后，以庐州（合肥）为省会，率部在皖北与太平军激战。吴文镕是曾国藩会试的座师，江忠源是曾国藩的同乡好友。吴文镕数次寄信给曾国藩，希望这位得意门生能派出援军北上解自己之围。如此，曾国藩于公于私都无袖手旁观之理，但他知道此事如果不能意志坚定，在水师没有练成的情况下派援军北上，相当于驱羊群入虎口，所以他不得不很内疚地回信给恩师吴文镕解释："此时局势，南北两省皆以坚守省会为主，不必轻言剿之一字，须俟各船已齐，粤炮已到，正月之季，水陆并进，顺风顺水，乃可以言进剿。"①最终，苦等援军不到的吴文镕被湖北巡抚崇纶逼出武昌城，兵败于黄州，投水自杀。

但远在北京的咸丰帝认为曾国藩不率湘勇北上支援湖北、安徽，乃是胆怯避战。他在曾国藩一封奏折上朱批严责，那话是说得相当的重：

> 现在安省待援甚急，若必偏执己见则太觉迟缓。朕知汝尚能激发天良，故特命汝赴援，以济燃眉。今观汝奏，直以数省军务一身克当，试问汝之才力能乎？否乎？平时漫自矜诩，以为无出己之右者，及至临事，果能尽符其言甚好，若稍涉张皇，岂不贻笑于天下？著设法赶紧赴援，能早一步即得一步之益。汝能自担重任，迥非畏葸者比。言既出诸汝口，必须尽如所言，办与朕看。②

咸丰帝这番话训斥带激将，意思很明白：曾国藩你不要当"口炮党"，找理由推脱，迟迟不出兵。

十二月十七日，带兵坚守庐州孤城的江忠源在城破后投水自杀，和他一起殉难的有陈源兖、邹汉勋。他们都是曾国藩称道的好友，而陈源兖还是曾国藩的会试同年、儿女亲家，早年在京师时两人就过从甚密。

备受"负君、负师、负友"舆论指责的曾国藩不为所动、坚持己见，等待时机成熟方才率部与太平军交锋，但因此带来的内心煎熬和压力亦可想而知。

天国兵锋正盛时的隐忧

1853年，对曾国藩来说真是难熬的一年，看不到何时时局才有转机，只有靠信念支撑。但这一年，洪秀全过得很是得意和奢靡。进天京城后，

---

① 《曾文正公全集》（第十一册），线装书局，2015年，第132页。
② 《曾国藩全集·奏稿一》，"咸丰三年十一月二十六日"条，岳麓书社，2011年，第112页。此为咸丰三年十二月初七日奉朱批。

洪天王在"小天堂"里倚红偎翠十一年，直到在湘军围攻中死去。这十一年里，洪秀全的足迹未踏出天京城一步，而且都在天王府里，只有一次去东王府慰问。

洪天王进城后的第一件大事，是将两江总督衙署改为天王府，大兴土木进行扩建。史载，"毁行宫及寺观，取其砖石木植，自督署至西华门一带，所坏官廨民居不可胜计，以广殿址"①。到了咸丰四年（1854），又专门修了皇城城墙和御花园，"堕明西华门一面城，自西长安门至北安门南北十余里，穷砖石，筑宫垣九重。毁祠庙、坏衙署，夷坛掸，攫仓库，圮桥梁，斫竹木，堙洼峻高，拆上下数百里宫室陵墓坊表柱础，作伪宫殿苑囿，余建伪王府宫廨大小百余所，如是者十三年，工作弗息"②。——明故宫因此完全被夷平。

安乐窝建好了，那么接下来最重要的事情就是广选美女进去供天王享受。早在太平天国永安建制时，洪秀全称天王，就有了嫔妃三十六人。如今，占领了东南这块佳丽甚多的膏腴之地，天王真是如鱼得水呀——天王府里有名分的嫔妃一百零八人（一说是八十八人）。由于太平天国没有掌握好将小男孩净身为太监的"核心技术"（男孩被去势后，没法活下来，许多男孩做了洪天王的试验品），后宫只能由女官来做事。嫔妃加上服役的女官，总计有二千多名女子，她们在后宫只侍候洪秀全一人。天王的卧室里有横直均八尺的大雕花床，是洪秀全十一年来驰骋的"主战场"。

洪天王对供其享乐的女子之严酷，可以说是清朝皇帝的十倍还不止。

在进入洪秀全的天王府之前，有一座"真神皇天门"，雕刻着双龙双凤，门前帖挂着黄绸十余丈，上用朱笔书写大字："大小众臣工，到此止行踪，有诏方许进，否则云中雪"。③

---

① [清] 张德坚:《贼情汇纂·卷六》。转引自《中国近代史资料丛刊》编委会编:《太平天国》（第三册），上海人民出版社、上海书店出版社，2000年。

② [清] 莫祥芝等修纂:《(同治)上江两县志·卷十一》，同治十三年（1874）刊本。

③ [清] 张德坚:《贼情汇纂·卷六》。转引自《中国近代史资料丛刊》编委会编:《太平天国》（第三册），上海人民出版社、上海书店出版社，2000年。

天王府里的嫔妃，不论品位多高，都是洪天王的私人物品，毫无人身自由，终身不能踏出天王府一步。洪天王暴戾非常，脾气来了，动辄鞭笞嫔妃、女官甚至残酷地将其杀掉。对嫔妃、女官和奉诏进来禀告的外官，天王规定："外言永不准入，内言永不准出。如若私议后宫姓名排名，或偷看后宫嫔妃容貌者，一定要雪云中。"①

"云中雪"是太平天国的隐语，刀剑的意思，有时简称为"云雪"。"雪云中""云雪飞"则是杀头，来源于洪秀全自述的一场天国梦。《太平天国·太平天日》云：

> 当时天父上主皇上帝命主（洪秀全本人）战逐妖魔，赐金玺一，云中雪一，命同众天使逐妖魔。②

由此，太平天国把清朝的皇帝、官兵称为"清妖"。洪天王专门有一首诗吟道：

> 鬼心不去那得贵，恶心不除那得为。
> 邪心不净云雪飞，奸心不灭有狼狈。③

除满足肉欲之外，洪天王还需要精神上的享受。他在天王府里十一年，主要的精神享受就是一首又一首写顺口溜，当然还有批改"拜上帝教"的经文。那写"诗"的劲头，远胜"清妖"的魔头乾隆爷，而且这些"诗"里很大一部分内容是教导后宫嫔妃的。④兹录几首共享之：

> 起眼看主是逆天，不止半点罪万千。

---

①《天命诏旨》。《中国近代史资料丛刊》编委会编：《太平天国》（第一册），上海人民出版社、上海书店出版社，2000年。

②《太平天日》。《中国近代史资料丛刊》编委会编：《太平天国》（第一册），上海人民出版社、上海书店出版社，2000年。

③萧一山编：《太平天国丛书第一集》，商务印书馆，影印本，1936年。

④同上书。

低头垂眼草虔对，为得丈夫敬倒天。

服事不虔诚，一该打。硬颈不听教，二该打。
起眼看丈夫，三该打。问王不虔诚，四该打。
躁气不纯静，五该打。讲话有大声，六该打。
有嗉不应声，七该打。面情不欢喜，八打该。
眼左望右望，九该打。

一眼看见心花开，大福娘娘天上来。
一眼看见心亮起，薄福娘娘该打死。
练好道理做娘娘，天下万国尽传扬。
金砖金屋有尔住，永远威风配天王。

  洪天王耽于逸乐之时，危机正在向兵锋正盛的太平天国逼近。定都天京后的第二天，天国决策层即下令派大军北伐和西征。其中，西征进展顺利，而李开芳、林凤祥率北伐军深入清帝国的核心地区进行无后方支援的运动战，虽然这支孤军作战英勇，曾一度抵达京畿之地的保定和天津，但终究如强弩之末，被清廷的重兵绞杀。从此，太平天国只着眼于东南半壁，再未起北伐之意。

  更要命的是，天国内部的"双首长"制埋下的隐患已经显露出来了。洪秀全是"拜上帝教"的创教人，是天国的精神领袖。在太平天国兴起的早期，无论是将信众组织化、军事化，还是准备武器、舆论动员，真正起决定性作用的是杨秀清和冯云山。紫金山和永安突围，大军进入湖南，夺武昌，顺江东下攻取江宁城，真正的军事指挥者也是杨秀清。因此，东王杨秀清取得了天王之下节制诸王的权力。杨秀清是天国事实上的军政首长，各大将领对其俯首听命。同时，他又通过"上帝"附体，代"上帝"到人间宣谕的方式分享了洪秀全的最高教权。

起义的初期，天国最主要的目标是活下来，在生存第一的压力下，团队可以共患难，凝聚在一起。到了定都天京后，天国拥有了富庶的土地和众多的百姓，天国高层迅速地腐化。洪秀全、杨秀清之间的矛盾越来越大，最后酿成了"天京事变"。东王杨秀清和全家被杀死，杀死他的北王韦昌辉又反被诛杀，最能打仗的翼王石达开带领精锐出走。

开局甚好的天国一步步走向衰亡，而此消彼长的是曾国藩和他的湘军一步步走出低谷，最终成为代替八旗、绿营的清廷主力部队。同治三年（1864），湘军攻占了天京城，消灭了太平天国，为清朝延长了近五十年的国祚。攻城的前敌总指挥、曾国藩的九弟曾国荃采取的破城方式亦是挖地道，用炸药轰塌城墙，可谓"以彼之道还施彼身"。

这个结局，远因在1853年就种下了。

一项正规制度为啥走歪：以清朝户部报销制度为例

同治三年（1864），湘军攻陷了天京城。不久后，逃出城的幼天王在江西被抓获，凌迟处死，这标志着持续十四年的太平天国终于被平定。清廷论功行赏，众多将士加官晋爵。除此之外，被曾国藩等湘军将帅视为一件"浩荡皇恩"的事是：免掉了湘军将历年军费造册向户部"奏销"。

这让曾国藩及众多将领心头一块大石头落了地，曾国藩就此事在给多年的粮台总管（后勤部长）李瀚章的信中说：

> 各路军营免办报销，近日皇恩浩荡，此旨尤为出人意表。……闻此恩旨，直如罪人遇赦，大病将愈，感激涕零。[1]

照理说，无论古今中外，花公家的钱，最后应该分明细造册报销，否则就是一笔糊涂账，而花钱的人靡费公帑无人追究，必然造成贪污和浪费。清廷也是这样想的，从乾隆朝开始，就有一套正规的军需报销制度。不论多大的战事，各项花费最后需要呈报整个帝国财政总机关户部——核查，然后堂官签字，皇帝批准。但是，堂官多是科举上来的，未必会仔细看账本，而且尚书、侍郎经常换，皇帝更是只负责圈阅，具体工作由户部众多书吏负责。

然而，弊端很快出现，这项本属正常的会计制度在清帝国那种政治制度下走歪了、变样了。一项战事花钱时间长、项目多，战局又瞬息万变，当时各军队也没有配备专业会计人才，账目的一收一支就很难针孔相符。这样，户部的书吏就有办法了，他们很容易找到茬儿刁难来报销的人。如果找出没有依据的支出——累计起来是大数目，那么经手人必须赔付，甚至受到更严

---

[1]《曾国藩全集·书信七》，"同治三年八月十八日"条，岳麓书社，2011年，第113页。

厉的处罚。一人赔不了的，参加那场战争的将领要分摊，有些人在世时都赔付不完，父债子还，索及子孙。需要赔付的人如果家财耗尽还不够的话，由用兵的省份州县摊派，往往一件报销十数年，所欠的钱才能完全归补户部。

这当然太严苛了。于是，报销人和核查账目的户部书吏合谋，找到了一个办法，出一笔"部费"给户部的书吏，书吏不但不深究账目，而且帮其把账做平。做假账，当然是门技术活。部费的多少可以商议，"每百几厘几毫"，事先双方约定每百两银子拿出几厘几毫做部费，也就是约定一个回扣比例。"一厘"，就是报销一百两收一两，1/100的比例；"一毫"，就是一百两给零点一两。部费比例视报销的总数和办事人与户部书吏的交情而定，可以讨价还价。一场大仗打下了，花钱如流水，总额往往是天文数字，而书吏所赚的部费亦是一笔巨款。当然，这笔钱也应该不是办事人独吞，会拿出一些来孝敬上司。

陋习久而成规，到了后来被军中将领视为固然，万口同声，毫不隐瞒。张集馨在《道咸宦海见闻录》中称，"军需款目，至一千数百万之外，部费即须十余万"[1]。

因为有部费这一"保险项目"，花钱的将帅就更加肆无忌惮了。吴庆坻《蕉廊脞录》中言："每遇征伐，帅臣兵饷兼操，内而户部，外而藩司，支数可稽，用数无考，而军中大小将吏得以多立名目，肆为侵冒，皆恃部费为护符，贪狡成风，真堪痛恨！"[2]

平定洪、杨之役，历十四年，牵涉到十数省，这场战争要向户部报销的话，那真是大清开国以来最大的一次发财机会。据吴庆坻《蕉廊脞录》记载：

> 当癸亥、甲子（同治二年、三年）之交，江南官军严围复合，百道环攻，收复之机端倪可睹。户部书吏知复城之不远也，报销之难缓

---

① [清] 张集馨：《道咸宦海见闻录》，中华书局，1981年，第278页。
② [清] 吴庆坻：《蕉廊脞录·卷二》，"同治三年变通军需报销"条，中华书局，1990年，第38—39页。

也，约同兵、工两部蠹吏，密遣亲信分赴发逆被扰各省城，潜与各该省佐杂微员中狙诈狡黠、向与部书串通又能为管库大吏关说者，商议报销部费，某省每百几厘几毫，粗有成约，一面遣派工写算之清书，携带册式，就地坐办。盖各省藩、粮、盐、关四库款目，及捐输、厘金等项，存库旧籍，报部清册，其名目省各不同，不得不就地查核，以求符合。[①]

户部的书吏很有前瞻眼光，估计大仗已是尾声，便约好兵部、工部的哥们商量——毕竟牵扯到兵部用兵，工部分管一些战时工程，好处不能一家吃——派人去与太平军打过仗的省份，和省里的胥吏勾搭上。他们已经做好了收部费的预案。

可这场战争非同以往，不但历时长，席卷地区广，且清廷的兵源、饷源很复杂。有绿营军，但主力是团练出身的湘勇、淮勇；军饷来源有各省藩库的协饷，更有湘淮军设厘卡自己收取的。这笔账要搞清楚，恐怕要花十几年，和平定洪、杨之役的时间差不多。

这一点户部的堂官、司官都看到了，知道如果按照惯例报销，不但得罪了湘淮军集团，而且太后和皇帝未必领情，得利的只是书吏集团。当时，户部郎中王文韶（字夔石）即将升任湖北安襄郧荆道，而两湖、两江都是湘淮军的势力范围，要在湘淮系大佬手下做官，大约卖个人情是原因之一。王文韶在离开户部前向管理户部事务的大学士倭仁建议，上奏皇帝将洪、杨之役免报销，倭仁同意了。这事得保密呀，户部到处是书吏。于是，王文韶关起门来拟稿，修改、誊写、用印各司其人，一条龙办完，然后堂官随恭亲王诣宫门递折子，不给户部书吏一点补救的机会。这份以倭仁领衔的奏折曰：

军需报销向来必以例为断，然其间制变因时，亦有未能悉遵之处。各省军需历年已久，承办既非一人，转战动经数省，则例所载征调，但

————

①［清］吴庆坻：《蕉廊脞录·卷二》，"同治三年变通军需报销"条，中华书局，1990年，第39页。

指兵丁，而此次成功半资勇力，兵与勇本不相同，例与案遂致歧出。在部臣引例核案，往返驳查，不过求其造报如例，而各处书吏藉此需索，粮台委员借以招摇，费无所出，则浮销苛敛等弊由此而起。请将同治三年六月以前未经报销各案，开具简明清单奏明存案，并请饬禁劝捐归补名目。①

此折太后和皇上照准，上谕中说："若责令照例办理，不独虚糜帑项，徒为委员书吏开需索之门，而且支应稍有不符，于例即难核准，不得不着落赔偿。将帅宣力行间，甫邀恩锡，旋迫追呼，甚非国家厚待勋臣之意。""分年分起开具简明清单，奏明存案，免其造册报销。"②也就是说，由各部队自己搞个简明的清单给朝廷备案即可。

这一恩旨下来后，"各部书吏闻而大骇，有相向泣者"③。太后和皇帝在这道上谕中还强调："此系朝廷破格恩施，各路统兵大臣、各省督抚具有天良，务须督饬粮台委员核实开报，不得因有此旨，任意影射浮冒。"④也就是说，这是特事特办，下不为例，日后还得"奏销"，部费也还得收。

同治七年（1868），李鸿章任湖广总督时有一笔三千万两的军费需要报销，让还在湖北做道台的王文韶找户部相熟的书吏探寻部费要多少，回话说要"一厘三毫"，即三千万两需要缴纳四十万两左右。真是狮子大开口，估计是户部书吏想补偿一下同治三年免"奏销"带给他们的损失。书吏不给户部老司官王文韶面子，大概是因为他们痛恨王文韶是那次免报销的首倡者。后来，李鸿章央求自己的老师、两江总督曾国藩出面，找到江宁布政使李宗羲托人斡旋，部费才降到了白银八万两。

从恩准免"奏销"的圣旨中"徒为委员书吏开需索之门"之语可看出，

①[清]吴庆坻：《蕉廊脞录·卷二》，"同治三年变通军需报销"条，中华书局，1990年，第37页。

②同上书。

③同上书，第40页。

④同上书，第38页。

最高层对书吏收取部费的事心知肚明。——这其实是当时清廷政治构架必然产生的弊政。户部堂官、司官数量少，而且不是专业人才，核查账目这样的财会专业工作几乎都由书吏来承担。可书吏没有薪水，他们靠什么生活？当然只能靠山吃山了。

清末部吏索贿成风，老将军冲冠一怒没啥用

1885年（光绪十一年）3月，清朝军队在镇南关取得了对法国军队的大捷，这是鸦片战争以后清军对外国侵略军少有的一场大胜仗。

这次战争中，年近七旬的老将冯子材为前敌主帅，他身先士卒，是战役胜利的关键人物。据《清史稿》载："诸军以子材年七十，奋身陷阵，皆感奋，殊死斗。关外游勇客民亦助战，斩法将数十人，追至关外二十里而还。"①

大清朝野为这次难得的胜利欣喜万分，冯子材的赫赫威名亦传遍神州，成为人人敬仰的"战神"。按惯例，仗打赢了，就要保举有功人士。对有功将士的奖赏分两个序列，武职在兵部，文职在吏部。可在保举有功人士的过程中，冯子材受到了吏部胥吏的勒索。据时任两广总督张之洞的幕僚赵凤昌的记载：

> 冯尤能廉俭自励，统领月薪八百两，不多取一分。向来统领在各营拨划三十名、五十名额饷充亲兵用，冯从未拨扣，故各营悦服。两子相荣、相华，派管带，均随众衣冠入见，与部下一律。战功开保文职，应候吏部核准，部胥径函所保之员索费，此亦各军常用。冯乃大怒，即特参吏部尚书。以提督劾部臣，更前所未有也。均足见其拙直之性，非人可及。②

当时，各个衙门的胥吏的能量极大，而官员流动比较频繁，他们未必

---

①《清史稿·卷四百五十九·冯子材传》。转引自黄濬：《花随人圣庵摭忆》，中华书局，2013年，第474页。

②[清]赵凤昌：《纪甲申中法战事冯王关前谅山之捷》。转引自黄濬：《花随人圣庵摭忆》，中华书局，2013年，第473页。

熟悉具体事务，也不愿意去做那些琐事，因此政务悉被胥吏操纵。胥吏结成了一个庞大的利益集团，他们雁过拔毛，将手中的权力用足，以求利益最大化。

吏部、兵部在文武官员的升迁、保举上做文章，户部则在报销费用中揩油，刑部吃案子，工部吃工程，最穷的礼部也会在高官的谥号上敲一笔。淮军名将、首任台湾巡抚刘铭传死后，礼部胥吏曾暗示他的家人拟刘的谥号为"庄肃"，但需要给钱。其家人不通味，舍不得破费，结果"庄肃"变成了"壮肃"。曾国藩的湘军攻陷天京，挽清廷于既倒。按惯例，战后要报销打仗所花的巨额军费，户部胥吏摩拳擦掌，准备大大地发一笔财，已经派人和湘军商量此事。但后来老佛爷格外开恩，下旨免了湘军的报销，让曾国藩等湘军将帅感恩涕零。

如赵凤昌在文中所说的那样，部吏勒索办事的各级官员是"各军常用"，即大家都心知肚明的潜规则，所以吏部的胥吏才敢公然给各位被保举的官员去函索贿。镇南关大捷这样的大胜仗，保举的有功者，朝廷肯定是照准，但需要具体职能部门去核准才算数，于是吏部的胥吏便有了寻租的空间。如果不出钱，对不起，你就慢慢等着吧，所以多数人也愿意花这笔钱，让这些阎王身边的小鬼给自己痛痛快快办事。

可以说，各个环节的贪腐已经成了大清政治运行的润滑剂。只有冯子材这样的拙直之人，资格老，功勋大，才不管这类潜规则，也不怕得罪人，以一个提督的身份上书参劾吏部尚书。这种事一旦被挑明，那么皇帝必定会要求有关部门严查。

最后结果是怎样呢？当时，吏部尚书是徐桐，汉侍郎是许应骙，皇帝下旨要查这件事，他们不得不有所行动，给上面一个交代，于是那位写信索贿的胥吏自然要被抓出来"顶锅"。可抓这么一个胥吏，也不是很顺利的事。

吏部司务厅（大概相当于办公厅）掌印官何平斋奉命来办此事。此人心思缜密，办事很有章法。尚书和侍郎告诉何平斋索贿的胥吏叫"沈锡晋"。何平斋说："部吏写保索贿，决无真名（作者注：这种信会留假名，但姓氏不会变，否则送钱人无法确认是否送钱到"沈府"），在署万难弋获。须得其地址，或可图也。"①一般而言，索贿的函中会留有自己的住址方便人家送钱。于是，尚书告诉何平斋此人住"炭儿胡同"。何平斋又说："一人不能独行，须满掌印同办方可。"②

清代六部衙门的堂官和各司、厅，都是满、汉双首长制。这种得罪人的事稍不注意就会引火烧身，何平斋拉上满族掌印官也是为了分担责任。于是，尚书派满掌印惠森同行。

两位掌印官到了该胥吏居住的炭儿胡同，找到坊官（大概相当于现在的街道办事处主任、派出所所长一类的基层官员）让他带路去抓人。这位坊官先是百般推托，被何平斋吓唬一通，说："坊官未有不识部吏者，此廷寄所交拿也，汝其敢抗乎？"③坊官对该胡同居住人员的情况门清，何平斋只能拿出朝廷的命令来威慑对方。

推托不成，这位坊官又说炭儿胡同有两位姓沈的，不知道哪一位是部吏。何平斋知道这又是谎言，大怒，训斥道："汝既知两个姓沈，则哪个是部吏，汝岂有不知！"④且进一步吓唬坊官，"此钦犯也，须带一稳婆往，若本人脱逃，可带其家属来"⑤何平斋办事老到，让这位坊官找个中年妇人跟随，万一部吏不在家，可带走其妻妾。如果这样，显然男公差不好做，须"女警执法"。不得已，这位坊官带领公差和稳婆前去包围了沈宅，而胥吏正好躲在家中，于是坊官派人闯进门从床底下将其拿获。

不要以为在堂堂京师捉拿一位公然索贿的部吏很容易。在此之前，户部发生过一件类似的案子，皇帝面谕户部侍郎去密捕犯事的胥吏。该侍郎一人到了户部衙门，搬一条凳子坐在衙门口，禁止人员出入，然后派人进衙门搜捕，却因为不知道犯事胥吏的真名，让案犯溜之大吉。于是，京师坊间有段子言："户部堂官，不及吏部司官。"⑥

---

① 黄濬：《花随人圣庵摭忆》，中华书局，2013年，第477页。
②③④ 同上书。
⑤⑥ 同上书，第478页。

何平斋这事办得漂亮，但他一点也高兴不起来，说："此亦偶尔事耳，堂官固拙，司官亦未必甚巧也。"①可见，何平斋清楚地知道各部胥吏索贿是公开的秘密，碰上冯子材这样较真的人敢于弹劾吏部尚书，而让皇帝批示才将索贿者捉拿是偶然事件。对多数部吏而言，向来办事的官员索贿，是没有什么风险的。

大清的官场，能有几个冯子材呀？

---

① 黄濬：《花随人圣庵摭忆》，中华书局，2013 年，第 478 页。

刚毅:《官场现形记》中频念白字的高官原型

一个人的阅读,和其年龄、阅历大有关系。所谓"行万里路,读万卷书",我个人的理解是阅世和读书是相辅相成的。

上大学时,我也读过李伯元的《官场现形记》,但是读得不仔细,没什么太多印象,觉得写作者太啰唆,里面的人物、地点太多太乱,仅仅是因为文学史上讲到它是晚清谴责小说的代表作品,作为课业不得不有所了解。

最近,又重读《官场现形记》这本小说,才真觉得这是一部值得咀嚼再三的好书,将晚清的官场真是写绝了。——恐怕不仅仅是晚清的官场。那里面师爷的跋扈、姨太太卖官、买官者对成本和收益的算计等情节,直可和当下一些反腐新闻对照看。

如果对晚清的历史稍微有些了解,里面的人物、故事皆可以在历史中找到原型。譬如那位湖南籍两江总督,一味修道,任由属下胡来,被参劾"昏聩糊涂",我怀疑原型是我的邵阳前辈魏光焘;做湖广总督的旗人湍多欢,可能影射瑞澂,而他的九姨太的一位丫鬟嫁给制台大人巡捕队里一位英俊伶俐的武弁,被人称为"丫姑爷",从此青云直上。这便是另一位湖广总督张之洞的"丫姑爷"张彪的故事。另外,文学史家公认里面的华中堂指荣禄,宫内的黑大叔则是李莲英。

小说第四十七回《喜掉文频频说白字 为惜费急急煮乌烟》写到江苏藩台(布政使,相当于管财政、民事的常务副省长)"喜掉文频频说白字",闹出许多笑话。

这位藩台叫施布彤(谐音"实不通"),是汉军旗人氏,由军功保举步步高升到此重要的职位。他对巡抚徐大人说:

回大帅的话：我们江苏声名好听，其实是有名无实。即如司里做了这个官，急急的"量人为出"，还是不够用，一样有亏空。

徐抚台多问了一句，才知道施公是指"量入为出"，便笑道：

是了。施大哥眼睛近视，把个"量入为出"的"入"字看错个头，认做个"人"字了。

施藩台对前来视察的童钦差汇报说，无锡县九龙山的强盗很多，必须派几条兵船去"游戈游戈"，那里离太湖很近，如果这股子强盗和太湖里的"鸟匪"合起来，可就不得了。原来他把"游弋"和"枭匪"念错了。钦差大人讽刺道：

什么"游戈游戈"，难道"下油锅"的"油锅"不成？

…………

他说太湖里还有什么"鸟匪"，那鸟儿自然会飞的，于地方上的公事有什么相干呢？哦！我明白了，大约是"枭匪"的"枭"字。施大哥的一根木头被人家扛了去了，自然那鸟儿没处歇，就飞走了。

施藩台知道童钦差在挖苦他，接下来强调两股匪若串通一气，总不免"茶（荼）毒生灵"。然后举荐缉捕营里的周副将，说他很有本事，赛如戏台上的黄天霸一样，而且这人不怕死，立志"马革裹（"里"的繁体字）尸"报效皇帝。

和施藩台一起去拜见钦差的萧臬台（主管一省治安）帮他打圆场，对童钦差说：

回大人的话，施藩台眼睛有点近视，所说的"马革裹尸"，大约是"马革裹尸"，因为近视眼看错了半个字了。就是刚才说的什么"茶毒生灵"的"茶"字，想必亦是这个缘故。

这位频念白字的施藩台之原型，便是清末的守旧派代表人物刚毅。此公是满洲镶黄旗人，历任江西按察使、广东布政使、山西巡抚、江苏巡抚等，后进入中枢任工部尚书、刑部尚书和军机大臣，可称之为"宰相"了。但此公读书不多，念白字的笑话在官场广为流传。

刚毅任刑部尚书时，在本部官吏聚会时讲出"舜帝爷驾前刑部尚书皋大人皋陶（tao）"来，而皋陶是虞舜时的"首席大法官"，人所共知这个"陶"应该念yao。另外，他还将"民不聊生"念成"民不耶生"。

大官念错字，只有比他更大的官才敢纠正。刚毅自以为是，常念白字，但手下人没谁敢提醒。他每每将下属提交的呈文中的"瘐毙"（狱中囚犯因受刑、饥寒、疾病非正常死亡统称为"瘐毙"）提笔改为"瘦毙"，改完后还要借此严厉训斥下属读书不认真，写错字。手下的人挨了长官的训斥，自然也不敢反驳，就让长官一直错到底吧。

有一次，慈禧太后向刚毅询问有何优秀的将领可以推荐，刚毅说："江南武员，惟有杨金龙，可称古之名将。"[1]杨金龙，湖南邵阳人，时任江南陆路提督，确实是一名忠心耿耿的猛将。西太后接着问这个人能比何人，刚毅答曰："可比古人黄天霸。"[2]黄天霸是戏曲中人物，拿之作比，可见其学识浅陋。

不过，现在难以想象的是，李伯元的这部书自1903年开始在《世界繁华报》连载，立刻在沪上风行，到1906年出版单行本，旋即畅销全国。那时候清帝还在位，尽管一些高官特别是旗人为此恨死了李伯元，有人甚至寄信威胁他，但也拿李伯元无可奈何。

这位刚毅，在1900年庚子事变时大大有名。颟顸而蛮横的他成为军机大臣，和端王载漪沆瀣一气，力推端王的儿子溥儁代替光绪帝入承大统，故极力撺掇慈禧太后借用"成事不足，败事有余"的义和团抗击洋人，终于惹出

---

① 黄濬：《花随人圣庵摭忆》，中华书局，2013年，第281页。
② 同上书。

滔天大祸。

做过军机章京的四川泸州人高树在《金銮琐记》中写诗嘲讽这个自大而无知的旗人权贵：

祸国殃民唤奈何，阉门纳贿进鎏坡。

他年编辑奸臣传，开卷唯君笑柄多。[①]

高树在这首诗注释中曰："刚毅由粤抚入京祝太后寿，献大小金银钱于李阉，约计千余元，全球略备，无一雷同，大得阉欢心，遂为太后宠任。其人不学无术，语多可笑，如汇记之，亦国史之材料。"

从此段文字可见，刚毅虽然读书不多，经常闹笑话，但自有其所长，就是他巴结逢迎有一套。刚毅在做广东巡抚时，回京为太后祝寿，因为广东沿海与洋人贸易多，于是便挑选各国的银钱，币值不一，但一点也不雷同，汇聚一起送给太后的红人李莲英。这样，他花钱不多，但长居深宫的大太监没见过呀，图个新鲜。——现在过年时，也有人挑不同国家的小面额纸币，放进红包里送人，显得既有诚意而又吉利。

像刚毅这样的官员，其糊涂只是于国事而言，而谋官谋利可是"心比比干多一窍"，精明得很。

---

① ［清］高树:《金銮琐记》，民国十四年（1925）石印本，第16页。

"吃瓜群众"为何揪住国子监祭酒的小错不放手

两年前，一所相当于古代太学（明清两代国子监）学府的双甲子大庆，但略有些尴尬的是"国子监祭酒"在庆典致辞中读错了一个常用字（和隔壁学府前校长顾公不识小篆还是不一样）。于是，网路腾笑。

其实，这本不算什么大不了的事，毕竟现代大学专业分得细，学者术业有专攻，我们不能要求一个理科出身的"祭酒"文史水平像清代的国子监祭酒王懿荣那样。实际上，有些常用字小时候念错了，往往会一错到终老，即便数次查字典纠正且自我提醒下回不可再读错，可一到某篇文章中碰到还是很容易习惯性念错。

网友们嘲讽也不是居心叵测，或许是因为前不久有关"国子监"的公共事件处理太生硬，引起了舆情发酵，所以公众对如此重大庆典出错有一种故意喝倒彩的心理。这也并不奇怪，二十世纪八九十年代明星去"国子监"演讲或演出，名头越响的可能遭遇到莘莘学子的喝倒彩声就越大。

谁叫你是"国子监祭酒"呢？如果普通学者念错一个字，大伙也就说一两句、笑两声就过了，绝对不会刷屏。

学界地位越高的人，公众对其要求必然超过寻常人。这让我想起清末江西大才子文廷式的际遇。

清光绪二十年（1894）甲午詹翰大考①，亲政已有七年的光绪帝很重视，参加考试的都是士人精英中的精英。

---

① 詹翰大考：指清翰林、詹事的升级考试。清制，翰林院官员自侍讲学士、侍读学士以下，编修、检讨以上；詹事府自少詹事以下，中允、赞善以上，每隔数年，不定期临时召集考试，不许称病托词，规避请假，称为大考。根据考试成绩，最优者超等升擢，可由七品升至四品，其次酌量升级或遇缺提奏，再次分别降调、罚俸、休致、革职。

江西萍乡人文廷式，是光绪十六年（1890）殿试第一甲第二名（榜眼），赐进士及第，授职翰林院编修。文廷式在中进士前曾经担任过光绪帝宠爱的珍妃的家庭教师，珍妃枕头风吹得好，光绪帝十分宠信他。此次大考，光绪帝明确指示要取文廷式为第一名，张之万、徐桐、翁同龢等阅卷大臣哪敢违背？于是，文廷式成了大考第一名，升翰林院侍读学士。

文廷式被皇帝指定为第一名，自然引起许多士人不满。

尽管文廷式的学问很好，文章写得漂亮，可他四年前殿试的试卷中有一个低级错误——把"闾阎"写成了"闾面"。"闾"泛指门户、人家，中国古代以二十五家为闾。"阎"指里巷的门。王勃《滕王阁序》云："闾阎扑地，钟鸣鼎食之家；舸舰迷津，青雀黄龙之舳。"江西大才子文廷式不可能不知道，"闾阎"写成了"闾面"应该是笔误。

据说，那一回光绪帝本来想让文廷式成为状元，但皇帝看到了"闾面"这个笔误。清代对皇家子弟的教育非常重视，这种常识性错误光绪帝当然不难察觉。

当时，翁同龢也是阅卷大臣，又是皇帝的老师、状元出身，他的意见自然非常重要。此人心思缜密而善于窥伺，他当然知道皇帝的心思，于是为之强辩，硬说"闾面"有典，但不记其出处，只记得是与"檐牙"作对。其他的读卷官学问没他好，名气没他大，或者明知道他是狡辩，可皇帝喜欢文廷式，只能睁只眼闭只眼了。

这种狡辩乃不得已为之，皇帝和翁师傅都心知肚明，自然状元不敢取文廷式了，否则天下必将物议汹汹，于是给了文廷式一甲第二名（榜眼）。翁同龢在当天的日记里记载："余等复加评次，颇有所易，遂定，顷刻间升沉增异，岂非命耶。"[①]对文廷式因笔误不能做状元的遗憾之情，溢于言表。

文廷式以"闾面"之误而得榜眼，仍然让天下士人颇感不平。翁同龢五

---

① [清] 翁同龢：《翁同龢日记》（第五册），"光绪十六年四月二十三日"条，中华书局，1989年，第2367页。

月初八日记中记载:"外间以文廷式得鼎甲颇有物论。"①

四年过去了,文廷式此番成为詹翰大考第一名,于是陈年糗事又被翻出来了。士林第一大毒舌王闿运在日记中记载:

> (光绪二十年四月)十八日。遣人入城,索大考单,第一即闿面也,实为可笑。此人必革,第一,例不终也。②

谁叫你文廷式是殿试榜眼、詹翰大考第一呢?这个笑柄几乎伴随其终身。

王闿运的"毒舌"果然应验了。光绪二十二年(1896)二月,文廷式遭御史杨崇伊参劾,被革职驱逐出京。——真实的原因是光绪帝和珍妃太看顾他,引起老佛爷的不满。

清光绪三十年(1904),文廷式因抑郁苦闷,在萍乡花庙前的家中与世长辞,年仅四十九岁。张之洞曾有《读史四首》之四咏宋代状元大词人张孝祥,实为文廷式所作:

> 射策高科命意差,金杯劝酒颤宫花。
> 斜阳宫柳伤心事,仅得词场一作家。③

---

① [清]翁同龢:《翁同龢日记》(第五册),"光绪十六年五月初八日"条,中华书局,1989年,第2370页。

② [清]王闿运:《湘绮楼日记》,"光绪二十年四月十八日"条,岳麓书社,1997年,第1927页。

③《张之洞全集·诗文》(第十二册),河北人民出版社,1998年,第10566页。

看清末新政如何一步步得罪社会所有阶层

一项改革，不管其设计的目标多么美妙，推行的口号何等动听，如何评价其价值要看这项改革实施中究竟谁得到了好处，谁又是利益受损者。

我们对比一下北宋的王安石变法和清末新政，其顶层设计者的出发点都是好的，希望借新政既能富民又能强国，并改变官僚队伍陈腐、保守的风气。但结果呢？事与愿违。对大多数底层群众来说，新政带来的害处远远大于获得的利益。这样的新政走入死胡同，进而引发大规模的社会危机也就毫不奇怪了。

1900年庚子事变，被八国联军狠狠教训了一顿的清帝国最高统治者慈禧太后携光绪帝"西狩"至西安。《辛丑条约》签订后，慈禧太后和光绪帝回銮北京，痛定思痛的慈禧太后同意了推行"新政"。不见棺材不掉泪，老佛爷认识到"大清再不变革，只有死路一条"。

新政是涉及政治、军事、法律、工商业、教育等社会各方面的系统性改革，其范围之广，推行力度之大，超过了夭折的"戊戌变法"。

在根本的政治制度层面，清廷于1906年颁布《仿行立宪上谕》，预备立宪，原则为"大权统于朝廷，庶政公诸舆论"；在地方政治层面，各省设立谘议局，开始推行基层自治；在官员选拔与教育层面，废除了千余年的科举取士；在军事层面，按照西方的军队模式训练新军，冀此来代替旧式军队；在经济层面，倡导各地兴办实业，一些民营资本进入到近代工商业……

可结果呢？历史给出了答案。

新政不但没有舒缓清帝国的统治危机，反而从诸多方面加剧了社会矛盾，最终导致了武昌起义，结束了爱新觉罗氏近三百年的统治。

在清朝统治崩溃前夕，社会多个阶层，包括广大底层群众、各地官吏、失去了传统晋升机会的乡村读书人、有相当话语权的绅士、新军底层官兵等，似乎没有谁是满意的。

花了那么多精力和金钱推行的新政，为什么买来了诸多的不满意？

对中国近现代史研究颇有成就的美国学者周锡瑞，在其成名作《改良与革命：辛亥革命在两湖》中已有过精辟的分析。此书的中文版于1982年由中华书局出版（杨慎之译），2007年江苏人民出版社再版。

周锡瑞在《改良与革命：辛亥革命在两湖》的中译本序中说：

> 本书第一版于一九七一年作为博士论文提出时，美国和中华人民共和国之间，既无外交关系，也没有文化交流。那时，我研究中国历史将近十年了。但是，我从未访问过中国，也不曾会晤过来自这个国家的任何一位学者——而我是热爱并且尊敬她的人民和历史的。①

周锡瑞就是依靠中国大陆之外的史料隔着太平洋写出的这样一本著作，但至今读来许多洞见仍让人叹服不已。

这些年来，一些历史研究者或爱好者对清末新政中绅士的作用有过相当的肯定，肯定绅士阶层在推动朝廷加快立宪步伐、进行地方自治实践、兴办实业和教育方面所起的良性作用。然而，周锡瑞以湖南、湖北地区为研究对象，对两湖绅士在新政中的作为评价不高，甚至有较为尖锐的批评。

自湘淮军镇压太平天国后，两湖政治势力崛起，两湖地区特别是湖南的"绅权"是很大的，他们在地方的政治、经济、教育及其他社会事务方面有相当大的话事权。因此，两湖的新政是分析整个帝国新政的一个恰当标本。

武汉三镇作为当时中部地区最大的工商业中心，其近代工商业主要有官办和商办。官办就是张之洞督两湖时所办汉阳铁厂那样的"官营企业"，资本和管理人员都来自官府，其实就是衙门的分支部门；商办则是民间资本家出

---

① [美]周锡瑞：《改良与革命：辛亥革命在两湖·中译本序》，杨慎之译，中华书局，1982年。

资办的企业，如宁波商人宋炜臣，由学徒成长为上海滩优秀的职业经理人，来到汉口办火柴厂。

湖南的情况有些不一样，兴办实业的主要是本省一些有名的绅士，他们多数有功名、做过官，在家乡有相当的威望。例如，王先谦、蒋德均、黄自元、叶德辉、熊希龄等人，在湖南兴办了宝善成机器局、锡矿山矿务局、湖南瓷业公司等一批近代企业。这些人是不在职的官员，募集的资本亦不来自官方，但他们的身份又不同于宋炜臣那样的民营资本家，所以周锡瑞将这些人称之为"绅商"。

事实上，两湖地区尤其是湖南的新政推行，几乎都是由当地亦官亦商亦绅的名流主导。这些人办事，从自身利益出发，上则与朝廷博弈，下则欺压底层百姓。

周锡瑞认为：

> "农民和城市拼命并没有从新政中得到好处，他们实际上因新政所强加的经济负担而备尝痛苦。"①

> "新政运动一直伴随着一大堆强调'民权'的词藻前进。省和地方的谘议局是要代表人民的，新制学堂是用来教育人民的，新军是为了保卫人民，以防外国侵略的。但是，'民权'的词藻，掩盖了日益提高的绅士权力的实质。"②

随着新政一项又一项措施的推行，底层民众看到了强调"民权"等词藻背后的真相。地方的自治机构几乎全部由有钱有势的绅士把持；新式学堂几乎都位于省城、府城和发达的县城，能进城到洋学堂读书的必定是富家子弟。在科举时代，穷人的孩子如果是读书种子，在家乡由私塾先生教导、靠几部经书半耕半读亦有取得功名的机会；民众没看到新军和外国人打仗，倒

①［美］周锡瑞：《改良与革命：辛亥革命在两湖》，杨慎之译，中华书局，1982年，第127页。

②同上书。

是在镇压萍浏醴起义、各地骚乱中处处可见新军在"亮肌肉"。

《湖北地方自治研究会杂志》很明白地指出究竟是哪类人士进入到各地的自治机构：

> 则中选士绅，多半为平日城、镇、乡中最占势力者，试问未办自治以前，平日在城、镇、乡中不武断乡曲者，能有几人乎？一般忠厚耆老者流，不知自治为何物，类皆畏缩而不前。狡黠之徒，乘机而起……一旦厕身其间，滥膺斯选，势必视自治公所为鱼肉乡民之具，借官恃势，假公报私，名为自治，实以自乱，只知吞款，而不知捐款，只知欺贫，而不知恤贫。[①]

广大民众得不到新政的好处，却要承担实行新政的成本。因为练新军、办学堂、养巡警、修马路都得花钱，而钱主要来自包括小地主、富农在内的农民。据统计，在清帝国统治最后几十年内，总税额增加了一倍，即使考虑到通货膨胀因素，这个增税幅度也是很惊人的，而且一些地方向民众摊派的费用并不计算在税额以内。

把持地方话事权的绅士，却能通过影响力将增加的负担转嫁给更弱势的群体。例如，湖南每年承担庚子赔款七十万两白银，官府原先计划通过增加田赋和房产税来筹集这笔赔款，但湘省绅士首领王先谦（翰林出身，做过国子监祭酒、江苏学政）率先反对，理由是"吾恐扰民"。最后，官府向绅士阶层让步，这笔钱换了个来源——取自于盐税，每斤盐再加收四文钱。

我们知道，如果取自田赋和房产税，则主要由富人负担，因为穷人没田也没房或者田宅很少。可穷人都得吃盐，盐价上涨对穷人是不小的负担，而对富人来说可以忽略不计。

其时，日本对清帝国的新政非常关注，派驻在中国的外交官和商人写了

---

① 转引自［美］周锡瑞：《改良与革命：辛亥革命在两湖》，杨慎之译，中华书局，1982年，第133页。

大量的调查分析报告。原因当然是因为中日是近邻，中国的新政成功与否关系到日本的国运；还有一个原因是清帝国新政的设计和日本取得显著成就的"明治维新"颇为相似。日本外务省的一则报告如此判断清帝国的新政：

> 新政愈益实行，财政资源愈益枯竭，而人民则愈益痛苦。常常因为这一点，人民与官府之间的矛盾增加了。①

日本"明治维新"初期，也出现了农民税负增加、官府与农民冲突加剧的现象。日本通过种种措施渡过了危机，清帝国却未能走出来。

日本学者市古宙三在《乡绅与辛亥革命》中指出，绅士在本质上是反动和保守的，并不喜欢新政，他们只是为自己的利益才从事新政。②他们只是为了实现"保持他们上流阶层地位的顽固企图，运用新政设置来完成任务的灵活愿望，这两者的结合，使新政措施对于人民群众明确地具有压迫的性质"③。

古代中国的皇权体制是"家天下"，家天下当然是违背时代潮流的，但其有一个优点：责权利明确。天下的产权是皇帝的，百姓是皇帝的子民，是皇家下蛋的母鸡。皇帝对派出"牧民"的管理者——官员是加以防范的，防范他们过于欺压百姓影响皇家的根本利益，对地方的大户欺压细民也很警惕。因此，皇家从某种意义上是间接充当了小老百姓防范贪官和劣绅侵夺的后盾。新政推行后，以自治的名义，朝廷权力转移到了地方豪绅手中。

对于大多数底层民众来说，他们将新政的剥削和洋人的压迫等同起来，

---

①《山田胜治报告》，日本外务省档案，1-6-1：2-1-1，第一卷第 155 页。转引自［美］周锡瑞：《改良与革命：辛亥革命在两湖》，杨慎之译，中华书局，1982 年，第 142 页。

②［日］市古宙三：《乡绅与辛亥革命》，迟云飞译，载《国外中国近代史研究》（第十八辑），中国社会科学出版社，1991 年，第 182 页。又，［日］市古宙三：《近代中国の政治と社会》，东京大学出版会，1971 年。

③ 参见汤化龙编：《湖北地方自治研究会杂志》（第 11 期），1904 年，第 4—5 页。转引自［美］周锡瑞：《改良与革命：辛亥革命在两湖》，杨慎之译，中华书局，1982 年，第 134 页。

认为新政就是学洋人，依靠洋人来欺负百姓。清朝覆亡前几年，中国许多地区出现骚乱，愤怒的民众把怒火发泄到新式学堂、教堂和洋人店铺上，就是这种集体情绪使然。

到了二十世纪二十年代，湖南掀起了农民运动，其中有一个著名的论断"有土必豪，无绅不劣"[1]，其历史渊源可追溯到清末的新政。1927年，新政中大出风头的湖南名绅士叶德辉在农民协会的强烈要求下被处死，也算是偿还历史的宿债。

当然，后来整个乡绅阶层被消灭，社会平衡再生变数，这是另一个话题了。

1910年长沙抢米风潮后，朝廷意识到绅士把持地方的弊端，把百姓暴动归咎于地方豪绅并进行了一些纠偏，派出的新巡抚对地方自治机构的绅士权力进行了一定的限制。这一下，又得罪了绅士；百姓苦不堪言，早就被得罪了；而新军的中高级军官多由保定陆军军官学堂毕业生或日本留学生空降而来，行伍出身的士兵上升很难，因此怨声载道……

如此，清帝国的新政得罪了各个阶层，而一个偶发的骚乱引起全盘崩溃是大概率事件，即便没有武昌新军工兵营放那第一枪，也还会有别的导火索的。

---

① 毛泽东：《湖南农民运动考察报告》，载《战士》周刊 1927 年第 35 期，第 35 页。

明清时的犯官不能想死就死：自杀也须君所赐

读《汉书》发现一件有意思的事：汉代的王公贵戚和高官自杀的挺多。据有人统计，西汉时自杀的诸侯王有二十五位，列侯、丞相、将军有六十五人，侯王将相的亲属宾客十七人，后妃、太子、公主十二人。

我曾在一篇小文《这个酷吏有点"二"》中谈到汉景帝时的酷吏郅都被弃市的一个重要原因：逼死了废太子刘荣，被刘荣的祖母窦太后恨之入骨。刘荣被废掉接班人资格后破罐子破摔，因侵占宗庙地修建宫室犯罪，被传到中尉府受审。负责此案的是郅都，他对皇子毫不留情，责讯甚严。刘荣恐惧，请求郅都给他刀笔，欲写信直接向景帝谢罪。郅都不许，而窦太后堂侄魏其侯窦婴派人悄悄送给刘荣刀笔，刘荣向景帝写信谢罪后在中尉府自杀。

汉武帝在位时，太子刘据在奸臣的挑拨下被迫自杀；著名的酷吏张汤也是自杀。

汉代宗亲和高官流行自杀，我以为重要的原因是汉代风气纯朴刚强，忍辱苟活的文化不流行。由此，社会上包括皇帝对自杀者有某种同情甚至尊重，譬如张汤得罪人太多，失宠于武帝，干脆自我了断，而武帝对其死抱有怜悯，处死了陷害张汤的人。

可是，随着皇权越来越霸道，到了明清两代时皇帝对擅自自杀的人就不那么宽容了。只许皇帝赐大臣死，大臣不能自己选择死法。皇帝对犯大罪的人赐死，那是成全他，给他留面子，而被赐死者要北面下跪谢恩再死。

也就是说，犯了大罪的臣子要自杀，也得皇帝发"执照"。例如，雍正三年（1725）十二月，川陕总督年羹尧被逮入京，有司历数其犯有几十项罪行，皇帝念他有平定青海的大功，"羹尧谋逆虽实，而事迹未著，朕念青海之功，不忍加极刑"，故特派内大臣和步军统领捧诏书前往宣读"狱中令自裁"。①

乾隆十九年（1754），甘肃巡抚鄂昌因自己叔父、已故大学士鄂尔泰的门生胡中藻《坚磨生集》"文字狱"受株连，有司抄家的时候查获了他作的《塞上吟》和大学士史贻直要他保荐儿子史奕昂任甘肃布政使的请托信。乾隆帝觉得《塞上吟》这诗有诽谤圣上之意，明发上谕说他"负恩党逆，罪应处斩"，因"尚能知罪"，对其"从宽赐自尽"。②

嘉庆四年（1799）正月十八日，嘉庆帝派大臣前往先帝爷乾隆最宠幸的和珅的囚禁处所，赐他白绫一条，令其自尽。和珅自缢前提笔写下了一首诗："五十年来梦幻真，今朝撒手谢红尘。他时水泛含龙日，认取香烟是后身。"③

明代的崇祯皇帝对首辅周延儒亦是如此。周延儒（1593—1643），字玉绳，号挹斋，明代宜兴人（今宜兴宜城镇人）。崇祯十六年（1643）四月，清兵入关，周延儒自请视师，却假传捷报蒙骗崇祯帝。崇祯帝不知内情，对周延儒褒奖有加，特进太师。后来，锦衣卫指挥骆养性上疏揭发真相，其他的官员也相继弹劾，周延儒获罪流放戍边。不久，崇祯帝觉得被周延儒欺骗实在太难堪了，怒火不能平息的他下诏勒令周延儒自尽，籍其家。此时，距离崇祯帝自缢煤山不到半年了，因此有民谣讽刺道："周延儒，字玉绳；先赐玉，后赐绳。绳系延儒之颈，一同狐狗之头。"④

明代也有没有皇帝下诏赐死而自裁的高官，主要是为逃避被侮辱，以死证明自己的冤屈，如东林党重要人物高攀龙。

天启六年（1626）二月，阉党重要人物崔呈秀不愿意放过已经罢官回无锡老家的高攀龙，必欲杀之而后快，于是假造浙江税监李实的奏本，诬告高攀龙、周起元等七人贪污，派遣缇骑前来抓捕。三月，高攀龙先去拜谒先贤杨时的祠堂，回家后与弟弟高士鹤及门生赏花于后花园，谈笑自如。此时，

---

① 《清史稿·卷二百九十四·列传八十二》。
② 同上书。
③ 《清史稿·本纪十六·仁宗本纪》。
④ [清] 顾炎武：《圣安本纪·卷六》。

有人来禀告周顺昌已被逮捕，高攀龙闻之说："我本视死如归。"①回家后，周攀龙与夫人谈笑如常，亲笔写下遗书交给两个孙子，而后闭门。不多时，高攀龙的儿子前来探查，发觉高攀龙已自沉于池塘。

这种没得到皇帝颁发的"执照"就自杀，显然是故意让皇帝难堪，有藐视圣上权威之嫌疑，皇帝当然会大怒。不过，在天启年间，木匠皇帝朱由校未必会就这事生气，动怒的应该是九千岁魏忠贤。

清代皇权更专制，其权威更不容挑战。大臣犯了事就得老老实实等着皇帝的处置，无论哪种下场都是圣恩。相反，擅自了断就是怨怼，是对皇权的抗议，皇帝一定要加倍清算。为了子孙后代，犯事的大臣一般不敢"无照"自杀。

对宫内的太监，要求更加明确，无论主子怎样惩罚他们，决不允许自杀。清廷规定：太监如果敢在宫内用刀进行自残的，斩立决；上吊服毒自杀的，被救活，处绞监候，而如果上吊服毒死了的，抛尸荒野，家属发往伊犁为奴。

这个逻辑很好理解，雷霆雨露，皆是圣恩。皇帝不论是厚赏还是严惩，都是臣子需要拜谢的大恩。凡是臣子对赏罚有挑拣的心思，就是不纯不忠。

---

① 《明史·卷二百四十三·列传一百三十一》。

清朝如何京津冀一体化：保定做了近三百年首都副中心

河北保定市直隶总督衙门旧址现存的楹联中，有一副气魄很阔大：

北吞大漠，南亘黄河，中更九水合流，五洲称雄，西岳东瀛一屏障；

内修吏治，外肆戎兵，旁兼三口通商，一代名臣，曾前李后两师生。

上联讲的是直隶省所管辖区域非常广阔，及其拱卫首都的重要性；下联讲的是直隶总督身兼地方行政、军务和对外通商等职能，一代名臣曾国藩、李鸿章师生二人都曾做过直隶总督。

曾国藩、李鸿章当直隶总督时都有大学士衔，而清代职官体系没有宰相，有大学士衔的尚书、总督都可尊称为"相"。以"宰相"之尊来做直隶总督，可见这一职位的崇隆地位。

清代直隶省辖区，大致相当于今天的京津冀（清代后期承德所在的热河地区由热河都统独立管理，只是名义上尚属直隶省）。清朝入关定都北京后，对原明朝南北直隶和十三省的管理基本沿用旧制，但做了一些改进，如将南、北直隶（南京和北京周边的府）由中央直接管理的各府划归为行省管理，北直隶八府二直隶州组成直隶省；明代派驻性质的总督、巡抚变为数省或一省的最高军政长官。

直隶省的军政首长直隶总督地位最显要，因为首都在其辖区内，被称为"疆臣之首"。

清代能保证"京津冀一体化"最重要的制度设计，是直隶总督的级别比北京、天津两地的行政首长级别高、权力大。直隶总督职位之高、责任之重，基本上使首都北京和洋务运动后地位迅速崛起的天津处在直隶省有效的管辖和规范之内。

以北京所在的顺天府为例。顺天府管辖北京城区的大兴、宛平二县和其他二十多个州县，是国内第一府，地方首长不称知府而叫府尹，为正三品，级别高于其他府知府，和各省的按察使（相当于今天的省政法委书记）品秩相同，可直接向朝廷奏事。——这地位够高的吧？可比起直隶总督还差一截。清代的总督，不加兵部尚书衔、左都御史衔的是正二品，加这两个衔的是从一品；如果再加大学士衔或协办大学士衔，那就是"国家领导人"了。

据《清朝通典》记载，总督的职权是"掌治军民，统辖文武，考核官吏，修饬封疆"。顺天府所辖的二十余州县由顺天府尹和直隶总督双重管理，这些州县的知州、知县由直隶总督考察，后期才委托顺天府尹代行。顺天府内发生的重大案件，由顺天府尹会同直隶总督审判。

清代，在直隶总督的驻地上，也颇费心思。直隶总督府不在北京城或顺天府境内，而是在保定府城。北京到保定，在交通不发达的农业社会，距离不算近，也不算远，骑马一天内就能到达。如此，直隶总督能较为独立地行使职权，不用受朝廷各部院的掣肘；而不算太远的距离又能使朝廷的指令及时到达，不至于影响拱卫京师的最重要职责。可以说，那时候保定称得上是首都的副中心。

到了清代后期，由于沿海开放通商口岸，更随着洋务运动的兴起，天津的地位越来越重要，港口各国商船云集，外商纷纷落户于天津。同治年间，直隶总督兼任北洋通商大臣，管理直隶、山东、奉天（辽宁）三省通商、洋务，办理有关外交、海防、关税及官办军事工业等事宜。从此，直隶总督兼北洋大臣每年海口春融开冻后移驻天津，冬天封河后回到省城保定。

至此，直隶省所辖地区形成了三个中心：北京是全国的政治、文化中心，保定是直隶省的政治中心，天津是中国北方的经济中心。直隶总督位高权重，对三地都能有效治理，就可以统一协调配置资源，而不会三地相互扯皮。清末，曾国藩、李鸿章、袁世凯担任直隶总督时都是有作为之能吏，使北京、保定、天津分工明确，相互优势互补，从而使直隶各地能协同发展。例如，随着开滦煤矿的开采，冀东的工矿业和天津的商贸、海运相得益彰，迅猛发展。

　　我们假设一下，如果顺天府和天津府的行政长官级别比直隶省总督还高，直隶总督不但管不了这两地的事务，还要在这两地行政长官面前甘拜下风，那必定使整个直隶地区的资源越来越向京津两地集中。如此，京津冀怎么可能真正一体化呢？

第三编　世情与人情的秘密

理学名臣也不喜欢"痴肥"的大妞

咸丰十一年（1861）十月初十，曾国藩在日记中记载：

> 前季弟代余买一婢，在座船之旁，因往一看视，体貌颇重厚，特近痴肥。[1]

这段记载，读完不禁让人开心一笑。是年，曾国藩五十岁，但他一向体弱，顽固性皮肤病不时发作，不到五十岁就感叹自己"老境侵寻"，若搁到现在这个年龄的男人还正当年呢。

咸丰十一年七月三十日，湘军攻占了太平军在天京上游的军政中心安庆，两江总督曾国藩把他的衙门搬进了安庆城，并在此驻节了三年，直至清朝两江总督的法定驻地南京（天京）被收复。

在长期的戎马生涯中，曾国藩的夫人和孩子待在老家湘乡，而他督师转战四方，经常需要拔营、行军，确实也没空闲和精力纳妾。此时，曾国藩既是封疆大吏，又是湘军统帅，驻扎地是一座大城，不需要动辄移营。应该说，纳妾的条件也成熟了，他身边也确实需要一个女性照顾，何况许多事情亲兵是做不来的。在上述这段话中，"买婢"就是买妾，这是理学名臣曾国藩的曲笔，意即买这位通房大丫头的目的是侍候自己，而不是其他的需要。

季弟是曾国藩最小的弟弟曾贞干，同母五兄弟中排第五。曾贞干比曾国藩年龄小十八岁，和大五岁的小哥哥曾国荃感情更好。这个人忠厚纯良，但是在他年少时写给长兄曾国藩的信中透露他有"暗疾"，大概是难以启齿的

---

①《曾国藩全集·日记二》，"咸丰十一年十月初十日"条，岳麓书社，2011年，第215页。

男性生理上的障碍。在曾国藩领军打仗时，他还和曾国荃在信中讨论季弟这个病。因此，曾贞干娶妻多年没有生育，曾国藩的一个女儿过继给了他。

或许是这种原因，曾贞干对女性不是很了解。长兄曾国藩吩咐他替自己物色一位年轻女子，应该是交代过一些条件，如人要性格厚重，相貌不是最重要的，云云。但曾贞干给找来一个"特近痴肥"的女子，让他大哥曾国藩哭笑不得。何谓"痴肥"？通俗地说，就是看起来又胖又笨。曾文正公只是说得委婉，看来这人自然是不入曾国藩的法眼。

半个月后即十月二十四日，曾国藩又在日记中记载了一笔：

> 前季弟买一詹姓女子，初十日在船上一见，未有成议。旋韩正国在外访一陈姓女子，湖北人，订纳为余妾，约本日接入公馆。申刻接入。貌尚庄重。①

"韩正国"是曾国藩亲兵营的统领，跟着他多年，比他的亲弟弟更了解"首长"。韩正国找到的这位女子，曾文正公看上了，笑纳为妾。曾国藩的评价是"庄重"，与对前一个女子的评价"重厚"只一字之差，大概颜值就差得大了。

此妾叫陈春燕，跟了曾文正公不到两年，得病而死。曾国藩很是伤心，在日记中说："妾自辛酉十月入门，至是十九阅月矣。谨守规矩，不苟言笑。"②曾国藩将陈氏妾葬于怀宁县西北乡茅岭冲山中，并为她写了墓碑，可见他对这位年轻的小妾很是怜惜。

曾国藩亦是凡夫俗胎，是血肉之躯，和正常的男人一样喜欢漂亮女子。曾国藩早年的日记中就流露出这一点，如他的同年同乡好友陈岱云（后来的儿女亲家）娶了个妾，他和朋友赶过去道喜，起哄一定要那位美妾出来见见

---

①《曾国藩全集·日记二》，"咸丰十一年十月二十四日"条，岳麓书社，2011年，第220页。

②《曾国藩全集·日记二》，"同治二年四月二十九日"条，岳麓书社，2011年，第424页。

这些老哥们。道光二十三年（1843）正月二十七日，曾国藩于日记中记载：

> 申初，拜客二家，至海秋家赴喜筵，更初方归。同见海秋两姬人，谐谑为虐，绝无闲检，放荡至此，与禽兽何异！ [1]

"海秋"即汤鹏，益阳人，曾国藩的同乡、前辈，是位大诗人，当时在户部做郎中，后来因为一点小事和曾国藩闹翻了。可以想见，那个时候士大夫交往对彼此的正妻是颇为尊重的，而对其姬妾则可以调笑。这似乎是社会风气，张集馨在《道咸宦海见闻录》中还记载两位官员"易妾"，即交换小妾来"调剂生活"。由此可见，当时把女性物化到何等的地步。曾国藩在翰林院做京官时，以圣人的标准要求自己，因此在日记中忏悔、自省。其实，当时也没人认为"谐谑"朋友的小妾有什么不合适。

纳妾，对当时的士大夫来说亦属正常。曾国藩一生就纳了这一个妾，而且主要用来照顾起居，称得上严格要求自己了。

---

[1]《曾国藩全集·日记一》，"道光二十三年正月二十七日"条，岳麓书社，2011年，第151页。

新翰林恳亲之旅的利益交换

道光十九年（1839），翰林院庶吉士曾国藩在老家湘乡休假。其中，四月至七月，八月至九月，他出门拜访湘中、湘南一带的曾氏宗亲，名义是修族谱——宗族出了个翰林公，以其声望修谱能让人信服，而另一个目的则是众筹去北京做官的路费。

看过《范进中举》的人就知道，一个穷书生成了举人，就有那么多人巴结，何况曾国藩是中进士、点翰林。在清代，翰林最为清贵，是"储相之地"。因此，多数宗亲愿意尽力解囊，也无非出于利益算计。

在曾国藩中进士前，他去北京参加会试时筹集旅费异常艰难，没多少宗亲愿意帮衬，如其道光十七年（1837）冬准备第三次进京应试，差点因没能筹够费用误了行程。其年谱记载：

> 十二月，公谋入都会试，无以为资，称贷于族戚家，携钱三十二缗以行，抵都中余三缗耳。时公车寒苦者，无以逾公者。[1]

曾国藩一旦高中进士，且被选为翰林院庶吉士，锦绣前景在望，那情形就完全不一样了。宗亲此番愿意拿钱资助，是对本族的这位新翰林有所求：要么是希望曾国藩能凭借翰林的身份为其解决现实中的问题；要么是买长线股希望新翰林日后发达有所回报。

曾国藩这番恳亲之旅，是中国传统社会中一次典型的、以人情来往为面纱的利益交换。

在这次恳亲之旅中，曾国藩前半年造访的是湘乡（凡文中所言湘乡县指

---

[1]《曾文正公全集》（第十六册），线装书局，2015年，第10页。

当时的县境,包括今天湘乡市、双峰县、娄底市娄星区和涟源市部分)东南的衡州府和郴州诸县的宗亲,下半年造访的是湘乡县西部及宝庆府州县的宗亲。每到一地,他先拜曾氏宗祠,大多住在祠堂里,偶尔住富裕的宗亲家中。

四月初六,曾国藩从族伯曾希六家出发,初八日到松陂曾祠,并顺便扫墓三处。在此地,新翰林曾老爷向不通味的宗亲发了脾气。其在四月初十的日记中写道:

> 是日,松陂祠未具贺仪。又前年,父亲至此祠送匾,伊言当送钱来家贺,后食言。今又言贺仪八月送。又前日要余扫墓,情理不顺,余盛气折之,祠内人甚愧畏。[1]

这个祠堂管事的宗亲大约有点鸡贼。宗亲之间,有喜事互相道贺、互壮声势是当时的常态。前年曾国藩之父到此地为松陂祠送匾,此番新翰林曾老爷又为松陂祠曾家的祖上扫墓,而此地宗亲竟然诓曾国藩,接连食言,想把贺仪欠着。也就是说,他们违背了族亲间人情来往的不成文规则了。曾国藩发火了,当地宗亲既羞愧又害怕,果然于十二日送"押钱陆十四千",并请人从中斡旋说情。毕竟,新翰林曾老爷前程远大,得罪不起。

曾国藩祖上由衡阳迁湘乡,其在衡州府宗亲较多,且关系亲密。此次衡州府拜宗亲,他的足迹涉及衡阳县、衡州府城、常宁县、耒阳县、永兴县。

曾国藩此行,曾希六陪伴了数日。曾希六是曾家的恩人,如前文所述曾国藩第三次进京参加会试盘缠不够,衡阳县做煤炭生意的宗亲曾希六慷慨解囊,帮曾国藩渡过难关。后来,曾国藩对曾希六一家投桃报李,帮他在京中活动捐了个官。有顶子的商人,在地方与官府打交道方便得多,安全系数亦得以增强,而这个传统至今尚存。

---

①《曾国藩全集·日记一》,"道光十九年四月初十日"条,岳麓书社,2011年,第14页。

一路走宗亲、拜宗祠、收贺仪，得到赞助的曾国藩还有义务为宗亲壮声势，排忧解难，交涉官府。在耒阳石湾，曾氏宗亲请曾国藩出面替曾氏的公寓上匾，原因是：

> 寓已赁与伍姓人开店。伍姓强悍，有霸占之意。曾氏修屏门为悬匾地，伍人坏碎，又彼此殴打、告官。余片书与宋公，宋亦未甚究。是夜，又作书让宋公也。竹台寺曾氏寓，邀下半天挂匾。①

耒阳石湾曾氏宗亲把宗族公产租给伍姓人开店，但租客强悍，欺负房东，竟然想霸占，于是两姓人已到了斗殴、告官的地步。此番曾氏族人想请本族的新翰林曾老爷出面，来威慑伍姓人。曾国藩出面挂匾，伍姓人再强悍，断不敢造次。

曾国藩为此写信给耒阳县令宋凤翔，为自己的族亲说话。宋凤翔，字于庭，苏州人，虽然只是举人出身，但学问很好。宋凤翔和著名的学者刘逢禄是姨表兄弟，两人的舅父为著名的经学家庄述祖。曾在其日记中写道："（宋）博通能文，颇有著述。"②

其实，在为宗亲关说之前，曾国藩已和宋凤翔县令见了面，且宋宴请了他。新翰林过境，地方官碍于情面要会见一下，请吃顿饭，这大约是官场通行的规则。曾国藩作《题宋于庭〈洞箫词〉后》两首，并派人送到宋凤翔县令的衙署。可这种铺垫似乎没起什么作用，宋凤翔县令没给曾国藩面子，"宋于庭有复书来，不以余言为然"③。大约宋凤翔县令对新翰林插手自己辖区内的纠纷，颇为不悦；也有可能是曾只听宗亲的一面之词，未必是真实情况，而两姓兴讼已久，宋县令想必了解得更全面。

---

①《曾国藩全集·日记一》，"道光十九年四月十七日"条，岳麓书社，2011年，第17页。

②《曾国藩全集·日记一》，"道光十九年四月十二日"条，岳麓书社，2011年，第17页。

③《曾国藩全集·日记一》，"道光十九年四月十八日"条，岳麓书社，2011年，第17页。

在耒阳，曾国藩拜谒了他的文化偶像杜甫的墓及祠堂。史载，晚年杜甫飘零到耒阳，当时江水暴涨，杜甫断炊多日。聂氏县令乘船出迎，并赠牛肉和白酒给杜甫。不久后，杜甫死在船上。——当地的杜甫墓应该是衣冠冢。

这一年"七月半"即民间的中元节之前，去湘乡县东边衡州府、郴州拜会宗亲的曾国藩回到了荷叶塘的家。因为湘中风俗"七月半"必须在家"接老客"，将祖先的魂灵迎回家供养数日再送走，以显孝道。

七月二十二日，拜祭祖先完毕后的曾国藩再次从家外出往西边走，去拜会宝庆府的曾氏宗亲。

八月一日，曾国藩抵达湘乡县最西边的大泉冲曾家（今为双峰县青树坪镇大泉村），此地往东走不远就是宝庆府邵阳县的辖地了。第二日，曾国藩走了五十里路，来到了邵阳县牛克祖曾祠（今属邵东县流泽镇），住在家境殷实的宗亲曾锦城家。在牛克祖，曾国藩应宗亲曾瑞堂之请作《慈荫亭记》。

曾瑞堂兄弟少年丧父，由母亲李孺人抚养成人。李氏督促兄弟读书自立，后兄弟家境富裕。在母亲李氏七十大寿时，曾瑞堂兄弟想大大庆祝一番，但母亲不许，令其兄弟将祝寿的钱用来修建凉亭供路人休憩。此亭曰慈荫，曾国藩《慈荫亭记》文中曰：

> 瑞堂又言其母好行善事，如乡里造桥、修路，或有贫穷无依及亲戚以窭告者，必力全之。今之设此亭施茶，盖母志也。[1]

不知道，当时曾翰林这篇文字润笔几何？今天，邵东县流泽镇曾氏，读书、经商亦很有成就。

在宝庆府，曾国藩行经了邵阳县、府城、武冈州、新化县（包括今天的邵东县、邵阳市城区、隆回县、武冈市、洞口县、新化县），拜谒的宗祠有邵阳县牛克祖宗祠、岩公祠、云公祠、书院祠、銮公祠，武冈州的花园曾

---

[1]《曾国藩全集·诗文》，岳麓书社，2011年，第142页。此文作于道光十九年八月初四。

祠、巷口曾祠、高沙市曾祠、马鞍石曾祠，新化县的窝山曾祠、采莲曾祠、洋溪古塘曾祠、新化城南门曾祠、科头曾祠、官庄曾祠。然后，出新化境经过安化蓝田镇（今属涟源）进入到湘乡上里，到杨家滩拜访刘元堂夫子。不过，曾国藩当时可能想不到，多年后杨家滩刘氏众多子弟会加入湘军，跟随他南征北战。

在宝庆府的恳亲之旅中，曾国藩仍然是想办法关照宗亲，或为宗亲站台添色。例如，在宝庆营（宝庆城的驻军），曾国藩见到了同出自衡阳曾氏的下级军官曾国正，多加勖勉，并且"复至两营及协镇都督处，托其照拂"①。

在新化县杉木桥曾氏，正遇上做过河北献县知县的曾功杰的丧事，曾国藩送了一副挽联："壮岁宫袍，耆年昼锦；陕南丛桂，蓟北甘棠。"②对于挽联高手曾国藩而言，这副挽联非常一般，用的是套话和俗典。上联讲死者壮岁在外做官，晚年衣锦还乡；下联讲故乡庭院桂树簇拥，而曾经为官的蓟北百姓如《诗经·召南·甘棠》中的百姓怀念召公那样怀念曾功杰的德政。其实，这也是可以理解的事，曾国藩与死者没有私交，对其不了解，而且死者也不是什么高官名宦。所以，此类挽联也只能应付，没办法出彩。

曾国藩恳亲拜谒的这些宗祠，今天大多已经不存在了。不过，我的朋友、洞口县高沙人曾人雄告知，高沙市曾氏宗祠还完整地保留着，且是整个湖南规模最大的宗祠。未考证此话真假，若有暇当去这个祠堂参观参观，因为历经劫波能保留下来，实在太不容易了。

---

① 《曾国藩全集·日记一》，"道光十九年八月十七日"条，岳麓书社，2011年，第26页。

② 《曾国藩全集·日记一》，"道光十九年九月十七日"条，岳麓书社，2011年，第29页。

以身作则是父母教育子女最好的方式

读曾国藩晚年的日记，敬佩之余，不无惭愧。随便选取一则日记，即可一窥这位先贤的自律、谨严和勤奋。

同治十年（1871）十二月初十，曾国藩于日记中载：

> 早饭后清理文件。坐见之客五次，谈均久。客散，已午初矣。围棋二局。中饭后阅本日文件，核科房批稿簿。至内室一坐。傍夕小睡。夜改信稿十余件，改折稿、片稿二件。二更后阅杜诗五、七古二卷，选闲适一种，竟不可多得。阅《龙翰臣诗集》《文外集》。三更睡。是日会客时，右脚麻木不仁，幸送客时尚能行走。近日手掌皱皮粗涩，面尤憔悴，盖血虚已极，全不腴润矣。①

当时，曾国藩的职位是太子太傅、武英殿大学士、一等勇毅侯、兵部尚书衔两江总督、南洋通商大臣兼两淮盐政总办、江南制造总局督办，可谓位极人臣，一身系天下之安危。此段日记能看出这位高官的日常：吃过早饭后清理文件，整个上午用来公务接待，和来客谈事，下两局围棋权当休息一下；中饭后又马上工作，批阅本日的文件，核查衙门各科室的稿簿，然后回内室坐一会儿，再小睡一阵；晚上修改幕僚草拟的十余件信函、奏折和行文的初稿，十一点后进入私人阅读时间，读杜甫的五古、七古诗和老朋友的遗作；子夜十二点以后上床睡觉。

第二天起床，又是这样，可以说是三百六十天"白加黑"，日日无休。但

---

① 《曾国藩全集·日记四》，"同治十年十二月初十日"条，岳麓书社，2011年，第506页。

此时已进入曾国藩生命最后的时光，距离他去世不到两个月。他的身体和精力已到了油尽灯枯的状态，盲一目，消化不良，常常肚泻，脚部发麻，手的皮肤皲裂粗糙，面容憔悴无神，但他仍然强打精神做事，而且亲力亲为，不假手他人。衙门科室的公文他要一一核查，以自己名义发出的各类函件，虽无法全部亲自起草，但秘书草拟后他要检查、修改。临睡前读书，这是他多年雷打不动的习惯。

龙翰臣即道光二十一年（1841）殿试的状元龙启瑞，广西临桂人，翰臣是他的号。龙启瑞的父亲龙光甸历任湖南溆浦、湘阴、黔阳县知县。龙启瑞年少时随父亲在湖南读书，因此和湘籍官员近乎同乡的关系，他在北京时就和早三年入词馆的曾国藩结为好友。咸丰七年（1857），龙启瑞迁江西布政使，对曾国藩的湘军鼎力支援，可惜其英年早逝。曾国藩在同治十年（1871）十二月初八日记中云：

> 昨日折差自京归，龙世兄有函，寄其父翰臣诗文集，请余作序。两集共十册，余深以为不能细阅为愧。①

龙翰臣的儿子请父亲生前好友、当世第一重臣曾国藩为父亲遗集作序，曾国藩公务繁忙而身体衰弱至极，完全可以交给一位擅长此类文字的幕僚捉刀，可他要亲自动笔为亡友的文集写序言，且为不能把文集的文字一一细读感到惭愧。这是曾公一生的待人处事态度——"主敬"。这一点从他迈开麻木的腿脚送客出门亦可看出，而来拜见他的客人大多比其级别低，且知道曾爵相身体很差，即便他就是坐着送客，也不会有人怨他怠慢。

"敬"与"勤"是曾公一生待人与做事的两大法宝。他如此做不仅仅是对自己的要求，也是给子侄辈和身边的幕僚做榜样。例如，曾公同治七年（1868）正月十七的一则日记，反映出他教导儿女尤重"敬"与"勤"。该则

---

① 《曾国藩全集·日记四》，"同治十年十二月初八日"条，岳麓书社，2011年，第505页。

日记云：

> 是日阅张清恪之子张懿敬公师载所辑《课子随笔》，皆节抄古人家训名言。大约兴家之道，不外内外勤俭、兄弟和睦、子弟谦谨等事，败家则反是。夜接周中堂之子文翁谢余致赙仪之信，则别字甚多，字迹恶劣不堪，大抵门客为之，主人全未寓目。闻周少君平日眼孔甚高，口好雌黄，而丧事潦草如此，殊为可叹！盖达官之子弟，听惯高议论，见惯大排场，往往轻慢师长，讥弹人短，所谓骄也。由骄而奢、而淫、而佚，以至于无恶不作，皆从骄字生出之弊。而子弟之骄，又多由于父兄为达官者，得运乘时，幸致显宦，遂自忘其本领之低，学识之陋，自骄自满，以致子弟效其骄而不觉。吾家子侄辈亦多轻慢师长，讥弹人短之恶习。欲求稍有成立，必先力除此习，力戒其骄。欲禁子侄之骄，先戒吾心之自骄自满，愿终身自勉之。因周少君之荒谬不堪，既以面谕纪泽，又详记之于此。[①]

"周中堂"指的是为官历嘉庆、道光、咸丰、同治四朝的大臣周祖培。周祖培是河南商城人，官至太子太保、体仁阁大学士，历任刑部、兵部、户部、吏部尚书。周祖培的父亲周钺是嘉庆六年殿试的传胪（第四名进士），他和两位兄长周祖荫、周祖植先后考取进士，祖荫官至直隶布政使，祖植官至江苏布政使，再加上几位堂兄弟，这个家族有"一门七进士"之美誉。清代的河南，门第之盛，除了项城袁世凯家族，恐怕得算商城周氏家族了。可就是这样的科第世家，子弟的表现竟然如此轻慢无礼，难怪让曾国藩感到惊骇，发了长长的一段议论。

　　周祖培于同治六年（1867）逝世，曾国藩按官场的礼数奉送了赙金（也可能还有挽联），周家的孝子当然要回信表示感谢。但是，对这样一位当朝

---

①《曾国藩全集·日记四》，"同治七年正月十七日"条，岳麓书社，2011年，第12页。

功勋最高且有侯爵之位的大佬，周家孝子的态度竟然是十分的漫不经心，毫无恭敬之意。他们自己不愿意写信让门客代笔也就罢了，可写完后主人不过目，以至于字迹恶劣不堪，多处错别字。这不但让涵养很好的曾中堂动了肝火，也是给他们死去的父亲丢脸，而且这位周家少君在士林的风评本来就很差，"平日眼孔甚高，口好雌黄"。

周氏这样的家族，对子弟不会不重视教育。周祖培专门聘请了浙江绍兴大才子李慈铭为西席，教导他家儿子。李慈铭也是目空一切，言语尖刻，喜欢臧否人物。大约周家子弟没学得李慈铭的才学，倒是把他的名士脾气学会了。

曾国藩在日记中很少对人有诃责之词，即使非议人与事，也是笔墨含蓄，点到为止。此段话语气峻激严厉，除了真生气外，是要以此为反面教材来训诫子侄引以为戒，所以曾国藩借周文翁的信"面谕纪泽"，也对本人和自己家族做了一番反省。曾国藩认为，官宦子弟骄纵无礼的缘由，是为官者本人不能以身作则；因为运气好，做了大官，"遂自忘其本领之低，学识之陋，自骄自满，以致子弟效其骄而不觉"。当时，曾氏家族门第显赫，曾国藩对子侄的成长颇为担忧，认为最好的教导办法是"欲禁子侄之骄，先戒吾心之自骄自满，愿终身自勉之"。

身教重于言教，信乎。曾国藩的两个儿子曾纪泽、曾纪鸿借以才学自立，待人接物毫无官宦子弟气。特别是曾纪泽，远涉重洋，出使欧洲，为中国争回伊犁，芳名传于史册，而这和曾国藩以身作则有直接的关系。

这才是生死之交：读郭嵩焘写给江忠源的诗有感

中国古代有不少形容朋友之间情谊深厚的典故，如俞伯牙、钟子期为千古知音，管仲和鲍叔牙的管鲍之交，范巨卿与张元伯的鸡黍之交。

真正的朋友，应该是志趣相投、肝胆相照、心灵契合，在道德上能相互砥砺、相互规过，在事业上能相互扶持和鼓励。如果一人先逝，另一人能照顾其遗族，彰显其声名。晚清的郭嵩焘对江忠源，符合这些标准。

在晚清湘军大佬中，江忠源早年的IP（标签）是侠义。此人生长在宝庆府的新宁县，宝庆地处湘中，交通不便，而新宁更是宝庆府属的僻县，与广西交界。江家为寒素之家，从这样的环境里走出来的江忠源，早年能获得朋友圈的普遍认可，最重要的就是其对待朋友豪爽仗义，有"江忠源包送灵柩"之说。古代人客死他乡，必归葬故里，而运送灵柩是一项非常艰巨、费时费钱的活。江忠源在京师参加会试时，有同乡好友得病死在京师，他总是挺身而出，护送灵柩还乡。

郭嵩焘和江忠源是道光十七年（1837）湖南乡试的同年，他们应该是在长沙认识的。此前一年即道光十六年（1836），郭嵩焘与曾国藩、刘蓉相识并订交。道光二十四年（1844），郭嵩焘和江忠源都来到北京参加会试，皆落第。是年八月十四，郭嵩焘将江忠源介绍给曾国藩。——因为道光二十五年（1845）加开恩科会试，前一年落第的许多举子留在北京等第二年的春闱。曾国藩一见江忠源，惊为豪杰之士，并断定他"当立名天下，然终以节烈死"。

湘军诸大佬中，江忠源因为家乡新宁近广西，是最早率楚军出省帮助向荣、乌兰泰守桂林城的将领。在曾国藩操练的湘勇尚未形成战斗力之前，湖南的地方武装唯一可以仰仗的是江忠源的楚军。江忠源在湘江上游蓑衣渡阻击太平军后，便率军北上，帮助固守长沙。太平军攻长沙未克，绕城而走，进入湖北，陷武昌，顺江东下占九江、安庆、江宁诸名城，江忠源的部队也被派到湖北作战。

咸丰三年（1853）七月，郭嵩焘来到湖北前线和老友江忠源见面，他建议江忠源置战船、练水师。江忠源不久后战死，建水师之议后由曾国藩付诸实现。当时，瞩目天下，清廷最有战斗力的公认是江忠源的部队，因此江被朝廷寄予厚望，官衔亦升为按察使。郭嵩焘写了《奉呈江廉使忠源三首》送给老友，其中第二首首联曰："民望君恩日正浓，书生持节要从容。"①这两句有对好友善意的提醒，因为江忠源率军作战的风格是勇猛刚强，不计安危。在"民望君恩日正浓"时，郭嵩焘叮嘱江忠源要从容一些，应该是为其安全和长远利益考虑，提醒他当心"杀君马者道旁儿"。第三首颔联、颈联曰："六州吴越交兵气，八月江淮断海潮。长路干戈天荡荡，十年鬓发影萧萧。"②郭嵩焘、江忠源两人结识于天下还算太平的道光年间，转眼十几年过去了，正当韶华的青年已是有萧萧白发的中年人，而干戈四起、天下板荡，叹时局，感年华。

咸丰三年九月二十六日，郭嵩焘作别江忠源南下。江忠源已奉檄率军东进，驰援皖境，同行的幕友有著名学者、新化籍的邹汉勋，亦是郭嵩焘的老朋友。郭嵩焘写了《汉川别江岷樵一兄邹叔绩三兄三首》五古留别。江忠源字岷樵，家中兄弟排行老大，故称"一兄"；邹汉勋字叔绩，家中兄弟排行第三，故称"三兄"。

在三首诗中，第一首表达了对江忠源率孤军去与风头正盛的太平军作战深深的忧虑。结尾四句曰："旌麾虽众建，未足资挞伐。荷负良独艰，感念忧至骨。"③郭嵩焘很明白江忠源虽然有一支战斗力颇强的军队，但还远远不足以和洪秀全、杨秀清的大军对抗。此番江忠源独自担负此重任，郭嵩焘不得不为老友"忧至骨"。

---

①《郭嵩焘全集·诗集》（第十四册），岳麓书社，2012年，第86页。
②同上书。
③同上书，第87页。

第二首是写给邹汉勋的，开首四句曰："吾友邹叔子，满腹藏诗书。探篋得韬铃，荷戈走江湖。"①邹汉勋是朋友圈中公认的读书种子、大学问家，经史子集无所不通，尤擅长于舆地之学。"韬铃"为《六韬》《玉铃》合称，代指兵书。郭嵩焘对邹汉勋投笔从戎表示钦佩，我以为字里行间还流露出一丝惋惜。

郭嵩焘的担忧不幸很快成为现实。咸丰三年十二月，即1854年1月，在安徽巡抚任上的江忠源孤军守庐州，城破投水自杀，年仅四十二岁，而邹汉勋在与太平军肉搏战中死于乱刀之下。郭嵩焘闻讯作《哭江中丞》，叹息"九州一柱竟南倾"，朝廷的柱石倒了，而作为死者的多年朋友，"孤臣闲退今华发，日倚柴扉涕泗横"。②

江忠源战死的次年即咸丰四年（1854），郭嵩焘赴宝庆府属州县为湘军募捐筹粮，于农历十一月来到新宁县，特意去拜谒江忠源的故居，探望江忠源的老母，写下了《展江中丞故居，感赋六首》。这组诗一开始写道："行役艰难际，凄凉哭寝门。"③隆冬之际，山路崎岖，一路艰难跋涉的郭嵩焘总算来到新宁县杨溪村江忠源的故居前，见此情此景不由得大哭。

第三首诗前四句曰："舒庐未可弃，一死抵张巡。世乱才须惜，人亡国亦屯。"④舒城和庐州（合肥）是江淮进入中原的门户。对清廷而言，舒城、庐州两城丢失，直接威胁到鲁、豫。从军事角度而言，江忠源不应离开六安去守庐州，但他知其不可为而为之，以死报国，重演了张巡守睢阳的悲剧。结果，一代将星做出了没必要的牺牲，从而导致整个国运受到了影响。

第五首诗读来最为感人，前四句曰："白女王珪母，升堂泪总垂。诸昆能继续，多难复旄麾。"⑤这首诗用了王珪鉴别儿子好友的典故。王珪为唐初四大名相之一，早年与房玄龄、杜如晦交好。王珪的母亲李氏对儿子说，你将

---

①《郭嵩焘全集·诗集》（第十四册），岳麓书社，2012年，第87页。

②同上书，第89页。

③同上书，第111页。

④⑤同上书。

来会有出息，必须交友谨慎，而我不知道你现在结交的好友是什么样的人，你什么时候把朋友带回来让我看看。于是，有一天，王珪将房玄龄、杜如晦带回了家，在房间里天南海北地聊天。王母在隔壁偷听了一个时辰后，找了个理由把王珪找出来，悄悄地对儿子说，你那两个朋友都有宰相之才，前途不可限量，你要跟他们好好相处。然后，杀鸡置酒款待了房、杜二人。

郭嵩焘自认为自己和江忠源的交情，犹如王珪和房玄龄、杜如晦那样，可现在朋友已逝，上堂拜见其白发老母，情何以堪呀。好在江忠源还有几位好弟弟，能接过兄长的旌旗把大业持续下去。江忠源下有三个弟弟，皆随其征战。仲弟江忠濬，后任四川布政使、广西布政使；三弟江忠济，累功至候选知府，升任道员，后战通城殁；四弟江忠淑，累功至知府。对清廷来说，新宁江氏堪称一门忠烈。

江忠源战殁后，郭嵩焘除悼诗、挽联之外，还为江府写有《赠总督安徽巡抚江忠烈公行状》《新宁县江忠烈公祠记》《江氏义塾记》等文章。

一死一生，乃见交情。对江忠源，郭嵩焘尽到了朋友之道。

从刘坤一向荣禄请托可窥大权仍然在中枢

此前，我读郑小悠的新著《清代的案与刑》，有感而发写了篇杂感《一件冤案引发朝廷和地方督抚在司法权上的角力》。在文中，我认为，虽然经咸丰、同治年间的内乱外患，以湘淮系为代表的地方政治权力集团，分享了朝廷相当的军事、人事、财税、司法权力，但总体而言说清末政治构架真的因督抚坐大而导致内轻外重是不甚准确的，中枢仍然掌握大权。

清廷在战时状态下不得已授予了地方督抚一些权力，但在局势稍微平定一些后，便使出各种方式进行"削藩"，收回地方大员的权力。其中一个重要的手段是加强军机处的控制力，任用慈禧太后信得过的满员和汉员，在诸方面钳制因军功而崛起的督抚大员。

在同治朝前期，有贤王之称的恭亲王奕䜣当轴尚能明白道理，他所重用的满军机大臣如宝鋆、文祥的德才为旗人中的翘楚，其中宝鋆和曾国藩还是同年，他们大事能和地方督抚同舟共济，多给方便。自"甲申易枢"后，军机处中的满、汉大臣似乎最重要的任务就是削弱地方督抚的权力，给他们找不自在。甲午浪战，很大的缘由便是此种政治构架的结果。曾国藩去世后，地方功高位崇的督抚代表左宗棠、李鸿章，都相当程度地受到军机处的打压——当然这是慈禧太后的意思。由此可见，李鸿章身处其间，弥缝几十年，实属不易。

最近，我看到一份材料，可以从细节中一窥光绪朝地方督抚如何逢迎军机大臣。

据《历史档案》2013年第4期载冬烘刚论文《从〈荣禄存札〉看晚清官场请托》，其中提到光绪二十九年（1903）春，候补道员李维翰经两江总督刘坤一保举，送部引见。刘坤一介绍李维翰投拜于首席军机大臣荣禄门下，希望给李维翰一个实缺。

李维翰，字艺渊，举人出身，湖南邵阳白水洞人（今属新邵），是我同族的先辈。吾族二修族谱便是在他主持下完成的，今日族谱中仍存其诗文多篇。李维翰一直依附湘军大佬，可能因为没有什么战功，总处在边缘地位。同治五年（1866），湖北巡抚曾国荃参劾湖广总督官文，其中一条罪状是"冒保私人也"，"李维翰，保至蓝翎同知"。①同知，正五品，相当于准知府的官职，一个府的二把手。这次，李维翰不幸成了同乡大佬曾国荃攻击满蒙亲贵的炮弹。

后来，李维翰做过江西临江知府和南康知府，编著有《慕莱堂诗文征存》，而秋瑾和其父秋寿南都为他这部文集写过诗。大概在甲午年（1894）前后，李维翰父母在数月之内先后而亡，按照规矩必须回邵阳丁忧。李维翰丁忧三年后起复，没有实职，分发到江苏任候补道员，在宝庆府同乡刘坤一手下做事。刘坤一对李维翰很是关注，委派过盐务、营务、茶务等差使，但就是没有一个实职。

庚子事变后，作为"东南互保"的主要参与人刘坤一声望很高，且当时已是他第三次担任两江总督，前前后后在大清最肥的封疆大吏——两江总督任上做了差不多二十年。即便如此，刘坤一也只能给自己的同乡李维翰派临时的差使，如果要补实职，必须由朝廷批准。所以，刘坤一不得不写信向荣禄请托，让荣禄关照自己这位同乡李维翰。

刘坤一向荣禄请托关照的另一位湘籍才子易顺鼎（湖南汉寿人，易君左之父），已经得到了实职，任广西右江道。李维翰在致荣禄的信中提到这事，"易道顺鼎已得右江……自喜我师权提造化，必一视同仁，不遗在远。高厚之德，直当戴以终身"②。除了低眉顺眼写信效忠外，李维翰还让自己的儿子给荣禄送了一笔银子。

---

①《曾国荃全集·奏疏》（第一册），岳麓书社，2006年，第66页。
② 转引自冬烘刚：《从〈荣禄存札〉看晚清官场请托》，载《历史档案》2013年第4期。

不仅如易顺鼎、李维翰这样门第一般的候补道员，资深的督抚刘坤一无法委任其实职而要向荣禄疏通关系，即使是劳苦功高的左宗棠家族也一样。其时，左宗棠之子左孝同因为其父逝世有年，想要谋一个实职，亦得请同乡叔辈刘坤一写信给荣禄，请他在求引见（授实职时由吏部人员带领去陛见皇帝）时关照。

刘坤一照拂同乡可谓不遗余力，但他必须通过荣禄这位首席军机大臣才能达到目的。其在光绪二十七年（1901）二月给荣禄的一封信中曰：

> 近来官场风气，江河日下，外间请托甚多。因知公与坤一至交，凡有道员进京赴引，莫不苦求荐远，辞不获已，只得姑予一函。尊处自有权衡，不以此为轻重，可则予之，否则置之。[①]

这话说得很微妙圆滑。意思是说，我只是推荐一下，不敢影响您的决断，究竟怎么办您老说了算。从刘坤一向荣禄请托的这件事，可证明大权仍在军机处。

不过，有些人可能不同意"大权仍在军机处"的判断，他们欲用"东南互保"来驳之。在一些人看来，"东南互保"的成功实施，说明地方督抚权力坐大，中央政府管不了他们了。

"东南互保"确乎为清末一次脱离中央专权轨道、不正常的政治事件。几个督抚联合起来，竟然视动员全国军民向列强开战的上谕为"乱命"，或疑似"伪诏"而不奉行，私下和列强达成"约款"，与敌方和平相处，贸易照常。这算得上是"抗旨"的叛国行为。

李鸿章、刘坤一、张之洞等督抚敢这么做，除了他们出于对清廷真正的忠诚，不愿意看到宗社倾覆等责任感外，还有一个更重要的原因是他们充分评估了这样做的风险。因为他们知道慈禧老佛爷在愤怒到极点时做出的这番不理智行为一定会碰到头破血流，所倚仗的义和团很快会完蛋，而他们尽量

---

① 转引自冬烘刚：《从〈荣禄存札〉看晚清官场请托》，载《历史档案》2013 年第 4 期。

为大清保留一些元气，事后是会得到慈禧太后的原谅甚至是赞赏的。

当然，他们这样做仍然要冒被秋后算账的风险，而他们之所以最终下定了决心，是得到了军机处事实上的军机大臣荣禄（名义上的领班军机大臣礼亲王世铎是个摆设）的鼎力支持，甚至可以说是荣禄和几位督抚里应外合促成了"东南互保"，避免大清受到更大的损害。

在当时的军机大臣里，荣禄和庆亲王奕劻、王文韶是明白人，他们办过洋务，知道向列国全面开战是拿鸡蛋碰石头的疯癫行为。但庆亲王奕劻、王文韶两人明哲保身，不敢公开反对已经被主战派搞定的慈禧太后，私下里却和荣禄结成统一战线。

其时，几位主战派是各怀心思。端王载漪（光绪二十六年即庚子年八月入值时，已经开战）希望利用义和团的力量，废掉光绪帝让自己的儿子溥儁入承大位。颟顸霸道的刚毅向"储君"的本生父载漪下注，攀附这棵大树——也是他不谙大势，不相信开战必败。启秀和赵舒翘则唯刚毅马首是瞻。

开战前，荣禄和刚毅的矛盾已经公开化。刚毅认为荣禄碍手碍脚，挡他的路。荣禄有次赌气地对刚毅说何不用毒药把我毒死，刚毅回答说不是没有那一天。

荣禄出于满族瓜尔佳氏，一门忠烈。荣禄的祖父道光十年（1830）在朝廷平定南疆的战乱中殉难，其父亲和伯父咸丰二年（1852）都于总兵任上与太平军之战中战死。曾国荃为荣禄的文集《世笃忠贞录》作序曰："父子兄弟先后凿门而出，得专征伐之柄，贼多兵少，肌血膏于原野，何其烈也！"[1]这样的家庭出身和成长道路，使荣禄对清廷的忠诚是绝对的，不打折扣的。同时，又由于荣禄饱经忧患，所受到的历练非宗室贵公子所能比，特别是他曾被翁同龢赶出朝廷任西安将军多年，使他和湘淮系的大佬多共同语言而颇有交情，如曾国荃所言"彼此称莫逆焉"[2]。

---

① 《曾国荃全集·文集》（第六册），岳麓书社，2006 年，第 87 页。
② 同上书，第 86 页。

因此，李鸿章、刘坤一、张之洞等开明督抚明白，在中枢军机处只有荣禄才有可能阻止慈禧太后发疯。庚子年五月二十日，即1900年6月16日，李鸿章的亲信盛宣怀致函荣禄："中堂位兼将相，处此危急存亡之秋，若犹存明哲保身之意，隐忍不言，或言之不切，恐不旋踵而奇祸临矣。"①

这个道理荣禄当然晓得，但他已看出慈禧太后不可能听进去逆耳忠言，谁挡谁死。其时，连慈禧太后一贯宠信的户部尚书立山因为反战亦被下狱后处死，而义和团扬言要杀掉的"一龙二虎"是光绪帝和荣禄、李鸿章。因此，荣禄不敢公开与慈禧太后及主战派唱对台戏，但对几位反战的督抚进行了巧妙的暗示，予以支持。

五月二十四日（6月20日），慈禧太后发出开战动员令的前一天，刘坤一、张之洞等八位督抚联衔致电荣禄请代奏太后，保护在京的驻华外交官，并请明确谕示各省保护外国商人和传教士。荣禄复电表示赞成：

> 且两宫、诸邸左右，半系拳会中人，满汉各营卒亦皆大半，都中数万，来去如蝗，万难收拾。虽两宫圣明在上，亦难扭众。天实为之，谓之何哉！嗣再竭力设法转圜，以冀万一之计，始暂许在总署会晤，冀可稍有转机。而是日又为神机营兵将德国使臣击毙，从此则时局又变。种种情形，千回万转，笔难尽述。庆邸、仁和尚有同心，然亦无济于事。……时局至此，无可如何！沿江沿海，势必戒严，尚希密为布置，各尽其心。②

这封复电讲述了其无力回天的苦衷，所能做的只是希望灾祸不要闹得那么大，并告诉督抚庆亲王奕劻和王文韶（王为浙江仁和县人）与自己同样的主张，但也不敢公开站出来反对开战，希望督抚们"密为布置，各尽其心"。也就是说，荣禄给督抚们交了底，希望诸位相机行事。

---

① 陈旭麓、顾廷龙等主编：《义和团运动：盛宣怀档案资料选辑之七》，上海人民出版社，2001年，第61页。

② 杜春和、耿来京等编：《荣禄存札》，齐鲁书社，1986年，第404页。

战端一开，荣禄便在自己职权范围内尽量阻止事态的扩大，争取将来有回旋的空间。据《景善日记》载，开战前一天，慈禧太后决心已定，荣禄跪奏：

> 中国与各国开战，非由我启衅，乃各国自取。但围攻使馆之事，决不可行。若如端王等所主张，则宗庙社稷，实为危险。且即杀死使臣数人，亦不足以显扬国威，徒费气力，毫无益处。[①]

已有人考证《景善日记》是荣禄指使人伪造，借已经殉国的礼部右侍郎景善之口为自己开脱。但综合诸多史料，特别是荣禄和督抚的函电，荣禄不愿意与列强决裂，别有怀抱则明矣。因此，在清军会同义和团围攻使馆的战争中才会出现诡异之事。一方面师兄弟们猛攻使馆，希望将洋鬼子全部杀掉；另一方面荣禄与使馆暗通款曲，让自己的嫡系部队武卫军不用重炮，并派人给使馆送去水果和蔬菜。

试想一下，如果当时几个使馆被攻破，外交官及其家眷全部被杀掉，那么战败后绝不是杀几个主战派高官，赔款四亿五千万两银子所能了局的。

战败后，此前事实上已离开中枢以避祸的荣禄被起用。闰八月十六日，荣禄从直隶总督衙门所在的保定出发，九月二十日来到两宫的西安行在主持军机处，与进京和谈的李鸿章等人配合，进行了善后工作，保全了慈禧太后和江山社稷。

光绪二十八年（1902）春，湖南才子易顺鼎以门生的口气致函荣禄：

> 伏从邸抄得读十月二十八日及十二月二十一日上谕，诚欢诚忻，欣慰莫名。天语煌煌：一则曰保护使馆，力主剿拳；一则曰坚持定见，匡扶大局。嗟夫！以吾师之伟烈精忠，而尚不免于群疑众谤。非两宫圣哲，孰能知其甘苦？为之表明。周公金縢之誓，乐羊中山之书，无以逾此。受业恭读之余，盖不禁喜跃而继之以感泣也。自康、梁余党散布海内，

---

① ［清］景善：《景善日记》。《清代野史》（第一辑），巴蜀书社，1987 年。

数年以来，天下几无真是非。即如此次拳匪之乱，斡旋补救，皆全仗吾师一人。而上海报馆犹复肆口诋娸，盖康党欲借此以图报复，汉奸欲藉此以媚外人耳。试问使馆之保护，谁保护之？非吾师设法缓攻，不用大炮，而又暗中接济，则使馆何能瓦全也。试问东南大局之保全，谁保全之？虽刘、张两帅保全之，而非有吾师之密电、密信不能也。试问中原一带之保障，谁保障之？虽袁帅保障之，而袁帅固吾师之及门高足，亲传衣钵者也。试问俄约之力阻，谁力阻之？虽刘、张两帅力阻之，而非吾师之赞助主持不能也。①

此信狠狠地拍了荣禄的马屁。"非吾师设法缓攻，不用大炮，而又暗中接济，则使馆何能瓦全也。试问东南大局之保全，谁保全之？虽刘、张两帅保全之，而非有吾师之密电、密信不能也"，这段话已经明说荣禄是促成"东南互保"最关键的人物，是延续大清国祚的第一功臣。——荣禄读完应该很受用。至于李维翰在给荣禄的求官信中提到同乡"易道顺鼎已得右江"，大概和易大才子这封拍马信关系甚大。

李维翰后来并没有得到实授，履历和族谱上都载他官至"署淮海道"。原因我以为很简单，李维翰是光绪二十九年（1903）春给荣禄写这封信的，不久即是年农历三月荣禄就去世了，可能来不及关照他。尔后，领班军机大臣乃是无钱不要的庆亲王奕劻，政由贿成完全公开化，而我那位同族先辈、可怜的艺渊公，此前对荣禄的效忠和巴结便全打了水漂。这就是命！

① 杜春和、耿来京等编：《荣禄存札》，齐鲁书社，1986年，第164—165页。

张之洞的遗折得罪了人导致谥号降格

晚清民国之际的学者吴庆坻出自杭州名门，其祖父吴镇械曾官云贵总督，是胡林翼的重要举荐人。他本人光绪十二年（1886）中进士，被选为翰林院庶吉士。

吴庆坻在所著《蕉廊脞录》中记载了一件事，晚清汉大臣中最后一根柱石张之洞，因为遗折得罪了一位亲王而导致谥号被降格。

张之洞的遗折由湖北蕲水籍的大诗人陈曾寿草拟，另一位大诗人、福建闽县籍的陈宝琛润色，由张之洞本人在病榻上改定。这份遗折，可谓披肝沥胆，满纸是一位大臣临死前对国事的忧虑，对皇上的进谏。兹录如下：

> 臣平生以不树党援、不殖生产自励，他无所恋。惟时局艰虞，未能补救，累朝知遇，未能仰酬。将死鸣哀，不敢不撅其愚，泣陈于圣主之前。
>
> 当此国步艰难，外患日棘，民穷财尽，百废待兴。朝廷方宵旰忧勤，预备立宪，但能自强不息，终可转危为安。伏愿我皇上亲师典学，发愤日新。所有因革损益之端，务审先后缓急之序。满汉视为一体，内外必须兼营。理财以养民为本，恪守祖宗永不加赋之规教。战以明耻为先，毋忘古人不戢自焚之戒。至用人养才，尤为国家根本至计，务使明于尊亲大义，则急公奉上自然日见其多。
>
> 方今世道凌夷，人心放恣，奔竞贿赂，相习成风，尤愿我皇上登进正直廉洁之士；凡贪婪好利者，概从屏除。举直错枉，虽无赫赫之功，而默化潜移，国家实受无穷之福。正气日伸，国本自固。凡此愚诚之过

计，皆为圣德所优为。倘荷圣明采择，则臣虽死之日，犹生之年。①

张之洞是1909年（宣统元年）10月4日在军机大臣、体仁阁大学士的任上去世的，朝廷得知讣告后，马上就着手为这位顾命重臣办丧事。明清两代大臣的丧事，家人和世人最看重的是"易名之典"，即朝廷给什么谥号，因为这是盖棺论定，对其一生功德的总结。张之洞是殿试第三名，翰林出身的宰辅，谥号第一个字肯定是"文"，关键是第二个字见高低。据说，赐予张之洞的谥号，最开始拟定的是"文正"，最后怎么变成了"文襄"呢？吴庆坻在《蕉廊脞录》中言：

> 比遗疏上，以"不树党援、不殖生产"二语触某邸之忌，临时忽易前议，改谥文襄云。②

张氏以"不树党援、不殖生产"自况，被某位亲王看成含沙射影，讽刺自己拉帮结派，广纳钱财。这位亲王是谁呢？应该是首席军机大臣、总理外务部的庆亲王奕劻。

奕劻为官最大的特点是贪财，与其子载振、大臣那桐卖官鬻爵，被时人讥为"庆那公司"。其任首席军机大臣后门庭若市，前来行贿的官员络绎不绝，而且他大钱要，小钱也不嫌弃。光绪三十三年（1907），御史赵启霖参劾其为段芝贵谋巡抚职，受贿十万两。英国《泰晤士报》驻华记者莫里循披露，庆亲王奕劻的银行存款高达712.5万英镑。——那是在二十世纪之初呀，可以算天文数字了！这位亲王还很有风险意识，银子全存在外国银行，不怕大清变天。

那么，"文襄"和"文正"有什么区别呢？

在明清两代大臣的谥号中，"文正"最高，"文贞"（清代大臣获此谥号

---

① 吴剑杰：《张之洞年谱长篇》（下），上海交通大学出版社，2009年，第1027—1028页。

② [清] 吴庆坻：《蕉廊脞录·卷二》，中华书局，1990年，第58—59页。

的有陈廷敬、李光地）、"文忠"次之，"文恭"再次，以下为"文襄"。

"同治中兴"大臣中，曾国藩谥"文正"，李鸿章、胡林翼谥"文忠"，左宗棠谥"文襄"，基本上反映了当时朝廷对这几人的看法。但左宗棠谥"文襄"，确实有点吃亏，大概是他生前得罪人太多的缘故。不过，换个角度来看，左宗棠是举人出身，能谥"文"已是异数了。张之洞作为中兴大臣中最后一位辞世的，又是殿试鼎甲出身，做词臣多年，谥"文襄"则有些吃亏。

这位将张之洞谥号降格的庆亲王奕劻，最后死了得了什么谥号？庆亲王死于1917年，寿终七十九岁。此时已经是民国了，不过当时在紫禁城里的小朝廷之主宣统皇帝溥仪仍然为旧臣赐给谥号。溥仪痛恨庆亲王，曾说"（奕劻）受袁世凯的钱，劝太后让国，大清二百多年的天下，断送在奕劻手里"[1]。其时，内务府大臣初拟谥"哲"，按谥法解释，知人曰哲。溥仪不同意，钦定"谬、丑、幽、厉"四个字——都是恶谥，让内务府挑选。溥仪之父载沣劝导溥仪，对宗室还是留些许情面，最后溥仪才赐谥"密"字。"密"者，"追悔前过"之意。

这晚清第一贪庆亲王奕劻，也只能去阎罗殿中"追悔前过"了。

---

[1] 溥仪：《我的前半生》（电子版），人民文学出版社，2019年，第134页。

不读书的人在张香帅手下做官很难混

张之洞殿试高中探花（殿试一甲第三名），翰林出身，其在当京官时是"清流党"的骨干，谏诤之名闻天下。此公学问好，难得一生爱读书，后来出为封疆大吏时依然为学不辍。《书目答问》是其做学政时写的，其公务繁忙时还能腾出时间写这么一部书，现在很难想象。

朱德裳《三十年闻见录》记述张之洞巡抚山西时的一件轶事，可一窥他对读书的重视。

光绪七年（1881），张之洞以内阁学士升任山西巡抚。到任后，正碰上山西省修通志，别的巡抚老爷恐怕顶多做些批示表明重视这项文化工程。张之洞却不然，他对修方志的具体问题都要发表意见——谁叫他爱做学问呢。当时主修方志的是府学教授杨笃秋，其在修志中碰到一本金石类的古籍曰《勾吴鉴》，又叫《公吴鉴》，遂请教张之洞，两人认为"勾"与"公"可能是声转通假，但苦于找不到证据。

有位名叫王纬的陕西人在山西做官，他是拔贡出身，博学多通，但是个书呆子，处理政事的能力很弱，被降职为县丞。王纬听说这事，写了一封信给张之洞，说"《仪礼》郑（玄）注：勾亦作公"。[1] 确凿的证据找到了，张之洞大为欣赏，马上让王纬官复原职。

从此以后，张之洞不以官秩差别甚大和王纬结为学术上的朋友，常在一起切磋学问。王纬因此一下子成为山西官场的红人，有人开玩笑说他是巡抚老爷的"学兄"。

张之洞任山西巡抚次年逢壬午科（1882）乡试，按照成例主考官由朝廷

---

[1] 朱德裳：《三十年闻见录》，岳麓书社，1985年，第75页。

派出，巡抚任监临，即总监贡院内外一切行政事务。入闱后，得一个月待在考场不能外出，但张之洞耐不住寂寞，他得找几个有学问的人和他聊天，打发这段时光。于是张之洞特别调来王纬担任收卷官，其实就是陪他的清客——一个拔贡出身的人能在乡试时"入闱"，在当时是莫大的荣耀。两人还是太冷清了，张之洞又让王纬再推荐一个人，但王纬没有合适的人选，于是张之洞说："榆次吴令，袁简斋外甥之孙，潘文毅女夫也。宜可矣！"①

"袁简斋"是大才子袁枚，"潘文毅"我怀疑是"潘忠毅"之误，即潘铎，同治二年（1863）署云贵总督时被回族武装领袖杜文秀的党羽马荣（本是清廷的参将）杀害。潘铎谥"忠毅"，道光十二年（1832）进士，选翰林院庶吉士。这位吴县令和潘铎都是江苏江宁人，袁枚虽是浙江杭州钱塘人，但在江宁做官，晚年于金陵城筑随园终老。

古代人比较看重家世，张之洞心想这样家庭出身的人肯定是爱读书的。可实际上，这位吴县令辜负了老泰山，根本不喜欢读书，其在乡闱中一个月陪着巡抚老爷什么也说不出来。张之洞和王纬谈话时说到的那些典籍他茫然不知，搞得张之洞很恼火，讽刺吴县令说：

> "令妇翁以十万卷书赠朱九江，而不及足下，此不通者，必足下也。"②

张之洞讽刺吴县令读书不通，老丈人丰富的藏书只能送给外人，给他是明珠暗投。"朱九江"是道光、咸丰、同治年间的大学问家朱次琦，广东南海人，康有为的老师。朱次琦在广东乡试中举时的主考官是潘铎，所以潘铎的藏书送给这位得意门生很有可能。潘铎进士及第后入选翰林院庶吉士。庶吉士乃"官未真除"，只是翰林院进学、读书的进修生。散馆后若不能留在翰林院任职，而是分发其他部门做主事、御史、给事中，算不上"真翰林"，去世后

---

① 朱德裳：《三十年闻见录》，岳麓书社，1985年，第76页。
② 同上书。

也很难谥"文"。由此可见，当时谥法很严格，潘铎在翰林院做庶吉士进修了几年，分发为兵部主事，官至署理总督，而且是为国捐躯，但仍然得不到一个"文"字。

张之洞这话太损人了。但张之洞对吴县令还不止于此，乡试完毕后，他不让吴某回富庶的榆次县，而将其调往雁门关以北贫瘠的广灵县做县令。广灵县前任县令亏空了数千两银子，张之洞竟然让接任的吴某填补。为此，吴某又羞愧又气愤，很快就死了。临死前，他对儿子说："你如果不好好读书，我在阴间都不会享受你的祭品。"

吴县令的儿子名叫吴廷燮，出生在他父亲做县令的榆次，还真的争气地发奋读书。吴廷燮是举人出身，曾回到山西做过太原府知府。民国元年，任袁世凯的秘书，做过参政院参政。他还是著名的历史和地理学家，著有《唐方镇年表》《北宋经抚年表》《元行省丞相平章政事年表》《明督抚年表》《清财政考略》《东三省沿革表》《清十三朝系年要录》《蒙古备志》《山右石刻丛编》《江苏备志稿》《藏事辑要》，并领衔主修《北京市志稿》，一洗父亲当年所受的耻辱。

这和永州镇总兵樊燮受左宗棠侮辱，激励儿子发奋读书的故事如出一辙。

咸丰八年（1858），左宗棠给湖南巡抚骆秉章做师爷，是湖南官场名副其实的"二号首长"，该省文武百官进衙门办事都得给左师爷请安。樊燮进巡抚衙门时，见左师爷时没有请安，并认为武官虽轻但也是朝廷二三品官，岂有给四品幕僚请安的道理？于是，左宗棠用脚踹樊总兵，高声骂道："忘八蛋，滚出去。"①

忍不下这口气的樊燮找到自己的靠山湖广总督官文，上奏弹劾左宗棠是劣幕把持地方政务。咸丰帝阅奏后颁下严旨，派钦差钱宝璨会同官文逮捕左宗棠至武昌审判，如左宗棠"果有不法情事可即就地正法"②。后经曾国藩、

---

① 刘成禺：《世载堂杂忆》，辽宁教育出版社，1997年，第38页。
②［清］薛福成：《庸庵笔记》，大达图书供应社，1935年，第12页。

胡林翼、郭嵩焘和潘祖荫运作，不但救了左师爷的命，还让他独领一军出湘作战，而樊燮反而被革职了。

樊燮忍辱含垢回到恩施老家，把左宗棠骂他的"忘八蛋，滚出去"六字写在木板上，放在祖宗牌位下面，名为"洗辱牌"。他重金聘请名师教导两个儿子，不准两个儿子下楼，并且给儿子穿上女人衣裤，立下家规："考秀才进学，脱外女服；中举人，脱内女服；中进士，焚洗辱牌，告先人以无罪。"①后来，其长子夭亡，次子樊增祥是个难得的读书种子，他不负其父厚望发愤苦读，一路考中了秀才、举人、进士并入翰林，做过江宁布政使护理两江总督。樊增祥曾师事张之洞、李慈铭，为同光派的重要诗人，著有《樊山全集》。民国后，樊增祥和吴廷燮一样做过北洋政府参政院的参政。

现在，还有张之洞这种要求部下多读书的高官吗？

---

① 刘成禺：《世载堂杂忆》，辽宁教育出版社，1997 年，第 38—39 页。

商人买顶官帽有何用：以清代一件命案为例

清同治五年（1866），在镇压太平天国中立下大功的曾国荃奉旨复出，任湖北巡抚。

同治三年（1864）六月，曾国荃率领的湘军吉字营攻陷天京城。为了打消朝廷对曾氏兄弟拥兵自重的疑虑，曾国荃在长兄曾国藩的劝说下遣送了部队，自己以养伤为名上折归隐故里。过了一年半，慈禧太后观察到曾家兄弟对自己的江山没什么威胁了，而捻军还在腹地诸省纵横驰骋，已经越过河南、湖北边境突进到湖北大地，急切需要曾国荃这位能打硬仗的骁将出山来对付捻军，于是任命其为鄂省的巡抚，本意让他专重军事。但巡抚是一省军政长官，而且与同城的湖广总督相比更偏重于民政，所以在战事之余曾国荃还得抽出时间管一省的民政和吏治。

同治五年（1866）十月二十六日，曾国荃向慈禧太后和同治帝上了一道《知县用刑失当解任质审疏》，报告了所辖的汉阳县知县刑讯嫌犯致死的案件。

按照清代对食盐经销区的划分，两湖除鄂西几个州县外，其他地区居民必须购买产于江苏盐场的淮盐。淮盐总局一般是委托各大小经销商包销某地的食盐，包销商以批发价计算付给淮盐总局一笔款子，然后零售赚取差价。汉阳县正源钱店的老板叶心谷包销了同治四年（1865）十二月在当地的淮盐配额，应该奉缴银两一千八百八十两二钱九分给官府的食盐专卖机构。可当时正赶上捻军进入黄陂县，距离汉阳已经很近了。在战争威胁下，当地百姓纷纷逃难，叶老板哪还能从容地把包销的食盐卖掉？同时，他本人也带着做生意的流动资金跑到他乡躲避战乱。等捻军被官军赶出湖北，战争威胁解除后，叶老板和逃难的百姓又回到了汉阳，但这笔包销食盐的生意被耽误了。

从同治五年（1866）三月开始，叶老板陆续向淮盐总局缴纳了三百一十两的盐款，尚欠一千四百余两，大约他总是以战争袭来、食盐滞销为由一直拖欠着。可官府才不管商人强调什么客观原因，拖欠的盐款必须一分不少地缴来，于是淮盐总局行文汉阳县知县让他催缴。

汉阳县知县李振麟数次催缴，都被叶老板搪塞过去。于是，知县大怒，便命令公差将店老板叶心谷抓到衙门逼其交钱。这当然要用刑才管用，没想到叶老板经不起刑讯，被衙役给打死了。据用刑的三位衙役刘成、钱洪、钟相供述：

> 伺候本官堂讯，提叶心谷比追盐课。叶心谷信口支展，本官吩咐掌责二十，伊等如数责打，不期致死。[①]

衙役供述的意思是，这叶老板嘴硬，信口狡辩，大老爷吩咐我们给他掌嘴二十下，没想到给打死了。

从古至今，刑讯逼供的差役一旦出事了，总会避重就轻为自己开脱。如果真的只是掌嘴二十下，怎么就可能将一个活生生的人给打死了呢？

在那个时代，官老爷对不听话的刁民用刑是常事，打死一两个人也不稀奇。但这个命案怎么惊动了高层，让巡抚曾国荃亲自向皇帝和太后报告呢？原来这叶老板不是寻常的商人，而是有官员身份的，他捐钱买了一个州同知的官衔。曾国荃在奏折中如此说：

> 至于生监、职员，例应先请斥革，行刑之时尤须细心检点，如法责打，以昭明慎。[②]

大清的朝廷有规定，有诸生（通俗所说的秀才）以上功名的或有官员身份的，即使涉嫌犯罪，办案者应向有司请示，先将这人的功名或官员身份褫

---

① 《曾国荃全集·奏疏》（第一册），岳麓书社，2006年，第72页。
② 同上书。

夺，才能采取强制措施，包括用刑。

可在具体办案中，有时候把握不好，会突破这一规定。曾国藩于咸丰三年（1853）在长沙办团练，设审案局，将一些"通匪"之人就地正法。当时，秀才林明光涉嫌参与"串子会"谋反被处死，但曾国藩事先不向湖南学政（掌管一省文教）刘崐通报，在湖南官场惹出了大风波。

此一时也，彼一时也。在洪、杨大军席卷长江中下游时，朝廷必须仰仗曾国藩，所以曾大人"乱世用重典"是朝廷默许的。但眼下一个知县将一个有州同衔的商人打死了，这就相当严重了。州同是从六品，知县是正七品，叶老板在品级上比李知县还高半级。当然，大家都明白七品知县可是实打实的"百里侯"，含金量很高，所谓"破家的县令"，而叶老板的州同是买来的虚衔。可毕竟人家是花钱向朝廷买的，知县事先不请示汇报，擅自做主弄死一个有州同衔的商人，打的可是朝廷的脸。

花钱买官也是一个市场，供应方是朝廷，购买方是民间。商人买官和做别的生意一样，有成本和收益的计算。人家花那么多钱买一顶官帽，主要目的是提升自身的安全系数，特别是冲抵官府的合法伤害力。可现在李知县不管不顾朝廷的规定，把叶老板打死了（其敢于信口支展大概也是自恃有官帽，以为知县不能把他怎么样），等于破坏了市场规则。作为供应方的朝廷必须对这事严加处理，维护自己在市场上的信用。否则，商家们看到买官帽并没用，不能抗风险，那谁还掏那笔冤枉钱？如此，朝廷的官帽自然会滞销。

对曾国荃的奏折，朝廷的处理是，"军机大臣奉旨：李振麟着解任调省质审，按律究办"[1]。大概李知县是一个有气魄有担当敢于亮剑的官员，曾国荃的上疏中还讲述了李振麟涉及的另一个命案。在叶老板被打死前，广东监生何鸿源到各衙门控告，说他的表弟赖义在汉阳县汉口镇被差役捆绑送到县衙，受刑毙命。何监生此番算是"搭车维权"，如果不是刑讯致死一个州同衔

---

[1]《曾国荃全集·奏疏》（第一册），岳麓书社，2006年，第73页。

的商人，他表弟的死估计是申冤无门。

最终，李振麟受到怎样的处罚，我没有查到确切的史料。不过，以常情度之，李知县的乌纱帽肯定是保不住的，三个奉命用刑的"临时工"有人坐牢是大概率的事。至于死者家属呢，官府会掏一笔抚恤金，然后做工作，大约不得不"情绪稳定"。

"反三俗"的巡抚养了个"坑爹"的儿子

同治六年（1867）六月十三日，曾国藩正在两江总督任上，他信任的幕僚赵烈文饭后来曾的卧室陪中堂大人聊天。闲聊中，赵烈文发现在一堆经史书中夹杂着民间刊印的《红楼梦》，于是他开玩笑说："督署亦有私盐邪！"曾国藩听罢会心一笑。[1]

赵烈文为何如此说？乃是有感于当时江苏官场一场轰轰烈烈的"反三俗"运动。清代，盐为官府专卖物资，对民间走私盐缉拿甚严，而《红楼梦》属于"反三俗"的内容，私自刊印销售这类作品相当于贩卖精神上的"私盐"。

诞生在乾隆年间的《红楼梦》从流传开始，就一次次被官府列为禁书之首。同治四年、五年间，主管一省治安的江苏按察使王大经在辖区内禁《红楼梦》等书；同治六年正月，洋务派能吏丁日昌任江苏布政使，第二年升任江苏巡抚，而作为一省行政长官的丁大人更是将"反三俗"的运动在富庶的江苏如火如荼地推动着。

丁日昌奏请朝廷禁止民间一些"诲淫诲盗"的书籍，朝廷准奏并诏令天下，将江苏的经验向全国推广：

> 至邪说传奇，为风俗人心之害，自应严行禁止，著各省督抚饬属一体查禁焚毁，不准坊肆售卖，以端士习而正民心。[2]

有了朝廷的支持，丁大人更是雷厉风行。这次禁书，江苏设立了专门的

---

[1]［清］赵烈文：《能静居日记》（第二册），"同治六年六月十三日"条，岳麓书社，2013年，第1063页。
[2]《清穆宗实录·卷二百二十六》。

机构"官书局",刊印《牧令书》(相当于政策汇编)、《小学》等宣扬"正能量"的书籍,冀此来冲抵"淫邪之书"对士民的危害。

禁书的范围特别广,共计一百五十六种。其中,《水浒传》《西厢记》《红楼梦》是重点禁绝书目。丁氏在全省发布的饬文称:

> 水浒、西厢等书,几于家置一编,人怀一箧。原其著造之始,大率少年浮薄,以绮腻味风流,乡曲武豪,借放纵为任侠,而愚民鲜识,遂以犯上作乱之事,视为寻常。①

丁日昌不但禁小说,而且连戏曲本子也禁了。在一百五十六种禁书之外,增加一百一十一种"小本淫词唱片目",一些折子戏、弹词、民间小调,如《杨柳青》《男哭沉香》《龙舟闹五更》《扬州小调叹十声》《王大娘补缸》等都列入禁绝目录。

不过,历史却给丁日昌禁绝低俗作品的"政绩"开了两个残酷的玩笑。

一是他设局张榜,轰轰烈烈查禁书,为那些禁书起到了很大的广告作用。时人议论道:

> 按以上各书,罗列不可为不广,然其中颇有非淫秽者。且少年子弟,虽嗜淫艳小说,奈未知真名,亦无从遍览。今列举如此详备,尽可按图而索,是不啻示读淫书者以提要焉夫!②

二是他生了个"坑爹"的儿子,其行为给他的"反三俗"工作造成莫大的讽刺。丁日昌的长子丁惠衡,是个捐班知府,最喜眠花宿柳。

同治八年(1869)十月(丁日昌大规模禁书第二年),丁惠衡和堂兄弟即丁日昌的侄子丁继祖逛妓院,与太湖水师后营右哨勇丁徐有得、刘步标争风吃醋大打出手,而没占着便宜的丁氏兄弟叫来亲兵营将徐有得用军棍打伤

---

① 江村:《丁日昌生平活动大事记》,广东人民出版社,1988 年,第 72 页。
② 高阳:《清末四公子》,华夏出版社,2008 年,第 141 页。

致死。这事闹大了，丁日昌上奏自请处分，朝廷命两江总督马新贻审理此案。丁惠衡逃逸，而一心要抑制湘军势力的马新贻要追查到底。不久，丁惠衡还没有归案，马新贻却在校场检阅后回官署的途中被张汶详刺死。这就是轰动一时的"刺马案"。当时，朝野许多人怀疑张犯乃受丁氏父子指使，报复马新贻。此案最后不了了之，张汶详被处死，案件到底没能查个水落石出。受降级处分的丁日昌正逢母亲病逝，于是借丁忧之名离开官场，五年后起复。

《红楼梦》中也描写了一场贾府的"扫黄风暴"，即"抄检大观园"，根由是邢夫人和王熙凤的婆媳矛盾。这场运动是冲着掌握贾府内政的王夫人和王熙凤姑侄两人去的，导火索则是傻大姐捡了绣春囊，为邢夫人一方发力提供了最好的借口。

荣府的权力斗争便在"扫黄"的大旗下展开。应当说，邢夫人这一方以"扫黄"为突破口是经过仔细权衡的。宝玉整天和丫头、姑娘们厮混在一起，王熙凤还正值青春。长房自家姑娘，是老老实实的"二木头"迎春。宁府住在这边的姑娘是冷心冷面的惜春，和"黄色图书"是很难沾边的。也就是说，邢夫人算定会给王夫人和王熙凤难堪。

邢夫人这样的后台自然不必亲自出马，她的亲信、陪嫁过来的王善保家的主动请缨担当先锋。对于嫂子邢夫人的"扫黄"主张，王夫人没有理由反驳。可最后的结果是，王善保家的不但挨了探春一耳光，而且还扫到了自己外孙女头上——迎春的丫头司棋和表哥潘又安私订终身的信物被搜了出来。王熙凤奚落道：

> "这倒也好！不用你们作老娘的操一点儿心，他［她］鸦雀不闻的给你们弄了一个好女婿来，大家倒省心。"①

王夫人的陪嫁周瑞家的，自然在一旁幸灾乐祸地起哄。在两大重量级人物角力中，可怜的司棋，其下场可想而知。这场风波里面另一个牺牲品

---

①《红楼梦》第七十四回。

则是晴雯。王夫人为了在斗争中占有道德优势，不授人以柄，借"扫黄"的东风把不听话的"狐狸精"从宝玉身边赶走，达到了彻底控制荣府接班人之目的。

其实，官府只是不许小老百姓享受《红楼梦》这种"私盐"，毕竟是思想觉悟不高的草民，对"诲淫诲盗"的文艺作品没有免疫能力。——为了人民群众的身心健康，官府真是操碎了心！对居于高位者来说，自然不需要禁绝，某个时期还专门印刷《金瓶梅》供一定级别以上的官员阅读呢。清代，不但曾国藩喜欢"私盐"，"最高统治者"慈禧老佛爷同样好这一口。清人许珂《清稗类钞·孝钦后嗜小说》记载了孝钦最喜爱读《红楼梦》的故事，而孝钦太后即慈禧太后。慈禧老佛爷不但读《红楼梦》，还在书上作了密密麻麻的批注，自名为"贾母"。

所谓"反三俗"（庸俗、低俗、媚俗），只是不许普罗大众有低俗、庸俗、媚俗的权利而已，因为低俗必须是一种"特供品"。

张謇的知权善变和左孝同的不识时务

吾友李礼以大著《求变者》见赠，该书叙写了清末到民初十位士大夫在内政腐败、外侮频加、民生艰难的时局中，追求由变而日新之道。作者游其地，读其书，析其人，考其思想流变，解其所处历史大势，为我近来所读的一本不可多得的好书。

清光绪甲午（1894）恩科状元、江苏南通人张謇是书中十人之一。在清末前赴后继、薪火相传的"求变"之路中，张謇是一个不容忽视的人物。"状元实业家"已成为其历史脸谱，其在南通兴办实业、教育、试行市民自治所取得成就亦为今人所肯定，至今仍是南通这座滨海城市的荣光。

在清末那个大时代里，"求变"的人不知凡几。譬如行旅，前路堵塞而求改弦易辙是人之本能，关键是知"求变"之必须，且需有"善变"之才能。张謇可谓当得起"善变"。

张謇少年神童、青年名士、中年状元，加上曾入吴长庆幕，随其驻守朝鲜多年，其才华、其见识自是非凡。但我总认为张謇为人是太聪明，太知权善变了。在重大的历史时刻，他总能尽快地占据道义优势，掌握话语权，并与当时实力最强者结盟。

以张謇亲身经历的两大历史事件为例：一为甲午中日之战；二为武昌起义而致清帝逊位，民国诞生。张謇的所作所为体现其"善变"之特点。

甲午恩科，张謇因为帝师、军机大臣翁同龢的多方运作，才得以大魁于天下。翁师傅善于利用权势而市恩，来延揽天下名士为自己的门生，从而增强在官场的实力。张謇这位同乡名士，早就入了求才若渴的翁师傅彀中。为了张謇得状元，翁同龢可谓操碎了心。甲午殿试排名第一的读卷大臣亦是状元出身的张之万，本来张之万心目中的状元人选是湖南茶陵籍的尹铭绶，尹是做过两广总督的谭钟麟的孙女婿，谭延闿是其妻子的叔叔。

翁同龢极力游说张之万同意自己的状元人选，还做通了收卷官翰林院修撰黄思永的工作。翁师傅权倾朝野，黄思永当然要给面子。收卷时，黄思永看到张謇试卷中有一字空白，有科考经验的人知道，这是挖了一个错字，却忘了填补正确的字。据《世载堂杂忆》记载："黄即取怀中笔墨，为之补书。"[①]黄思永又看到一处错，原来张謇将单独一个"恩"字抬格，但上面缺了一个"圣"字——清代行文，逢"圣""皇帝"必须抬格表示尊重。于是，黄思永又给张謇补了个"圣"字。

有翁同龢的力挺，加上收卷官的"擦屁股"，张謇在四十一岁那年中了状元，而尹铭绶屈居榜眼。至于茶陵谭家，大概没有状元命。光绪甲辰科（1904）中国最后一次会试中，谭延闿得了第一名（会元），殿试只得了二甲第三十五名。据说谭延闿进三鼎甲本来没问题，但慈禧太后最后圈前三名时，看到谭延闿是湖南籍且又姓谭，便心生恶感（因为和谭嗣同同姓同省），他就被赶出了一甲。

张謇当然对翁同龢的恩惠没齿难忘。那一年（1894年），正碰上因为朝鲜问题导致的中日纷争。因为张謇在朝鲜历练多年，翁师傅极为看重他的意见，他事实上成了翁同龢在中日问题上重要的决策参谋。

翁同龢的另一位门生王伯恭在《蜷庐随笔》中记载：

> 日本闻叶提督（叶志超）率兵入其国（指朝鲜），大惊，以为轻背前约，是必将夷为郡县也，因议大出师与中国争。（作者注：朝鲜"甲申政变"后，日本同清朝订立了《天津会议专条》，约定中日两国同时从朝鲜撤兵，嗣后两国出兵朝鲜须互相通知。甲午之战前，清廷应朝鲜王室之邀出兵平东学党起义，日本以此为借口而已。其实当时日本政府希望清廷不正式照会该国而擅自出兵，落下背约之口实。）事为合肥（李鸿章）所闻，亟奏请撤戍。而是时张季直（张謇字季直）新状元及第，

---

① 刘成禺：《世载堂杂忆》，辽宁教育出版社，1997年，第96页。

言于常熟（翁同龢，籍隶常熟），以日本蕞尔小国，何足以抗天兵，非大创之，不足以示威而免患。常熟韪之，力主战。合肥奏言不可轻开衅端，奉旨切责。①

翁同龢在任户部尚书时，奏定十五年之内不得添置一枪一炮。翁师傅利用自己对亲政未久、年轻气盛的光绪帝巨大的影响力促成了浪战（甲午之战），其中张謇又以自己对翁同龢的影响力坚定了翁主战的决心。

战败后，李鸿章成了最大的背锅侠，代表清政府与日本签订了丧权辱国的《马关条约》。其时，天下许多不明白内情的士林清流之辈皆曰李鸿章该杀，而张謇马上脸变过来上疏弹劾李鸿章，把甲午战败的所有责任归咎于李鸿章。张謇毕竟是状元，文章做得好，用笔如刀。其在奏疏开头就说：

直隶总督李鸿章，自任北洋大臣以来，凡遇外人侵侮中国之事，无一不坚持和议。天下之人，以是集其诟病，以为李鸿章主和误国，而窃综其前后心迹观之，则二十年来坏和局者，李鸿章一人而已。②

在这封奏疏中，张謇不再像战前的众多国人那样从道德层面褒主战为有血气是爱国忠君，贬主和为畏葸避战丧我中华志气，而是认为主战与主和不是问题的关键，关键是李鸿章误国甚深，开战则打不赢别人，和谈则没有资本。其中，下面几段话堪称"诛心之论"：

自来中外论兵，战和相济，西洋各国，惟无一日不存必战之心，故无一人敢败已和之局。李鸿章兼任军务、洋务三十余年，岂不知之？

…………

试问以四朝之元老，筹三省之海防，统胜兵精卒五十营，设机厂、

---

① 王伯恭等：《蜷庐随笔 趋庭随笔》，山西古籍出版社、山西教育出版社，1999 年，第 20—21 页。

②《张謇全集·公文》，上海辞书出版社，2012 年，第 12 页。

学堂六七处，历时二十年之久，用财数千万之多，一旦有事，但能漫为大言，胁制朝野，曾无一端立于可战之地，以善可和之局。稍有人理，能无痛心？此又徇纵欺罔，骄寒黠猾，兼而有之，见于事外而坏及事中矣。……而李鸿章之非特败战，并且败和，无一人焉以发其覆。[①]

甲午之战败，原因是多方面的，概言之是清朝政治腐败，内斗严重，无论战备、军事组织及执行力都远不如日本，战败是毫不意外的结局。当然，李鸿章是要负相当的责任，但他身处其间，只能做"裱糊匠"弥缝多年，消极避战是不得已的事。别人责备李鸿章，犹不失春秋责备贤者之意，但唯独张謇上奏参劾李鸿章，是难以让人服气的。李鸿章有责任，难道张謇和他的恩师翁同龢就没有责任？开战前，张謇和座师翁同龢义正辞严主战，如果打赢了，他们主战者得首功；而战败了，他们这些主战者没有责任，责任还是兴办北洋水师的李鸿章，因为你李鸿章不积极备战，所以连与日本和谈亦没有筹码。"惟无一日不存必战之心，故无一人敢败已和之局"，这道理是不错的，可由张謇用来指责李鸿章真的理直气壮？难道他对战前怂恿翁同龢主战没有一点内疚之心？

黄濬在《花随人圣庵摭忆》中说了一段比较公允的话：

> 予以为中日甲午一战，原因甚多，从世界大势及中日国情论之，不勃发于甲年，亦必忽作于乙岁。唯就甲午年各方面情势论之，我国政局中朋党角抵，首促成之者，自为翁、李之隙。唯文恭（翁同龢）之极力窘文忠（李鸿章）以快意，则那拉后亦不得逞其灭洋之志也。若就本事件言，则不止翁须负责任，李亦须负责任。[②]

甲午战争后，张謇游走于官商两途。他一方面在家乡大办实业，另一方面积极参与立宪活动，以状元的名望和超群的活动能力成为著名的立宪

---

① 《张謇全集·公文》，上海辞书出版社，2012年，第13—14页。
② 黄濬：《花随人圣庵摭忆》，中华书局，2013年，第655页。

派领袖。在清廷"预备立宪"期间，张謇任江苏省谘议局议长，这一身份使他被当然地视为江苏的民意领袖，但"皇族内阁"组成使他难免对朝廷有厌憎之心。

武昌起义时，张謇恰巧刚刚坐船离开武汉，在长江上犹能望见武昌城漫天的火光。当他得知武昌起义的确切消息时，最初的态度并不是倒向革命支持共和，反而是进南京劝说江宁将军铁良和两江总督张人骏，率大军溯江西上驰援武汉三镇的清军，但被颟顸的铁良、张人骏拒绝。他当时的想法还是要保住大清，只是希望借革命党兵变的压力让清廷立刻行宪，那么作为在重要省份的议长，其话事权自然非同以往。南京碰壁后，他来到苏州和一向倚重他的江苏巡抚程德全会合，并以程的名义上疏朝廷，奏请解散皇族内阁，向天下宣布立宪。

可革命浪潮风起云涌，各省先后宣布独立，局势变化之快，完全不给清廷以立宪之名来拖延时间。张謇很快看到了他原先希望立宪的想法已经行不通，特别是上海光复让他彻底明白大势已去，得另外找路了。这条路便是与清廷决裂，策动江苏巡抚程德全宣布江苏独立，一起搭上革命的便车。——否则，过了这村没那店。

危难之际，对这样一位有影响的人物，清廷自然也要借重。袁世凯奉命出山组阁后，清廷下谕旨委派张謇为江苏宣慰使，接着任其为农工商大臣，希望他能替清廷支撑东南残局。可此时已决心抛弃清廷的张謇怎么可能做这个官？于是，他回电辞去宣慰使和农工商大臣的职务。

在张謇的策划和襄助下，1911年11月5日，江苏巡抚程德全在苏州宣布独立并就任江苏省都督，成为由清朝督抚摇身一变为革命军政府首长第一人。为了显示革命不能没有破坏，程德全派人拿竹竿捅掉了巡抚衙门屋檐上的三片瓦。

程德全出身寒微，在东北依附黑龙江将军寿山而发迹，直到1910年才调任江苏巡抚。他在江苏没什么根基，必须倚重张謇这样状元出身的地方民意领袖，没有张謇的大力支持，他是没底气"咸与革命"的。

武昌起义后，清廷在各地的督抚大员大概是几种态度：第一种是抵抗不住革命军便逃走，如湖南巡抚俞诚格、两江总督张人骏；第二种是慨然赴死，为清廷殉节，如山西巡抚陆钟琦；第三种是看到回天无力，与革命党人达成协议，交出政权，如四川总督赵尔丰（后因清算保路运动的血债被尹昌衡诛杀）、云贵总督李经羲（由蔡锷等人礼送出境）。但作为受清廷恩惠深重的地方督抚而反正宣布独立，是由程德全开的头，而谋主则是张謇。

程德全决心宣布江苏独立前，不能不考虑同僚的意见。要做成这件大事，他要取得两股势力的支持，至少是不阻挠：一是地方士绅，张謇是这股势力的代表；另外一股势力是湘军系。自湘军攻陷天京后，两江基本上是湘军系的势力范围，两江总督长期由湘籍人士担任，藩、臬大员和各州县长官也多湘人，而直到辛亥革命时湘军系仍然是两江地面上不可小觑的势力。当时江苏提法使（以前的按察使改设，主管一省治安和司法）兼署布政使是左孝同，他是清末大臣左宗棠的第四子，在江苏巡抚衙门里他的权位仅次于程德全，相当于二把手。

程德全召集在苏州的旧官员商量与清廷决裂，宣布独立，遭到了左孝同的强烈反对。左孝同认为各位官员受朝廷赏识才得此高位，应当感恩戴德，不应辜负朝廷之盛意，要为朝廷尽忠到死，即便与敌军势力悬殊，也应穿着朝服在官衙的大堂里骂贼而死。巡警道吴肇邦附和左孝同的意见。督练公所提调、革命党人章驾时见此情形，掏出手枪指向左孝同，说今日开会是为了商讨国家大事，应该重大义而摒弃私恩。意思是，左孝同若还坚持效忠清廷，就别怪他不客气了。

章驾时是湖南湘乡人，我怀疑早就被程德全做通了工作，由湘籍人士来威慑湘籍人士。最终，胳膊拧不过大腿，左孝同无法阻止江苏反正，他和苏州知府何刚德等不赞成起义的官员被允许离开苏州去了上海。自此，左孝同寓居沪上，以诗文、书法自娱，直至1924年病逝。

张謇早年和袁世凯一起赴朝鲜在吴长庆麾下效力，并当过袁世凯文化上的老师。后来，两人闹掰了，张謇公然宣布与袁世凯绝交。等到袁世凯做了直隶总督兼北洋大臣后，张謇"不计前嫌"又和这位当年的学生和好了。在民国的分娩过程中，张謇看清楚当时最有实力主持大局的是与他有几十年恩怨的袁世凯，于是他很快倒向袁世凯，并在南方为袁世凯四处奔走。帮助袁氏于清廷、革命党两头忽悠，达成了协议，于是清朝皇帝宣布逊位，将江山社稷交由民国承继，而袁世凯出任了大总统。清室覆亡，民国建立，张謇是有大功之人。

今日看这段历史，不得不承认张謇的作为是顺应大势的识时务之举，客观上减少了江山鼎革带来的流血，有利于百姓。但在当时，以传统道德观来评判，许多人对张謇就不无非议，而左孝同的不识时务则得到尊重。

浙江海盐籍的朱彭寿比张謇晚一年中进士，做过清廷陆军部左丞，晚年以清朝遗老自居。朱彭寿在《安乐康平室随笔》中写过这样一段话：

> 历代状元以死殉国者，宋得三人：何栗、文天祥、陈文龙。元得三人：李黼、泰不华、李齐。明得五人：黄观、刘鼐、余煌、刘理顺、刘文升。本朝一人：崇绮。浩气英名，允为龙头增色。乃近有某状元者，当国家多难之秋，命为本省宣慰使，其辞电中竟以"何德可宣、何情可慰"等语，反唇相稽。若此伦者，真名教之罪人，词林之败类矣。①

"某状元"说的是张謇，这番责备讥讽是相当的严苛。大概在遗老朱彭寿看来，大清朝的状元可以不为朝廷殉节，但至少在埋葬帝国的过程中不应该帮着挖坑填土。

---

① 朱彭寿：《旧典备征 安乐康平室随笔》，中华书局，1982年，第215页。

祁寯藻给曾国藩使绊子的猜想：恨天对其弟不公

咸丰帝不喜欢曾国藩，重要的原因是登基后不久曾国藩触怒了他。当然也有其他原因，咸丰帝厌恶其父道光帝重用的穆彰阿以及穆彰阿的党徒，而曾国藩被看作"穆党"重要人物之一，他在道光朝平步青云，十年之内从翰林院庶吉士做到二品大员。

即位后不久的咸丰帝决定刷新吏治，改变道光帝留下的疲沓、虚饰的官场面貌，命令群臣进言。结果，曾国藩当真了，上折子说皇帝"鲜察言之实意，徒饰纳谏之虚文"，"皆曰黜陟大权，朕自持之"，"岂容臣下'更参末议'"。①这等于说皇帝虚伪而刚愎。——眼下领导班子中下属若向上司说这种重话，都会被视为对领导权威的挑战，何况在君尊臣卑的清朝。

咸丰帝大怒，曾国藩几乎是大难临头。幸亏首席军机大臣祁寯藻和另一位军机大臣、曾国藩的座师季芝昌求情，咸丰帝这才放过曾国藩，但对其长时间内印象很不好。

咸丰元年（1851），祁寯藻在重要时刻帮了曾国藩一把，可转眼到了咸丰四年（1854），他却给曾国藩使绊子。

咸丰四年（1854）八月二十七日，曾国藩统率的湘军一举收复了被太平军占领的武昌和汉阳。咸丰帝闻讯后大喜，下旨曰：

> 此次克复两城，三日之内，焚舟千余，踏平贼垒净尽，运筹决策，甚合机宜，允宜立沛殊恩，以酬劳绩。杨沛著补授湖广总督。曾国藩著

---

① 《曾国藩全集·奏稿一》，"咸丰元年四月二十六日"条，《敬呈圣德三端预防流弊疏》，岳麓书社，2011 年，第 24—25 页。

赏二品顶戴，署理湖北巡抚，并加恩赏花翎。①

这道上谕对曾国藩来说，犹如大旱逢甘霖。带湘勇四处征战的曾国藩，深感一支客军寄人篱下之辛酸艰难，而他需要一个巡抚或总督的职位，才能保证有一块供养大军的地盘。可接到这道恩旨后没几天，咸丰帝又下旨收回成命，让陶恩培做了湖北巡抚，只给了曾国藩一个兵部侍郎的虚衔。

对此，后世诸多史家认为促使咸丰帝改变主意的是祁寯藻。据《薛福成集》中《书宰相有学无识》一文记载，得知武昌、汉阳收复的捷报，咸丰帝下了恩旨后仍很是欣喜，在宫中对近臣说："不意曾国藩一书生，乃能建此奇功。"但一旁的祁寯藻马上浇了盆冷水，对曰："曾国藩以侍郎在籍，犹匹夫耳。匹夫居闾里，一呼，蹶起从之万余人，恐非国家之福也。"②这一下将皇帝最担心的事挑明了。

到底祁寯藻说没说过这番话，史家也有争议。薛福成是曾国藩的重要幕僚，如果他不是从曾那里亲耳听说此事，断不会书之笔墨来惹麻烦。曾国藩吃了哑巴亏，也只能和身边的人吐槽，是不会公开责备一位前辈、军机大臣的。

那么，究竟是什么让祁寯藻对曾国藩的态度在三年间有如此大的转变呢？我大胆地猜测一下，其弟祁宿藻之死可能是一个很微妙的因素。

祁宿藻，字幼章，山西寿阳人，他是祁寯藻的亲弟弟。道光十八年（1838），祁宿藻和曾国藩同时中进士，都名列第三甲，也都被选为翰林院庶吉士。散馆后，两人皆得以留馆任职。是年，祁寯藻四十五岁，已经是左都御史。道光二十一年（1841），祁寯藻调任户部尚书，九月被任命为军机大臣。

有这样一位兄长在朝，祁宿藻的官场不顺遂那就说不过去了。作为同官

　①《曾文正公全集》（第十六册），线装书局，2015年，第51页。
　②严云绶、施立业主编：《桐城派名家文集10：薛福成集》，周中明点校，安徽教育出版社，2014年，第134页。

翰林的同年，曾国藩在京期间和祁宿藻交情不错。查曾国藩的日记，多处记载了和祁宿藻之交往。例如：

> （道光二十一年七月）初五。往翰林院朝房，与祁幼章、李葆斋、毛寄云同住。[1]
>
> （道光二十二年十一月）初二。申正，至祁幼章处饭。[2]
>
> （道光二十三年四月）初四。早起。饭后，至祁幼章处会课，写折一开。[3]

曾国藩对同年好友那位正当权的兄长，自然是恭敬有加。其日记中有载："（道光二十一年七月）十三。旋写宣纸寸大字二百六十个，拟送祁春浦先生。"[4]"春浦"（也写为"春圃"）是祁寯藻的号。对弟弟祁宿藻这位前程看好的同年，军机大臣祁寯藻也当然会关照并延揽为自己的人。

祁宿藻有兄长的帮助，自己又争气，在任翰林编修时被道光帝赏识，外放为湖北黄州府知府，旋调任武昌府知府。据《清史稿》载：

> （调武昌后）连年大水，城几没，堵御获全。治急赈，煮粥施钱及衣棺药饵，全活灾民甚众，政声最。超擢广东盐运使，迁按察使，又迁湖南布政使。会韶州数县土匪起，诏留宿藻督兵往剿，七战皆捷，匪首就擒。事平，赐花翎。调江宁布政使。咸丰元年，河决丰北，山东、江北皆被水。大学士杜受田奉命临赈，疏请以宿藻督办江北赈务，章程出其

---

① 《曾国藩全集·日记一》，"道光二十一年七月初五日"条，岳麓书社，2011年，第90页。

② 《曾国藩全集·日记一》，"道光二十一年十一月初二日"条，岳麓书社，2011年，第124页。

③ 《曾国藩全集·日记一》，"道光二十三年四月初四日"条，岳麓书社，2011年，第165页。

④ 《曾国藩全集·日记一》，"道光二十一年七月十三日"条，岳麓书社，2011年，第91页。

手定，奏颁两省行之。^①

祁宿藻升官的速度可以说相当的快，如果没有太平天国起事，接下来当巡抚、总督，然后调回京城任大学士、军机大臣，是看得到的前程。然而，世上事往往是祸福相依，太平时期的肥缺江宁布政使，却让祁宿藻陷入了死地。

咸丰三年（1853）二月，太平军顺江东下，围困了江宁城。当时，两江总督陆建瀛戴罪在身，威望不够，于是祁宿藻担当起大任。祁宿藻带病登上城墙指挥，三昼夜不睡觉，由于城大兵单，援师不至，知事不可为的祁宿藻在城墙上呕血数升而死。——即便他不病死，城破后也难免一死。太平军攻陷江宁城后，自两江总督陆建瀛、江宁将军祥厚以下，署布政使盐巡道涂文钧、江安粮道陈克让、江宁知府魏亨逵、同知承恩、通判程文荣、上元知县刘同缨、江宁知县张行澍全部战死，祁宿藻怎么可能独活？

亲弟弟祁宿藻的死对祁寯藻打击甚大，闻噩耗后他大恸，其头晕目眩的老毛病发作得更加厉害，饭量亦大减。

祁宿藻殉难后一年多，当年其在京师常过从的同年好友曾国藩建此奇功，作为兄长的祁寯藻心中肯定是五味杂陈吧。按寻常的想法，祁寯藻应该为曾国藩的战功感到高兴，这是为其弟报仇呀。但人性是复杂的，我以为更有可能是某种难以言说的伤心与嫉妒，痛恨上天对弟弟祁宿藻不公。

同治三年（1864）湘军平定江南之后，祁寯藻派人在城北偏僻之地寻获到祁宿藻的遗骸。曾国藩得知后，奏请附祀于祥厚专祠，朝廷追谥"文节"。

如果祁宿藻不调任江宁布政使，而是继续担任湖南布政使，很可能会升任湖南巡抚，在守长沙中立下大功而身不死。那么，祁宿藻日后的功业未必会逊于曾国藩，谥号也就不会是"文节"（"节"多用于尽忠殉节而死之大臣），可能是"文忠""文襄"之类。

但是，历史不容假设。"不信书，信运气"，曾国藩此话不差。

----

① 《清史稿·卷三百九十八·列传一百八十五》。

族群矛盾酿大祸：一场看戏起哄引发的惨剧

2017年7月，一个姓汤的农民在微信朋友圈里说了句带有强烈"地域黑"的脏话，引起两省民众的冲突，差点酿成了恶性群体事件。幸亏两地警方和基层政府及时出手，控制了事态。

这种因为一句话让一个群体觉得受辱，差点酿成大祸的事，今日或许有人觉得太不可思议了。但在传统中国，这是非常容易理解的现象。俗谚道："人争一口气，佛受一炷香。"所以，不惜成本和代价争面子、斗闲气的事在中国古代很常见。直到我少年时，湘中两个家族在节庆日为舞龙灯或划龙舟争上风而引起械斗的事仍有发生。

清代嘉庆年间发生在湖南湘潭的本地人和江西人持续多年的互相残害，导火索也是一桩今天看来很无聊的事。当时，官府对社会的管制能力有限，未能及时遏制住祸水的蔓延，终于导致一场近乎"屠杀"的悲剧。

江西和湖南山水相连，人员来往密切。至今，还有"江西填湖南"之说，而湖南的汉族如果翻族谱的话，十有六七是元朝以后从江西迁过来的，所以湖南人最有资格叫江西人为"老表"。

当年的江西商人，因水运之便，是很会做生意的。北京的东交民巷、西交民巷，原来是"江米巷"，为江西米商的大本营。李闯王进北京后，因为吴三桂的降清，把吴家在北京的家眷都杀掉了，无人敢收尸。江西米商得知吴三桂领着清朝的大军从山海关杀来，为了给将来"留一线"，便筹钱买棺材将吴家被杀的人收殓。

因为江西商人的势力，两湖地区的江西会馆很多。甚至可以说，在明清两代，湖南大小城镇的商业几乎由江西人控制。今天去湘江和沅江流域，如靖港、洪江、浦市等昔日很繁华的市镇，最辉煌气派的古迹几乎是"万寿宫"，而万寿宫是江西人的会馆。

清代嘉庆年间发生在湘潭的这场惨剧，黄濬在《花随人圣庵摭忆》中记述甚详。

湘潭在清代只是一个县，属于长沙府。湘潭县水运条件极佳，湘江从南而来，到此水面宽阔，有深水港，而在广州"十三行"垄断对外买卖的时代，所有的"广货"都要越过南岭，然后走湘江水路，在湘潭这个码头分发；发源于湘中湘乡与邵阳交界的涟水，流经今天的涟源、双峰、湘乡和湘潭汇入湘江，湘中腹地的货物都在湘潭的码头聚集，然后北上洞庭。湘潭县在清朝"富甲全省"，"赋税倍于列县"，"街市三重"，"帆樯蚁集，连二十里，廛市日增，蔚为都市"，"店铺四千五百"。[①]湘潭人王闿运自夸为"天下第一壮县"。

这样的一个好码头，聚集了不少江西商人，有钱难免夸富。湘潭本地人的脾气也是很暴烈的，对有钱人也少不了"羡慕嫉妒恨"。

嘉庆二十四年（1819）五月，湘潭的江西商人请戏班子在火宫殿唱大戏，剧名为《渭水求贤》。这是一个有名的传统剧目，京剧、汉剧、晋剧等都有这出戏，又叫《文王求贤》《八百八十年》。故事说的是姜子牙在渭水河直钩钓鱼，遇上了四处求贤的周文王。演姜子牙的伶人念白"周家八百八十年"，官话不标准，露出了地方口音。本是一件小事，但看戏的本地人则大肆起哄、喝倒彩。江西商人认为是当地人故意侮辱他们，于是梁子结下了。过了几天，江西商人又在万寿宫演戏，看戏的湘潭本地人"哄笑如故"。

这下彻底把江西人激怒了，认为这是本地人故意找茬儿羞辱他们，于是设了一个局。又过了三天，江西商人还是在万寿宫唱戏，诱使本地人去看戏，然后关上了会馆大门，"举械杀数十人"[②]。更恶劣的是，会馆早派人手拿热米粥站在墙上向墙外闻声来救乡亲的人泼洒，让其不能翻越围墙。

---

①[清]王闿运等纂：《（光绪）湘潭县志·卷十一·货殖》，光绪十五年（1889）刊本。
②黄濬：《花随人圣庵摭忆》，中华书局，2013年，第467页。

这事闹大了，知县也不敢带人去会馆制止。此惨剧传出，本地人震怒了，毕竟是在湖南人的地盘，当地人组织起来更快速。湖南人数千艘船聚集湘江，一位东安县水手拿着铁锚撞破了江西会馆，江西会馆商人逃出。湖南人的报复也是很残忍的，四邻八乡的人聚在一起，守在大小渡口日夜盘查，一听说话带江西口音的，就杀掉扔到江里面。据黄濬所述：

> 江西人亦滥死无算，死则投诸湘流，埋骨郊野。全境汹汹，巡抚调协标兵千驻湘岸始散，遂成奏案，穷治其狱。[①]

这个案子最后的处理也带有典型的时代特色，办成了一个"葫芦案"。办案者首先要查是谁倡议将当地百姓诱入江西会馆闭门杀之，但进了会馆的当地人全部死了，死无对证。于是，办案者从会馆里挖出几十筐被杀者的骨殖——这是最重要的物证。谁知道，当时的湖南巡抚吴邦庆想尽快息事宁人，阻止事态扩大。他密令乡亲将那些人骨扔到湘江中且换了一些兽骨，并在向皇帝上书时偏袒了江西人。这种销毁证据的恶劣行径，自然激怒了当地人，于是县民写信去北京找当官的乡亲告状。当时，湘潭人周系英任吏部侍郎，在入对时将老家这场悲剧面奏皇帝。皇帝发怒，下旨责问巡抚吴邦庆。但周系英的儿子周诒桢关键时刻"坑爹"，把有理变成没理，因为他出于义愤擅自写信给吴邦庆，指责对方偏袒江西人。这是"公子干政"呀，吴邦庆这位官场老手马上抓住这个把柄，上书皇帝说周系英身为朝廷大员，让儿子干预地方办案。——这是明清两代皇帝严禁的行为，说是"高压线"也不为过。

于是，周系英被罢免，吴邦庆则被调走，并另派李尧栋继任湖南巡抚，和湖广总督一起审办此案。结果，"仅坐诛倡乱者一人，从者流徙十余人以塞责"[②]。

这种不穷根溯源而和稀泥的办案方式，只是让个案了结，引发的后遗症

---

① 黄濬：《花随人圣庵摭忆》，中华书局，2013年，第468页。
② 同上书。

极大。湖南当地人和江西客商为此结仇几十年，而江西籍的一些小商贩往往一个人出去，莫名其妙就失踪了。直到洪秀全、杨秀清金田起事，兵锋入湘，当地人和江西客商要面对共同的敌人，这才捐弃前嫌，复就和睦。

黄濬就此事评论道：

> 大抵赣之农工，多操劳役于湘，与土著积不相能，故爆发为此。案虽结，而码头争哄，至今犹时有之。吾国幅员过广，风俗往往殊隔，虽经数千年混一之陶镕，而省界扞格，其小节不易迁就，故斯案实编社会史者所宜辑而存之也。①

---

① 黄濬：《花随人圣庵摭忆》，中华书局，2013 年，第 468 页。

师道尊严有条件：从一位遗老忆师恩说起

前两年，有两件有关"师道"的新闻引起热议。

一是河南栾川某男子因殴打当年羞辱他的老师，以寻衅滋事罪被判有期徒刑一年半；二是陕西商州一位初一女生小婷称频遭老师辱骂，家长让孩子带上录音笔偷偷录音，录音内容不堪入耳。

对第一件事，有篇文章《新法律保证旧秩序》如此评论："这是一次用寻衅滋事罪这个新法律，维系天地君亲师这个旧秩序的判决。"对第二件事，公众普遍是出离愤怒了。利用老师权威来驱使不谙世事的初中生共同羞辱一位同学，这种行为可以用"邪恶"来形容之。

如此，只一味强调老师的绝对权威，遑论现代社会所不容，即便在古代中国也不是这样的。

古代中国是一个差序格局明晰的社会，长幼尊卑贵贱有序，尊卑之间权利是不平等的。君臣、父子、师生三者的关系是同构的，所谓"求忠臣必入孝子之门"，维护父亲对儿子、老师对弟子的权威，其实就是维护君王对臣民的权威。

正如英国法律史大家梅因在《古代法》中所言，"所有进步社会的进程，都是一场从身份到契约的运动"[1]。师生之间因身份产生的权利的不平等，与现代社会法律面前人人平等的基本原则相悖。可即便回到中国古代，也不只是单向强调君王、父亲、老师的绝对权威，而罔顾依附权威之上的责任。

在中国古代的经济、文化、政治大背景下，看似不平等的君臣、父子、

---

[1] [英]梅因：《古代法：与社会远史及现代观念的关系》，郭亮译，法律出版社，2016年，第91页。

师生关系，还是有着起码的权责平衡，即"君待臣以礼，臣事君以忠"①。例如，在孟子看来，像商纣王这样的君，就失去了让臣民尽忠的资格，"闻诛一夫纣矣，未闻弑君也"②，而杀掉商纣王只是诛杀一个独夫民贼。传统道德里，在强调子孝的同时，也不忘申明父慈的重要性，而老师对学生亦是如此。过去，一方面老师可以体罚学生，学生终生像对待父亲一样待老师，而师父让学徒免费做事也是常态。可是另一方面，老师对学生、师父对徒弟是有着巨大的社会责任的，包括职场上做学生终生的靠山，即使学生、徒弟在社会上自立了，有困难找老师或师父也天经地义。至于像河南栾川、陕西商州那两位老师，在古代社会更是丧失为师资格的。

我曾读过清末民初士大夫朱彭寿的著作《安乐康平室随笔》，他对老师的态度使我颇有感触。朱彭寿是浙江海盐人，光绪二十一年（1895）进士，官至陆军部左丞。其清末时是满族亲贵铁良的幕僚，民国后做过徐世昌的门客。晚年，在北京潜心整理前清典章制度，是有名的掌故专家。其于《安乐康平室随笔》专有一章记述一生的老师，文曰：

> 修名不立，老境侵寻。每忆幼岁读书家塾，及角艺文场时，恍若隔世。爰仿汪龙庄《庸训》中述师例，备记先师诸人姓氏，以志当日从游之乐与知遇之感，示不忘焉。③

朱彭寿此文将老师分为两类：一为"受业师"，即教他识字、写文章的老师，共十三人；二为"受知师"，乃其在十数年科考生涯中，每个阶段录取他的老师，对其有知遇之恩，即通俗所言的"座师"，亦十三人。虽然都是老师，但这位文章大家笔墨所涉，轻重分明。有些老师是一笔带过，有些老师则着重写对自己的恩惠，学生心中一杆秤，直到暮年亦是如此。

在"受业师"中，朱彭寿记述浙江钱塘籍的张预（字子虞），进士出身，

---

① 《论语·八佾》。
② 《孟子·梁惠王下》。
③ 朱彭寿：《旧典备征 安乐康平室随笔》，中华书局，1982年，第254页。

由翰林编修官徐州知府。光绪丙戌年（1886），张预在扬州时专门指导朱彭寿的制艺（写八股文的技巧，科考最重要的一门），时年朱彭寿十七岁。朱彭寿中举后，去北京会试，当时张预正在翰林院。朱彭寿在文中回忆道：

> 己丑公车入都，更得随时面承提命，至辛卯秋，师督学湖南止，前后凡五年。师期许既厚，爱护尤殷。彭庚寅（1890）再入都，以长安习尚浮华，特招寓书斋，备蒙饮食教诲，肴馔精洁，皆师母吴夫人手自料理，自春徂秋。旋挈眷北来，两家过从甚密，情谊之笃，殆如骨肉至亲焉。师于文字外，凡居家用人接物，及应官交友诸务，靡不详加指示。别后每赐手谕，辄洋洋数百言，语意谆挚。[①]

这位张老师入翰林后游扬州，朱彭寿的父亲正好做盐务官（扬州时为两淮盐运使衙门所在），请他指导儿子怎么写八股文。这就是花钱上"培训学校"。可张老师和朱学生的情谊延续了一辈子，朱彭寿去北京参加会试，张老师对他耳提面命，防止他在繁华的京师走上邪路，并以人生的经验对学生待人接物多加指导。——这就近乎父子了。

在"受知师"中，朱彭寿对祁世长（山西寿阳人，清代大学士祁寯藻之子）着墨甚多。祁世长任浙江学政时，院试考取了朱彭寿，使其入县学，取得了生员身份。后来，朱彭寿入京考试，参见祁世长，其述曰：

> 彭入京后，每谒师门，无不赐见，学行交勖，深以远到相期。尝求书折扇楹联，不数日即蒙洒翰；复为先大父撰有家传，已刻入辛卯岁所修家谱中矣。[②]

但一些地位更高的老师，因交情原因在朱彭寿笔下则毫无感情。譬如记述其会试的主考官徐桐，"乙未为会试正考官，后晋体仁阁大学士。二十六年

---

① 朱彭寿：《旧典备征 安乐康平室随笔》，中华书局，1982年，第256页。
② 同上书。

七月，以联军陷京师，殉难，年八十二"①。

在同书的另一篇中，朱彭寿将徐桐和庚子年因反对慈禧太后向列强宣战而被杀的兵部尚书、浙江乡前辈徐用仪做了一番比较。当义和团进入北京胡作非为，八国联军登陆逼近京师时，满城人心惶惶，官员纷纷请假离京。徐桐到自己主管的礼部按花名册点名，不许官员离开岗位，而徐用仪则任由兵部官员自便，"断无强迫留京置之危地之理"②。朱彭寿为之评论：

> 彼此相较，其心地之明昧，度量之广狭，相去为何如耶！③

朱彭寿不因徐桐是自己会试的座师而讳言。不过，徐桐虽然是守旧的"主战派"，祸国不浅，但在八国联军入京后上吊殉国，大节不亏。朱彭寿对这位"花岗岩脑袋"的座师保留了起码的尊重。

---

① 朱彭寿：《旧典备征 安乐康平室随笔》，中华书局，1982年，第260页。
②③ 同上书，第225页。

光绪帝大婚，维多利亚女王竟然来"送钟"

一国政治或社会生活中若有大事，如国庆日、该国最大民间节日、新的元首选出或即位等，友邦会致贺电以表示亲睦之意。这种外交礼仪历史悠久，至今犹存。

随着时代的发展，这种礼仪越来越简单，而贺电的语言也得适应时代的发展，变得简明通晓。

光绪十五年（1889），十九岁的光绪帝大婚。在那个时代，即便是民间男青年，这个年龄才结婚已属较晚，而身为皇帝更是得早结婚早生娃，好为皇家延续香火。光绪帝的晚婚是由慈禧太后决定的，这是有慈禧太后个人的算计在里面。一是慈禧太后要找一个自己能控制的女子做儿媳（皇后），选来选去相中了自己的亲弟弟叶赫那拉·桂祥之女静芬，即后来的隆裕皇后，因为光绪的生母是慈禧太后的胞妹，而岳父桂祥便是他的亲舅舅，皇帝娶的是表姐。二是慈禧太后垂帘听政日久，而皇帝大婚后标志着成人了可以亲政，从道理上来说慈禧太后要交还最高权力。

反正，这次光绪帝大婚的种种兆头很是不吉利。当时，清帝国内忧外患，经济凋敝。据《清德宗实录》记载，当时的情形是：

> 京师俸饷，全无着落。库储现在空虚，应放俸饷各项，更属无从支持。[1]

但再穷不能穷皇家，皇帝的婚礼是帝国第一件大事，不能寒酸。就在整个帝国筹集皇帝办婚礼的巨款、为婚礼做种种准备时，又一件大不吉利的事情发

---

[1]《清德宗实录·卷二百六十一》。

生了，距离大婚只有四十二天时紫禁城失火，太和门全被烧毁。

皇帝大婚，皇后的花轿必须经由"五门"——大清门、天安门、端门、午门、太和门的中门抬进宫。那少了一个门怎么办，重新修建肯定来不及，大婚又不能改期。

还是慈禧老佛爷有主意，她命令有司找来北京棚匠、扎彩工，夜以继日，加班加点，用竹竿加彩纸、绸缎搭建成一座纸糊的太和门，供大婚时使用。这种做法，一般在民间是纸木匠为死人搭纸屋供焚化才采用的。

无独有偶，那时候地球上最强大的"日不落帝国"——英国，为大清帝国皇帝大婚送的礼物竟是一座自鸣钟。

今天，中国许多地方结婚礼物一般不送钟和伞，谐音是"送终"和"送散"，不吉利。英国人大概想不到这一点，而自鸣钟在当时是很时尚的奢侈品。

当时，驻英国、法国、意大利、比利时四国大使的薛福成在日记中记载了清帝国以光绪帝的名义对英国女王送钟贺婚的致谢国书：

> 大清国大皇帝，问大英大君主兼五印度大后帝好。前以朕躬庆典，贵国使臣华尔身，恭传大君主雅意申贺。兹复由贵国使臣华尔身，赍到国书，并自鸣钟一座。良工巧制，十二时备致嘉祥；吉语遥颂，亿万年永膺福祚。接阅之余，莫名欣悦。我两国国家和好有年，益敦睦谊。今特派驻扎贵国大臣薛福成，恭赍国书，亲递致谢。从此邦交永固，共享升平，朕实有厚望焉。[①]

不知道这些雅驯的国书，翻译成英文是何表述。国书中"十二时备致嘉祥；吉诰遥颂"，指的是英国政府命令工匠在送给光绪帝的自鸣钟两旁用汉字镌刻了一副对联：

---

① [清] 薛福成：《薛福成日记》，"光绪十六年十二月十二日"条，吉林文史出版社，2004年，第599—600页。

日月同明，报十二时吉祥如意；

天地合德，庆亿万年富贵寿康。^①

"十二时"即中国的十二个时辰，相当于现在一天二十四小时，此代指每时每刻。皇帝为天，皇后为地，紫禁城里皇帝住的是乾清宫，皇后则在坤宁宫，所以说皇帝和皇后大婚是"天地合德"。

这贺联写得不错，搁在中国士大夫里面也算中上的水平，可是礼物却是一口钟呀！光绪帝和隆裕皇后感情不洽，两人无子嗣。光绪帝年纪轻轻死去后，嗣子宣统帝即位，隆裕皇后在垂帘听政期间主持了清帝逊位，将江山社稷和亿兆百姓打包交给了民国。

"亿万年富贵寿康"只是一句恭喜的话，十余年后清朝就完蛋了。倒是维多利亚女王的后代，至今仍是英国国家元首。

---

① [清] 薛福成：《薛福成日记》，"光绪十六年十二月十二日"条，吉林文史出版社，2004 年，第 599 页。

俞明震：在《苏报》案中放水，积德荫及子孙

　　杭州的西溪已是和西湖齐名的旅游胜地，因为阿里巴巴总部在该地区，更是成为风景与创业环境俱佳的"福地"。在历史上，西溪只是杭城西郊一片湿地，中有若干个村落，当地人或在闲暇时一游，那名声是远远赶不上无数文豪加持的西湖。

　　清末诗人俞明震，字恪士，浙江绍兴人，生于湖南，早年游宦，晚年定居杭州。其写过一首《游西溪归泛舟湖上晚景奇绝和散原作》，很形象地描述了当时人烟稀少的西溪之空旷与萧瑟：

　　　　西溪暝烟送归客，艇子落湖风猎猎。
　　　　芦花浅白夕阳紫，要从雁背分颜色。
　　　　颓云掠霞没山脚，一角秋光幻金碧。
　　　　欲暝不暝天从容，疑雨疑晴我萧瑟。
　　　　忆看君山元气中，沧波一逝各成翁。
　　　　请将今日西湖影，写入生平云梦胸。[①]

　　如今，可能知道俞明震的人不多，但他的一位曾孙的大名恐怕都听说过，而这位俞公曾主政上海，后来升任国家的政协主席。

　　俞明震虽是祖籍绍兴，但其家族与湖南颇有渊源，这大概也是后来湘军崛起，两江总督几乎由湖南人承包的大背景下，俞家和湘军系有千丝万缕的联系的原因。俞明震的父亲俞文葆，官湖南新宁、东安知县，家居善化（属今长沙市），兄弟几个在湖南长大。俞明震三弟俞明颐与湖南曾国藩家族联

---

　　① 俞明震：《觚庵诗存·卷四》，马亚中校点，上海古籍出版社，2008 年，第 79 页。

姻；俞家又与当过湖南巡抚的陈宝箴家族联姻，俞明震的妹妹（陈寅恪的母亲）嫁给了陈宝箴的儿子陈三立，从而成为"湖南望族"。

俞明震曾任江南陆军师范总办，这个学校附属的矿务铁路学堂从其祖籍地绍兴招了一个家道中落的旧官僚子弟鲁迅。后来，鲁迅在《呐喊·自序》中讲述了这段心路历程：

> 有谁从小康人家而坠入困顿的么，我以为在这途路中，大概可以看见世人的真面目；我要到N进K学堂去了，仿佛是想走异路，逃异地，去寻求别样的人们。我的母亲没有法，办了八元的川资，说是由我的自便；然而伊哭了，这正是情理中的事，因为那时读书应试是正路，所谓学洋务，社会上便以为是一种走投无路的人，只得将灵魂卖给鬼子，要加倍的奚落而且排斥的，而况伊又看不见自己的儿子了。然而我也顾不得这些事，终于到N去进了K学堂了，在这学堂里，我才知道世上还有所谓格致，算学，地理，历史，绘图和体操。①

鲁迅在《朝花夕拾·琐记》中回忆他入矿路学堂读书时的情形：

> 但第二年的总办是一个新党，他坐在马车上的时候大抵看着《时务报》，考汉文也自己出题目，和教员出的很不同。有一次是《华盛顿论》，汉文教员反而惴惴地来问我们道："华盛顿是什么东西呀？"②

这个"总办"就是俞明震，可见他思想很进步。鲁迅进入南京这个新式学堂改变了自己的命运，否则难免留在老家从事师爷的行当。

俞明震在陆师总办任内，两次带领陆师学生赴日留学，其中有鲁迅和俞明震的儿子俞大纯。在日本留学时，俞大纯接受了革命思想，和一些反清的年轻知识分子成为朋友，如吴稚晖、章太炎、章士钊等。民国时，俞大纯任

---

① 《鲁迅全集·呐喊·自序》，人民文学出版社，1985年，第437—438页。
② 《鲁迅全集·朝花夕拾·琐记》，人民文学出版社，1985年，第311—312页。

交通部陇海铁路局局长。因为这层关系，俞明震在《苏报》案中故意放水，救了许多"反贼"的性命。

《苏报》案是晚清一件大事，它对革命与改良的分化以及革命力量的整合有着催化作用。此案的导火索是章太炎在《苏报》上发表《驳康有为论革命书》，指名道姓骂光绪帝是"载湉小丑，未辨菽麦"。尽管报社设在上海的租界里，但事关皇帝的尊严，清廷要求租界当局逮捕《苏报》同人。

当时，俞明震任上海候补道员，清政府委派他"检查革命党事"，他趁机向儿子的这帮"造反"朋友通风报信。章士钊《苏报案始末记叙》载：

> （此案）乃查办大员江苏候补道陆师学堂总办俞先生明震为之，……余与其子大纯交好，稍稍通知隐志一二。余在报中屡对先生抨击，后闻先生辄阅之一笑。又闻本案初起，查办员未定，先生恐伤士类，曾争取此案入手。到沪之日，即命大纯招吴敬恒参谒。蔡子民、吴之逃，皆先生故意纵之。凡此种种，皆足说明俞先生之不肯名捕及余。余当时有志从事实际革命，与大纯同运动会党，往来于泰兴南京长沙之间，著述未尝暴露真名。[1]

只有牛气冲天的章太炎，充好汉，不愿潜逃，束手就擒，而后又招自己的铁粉邹容自首。最终害了邹容，邹瘐死于监狱。

进入民国后，俞明震和其弟弟俞明颐的后代子孙多有显达，但有一个有趣的现象是：俞明颐的后代偏向国民党者为多，而俞明震子孙则多染上"红色"。

俞明颐的妻子曾广珊，乃曾国藩的孙女、曾纪鸿之女。俞明颐之子俞大维，曾任台湾"国防部"部长、"交通部"部长等职，他和陈寅恪是表兄弟，娶了表姐陈新午为妻。俞大维生子俞扬和，谱名俞启德，娶蒋介石的长孙女蒋孝章为妻。俞明颐的一个女儿俞大彩为傅斯年夫人，另一个女儿俞大綑是

---

① 章士钊：《苏报案始末记叙》。《章士钊全集》（第八卷），文汇出版社，2000年，第150—151页。

曾昭抡夫人。

俞明震这一房呢，其子俞大纯有长子俞启孝，留学美国，回国后在天津当教授；老二俞启信专攻化学，在一家兵工厂工作；老四俞启忠，学农，二十世纪五十年代从美国回国，在北京某高校当教授。

陈锐（字伯弢）撰写的《袌碧斋杂记》记载了俞明震一则轶事，可一窥其人的低调务实：

> 岁辛丑，余需次江宁，僦居乌衣巷。一日饮集同人，待俞恪士观察不至，旋以诗来辞云："寒风吹脚冷如冰，多恐回家要上灯。寄语乌衣贤令尹，腌鱼腊肉不须蒸。轿夫二对亲兵四，食量如牛最可嫌。轿饭若教收折色，龙洋八角太伤廉。"轿饭，京师谓车饭钱，虽每名只犒一角，然南京宴会如座客有道台五七人，亲兵之外，尚有顶马、伞夫，开销动辄百余名，跟丁则每名倍之，或竟有需索者，廉员请客固不易也。[1]

其时，俞明震以道员衔任江南陆师学堂总办，算是一个军校校长，四品官，出行有轿夫、亲兵。按照惯例，别人请他这种官员的客，必须招待好轿夫和随行的亲兵。两个轿夫加上四个亲兵，"食量如牛最可嫌"，如果不管饭，折合成银钱做伙食补贴，需要龙洋八角。这还只是像俞明震这种官员，如果碰上几个爱讲排场的大官，要给"百余名"的轿夫、跟班饭补——对请客的官员来说，负担真不小。

在当下，如果请一个高官赴宴，其秘书和司机也得好好招待吧。

---

[1] 陈锐：《袌碧斋杂记》，载《青鹤》1933 年第 1 卷第 7 期。

英雄怕见老街坊：许应骙为什么讨厌康有为？

甲午战败后，次年（1895年）清廷与日本签订《马关条约》。其时，正在北京参加会试的康有为倡领"公车上书"，一时间声名大噪，成为呼吁变法图强的爱国士人代表。是年，康有为考取进士，当了一个工部主事的小官。在北京，康有为组织了"强学会"，不断在士大夫中宣传变法的必要性。

1897年，德国人以"巨野教案"为借口，强占了胶州湾。消息传来，朝野哗然，"甲午战败"的伤疤又被撕裂。光绪帝意欲振作，康有为借机而起，和学生梁启超组织"保国会"。康有为向光绪帝上书，提出要改革政治制度，一意维新，并设计了变法的上中下三策。朝中大佬翁同龢等人对康有为很是看重，并在皇帝面前大力推荐，于是康有为进入到光绪帝的视野。康有为和梁启超都是文章高手，其折子情理交融，让年轻的光绪帝深为触动。随即，光绪帝指令自己的亲叔叔、首席军机大臣、总理衙门领班大臣恭亲王召集众大臣讨论康有为的建议。——这摆明了要重用康有为。

在朝廷重臣和光绪帝看重康有为这位工部主事之时，反对最有力的却是康有为在朝廷的广东同乡：一位是番禺籍的礼部尚书许应骙，另一位是高州籍的兵部左侍郎杨颐。番禺县和康有为的家乡南海县在清代都是广州府的附廓县，两人可谓地道的小同乡。一般而言，对这样年龄相差甚大的同乡后辈，前辈总是不遗余力提携。当年，曾国藩考中进士后，同为长沙府的前辈唐鉴对曾即如此。

康有为家并不富裕，他搞变法鼓动工作的钱多半来自众筹，办强学会是如此，办保国会亦是如此。当时，以"强学保国"为名，收会费和拉赞助似乎是通行的方式。于是，许应骙和杨颐便大肆渲染康有为利用保国会"惑众敛财，行为不正"。作为广东人在京师级别最高的官员，许应骙在同乡中当然一言九鼎，他要求粤东会馆不给康有为、梁启超的保国会活动提供场所。因此，保国会的第二次公开大会不得不借用河南会馆召开。

在1898年1月恭亲王奕䜣主持讨论康有为建议的总理衙门联席会上，翁同龢极力赞同重用康有为，而许应骙则大力反对，说这人人品卑劣，不堪重用。

在"百日维新"期间，康有为指使自己的好哥们杨深秀、宋伯鲁上奏弹劾许应骙，而许应骙专门上了道《明白回奏折》进行自我辩护，并重申康有为这人用不得：

> 盖康有为与臣同乡，稔知其少即无行，迨通籍旋里，屡次构讼，为众论所不容。①

在官场上，同乡前辈对晚辈的态度往往处在喜欢和讨厌两个极端：要么是大力提携望其回报，要么是出于成见对其处处使绊子。许应骙对康有为的态度属于后者，重要原因是两人是同乡，许太熟悉康了，早就有深深的成见。

许应骙生于道光十二年（1832），道光二十九年（1849）中举人。道光三十年（1850），许应骙才虚岁十九就中了进士，入翰林院做庶吉士，从此平步青云。康有为生于咸丰八年（1858），小许应骙二十六岁，是不折不扣的晚辈。到光绪二十一年（1895）三十八岁的康有为中进士时，许应骙已经是左都御史，掌管天下监察大权。

许应骙对光绪帝说康有为"其少即无行"，应该是康有为早年在家乡广州做的那些事被同乡告知了许应骙。大约在许应骙看来，康有为就是品行不端、善于自我炒作、想方设法博出位的"妄人"。例如，康有为光绪十七年（1891）在家乡创办"万木草堂"，写《新学伪经考》《孔子改制考》，托古改制。在传统儒家士大夫看来，康有为故意曲解孔子思想，在圣人经典中塞进

---

① [清]苏舆辑：《翼教丛编》，上海书店出版社，2002年，第27页。

自己的"私货"，其目的是要把自己造就成"儒家教主"一类的人物。

1898年"百日维新"之前，章太炎从上海到武昌拜见张之洞，其间张的幕友、两湖书院的山长梁鼎芬（和康有为是番禺老乡）问他："康有为霸气纵横，不失为一佳士，惟深沉不可测，传其颇有做皇帝之野心，君识其人，亦谓可信否？"章太炎答曰：

> "君误矣，皇帝人人可做，康有为如仅图为皇帝，尚不足为异。最荒谬者，则其人竟妄想欲为教主也。"①

太炎先生的意思是，人想当皇帝是不足怪的思想，而想当教主那就是想入非非，太狂妄了。——这恐怕代表当时许多士大夫对康有为的看法。

许应骙指控康有为"通籍旋里，屡次构讼，为众论所不容"，说的是康有为做了官以后，回到广州老家，为了争夺"同人团练局"引发的一件官司。

广东清远人张乔芬是同治七年（1868）丙辰科进士，做过知府，后回到广东主持南海等县"同人团练局"。光绪十九年（1893），康有为提出这个"同人团练局"是他两位族祖康国熹和做过广西布政使、署理巡抚康国器所办，要张乔芬必须把控制权交出来，让他自己的大弟子陈千秋管理。张乔芬认为康有为是胡说，这个团练局和他康家没什么关系，所以作为同乡的科举前辈当然不愿意就范。

今据中山大学邱捷教授研究表明，康有为自称"团练局是他族祖所创办"并不可信，所谓"夺回"管理权毫无根据。一是地方县志中《康国熹传》只是说创办团练"国熹之力为多"②，没说由康国熹创办。二是当地乡绅杜凤治日记中有大量同公局局绅打交道的记载，包括南海县西樵一带的局绅，但从未提到过康氏族人。同治十二年（1873）四月，杜凤治曾与安良局局绅陈

---

① 张慧剑：《辰子说林》，岳麓书社，1985年，第50页。
② ［清］郑梦玉等修纂：《（同治）南海县志·卷十七·列传节义》，同治十一年（1872年）刻本。

古樵（南海西樵人，康有为同里）说打算拜会康国器，发动西樵乡绅设局治理盗匪，但陈古樵认为："亦无益，设局先要措赀，伊乡前曾办过，因是不成，今更难。且康系小姓，族微人少，乡人恐不为用也。"①再退一步说，就算这个局当初由康有为族祖创办，二十多年过去了，作为一个公益机构，怎么就必须交回给他康家人呢？

张乔芬、康有为相争不下，双方都在朝廷找人，攻击对方没道理。张乔芬托御史余联沅弹劾康有为，康有为则托御史王鹏运弹劾张乔芬，且牵连到"庇护"张乔芬的两广总督谭钟麟（谭延闿之父）。据《清光绪实录》记载：

> 谕军机大臣等，有人奏：广东近年盗风猖獗。南海报案局，自光绪十四年起，至十八年止，共报盗案一千三百余起。省城西关……群盗以劣绅为窝主。……如南海县之张乔芬、番禺县之韩昌晋，皆劣迹彰著。张乔芬有弥缝窝贼手书石印传观。地方官隐忍坐视以致盗案愈酿愈多。……著谭钟麟督饬该地方官设法严拿，务获渠魁。张乔芬等如有窝盗情事，即著从严惩办。②

上这道折子的御史王鹏运是广西临桂人，支持维新运动并参加康有为组织的保国会，显然是康有为的好朋友。——甚至可猜测折子多半是由康有为草拟，王鹏运具名而已。在此折中，张乔芬被指控为窝藏群盗的"劣绅"，这是要置人于死地呀。等于说，本应保障地方治安的团练局负责人和强盗沆瀣一气。于是，皇帝下诏让两广总督谭钟麟调查，其秉公而断为张乔芬洗脱了"群盗窝主"之名。其后，康有为进一步攻击谭钟麟包庇张乔芬。

地方上这种事情，其是非曲直或许能瞒得了远在北京的皇帝，但瞒不了许应骙这种在广州城长大的京官，因为同乡会不断提供真实的信息。康有为此举在广东籍京官中大概是惹起了众怒，再加上他以"素王"自居的狂妄，

---

①《清代稿钞本》（第十四册），广东人民出版社，2007年，第522页。
②《清光绪实录·卷三百七十六》。

所以他在北京搞活动除了梁启超几位弟子跟着忙前忙后外，支持他的多是外省人，而广东旅京士人多数人的态度是躲得远远的。许应骙以礼部尚书之尊，更是公开揭他的老底。

对于许应骙这样做，康圣人当然恨得咬牙切齿。光绪二十四年四月二十三日，即1898年6月11日，光绪帝下《明定国是诏》，开启变法帷幕。接着，光绪帝在颐和园勤政殿召见康有为，任命他为总理衙门章京，准其专折奏事。康有为终于得以重用，而其后对许应骙的报复也是情理之中。戊戌年五月初二（6月20日），又是宋伯鲁、杨深秀两位康有为的好友，联衔上书弹劾许应骙"庸妄狂悖，腹诽朝旨"，要求罢黜他。七月十九日（9月4日），因拒绝康党成员，礼部主事王照请求礼部堂官代奏光绪帝（主事级别不能直接上奏皇帝，奏章必须由堂官代转），光绪帝遂将汉尚书许应骙、满尚书塔怀布等六位礼部堂官革职。

戊戌变法失败后，许应骙得到重用，被任命为闽浙总督，署福州将军、船政大臣，坐镇东南。其实，许应骙此人并不保守。光绪二十一年（1895），许应骙堂弟许应锵提议吸引侨资修筑铁路，许应骙为之在京师多方奔走。庚子事变时，作为闽浙总督的许应骙积极响应"东南互保"，避免了福建、浙江两省遭受兵祸。

番禺许家是广州大族，许应骙有个很知名的孙女许广平，他的侄孙许崇智亦是民国时期粤军首领。

后人看历史人物，往往从其政治观点来评论其代表进步还是守旧，但现实是复杂的，在当时世人臧否人物时，个人的品德与操守远比其政治立场重要。

匡超人的成功学：纯朴青年进城要如何才有出息

清代吴敬梓的小说《儒林外史》中的匡超人，在今天的中国亦不少。他的人生道路诠释着一种适合多数青年的"成功学"：适应这个社会，必须抛弃憨直、纯朴，从而才能活得如鱼得水。

在匡超人的身上，我们能看到许多熟悉的影子，如《红与黑》中的于连，《人生》中的高加林，以及刘庆邦的小说《红煤》中的宋长玉。

他们都是在乡村里长大的青年，曾经纯朴善良，最后一步步适应社会的种种明暗规则而变得功利。匡超人比他们几个的蜕变更为"聪明"，因为他的变似乎就是一种水到渠成、化蛹为蝶的成长，没有丝毫的矛盾、困惑、扭捏。至于像鲁迅小说中《孤独者》中的魏连殳，从傲士成为军阀的幕僚，内心却是痛苦而煎熬的，但这一切匡超人统统没有，也许这是温州人善知权变、适应力强的原因？匡超人的蜕变无任何心理障碍。

匡超人人生的道路上有两个"导师"：一是乡试久不中以编辑科考作文选为生的秀才马二；二是浙江布政司的书吏潘三。对匡超人来说，缺少任何一人的教导，他都不可能成功。乍看起来，马二的教导是让他如何走"正路"，参加科举显身扬名；潘三的教导是让他走"邪路"，如何钻制度的空子，唯利是图。但对一个进城谋生的乡下青年来说，这些都是必须具备的生存知识，缺一不可。匡超人天资聪颖，举一反三，很快在正邪两途中游刃有余、青出于蓝了。

匡超人邂逅秀才马二时，他正流落在省城杭州衣食无着，得知父病的消息也无法回乡探望，只能在西湖边摆摊测字，以求果腹。——那时候还没有城管，像匡超人这种从乡下来的穷汉子，没有经过衙门的审批，就能自行在游人如织的西湖边摆摊。当然，衙门也没有综合治理城市的概念，这类穷小子才能随便在旅游胜地开展"迷信"活动。

匡超人投了秀才马二的缘法，是因为马二看到这个穷困潦倒的青年正在看一本自己选编的《三科墨程持运》，隐约觉得有他自己年轻时的影子。马二这个科举不得志却不得不吃科举饭的人，看到陌生人读自己的书，油然有种遇到知己之感，就像唐代王昌龄、高适、王之涣三位诗人结伴出游，途中碰到美丽的歌女吟唱自己所作的诗歌一样欣喜。读书人这点虚荣心，自古皆然。等弄清楚匡超人的家庭状况后，马二又被感动一把，于是解囊相助，赠送匡超人回乡的盘缠，并一再灌输主流价值观：

> 只是有本事进了学，中了举人、进士，即刻就荣宗耀祖。这就是《孝经》上所说的"显亲扬名"，才是大孝，自身不得受苦。古语说的好："书中自有黄金屋，书中自有千钟粟，书中自有颜如玉。"而今什么是书？就是我们的文章选本了。①

匡超人回到乐清后，孝敬父母，用功读书，并很幸运地被下乡巡察的知县知道了，深为感动。——这是一个值得主流意识形态大为宣传的青年楷模。匡超人有了知县鼎力相助，县考取了案首，又在其的举荐下顺利通过了府考和院考，成了庠生——秀才。

此时，一件偶发事件改变了匡超人的命运，知县在仕途上栽了一个小小的跟头，上峰派人来摘了他的印，但他在当地官声很好，于是城里老百姓发生了骚动，要求留住这位好官。匡超人也随着人群起哄，但上面有人告密说他是闹事的头头，他不得不在当地"乡镇干部"潘保正的帮助下避祸再游杭州。

以第二次到杭州为分水岭，在此之前，匡超人是个勤奋、孝顺、朴实的农村青年。——这样的青年在哪个时代都是主流价值观予以止面评价的，我们不能说匡超人这些特点是装出来的，而实际应该是在乡下自然形成的。他的勤奋、孝顺、朴实也为自己的人生带来最大的转机，否则秀才马二和知县

---

① 《儒林外史》第十五回。

根本不可能帮助他，由此他完成了社会身份的转变，由一个农民变成了士人，从草根走向了精英，而这种阶级的变化有人穷其一生都不能完成，他具备了农民所不能比的社会地位。

完成这一社会阶级的转变后，匡超人的勤奋、孝顺、纯朴这些无形资产已经用到了极点，再坚守下去就成了"负资产"。于是，成了秀才的匡超人到了杭州如果还是像第一次碰到马二时那样处事，他只能成为潦倒一生的穷秀才，因为乡试中举绝非自己可以左右的。

匡超人于是开始了转型，这种转型是在内外两种力量推动下完成的。他认识了开头巾店的景兰江和做医生的赵雪斋，在两人的介绍下，他认识了一大批所谓的名士。这些名士实际上是不得志的边缘知识分子，科举的路走不通，便以聚会作诗标榜高雅。匡超人没有找到恩公马二，人生地不熟的他一面给店家批选考卷，一面参加了这帮"不务正业"的名士们的聚会和他们诗词唱和，希望借此进入主流社会。此时，如果他的另一位"导师"不给他点拨，可能他渐渐地会在省城蹉跎下来，但他比不上有产业的景兰江和赵雪斋，人家还有些本钱吟诗作曲。

潘三的出现，让他匡超人的命运再次拐了个弯。潘三是潘保正的族弟，潘保正让潘三关照匡超人。马二教匡超人的是如何在明处求名——如读书应考，而潘三教他的是如何在暗处求利。

潘三教导匡超人不要搭理景兰江那帮人：

> "二相公，你到省里来，和这些人相与做甚么？""这一班人是有名的呆子。这姓景的开头巾店，本来有两千银子的本钱，一顿诗做的精光。他每日在店里，手里拿一个刷子刷头巾，口里还哼的是'清明时节雨纷纷'，把那买头巾的和店邻看了都笑。"[1]

匡超人虚心善学，马上听从潘三的教导，参与了潘三造假证件、包揽官

---

①《儒林外史》第十九回。

司、冒名顶替去考秀才。用潘三的话来说，"像这都是有些想头的事，也不枉费一番精神，和那些呆瘟缠什么？"（《儒林外史》第十九回）匡超人和潘三一起干那些非法勾当，"潘三一切事都带着他几分银子，身上渐渐光鲜。果然听了潘三的话，和那边名士来往稀少"（《儒林外史》第十九回）。潘三还为他做媒，又娶了在抚院衙门当差的郑老爹的女儿。如此，匡超人有了钱又有了娇妻，昔日的乡下青年完全融入了省城的生活。谁知道天有不测风云，潘三事发下狱，而匡超人自忖难脱干系，于是潜逃到了京师。

峰回路转，匡超人的运气实在太好，因为当年在乐清县对他关怀备至的知县李老爷虚惊一场，此时已经在京师做了给事中。给事中虽然也是七品官，但是监察六部九卿的监察官员，位置相当重要，与监察各省的御史合称科道官员，可以闻风言事，连大官们都惧他们三分。在此之前，匡超人在杭州已经以优贡身份入太学，因此李给谏更高兴了，以为匡超人还是当年乐清乡下诚实有为的好青年，对自己当地方官时树起来的"十佳青年""重大典型"当然要给予关照，以显示自己慧眼识才。于是，匡超人在李老爷的推荐下考取了朝廷教习，而且隐瞒自己的婚史娶了李老爷的外甥女，切切实实做了回陈世美。

齐如山先生在《中国的科名》中介绍过，"贡生的出路：因为是国学生的资格，有时候可以与举人比并。除会试之外，举人可做的，他有时也可以做"①，如做教习就是很好的出路，两年期满可以保举为官。

匡超人考取教习后，要回乡办理手续，但回家后他碰到了一件让他内心暗喜的悲伤事——他在老家娶的老婆去世了。这真是应了今天一句民谚，"成功男人三大喜事：升官发财死老婆"。如此，他在京师娶了恩公外甥女的事也就不怕露馅了。

衣锦还乡的匡超人今非昔比了，见到景兰江时已不是当年谦虚朴实的乡下青年，而摆出了大大的朝廷官员的架子。不过，匡超人必须如此，没架子

---

① 齐如山:《中国的科名》，辽宁教育出版社，2006年，第58页。

别人反而不尊重他，这就是官场的规则。匡超人在昔日的老友面前大吹牛皮，但对自己的人生"导师"、还在监狱里的潘三，他心硬得可以。有人央求他搭救潘三，至少去探监一回，安慰一下过去的老友，但他一副公事公办的清廉样子：

> 潘三哥所做的这些事，便是我做地方官，我也是要访拿他的。如今倒反走进监去看他，难道说朝廷处分的他不是？这就不是做臣子的道理了。况且我在这里取结，院里、司里都知道的，如今设若走一走，传的上面知道，就是小弟一生官场之玷。这个如何行得！①

对他的另外一位人生"导师"秀才马二，他也不惜挑人家的毛病——"理法有余，才气不足"（《儒林外史》第二十回），以此来显摆自己的高明。

这样一个满口仁义道德却唯利是图的小人儒士，也许我们讨厌他，但分析他的人生轨迹，又不得不承认只有如此他才可能在这个世界上混得滋润。马二只会一味地以明规则求自己的名，最终只是个落拓书生；潘三作为一个小吏，只会按潜规则求利，最终只能沉于下层，事发入狱。但匡超人吸取了两人之长，该按明规则出牌的就走明规则，该用潜规则牟利时就走潜规则，真正的左右逢源。

其实，混得好的读书人多半是匡超人之类，外表上披着秀才马二大力提倡的"大衣"——讲孝道、发奋读书，而瓢子里使用的全是潘三教给的那一套——为了利益不择手段。匡超人的聪明，就在于非常清楚什么时候用什么资源，同样一种行为用早了不好用晚了不好，关键是用得恰到好处。例如，他还没有成为秀才时，只是个农民家的穷孩子，如果那时候他就偷奸耍滑，那么一辈子只能成为小混混，哪能得到秀才马二和知县老爷的欣赏；而改变身份后，如果一味地沿袭过去那种读书人的方式，不知权变，也可能穷困一生。因此，匡超人这个乡下进城青年，明暗双修，才成了一个儒林里的"超人"。

---

①《儒林外史》第二十回。

第四编　末世不济运偏消

才与位错配的悲剧：郭嵩焘与左宗棠交恶

张集馨说左宗棠给他的信"摸之有棱"（《道咸宦海见闻录》），此论确实。左宗棠对人说话不客气，一个原因是他恢弘而自信的性格与气势决定的，另一个原因我以为是在战时状态中军情火急，说事当越明确越好，委婉温和很可能误事。

请以左宗棠于同治四年（1865）致其同乡世谊郭嵩焘的一封信为例，看他如何对其有救命之恩的老朋友不客气。且录一段如下：

> 弟之到浙，除衢州一城，无不贼踞者。既挈全境还之朝廷，而灰烬之余，尚能上供大官，下济闽辖。闽当三空四尽之余，沥陈困敝情形一疏，字字确实，今尚能偿宿逋以佐新饷，天下事岂不以人哉？
>
> 公不自省责，而惟归咎于毛、瑞。使公处毛、瑞之地，吾窃料公所为亦无以远过毛、瑞也，才之不可强，而明之有弗逮也，人乎何尤？[①]

今日读这段文字，犹可想象左公辞色俱厉的样子。郭嵩焘接到这位"亲家大人"（郭家与左家结姻亲）的信，估计肺都会气炸了。这哪像和老朋友说话，简直是训儿子的口气呀。

这一段文字左公先叙述自己的功绩。左宗棠于咸丰十一年（1861）年底受命督办浙江军务，第二年被任命为浙江巡抚。左宗棠率军进入浙江时，只有衢州一城还在官军手中，其他所有城池如杭州、宁波等全部由太平军占据，但他很快收复了浙江省全境。在战火之后，浙江做到了向朝廷输纳赋税，并接济福建。当左宗棠进入福建后，福建被战争蹂躏得一塌糊涂，而今不但

---

① 《左宗棠全集·书信一》，岳麓书社，2009 年，第 642 页。

能偿还旧债，且能筹集新的军饷，天下的事难道不是事在人为吗？

然后，左宗棠笔锋一转，开始指责郭嵩焘。左宗棠说郭嵩焘不反躬自省，而是一味地责怪别人，归咎于两广总督毛鸿宾和广州将军瑞麟。左宗棠还反问郭嵩焘，如果你处在他俩的位置，我料想你的作为还超过不了毛、瑞二公，因为你的才能不比人家强，见识也不比人家高明，你还有什么好埋怨的？

这段文字表达的是赤裸裸的鄙视呀。左宗棠吹牛自然有本钱，他奉命以四品京堂之衔入湘军大营襄助曾国藩办理军务，紧接着独领一军，并在短短的三年内就升到了一品官闽浙总督。左宗棠的快速擢升固然有清廷想在湘军内部培养另一个大佬与曾氏兄弟抗衡的盘算，但主要还是靠无可置疑的战功。

天京失陷后，太平军余部在浙江、江西、福建三省的丛林里做困兽之斗，被左宗棠等人步步进剿，大部分被消灭，一部分跑到粤东潮汕地区。潮汕地区与福建山水相连，语言相通，于是朝廷下旨让左宗棠节制粤东军务。大军进入到粤东，后勤则要由当地官府承担，但作为广东巡抚的郭嵩焘则强调各种困难，不大能配合左公的军事行动。

左宗棠指责郭嵩焘的那封信是回信，其一——驳斥郭嵩焘来信所强调的客观困难。信一开头就说：

> 此时诉屈诉穷，亦可不必，且大家计议，将贼事了却，何如？所急欲商者，鲍军食米、潮州炮船两事，请以明、恕二字决之。[1]

是年八月二十五日，当时左宗棠的部队从福建入广东作战，已经收复了嘉应州镇平县（今梅州蕉岭县），左宗棠在给儿子左孝威的家信中流露出对郭嵩焘深深的不满：

> 江西各边兵力甚厚，刘岘庄（刘坤一）中秋前后履新（指刘坤一任

---

[1]《左宗棠全集·书信一》，岳麓书社，2009年，第640页。

江西巡抚），必能布置也。郭叔（郭嵩焘是左孝威叔父辈，故称）如何布置情形未见一字，昨克镇平，亦未见粤东一卒一骑相助，不知其何说也。①

左宗棠在信中将广东巡抚郭嵩焘和江西巡抚刘坤一做对比。左宗棠说江西负责鲍军（湘军悍将鲍超的军队）的饷银，毫无推诿之词；而军队入广东帮助他们剿贼，让他（郭嵩焘）负担粮食和弹药，他却这样推三阻四，有这样的道理吗？

作为一省的巡抚，郭嵩焘不能配合左宗棠的军事行动，是二人决裂的根本原因。为了朝廷剿灭太平军剩余势力的大局，左宗棠只能置私人情谊于不顾而参劾郭嵩焘，让他把位置腾出来给能办事的人。

今人对郭嵩焘评价很高：他是中国第一个驻外公使，是近代外交的开拓者之一，对世界和洋务的认识超过同时代大多数士大夫。但郭嵩焘的这种才能未能得到充分的施展，诚如他在《戏书小像》所言，"学问半通官半显，一生怀抱几曾开"②。这是时代的悲剧，也是郭嵩焘个人的悲剧。

"世须才，才亦须世"③，郭嵩焘挽左宗棠的这句上联用在他自己身上也是贴切的。一个人的才华要有能展示的时代，需要能匹配的位置。郭嵩焘有见识，但一个人的见识要在现实里落地需要很多条件，而这个人的执行能力如何尤其重要。郭嵩焘的才能并不适合领兵、治民、察吏，遇到大事他没有力排众议、当机立断的主见与决然。郭嵩焘署理广东巡抚，成为一省之封疆大吏，对其才具和性格而言是一种错配。

郭嵩焘和左宗棠由旧友、姻亲反目成仇，根源就在此。至于湘阴县文庙生灵芝应在郭家还是左家的争执，只是两人决裂缘由的一种戏剧化的"佐料"。

①《左宗棠全集·家书 诗文》，岳麓书社，2009 年，第 94 页。
②《郭嵩焘全集·诗集》（第十四册），岳麓书社，2012 年，第 211 页。
③ 同上书，第 264 页。

其实，对郭嵩焘的长处和缺陷，他年少时在岳麓书院结交的老大哥、其一生所服膺的曾国藩看得非常清楚。

同治元年（1862）三月，应江苏绅士之请，曾国藩委派李鸿章独领一军开到上海。当月十五日，李鸿章致书曾国藩，商请郭嵩焘担任江海关道，以帮他筹集钱财。信中称：

> 当世所识英豪，于夷务相近而知政体者以筠仙为最，将来可否奏署此缺，……更请吾师手函敦促筠公速来救我。①

李鸿章与郭嵩焘是会试同年，交情甚笃，郭嵩焘在晚年一再说李鸿章待他最好。李鸿章看到了郭嵩焘对洋务和时局见识非凡，刚到上海就独当一面，希望能找好友郭嵩焘负责上海最重要的钱财来源——海关。曾国藩对郭嵩焘的认识比李鸿章深刻，在当月二十四日回信说：

> 筠公芬芳悱恻，然著述之才，非繁剧之才也，若任以沪关，决不相宜。阁下若挚爱迫求，或仿麓仙之例，奏以道员归苏提补，而先署苏臬。得清闲之缺以安其身，收切磋之益以曲阁下，庶几进退裕如。……阁下与筠公别十六年，若但凭人言冒昧一奏，将来多般棘手，既误筠公，又误公事，亦何及哉？②

这话说得很到位。在曾国藩眼里，郭嵩焘"芬芳悱恻"，多愁善感，有诗人气质，写诗为文尚可，但若让他去办事，他耐不得烦，不如给他找个清闲的差使养起来，平时切磋切磋，给当当参谋。如果让郭嵩焘去负责海关，将来不但耽误郭嵩焘本人，更误了公事。曾国藩只差把话挑明，那样你们将来连朋友也做不成。

---

① 《李鸿章全集·信函一》，"同治元年三月十五日"条，安徽教育出版社，2008年，第76页。

② 《曾国藩全集·书信四》，"同治元年三月二十四日"条，岳麓书社，2011年，第169页。

郭嵩焘办事能力不行，是当时熟悉他的人的一种共识。其三弟郭崑焘（号志城）五十岁生日时，郭嵩焘在送给郭崑焘的寿序中说：

> 往胡文忠公（胡林翼）论吾兄弟之才，以谓意城（郭嵩焘二弟郭崑焘，号意城）视吾优矣，志城又益优。尝笑曰："君家兄弟，后来累而上，若汲长孺之积薪也。"①

胡林翼此语中所言的"才"是指处世办事的才能，而非写文章。湘军出省作战，主持东征局，对湘军后勤保障出力最大的人物之一就是郭嵩焘的二弟郭崑焘。

郭嵩焘在咸丰初年丁忧在籍时，与左宗棠一起做过湖南巡抚骆秉章的幕僚。同治四年（1865）正月二十五，骆秉章晚年在四川总督任上致朱学勤信中如此评价郭嵩焘：

> 粤东所办之事皆细侯主持。弟前在湘南曾延请细侯入幕，不特奏章不合体裁，即拟一示稿亦不能用，是以请其往宝庆府劝捐。昨与胡小遂星使谈及，亦言在江西见其所办文案笔墨殊不清楚，此非弟一人之私言。②

"细侯"乃以后汉人郭伋指代郭嵩焘。当时，官员通信中经常用如此笔法，如以左太冲（左思）指代左宗棠。大概是朱学勤（字修伯）在信中询问过湖南的人才，骆秉章在贬了一通郭嵩焘后，对其他几位湖南人评价甚高：

> 承询湖南人材，据弟所见，如彭玉麟、刘坤一、席宝田、杨昌濬、刘典，均可独当一面，然求如左季翁者，实不多得也。③

---

① 《郭嵩焘全集》（第十五册），岳麓书社，2012年，第448页。
② 《骆秉章致朱学勤手札三十一通》。上海图书馆历史文献研究所编：《历史文献》（第十辑），上海古籍出版社，2006年，第73—101页。
③ 同上书。

在骆秉章心目中，这几个湘籍人物都是独当一面的人才——这是封疆大吏的标准，而想找到左宗棠那样的大才就太难了。在骆秉章写这封信时，其家乡广东花县的族人与邓姓人才争坟山，但巡抚郭嵩焘根本不给骆家面子（尽管骆秉章写信疏通），于是结怨于郭，故贬损过甚。不过，郭嵩焘不能独当一面应该是大致不差的事实。

黄濬《花随人圣庵摭忆》中收录了《左宗棠郭嵩焘关系始末》《左宗棠郭嵩焘续编》两篇文章，较为详细地分析了左、郭二人反目经过。郭嵩焘晚年在《玉池老人自叙》中犹然不能忘怀者，是左宗棠忘恩负义，上书弹劾他夺其巡抚之位，而授予自己的小老弟蒋益澧。郭嵩焘在与多年追随曾国藩、李鸿章的丁日昌的信中，一再为自己辩白，强调在潮州一带筹饷的客观困难，而左宗棠好大喜功，不分青红皂白归罪于他办事不力。其在《玉池老人自叙》中言：

> 某公（指左宗棠）知潮州厘捐之少，而不知潮州开办之独迟。张寿荃（潮州道道员）固言，潮州绅民，可以顺道，而不可强制。但邀允准，陆续犹可增加。贼势方急，而与绅民相持，此危道也。某公不察事理，不究情势，用其诡变陵躁之气，使朝廷耳目全蔽，以枉鄙人之志事。其言诬，其心亦太酷矣。区区一官，攘以与人无足校也，穷极诞诬以求必遂其志，而使无以自申，而后朋友之义以绝。[1]

为军队后勤供给养，当然会有困难，没有困难还需要打什么仗？作为统帅的左宗棠，他才不管你强调什么潮州办厘捐较迟、潮汕地区民风强悍等原因，只要结果。如果你办不了这样的事，那就换一个人来办，不是顺理成章的事吗？左公办事与郭嵩焘风格大不一样，贬之者说其跋扈专断，褒之者则认为是敢担当、有魄力，因此他才不会瞻前顾后，为办大事需要得罪人那就毫不

　①［清］郭嵩焘：《玉池老人自叙》。《郭嵩焘全集》（第十五册），岳麓书社，2012 年，第 775 页。

迟疑地得罪人，哪怕曾是自己的恩人。

丁日昌替郭嵩焘辩护，其原因之一是他是曾国藩、左宗棠的人，原因之二是潮州乃丁日昌的家乡，对潮州父老来说，郭嵩焘是仁厚的好官。

郭嵩焘在《玉池老人自叙》中说到曾国藩、左宗棠、李鸿章这"同治中兴"三大重臣的功业都和他大有关联。曾国藩在咸丰二年（1852）丁忧时，郭嵩焘跑到湘乡荷叶塘劝曾国藩出山操办团练；郭嵩焘又劝左宗棠入湖南巡抚张亮基的幕，左氏功业由此而起；樊燮"京控"左宗棠劣幕把持而左几乎性命不测时，郭嵩焘运动潘祖荫上疏为左鸣不平；入值南书房时，咸丰帝询问左宗棠如何，郭嵩焘大力赞扬左的才华；曾国藩大营在皖南祁门时危机四伏，而李鸿章又不愿意为曾草拟弹劾李元度的奏稿，愤然想离开曾去做地方官，郭嵩焘去信劝解李道："试念今日之天下，舍曾公谁可因依者？"为此，郭嵩焘自得地说：

> 三人者，中兴之元辅也，其出任将相，一由嵩焘为之枢纽，亦一奇也。[1]

郭嵩焘眼光不错，分析事情亦精准，但他自己去做，大概率是做不好。其在僧格林沁帐下效力，僧王不满意；署理广东巡抚，与两广总督毛鸿宾及继任者瑞麟闹得不可开交；奉命出使英、法时，因耳根子软，听从朱孙贻的推荐，同意刘锡鸿做副使，最后两人却相互拆台，成为寇仇。

后世人之所以对郭嵩焘评价很高，除了他敢于万里出使之外，主要是因为他能理性地、客观地看待西方的文明与制度，并向中国人予以介绍，且愿意以国际社会通行的规则去和洋人打交道。但这只是办外交的一部分——当然认识是最重要的，若遇到棘手的外交纠纷，譬如像曾纪泽那样去沙俄首都谈判，虎口夺食争回伊犁，我以为郭公未必能做得多好。

---

①［清］郭嵩焘：《玉池老人自叙》。《郭嵩焘全集》（第十五册），岳麓书社，2012年，第759页。

"著述之才"，这是老大哥曾国藩对郭嵩焘的定位，很精准。但像郭嵩焘这样骄傲的人往往不愿意承认，有些事非其所长，自己去做会卖力不讨好，误己又误人。

光绪十年（1884），年已七十三岁的左宗棠由陕甘总督调任福建前线督师，顺道回长沙。其时，估计左宗棠也觉得当年对郭嵩焘做得太过分了，于是清晨衣冠齐整去郭嵩焘家叩门拜访，而郭不得已开门请左进门。"文襄顿首，称老哥，述往事，深自引罪，再三谢。筠仙为留一饭而别，竟不答拜。"①可见，郭嵩焘至死也不原谅左宗棠呀。

---

① 黄濬:《花随人圣庵摭忆》，中华书局，2013 年，第 149 页。

起点高的张集馨，为何却做不到封疆大吏？

《道咸宦海见闻录》是一部记录清代官场百态且颇有史料价值的著作，其对贿赂公行、文恬武嬉的政治腐败做了很精准和生动的描述，记事写人往往寥寥数笔，十分传神。

这部书是张集馨晚年所撰的自述年谱，后来被编辑改成"道咸宦海见闻录"这么个吸引眼球的书名。当然，一个人晚年述及往事，难免因个人的得失与好恶，评论人与事会带有成见。张集馨人生最大的遗憾是他沉浮官场近四十年，一直没有做到巡抚或总督这样的封疆大吏，因此文中对世道和同时代的大人物牢骚颇多，愤懑怨怼之情跃然纸上。

张集馨，字椒云，江苏仪征县人，嘉庆五年（1800）生于一个书香之家，光绪四年（1878）卒，活了七十九岁。张集馨早期的科第和仕途是相当顺遂的，仕途起点很高。他二十三岁中举，道光九年（1829）虚岁三十时殿试二甲进士及第，钦点翰林院庶吉士，并在翰林院时两次作为副主考典试湖北、河南。道光十六年（1836）三十七岁时，由道光帝特旨简放为山西朔平府知府。出京前陛见道光帝时，宣宗特别对张集馨说："汝乃朕特放，并无人保举。"并勖勉他："汝操守学问，朕早知之，而吏治如何，必须见诸政事。"①两年后，即道光十八年（1838），曾国藩才会试登第。在曾的面前，张集馨是不折不扣的老前辈。

张集馨宦游一生，由外放知府开始，做过陕西督粮道、四川按察使、甘肃布政使（先后两任）、河南按察使、直隶布政使、福建布政使、江西布政使、陕西按察使并署理陕西巡抚。虽然寿命这么长，做过这么多省的二把手

---

① ［清］张集馨：《道咸宦海见闻录》，中华书局，1981年，第22页。

和三把手，可他最终未能实授巡抚，而且被参劾去官回京，从此悠游林下，教书育人，写文章吐槽。他每次在离巡抚只有半步之遥的关键时刻，便被人弹劾卷铺盖回家，然后过几年东山再起。他在书中说他自己本应该在道光二十九年（1849）或道光三十年（1850）时就做巡抚了，可终身偃蹇，不能奋飞。

张集馨归咎于天道不公，自己的运气太背，也归咎于总是碰到小人捣鬼。当然，多数人写回忆录或自订年谱谈及人与事时，总会说对自己有利的话，能反躬自省的很少。读郭嵩焘的《玉池老人自叙》，我亦有这样的感觉。

张集馨这人才华应该是不错的，也有一定的施政能力，可称得上一员能吏，特别是他察人析事很精细，长于刑名，因此在任四川按察使时深得四川总督琦善欣赏。但从他的这部《道咸宦海见闻录》中可看出，此人过于心高气傲、目中无人，评点人物总是见人短处而不见人之长处。他除了钦服对他有知遇之恩的琦善之外，别的上司和同僚都不放在他的眼里。这些官员在张集馨眼里，要么是德行不堪，要么是能力不够，见识与干才不如自己。对与人发生的矛盾和冲突，他总会洋洋洒洒说出对方的不是，对方亏欠自己，自己占理，不仅对官场人如此，对家族的人亦是这般。他记述早年家变，他的大伯父和几位堂兄弟为与他家争产是何等的贪婪阴毒；他如何培植自己的一位堂侄张云藻成为进士，后官至广西布政使，而这位侄儿却不知道回报；他的第一位妻子去世后，其岳父（指他第一个岳父）黄某如何千方百计向他打秋风，掩饰不住的鄙夷之情。

这样的人，即便有才干，在任何时代的官场可能开始会不错，但船行半程就会遇到这样那样的麻烦。

张集馨在第一次任甘肃布政使时和由川督调任的陕甘总督琦善关系密切，青海办事大臣参劾琦善滥杀藏民，他受了牵连，被遣戍军台。咸丰三年（1853）任直隶布政使时，正值太平军挥师北伐，他奉命督办军务，得罪了直隶总督、恭亲王奕䜣的岳父桂良被其参劾，再次以不听调度免职。接着，他先后在胜保、僧格林沁、向荣帐下听候差遣。咸丰十一年（1861）任江西布政使时，因筹饷不力被两江总督曾国藩参劾免职。最后一次是同治四年（1865）在陕西按察使任上，被陕西巡抚刘蓉参劾，奉旨革职，永不叙用。

由于张集馨这部《道咸宦海见闻录》是在彻底告别官场后写就的，其对参劾他的人肯定是笔下不客气，但为文者评价一个人——哪怕对方是自己的仇人——也应有起码的公道。不过，张集馨不然，在他笔下，曾国藩、左宗棠这种湘军大佬、中兴大臣不过是世无英雄而夤缘成名的竖子。

咸丰十年（1860）六月，张集馨到南昌就任江西布政使。其时，江南大营已被太平军踏破，东南糜烂，清廷不得不仰仗唯一还可以作战的湘军，故授曾国藩两江总督之职。因江西当时已基本肃清太平军的势力，遂成为曾国藩规复东南的粮饷基地。

为战争筹集钱粮，当然是一件不好办的差使，而这个差使主要由布政使来担当。曾国藩何尝不知道赣省在大战之后百姓疲苦之极，但在"剿贼"这样的大局下，向江西伸手也是没办法的事。咸丰十年八月和九月，曾国藩以两江总督、钦差大臣之身份，两次向下属张集馨写信，并以晚辈自居，态度很是谦恭，无非希望他能努力工作，配合大局。曾国藩对其称呼是"椒云老前辈大人阁下"，落款是"馆侍曾国藩"，说："老前辈智珠在握，尚望惠赐南针，俾不至大迷涂辙，贻误珂乡全局。"①

张集馨却一再强调客观困难，认为在江西筹那么多钱粮不可行，并且判断："曾涤生（曾国藩字涤生）不筹全局，决裂无疑。"②并嘲笑曾国藩重用不会打仗的李元度。曾国藩对张集馨等人只说困难的请示，自然不客气地批复，一一驳斥。——大敌当前，上司所需要的是下属想方设法克服困难，而非推诿。为此，张集馨在书中如此评价：

> 据曾帅所批，直是玩视民瘼。平昔尚以理学自负，试问读圣贤书者，

---

① 《曾国藩全集·书信二》，"咸丰十年七月"条，岳麓书社，2011年，第686页。此信当作于咸丰十年七月末。

② ［清］张集馨：《道咸宦海见闻录》，中华书局，1981年，第306页。

有如是之横征暴敛，掊克民生，剥削元气者乎？①

这就等于控诉曾国藩是不顾老百姓死活的假道学，而他自己是爱民如子的好官。慈不掌兵，当时情形下，作为东南最高军政长官，曾国藩非如此不可。但身为受道光、咸丰两代皇帝厚恩的张集馨，反而站在道德高地进行冷嘲热讽。

对左宗棠，张集馨同样是看不上。他于书中言：

> （左宗棠）向在骆籲门（骆秉章字籲门）中丞处为幕友，腹笥笔底，俱富丽敏捷，而性情跋扈，在骆幕任意横恣。骆短于才，拱手听命……②

这段描述大体不差，但可看出张集馨的刻薄。骆秉章任由左宗棠去做正是他的高明，而张集馨则嘲讽骆"短于才"。左宗棠当时刚从"樊燮京控案"解脱，以四品京堂衔带兵到江西打仗，写信给张集馨要粮饷也是毫不客气。张集馨形容左宗棠的语气，"满纸语句，摸之有棱"，然后又摆老资格，"余自道光十六年即为外吏，今将三十年……受后生小子之欺凌也"③。

张集馨这种过于自尊导致的敏感，处处可见。咸丰九年（1859）张集馨被任命为署福建布政使时，向咸丰帝辞行后去见军机大臣文祥。文祥被李鸿章誉为"旗人中之鸾凤"，才干和操守得到士林公认。张集馨向文祥行礼，文祥没有回礼，然后闲聊起来，文问及科第出身，得知其比自己早十六年中进士，便呼其为"前辈"。可张集馨那颗小心脏受不了，在《道咸宦海见闻录》中说："为竖子所侮，殊为可愧。"④——这就是摆不正自己的位置，一个副省长向一个副总理行礼，副总理不回礼岂非正常乎？何况文祥得知对方的资历后马上改口称"前辈"了。

---

① [清] 张集馨：《道咸宦海见闻录》，中华书局，1981 年，第 309 页。
② 同上书，第 315 页。
③ 同上书，第 315—316 页。
④ 同上书，第 261 页。

历史是胜利者所写的。同治三年（1864），天京城被张集馨瞧不起的曾氏兄弟和湘军攻陷。在无可辩驳的事实面前，张集馨发了一段酸葡萄似的议论。他在同治三年十一月二十五日的日记中写道：

> 楚省风气，近年极旺，自曾涤生（曾国藩）领师后，概用楚勇，遍用楚人。各省共总督八缺，湖南已居其五：直隶刘长佑、两江曾国藩、云贵劳崇光、闽浙左宗棠、陕甘杨载福是也。巡抚曾国荃、刘蓉、郭嵩焘皆楚人也，可谓盛矣。至提镇两司，湖南北者，更不可胜数。曾涤生胞兄弟两人，各得五等之爵，亦二百年中所未见。天下事不可太盛，日中则昃，月盈则蚀……一门鼎盛，何德以堪，从古至今，未有数传而不绝灭者。吾为楚人惧，吾盖为曾氏惧也！ ①

这番话还是不服气，并加上了类似"看你家现在兴旺，日后有倒霉的时候"之心理期望。"月满则亏"的道理，曾国藩比张集馨看得更透彻；如何防范"功高盖主"引来家族祸患，曾国藩的作为超过历史上大多数功臣。终清一代，乃至今日，曾家的子孙状况，大约让张集馨失望了。

张集馨不是满蒙亲贵，其性格、心态以及格局若此，怎么能做到封疆大吏呢？

---

①［清］张集馨：《道咸宦海见闻录》，中华书局，1981年，第377页。

人间不值得：叹息庚子事变中高官被冤杀后两个细节

光绪二十六年（1900）的庚子事变中，慈禧太后被端郡王载漪等守旧的亲贵和大臣蒙骗，以为列强迫使她还政于光绪帝，遂变成了一个"疯婆子"向十一国宣战。在慈禧老佛爷一言九鼎的权威下，有五位大臣进谏，反对重用义和团来和洋人打仗，更不同意攻打使领馆。于是，这五位大臣被老佛爷以"勾通洋人"的罪名杀掉祭旗，以此来威慑朝野的"主和派"。

这五位大臣是兵部尚书徐用仪、户部尚书立山、吏部侍郎许景澄、内阁学士联元、太常寺卿袁昶。立山和联元是旗人，其他三位汉大臣全部是浙江籍：徐用仪是海盐人，许景澄是嘉兴人，袁昶是桐庐人。

百余年后，想起这段历史，我对这几位士大夫依然钦佩不已，也叹息再三。在慈禧太后一手遮天、颟顸亲贵炙手可热、愚昧拳民杀气四起的庚子年，三位浙江大才子是做到侍郎、尚书这种级别的高官，在官场熬了那么多年，安危利弊岂能看不明白？他们也应该知道自己的忠言对君与国不会起什么作用，而且会带来杀身之祸，但他们没有选择明哲保身做闷葫芦，而是冒死直言，尽到了儒门大臣的本分，践行了圣贤所教导的"杀身成仁，舍生取义"。

今天许多人对浙江人的粗浅印象似乎是温和柔顺，表面上看起来是这样的。江浙是文明繁华之地，此地长大的居民大多数平居里巷时精致而从容地生活，读书和做事时则多温和的理性态度。可在历史的重要关头，常会看到浙江人表现出刚烈勇武、不计生死的一面，就如徜徉在西湖边觉得这是明山秀水的温柔乡，可一看到湖边的岳飞、于谦、张苍水和秋瑾的坟墓时则会认识到西湖的气质不仅仅是美丽和温柔。

清末民初的官员、著名掌故家朱彭寿与徐用仪同为海盐人，徐用仪年龄长朱彭寿四十余岁，而从辈分上说两人是表兄弟，徐的母亲是朱彭寿的堂姑。徐用仪被拉到菜市口砍头后，朱彭寿参与了收殓遗体，其在《安乐康平室随笔》中记述了徐遇害后两个令人窒息的细节。

朱彭寿在文中叙述的一个细节是被行刑的刽子手敲诈。

庚子年七月初三，许景澄、袁昶被慈禧太后下旨杀戮，徐用仪早明白自己凶多吉少，已先将两个儿媳妇和诸位孙儿孙女送回原籍。七月十七日，徐用仪和立山、联元同时被拉到刑场斩首。在捉拿徐用仪之前，徐家已经被义和团抢劫一空，仆人作鸟兽散，无一人跟随。

那时候，刑场一个很大的陋规是刽子手挟尸敲家属竹杠，特别是朝廷命官被杀，收殓尸体后要将头颅和躯体缝合一起才能下葬。那些刽子手向徐家索要四百两银子，才愿意交还身首异处的徐用仪的尸体。徐用仪的亲属早就离城避祸，前门商业区遭到焚毁，钱庄银号歇业，连贷款都找不到地方。朱彭寿和兄长朱旭辰走访了好几家还留在京师的官宦之家，借得了四百两银子，一面马上去买棺木和寿衣，一面和刽子手讨价还价，最后交了一百两银子将徐用仪的尸首赎回，装殓入棺材后暂时寄存在广安门内的广谊园。广谊园是浙江人在京师购买的义地，用来暂厝乡人灵柩。

不久，八国联军攻陷北京，慈禧太后和光绪帝逃到了西安，李鸿章奉命进京与洋人议和。李鸿章过问了徐用仪、许景澄、袁昶三公后事，并托幕宾徐赓陛（浙江乌程县人）交给朱彭寿三百两银子来料理三公丧事。

辛丑年（1901）三月，此时徐用仪等五位被冤杀的高官已"开复原官，以示昭雪"，随后浙江籍三位高官的儿子一同护送各自父亲的灵柩启程回浙。朱彭寿《安乐康平室随笔》记载：

> 谨于妙光阁设位，邀集全浙同乡及三公知交，前往祭奠。后毓臣（徐用仪之子）等扶柩回籍，乃以鼓乐仪仗，送至通州，改由船只运津南返。①

---

① 朱彭寿：《旧典备征 安乐康平室随笔》，中华书局，1982年，第224—225页。

朱彭寿在文中还叙述了另一个令人感觉窒息的细节。当三口棺材运出广谊园后，在虎坊桥搭设灵棚路祭三位忠臣，李鸿章特派副都统荫昌作为现场总指挥。在京的各国使节纷纷前来吊唁，以感谢在那样危难之际中国的这几位高官敢于向慈禧太后进言要保护使馆和外交官。此时，前来看热闹的北京百姓很多，道路被挤了个水泄不通。当老百姓看到这么多洋鬼子来祭奠时，聚在一起指指点点，纷纷议论："照此情形观之，岂非真正二毛子乎！"①朱彭寿睹此情形感叹："嗟夫！是非不明，至于此极，可恨亦复可笑。"②可这才是大多数民意，与明末京师百姓为袁崇焕被凌迟叫好喝彩一样。

在多数百姓看来，徐用仪等"主和派"就是"勾通洋人"的汉奸，慈禧老佛爷杀掉他们是对的，只是大清朝太弱，打不过列强，不得不认输将这些"二毛子"平反昭雪。但对慈禧太后来说，何尝不是这样？慈禧太后未必认为这几位高官是真正的忠臣，只是清朝战败了，必须抚恤他们来向洋人表明态度。如果大清朝打赢了，这五位大臣绝无可能平反昭雪。所以，他们的平反是朝廷利弊考量使然，而不是是非已明。

作为一生对清朝抱有忠臣态度的朱彭寿，对他的表兄徐用仪之死痛惋之余而复有主旋律式的欣慰：

> 呜呼！公赴难时，年已七十有五，一生谨慎，遭此奇冤，天道尚可问哉？然徙薪曲突，早烛几先，耿耿忠忱，不久即蒙昭雪；易名之典，媲美沈青霞杨椒山，浩气英风，允足同垂千古矣。③

徐用仪死后予谥"忠愍"，与明朝被冤杀的官员沈炼（浙江绍兴人）、杨继盛（直隶容城人）的谥号一样。作为少数的清醒者，徐用仪等人的作为于事无补，而且最高统治者慈禧太后和广大的人民群众都恨他们的"投降主张"。他们以死维护这样的朝廷这样的社稷，真是人间不值得呀。

---

① 朱彭寿：《旧典备征 安乐康平室随笔》，中华书局，1982年，第225页。
②③ 同上书，第225页。

宣统年间，浙江人为纪念徐用仪、许景澄、袁昶三位乡贤，在西湖畔建立了"三忠祠"，可很快大清朝也完蛋了。在倾覆清廷的行动中，以江浙人为主的"光复会"出力甚大，而三位先生的同乡后辈如徐锡麟、秋瑾、章太炎、陶成章等人以截然相反的态度来对待清王朝，其刚烈之气似与"三忠"一脉相承。

唐际盛为何被曾国荃一封密折罢官回家？

> 湖外故人稀，万里遥情春草绿；
>
> 荆南良吏在，廿年遗爱岘山青。①

这是左宗棠写给一位故人的挽联。光绪三年（1877），时在钦差大臣、陕甘总督任上的左公正于肃州大营指挥大军入疆剿灭阿古柏部。所挽的死者叫唐际盛，字荫云，长沙人，曾官至湖北按察使署布政使，致仕后回到故乡终老。

左宗棠此联的上联感叹湖南老家的旧友渐次凋零越来越少了，他此番在万里之外遥想故乡春草已绿，怀念着逝去的老朋友；下联则表彰死者的功业。

唐际盛长期在湖北做官，任鄂省按察使之前做过多年的荆州知府，所以左公用"遗爱岘山"的典故。西晋羊祜都督荆州诸军事（当时荆州的治所在襄阳），官声很好。羊祜去世后，百姓很怀念他，在襄阳城外的岘山上为他立庙、立碑。当地百姓拜祭羊祜时睹碑生情，莫不流泪，因此羊祜的继任者杜预将其称作堕泪碑。唐代大诗人孟浩然写有《与诸子登岘山》，诗云："人事有代谢，往来成古今。江山留胜迹，我辈复登临。水落鱼梁浅，天寒梦泽深。羊公碑尚在，读罢泪沾襟。"

以左宗棠的威望，如此高度评价一个人，哪怕挽联多有溢美，想必这唐际盛也是个不错的官员。唐际盛任荆州知府时也确实颇有政绩，其在任上主修了荆州大堤防御长江洪水的最险段郝穴铁牛矶，而这一工程至今还在使用。镇水铁牛镌刻如下文字：

---

① 《左宗棠全集·家书 诗文》，岳麓书社，2009 年，第 432 页。

维咸丰九年夏，荆州太守唐际盛修堤成，铸角端镇水于郝穴，而系以铭曰："嶙嶙峋峋，与德贞纯，吐秘孕宝，守捍江滨，骇浪不作，怪族脊驯。嚜！千秋万世兮，福我下民。"①

但在另外一位湘军大佬曾国荃的笔下，唐际盛却是个品行劣、能力差的官员，可以说是坏透了。

同治五年（1866），曾国荃任湖北巡抚，与同驻在武昌城的湖广总督官文搞得很僵。于是，天不怕、地不怕的曾国荃上疏皇帝和太后参劾官文，在大清官场掀起了一场大风波。在参劾官文之前，曾国荃于同治五年五月二十七日上了一道《密陈臬司狡诈疏》。"臬司"是按察使的别称，曾老九这道折子就是专门向皇帝和太后告唐际盛的状。奏疏中如此说：

> 查有臬司唐际盛，狡诈性成，专以钻营结纳为事，由诸生滃得优保至湖北荆州府知府，前年由候补道奉特旨简擢臬司。该员不思力图报称，乃益肆诪张，夤缘当道，倾陷同官，于省城之粮台、营务处、牙厘局等处，无不一力把持，多树私党。去年署任藩司，骄横之气更形辞色。②

曾国荃列举唐际盛主要的罪状是为难驻扎在湖北的湘军成大吉营，在捻军进攻湖北的紧要时期竟然拖欠军饷，酿成兵变。官场的同人和当地士绅对唐际盛愤怒非常，而且他不听巡抚曾国荃的规劝，拒不改过。因此，曾国荃要求朝廷"严旨将臬司唐际盛立予罢斥，永不叙用"③。

虽然一省的巡抚、布政使、按察使都是向皇帝负责的，但到了清末时布政使、按察使已成了巡抚事实上的下属。上司向皇帝如此参劾下属，而且曾九帅又是劳苦功高的一等威毅伯，这个折了的杀伤力可想而知。唐际盛肯定

---

① 黄发晖：《百年铁牛难镇江　综合治理保安澜》，湖北省水利厅官网（http://www.hubeiwater.gov.cn/special/slwh/whsl/wy/201112/t20111221_191.shtml），2011 年 12 月 21 日。

②《曾国荃全集·奏疏》（第一册），岳麓书社，2006 年，第 47 页。

③ 同上书，第 48 页。

难安于位，他和总督官文的关系很好，于是朝廷给了他一个面子，让唐际盛自己提出辞呈告老还乡。

曾国藩、曾国荃兄弟和唐际盛是长沙府的同乡，他们早就认识。为什么曾国荃如此恨唐际盛，非让他滚蛋不可？为什么两人同事刚刚两个月（曾国荃是年三月才到任），就如此不能相容？原因是唐际盛先使阴招，彻底得罪了曾国荃。

当知道曾国荃被任命为湖北巡抚后，唐际盛马上展开了阻挠、抵制活动，他深知督、抚同城一定会有权力冲突。官文任湖广总督十数年，把持两湖军政大权，在胡林翼之后湖北巡抚都为其所不容，并接连进行高层活动将其调走。唐际盛在湖北亦为官十数年，从知府成长为湖北按察使兼署布政使（相当于省政法委书记兼代理常务副省长），一直逢迎着官文，可以说他是官文在湖广所倚仗的心腹。唐际盛出了个馊主意，替官文草拟了一个奏折，恳请皇帝和太后让曾国荃专司"帮办军务"而不用管理民政，将巡抚的印信不授予曾国荃。

这个主意甚荒唐，有悖于朝廷体制。无论哪个时代，政治是要讲名实相符的，既然任命一个人做巡抚，就必须给巡抚的印信和权力，否则朝廷的规矩何在？"湖北巡抚"的全称是"巡抚湖北等处地方，提督军务，兼理粮饷"，有统管全省的军事、民政、粮饷的大权。此前，唐际盛怂恿官文先下手为强，上奏朝廷明确曾国荃来湖北是"帮办军务"，削弱其作为军事首长的权力，这已经让曾国荃大怒。同时，官文也觉得不给巡抚的印信实在太过分，这话向太后和皇帝没法说出口，于是未能采纳。但唐际盛还不死心，他把这道草拟的折子寄回长沙，散布舆论给曾国荃以压力，让湖南士绅都知道曾老九在湖北官场不受欢迎。

官场内部关系错综复杂，何况湖北官场多湘军系的官吏，唐际盛这些小动作怎么可能瞒过曾国荃？性格刚直、行事泼辣的曾九帅哪受得了这窝囊气，心想：老子还没到湖北，你就开始搞鬼，看我不收拾你！

那么，唐际盛为什么这样害怕曾国荃来湖北做巡抚呢？一则曾国荃功劳大，很强势。唐际盛作为盘踞湖北官场多年的"准地头蛇"，以前只需抱紧官文这棵大树便可以侵夺巡抚的权力，但他知道一旦自己在曾国荃手下做按察使兼署布政使，就不可能大权独揽了。二则唐际盛在长沙做绅士时和曾国藩、曾国荃兄弟最好的朋友黄冕有较深的过节，担心曾国荃故意给自己穿小鞋。

说起来，这武昌城内的高层矛盾，肇始于长沙城。

黄冕（1795—1870），字服周，号南坡，长沙人。黄冕比曾国藩还大十六岁，算是曾氏兄弟的前辈了。这人出仕早，能力强，可仕途坎坷，每在一个职位上总会受到许多非议，并被言官弹劾。鸦片战争期间，黄冕任镇江知府，因两江总督裕谦死难而被浙江巡抚参劾为救援不力，谪戍伊犁，并成为林则徐的好友。后赦免复官，做过一阵子小官，便回到了老家长沙做乡绅。

曾国藩办理团练，黄冕出力甚大。湘军出省作战，黄冕和郭嵩焘办东征局为湘军筹集粮饷，采办和制造武器，创制了厘税制度，依靠茶叶和盐业的税收，来筹集湘军军饷。对曾国荃而言，黄冕更是有殊恩的。咸丰六年（1856）石达开经略江西，曾国藩作战不利，江西城池大半由太平军占领。当时，黄冕被委任为吉安府知府，他建议曾国荃募军三千人号"吉字营"去解吉安之围，当然更是为了支援焦头烂额的长兄曾国藩。由此，乡下一位区区贡生曾国荃一飞冲天，说黄冕是曾国荃生命中最重要的贵人毫不为过。

唐际盛和黄冕家族都是长沙城里的富豪。在唐际盛还未出仕前，他应该是很会待人处事的。

咸丰二年（1852），太平军挥师北上，围攻长沙城。长沙绅士协助骆秉章等官员守城，唐际盛捐助有功。击退太平军后，湖南开始操办团练，进而有兴水师之议。据王闿运《湘军志》记载：

> 长沙丁善庆、陈本钦、唐际盛、李概等，始捐赀设船局，而黄冕专

制炮。^①

可见，在清廷与太平军作战中，唐际盛立下了不小的功劳，因而才得以保举做官。大概是因为同为湘军办事，唐际盛和黄冕产生了过节，而曾氏兄弟出于情感因素站在了黄冕一边。因为这段因缘，唐际盛和时任骆秉章幕府师爷的左宗棠多有交往，其死后左宗棠才送了那么一副情深意切的挽联。

唐际盛作为官文的亲信，暗中捣鬼给曾国荃使绊子，是维护自己根本利益使然。在后世人看来，这种做法是逞小智而昧于大局。当时，曾国藩、曾国荃位隆勋高，而且剿捻是大局，所以为了这个大局太后和皇帝会给曾氏兄弟面子。因此，唐际盛想靠耍那样的手腕来阻止曾国荃出任湖北巡抚，实在自不量力，且也结怨于曾氏兄弟。其实，唐际盛最明智的做法应该是忘却和黄冕的那些过节，以官文的亲信、曾国荃的同乡的身份弥缝督、抚矛盾，而不是火上浇油。唐际盛最后成为两强相争的牺牲品，且落下个帮助满族高官整湖南高官的"湘奸"嫌疑，实则也是自找的。当然，当局者迷是常事，人往往为了利益而迭出昏招，即便精明如唐际盛亦然。

自同治五年（1866）被曾国荃参劾后，直到光绪三年（1877）去世，唐际盛在长沙度过了十一载暮年时光。

郭嵩焘在同治五年七月二十六日的日记中记载：

> 接唐荫云……各信。又接曾沅甫信，并寄示苍鹰行一诗，为左季高倾我而发也。^②

此时距离曾国荃（沅甫）参劾唐际盛已两个月，这事估计官场已遍知，而唐在等候朝廷处理，不过心里应该明白凶多吉少。曾国荃和唐际盛给共同的朋

---

①[清]王闿运、郭振墉等：《湘军志 湘军志平议 续湘军志》，岳麓书社，1983年，第75—76页。

②[清]郭嵩焘：《郭嵩焘日记》（第二卷），"同治五年七月二十六日"条，湖南人民出版社，1981年，第393页。

友郭嵩焘写信，想必都会以自己的角度来叙述两人的冲突。不过，此时郭嵩焘也因为被老朋友左宗棠所参劾，被罢免了署理广东巡抚，回到了长沙。曾国荃写诗安慰郭嵩焘，而郭嵩焘的心情大约和唐际盛差不多。

唉，湘军系内部的矛盾，扯不断，理还乱。

在常州，想起清末两位清醒者——赵烈文和赵凤昌

2018年秋，我曾住进常州钟楼区一家酒店，第二天清晨则早早起来，下楼散步。二十六年前（1992年），我来过常州这座城市，但记忆中没有留下什么。即便有，过去二十余年中国各个城市的变化，也是沧海桑田，无处觅旧迹了。

徜徉在树荫下，我想起了清末此地两位姓赵的先贤——赵烈文和赵凤昌，他们是那个时代难得的清醒者。

赵烈文，常州阳湖（今武进）人，字惠甫，号能静居士。赵烈文在曾国藩晚年时随侍左右做贴身幕僚，曾国藩对这位年轻人很信任，两人常在密室中谈论朝政，臧否人物。赵烈文将这些谈话记载于《能静居日记》，其中人们熟知的是其在同治六年（1867）六月二十日预判清廷将在五十年内因"抽心一烂"而灭亡。

当时，湘淮军已经平定了东南，开始搞洋务运动，整个国家的气象看上去有些好的转变，更有会"唱颂歌"的人更将其名之为"同治中兴"。作为中兴第一大臣的曾国藩，对"中兴"的成色如何，还是有足够的清醒。这一天，曾国藩听北京来客介绍京师的社会状况后，便忧心忡忡地对赵烈文说：

> "京中来人所说，云都门气象甚恶，明火执仗之案时出，而市肆乞丐成群，甚至妇女亦裸身无裤。民穷财尽，恐有异变，奈何？"

赵烈文回答说：

> "天下治安，一统久矣，势必驯至分剖。然主威素重，风气未开，若

非抽心一烂，则土崩瓦解之局不成。以烈度之，异日之祸，必先根本颠仆，而后方州无主，人自为政，殆不出五十年矣。"①

曾国藩当时虽认为国事多难，但不至于崩盘，为此还和赵烈文辩驳了一番。不过，历史的发展证明了赵烈文的判断。

赵烈文于甲午年（1894）去世，并没有见证清廷土崩瓦解的最后结局。但他的同乡晚辈赵凤昌（很有可能是同族）不仅是目睹者，还是这一过程的参与者。

赵凤昌（1856—1938），字竹君，也是常州武进人，比赵烈文小二十四岁。他是晚清立宪派的代表人物，甚至可以说是中华民国的催生者之一。

赵凤昌少年时家贫，失学后入钱庄当学徒。富户朱某看赵凤昌聪明伶俐，绝非池中之物，于是给他一笔钱捐了杂职，分发到广东候补，时年二十岁。到广东后不久，赵凤昌碰上了生命中最重要的贵人张之洞。张之洞早年是京师"清流派"重要角色，后到广州做两广总督。张之洞很是欣赏这位聪明、勤快、记忆力惊人的小伙子，对其十分信任，让赵凤昌充当总督衙门文案，参与一切机密。

刚到张之洞身边时，赵凤昌做了一件让张之洞对其刮目相看的事：说动张之洞重开"赌闱"。经过中法战争后，两广衙门很缺钱，但又不能增加田赋和商业税，那钱从哪儿来？赵凤昌告诉张之洞，广东人好赌，让他们白白地出钱给官府报效很难，但是愿意在赌场上一掷千金。"赌闱"就是赌乡试的中举者姓氏。因为事关朝廷抡才大典，有辱斯文，被禁了多年，可洋人在澳门照样开场子"赌闱"，广东士民纷纷送钱去那里。与其这样，这笔钱不如由官府自己来赚。

赵凤昌在历史上最大的贡献：一是策动了"东南互保"；二是在"武昌起义"后成为"南北议和"的促成者之一。

---

① [清] 赵烈文：《能静居日记》（第二册），"同治六年六月二十日"条，岳麓书社，2013 年，第 1068 页。

1900年，慈禧老太后发了疯，向十一国宣战。但是，稍微有点见识的人就能看出这是一场必败的战争，会将中国引入万劫不复的地步，而洋务运动积攒下的那点底子也一定会为之灰飞烟灭。当时，像两广总督李鸿章、两江总督刘坤一、湖广总督张之洞这样的明白人心急如焚，可朝廷宣战了，而且是举全国之力决一死战，做地方官的怎么能置身于外？

为了家乡，也为了中国，赵凤昌他们不能陪着慈禧老太后发疯。于是，张謇、赵凤昌、盛宣怀等人在上海出谋划策，分头游说刘坤一、张之洞、李鸿章，倡议拒绝奉行来自北京的"乱命"，自行其是与列强签订和约。为了打消自己"老板"的顾虑，赵凤昌还给张之洞拍了一封电报，伪造了一份圣旨曰：

> 洋电，两宫西幸，有旨饬各督抚力保疆土，援庚申例令庆邸留京与各国会议云。[①]

张之洞可是探花出身的重臣，久历宦海的他不敢相信，又回电问这"洋电"从何而来。赵凤昌马上拉上常州同乡盛宣怀为他背书，他对盛宣怀说：

> "捏旨亡国则不可，捏旨救国则何碍？且既称洋电，即西人之电，吾辈得闻，即为传达而已。"[②]

意思是说，我们在上海从洋人那里得知这个消息，但没有看到原文，为了国家我们向各位督抚转达一下而已。即便穿帮，也只是"信谣、传谣"的罪过。——相当于现在媒体常用的"据外电报道"。

于是，盛宣怀把赵凤昌发给张之洞的电文照抄分发给各省督抚，表示确有其事。赵凤昌再复电张之洞："盛亦得洋电，已通电各省，望即宣布，以安地方而免意外。"[③]然后，南方各省代表来到上海，与列国驻上海领事团签订

---

① 黄濬:《花随人圣庵摭忆》，中华书局，2013 年，第 431 页。
② 同上书，第 432 页。
③ 黄濬:《花随人圣庵摭忆》，中华书局，2013 年，第 432 页。

协议。如此，"东南互保"大功告成，中国南方免受了一场兵燹。

1911年武昌起义后不久，上海光复。赵凤昌在上海南阳路十号的赵宅"惜阴堂"，成了各派南北要人聚会之所。赵凤昌充分利用他与北、南两方要人的私交，居间联络，出谋划策。黄兴在汉阳被北洋军打败，回到上海后在赵凤昌家中与张謇、程德全等人会面。唐绍仪到上海议和，也在赵宅与黄兴面商。1911年12月25日，孙中山回国，第二天下午即赴"惜阴堂"向赵凤昌征询意见。

今天，许多人知道张謇在促成清帝逊位、南北议和中所起的重要作用，其实赵凤昌的贡献一点不比张謇小。

清末常州这两位姓赵的先贤，都是明了大势的清醒者，但是赵凤昌比赵烈文更加不容易。赵烈文是佛门弟子，日记中处处流露出幻灭感，他对国家的前景是悲观的。但在面对"抽心一烂""土崩瓦解"的局面时，赵凤昌积极作为，两次避免了富庶的南方免受战火波及，避免了生灵涂炭，为中国保留了一线生机。

光绪年间，兰州城有两位湘籍公子——谭嗣同和谭延闿

苦月霜林微有阴，灯寒欲雪夜钟深。

此时危坐管宁榻，抱膝乃为梁父吟。

斗酒纵横天下事，名山风雨百年心。

摊书兀兀了无睡，起听五更孤角沉。①

这是浏阳谭嗣同在兰州写的一首诗《夜成》，诗中有一种大寂寞。在兰州五泉山下，诗人独对孤灯，听金城的号角，心思沉浮。

从诗作本身而言，不算上品，用典也是很常见的，而"斗酒纵横"则是少年人常有的心性。但诗中有一种早熟的忧患，谭复生（谭嗣同字复生）日后的追求和舍命为变法的气概，由此诗可见一斑。

谭嗣同写此诗的具体年月，颇有争议。普遍的看法是，此乃光绪九年（1883）后，谭嗣同随父亲谭继洵到兰州读书时写就的。

光绪九年（1883），谭继洵由甘肃巩秦阶道员升任甘肃按察使，全家由天水迁到兰州。刚到兰州，谭继洵命令儿子谭嗣同（时年十八岁）回湖南和同乡、户部同人李寿蓉的女儿李闰成婚，因此谭嗣同几乎在兰州没停留几天。

婚后，谭嗣同夫妇即回兰州。此诗应该是在谭嗣同婚后写的，其中的不平之气可能是有后母卢氏的原因。

据记载，谭继洵的夫人即谭嗣同的生母去世后，家中事务由谭老爷的大姨太卢氏掌管。卢氏很机敏，深得谭继洵喜爱，又生了个小儿子，地位更高。谭嗣同的二哥谭嗣襄（其长兄已去世）很灵泛，与后母处得还可以，但谭嗣同性格狂狷，遇到卢氏的批评则毫不客气地顶嘴。于是，卢氏在谭继洵面前

---

① 《谭嗣同全集·卷四》，生活·读书·新知三联书店，1954年，第479页。

说坏话离间父子，谭继洵对谭嗣同很是恼火。

父子有矛盾，后母离间当然是原因之一，但我以为完全归罪于此也不对。谭嗣同当时的叛逆精神，让久经宦海的谭继洵害怕：有才的儿子不安分，祸福难料呀。

光绪十三年（1887），谭继洵在日记中云：

> 七儿（谭嗣同在家族大排行中排第七，故称七公子）好弄，观近作制艺文，不合式。①

"制艺文"是应科举的八股文、策论、试帖诗，谭嗣同志不在此。进士出身的谭继洵于是亲自辅导儿子的制艺功课，而谭嗣同在父亲推荐的范文上大书"岂有此理"。如此，父亲谭继洵能不担心这样的儿子将来为他闯大祸吗？

可怜天下父母心。谭继洵知道自己的儿子不喜欢作八股文，看来走科举的路希望不大，便走门子、拉关系。谭继洵的一个女儿嫁给了收复新疆的同乡、新疆首任巡抚刘锦棠的儿子，两人有亲家之谊，而有战功的大臣说话好使。光绪十三年（1887），刘锦棠以谭嗣襄、谭嗣同在甘肃新疆粮台效力向朝廷疏荐，奏保谭嗣襄以直隶州知州用，奏保谭嗣同以候补知府补用。

谭嗣同这个候补知府的得来，几乎可以说是"冒功"，但对这个心高气傲的贵公子而言，不是荣耀是耻辱。我以为，谭嗣同这首诗在光绪十三年写就的可能性最大。

在谭嗣同和父亲谭继洵关系不佳的这一时期，兰州城还住着另外一位日后功名甚著的湘籍谭公子——这人是陕甘总督谭钟麟的儿子谭延闿。

谭延闿于光绪六年（1880）生于杭州，比谭嗣同小十五岁，其父谭钟麟时任浙江巡抚。光绪七年（1881），虚岁才两岁的谭延闿随就任陕甘总督的父亲谭钟麟去兰州，在此度过了他的童年时代，直到光绪十六年（1890）离开兰州赴京师。

---

① 贾维、谭志宏编：《谭继洵集》，岳麓书社，2015年，第749页。

谭钟麟是湖南茶陵人，和谭继洵是长沙府的同乡，又都姓谭，两人在兰州是上下级关系，相处非常融洽。于是，在给朝廷的奏章中，谭钟麟不断地讲谭继洵的好话。例如，光绪十一年（1885），谭钟麟给甘肃布政使谭继洵的考语是："该员才明心细，综核精详，守经达权，能顾大局。"①

谭延闿是小老婆生的，在大家庭中地位并不高，从小就尝到了人生甘苦，读书非常用功，尤其是情商高。他二十四岁中举人，二十六岁会试第一名（清代湖南唯一的会元），殿试二甲三十五名，入翰林院。据说，他本来殿试是状元备选，但因为姓谭且又是湖南人，慈禧太后痛恨谭嗣同，恨屋及乌，状元便给了别人。

谭延闿不但会考试，而且会做官。民国后，谭延闿做过湖南督军、国府行政院院长（总理）。此人号称"药中甘草"，处世的原则是一个"混"字，做官的宗旨是"三不"主义：一不负责；二不谏言；三不得罪人。谭延闿主要的精力用于研究美食。

---

① 贾维、谭继宏编：《谭继洵集》，岳麓书社，2015年，第3页。

洞庭波送一僧来：忍辱负重为佛法的寄禅法师

佛教在汉代传入中土，到唐代禅宗创立了丛林制度，其他宗派亦争相效仿。这可以算是佛教适应中国国情和时代的一大变革，各个寺庙从此成为一个类似中国家族的小共同体，有尊卑，有师承，严格地按照科层制进行管理。

到了清朝末年，工商业文明对中国传统的农耕文明产生了巨大的冲击，早已在中国生根结果的佛教也受到了内忧外患的夹击。在传统的丛林制度下，佛教寺庙散落各地，互不统辖，因门户之见还彼此攻讦，而相比之下外来的天主教、基督新教的组织化、执行力远胜佛教。太虚法师曾对此感慨道：

> 佛教寺院原为僧团制度，在中国则适应宗法而成一寺一庵变相家族，只有家族而无教团。教团萌芽清末之僧教育会，入民国为中华佛教总会及中国佛教会，断断续续，有了三十多载，距组织之健全尚非常辽远。[①]

在中国近现代第一个全国性佛教组织——中华佛教总会的筹建中，出生于湖南湘潭县贫苦家庭的传奇僧人寄禅法师（八指头陀）居功至伟。

寄禅法师是湖南省湘潭县姜畲人，生于咸丰辛亥年，即咸丰元年（1851）。姜畲是旧时湘潭县的西边门户，西北距韶山大约二十公里，处涟水之滨，后来修建的潭邵（湘潭至邵阳）公路经过此地，自古为交通要冲。

清朝末年，湘潭县出了三位诗坛怪才。其中，两位是王闿运的弟子——

---

① 太虚法师：《抗战四年来之佛教》。《太虚大师全书·时论》，宗教文化出版社，2004年，第238页。

铁匠出身的张正旸、木匠出身的齐白石；另一位就是"诗僧"寄禅法师。法师俗姓黄，名读山，出家后师父赐法名敬安，字寄禅。据其《八指头陀诗集·自述》言：

> 七岁失母，诸姊皆已嫁，父或他适，则预以余及弟寄食邻家。日昃不返，即啼号踪迹之，里人为之恻然。年十一，始就私塾授《论语》，未终篇，父又殁，零丁孤苦，极厥惨伤。弟以幼依族父，余无所得食，乃为农家牧牛，犹带书读。一日，与群儿避雨村中，闻读唐诗，至"少孤为客早"句，潸然泪下。塾师周云帆先生骇问其由，以父殁不能读书对。师甚怜之，曰："子为我执炊爨洒扫，暇则教子读，可乎？"即下拜。师喜甚，每语人曰："此子耐苦读，后必有所树立，余老不及见耳。"无何，师以病殁。然余遵师遗训，不欲废业。闻某豪家欲觅一童伴儿读，即欣然往就。至则使供驱役，自读辄遭呵叱，因悲叹以为屈身原为读书计，既违所愿，岂可为区区衣食为人奴乎！即辞去。学艺，鞭挞尤甚，绝而复苏者数次。一日，见篱间白桃花忽为风雨摧败，不觉失声大哭，因慨然动出尘想，遂投湘阴法华寺出家，礼东林长老为师。时同治七年，余方成童也。[①]

寄禅法师早年烧掉了两根手指礼佛，因此又有"八指头陀"之号。他于诗学与佛学很有慧根，但由于年少时读书不多，诗句吟出一旦落笔，往往点画不全，十字九误。

寄禅法师在衡山祝圣寺受具足戒，一心苦修佛法，心无旁骛。当时的首座精一法师喜欢写诗，寄禅作为刚受戒的小和尚竟然规劝精一法师道："出家人不究本分上事，乃有闲工夫学世谛上文字耶？"

有一年，寄禅法师到了岳阳，陪着一位舅氏登上岳阳楼。文人雅集，分韵赋诗，寄禅法师望湖光粼粼、一碧万顷，口吟了一句"洞庭波送一僧

---

① 释敬安：《八指头陀诗文集·自述》，梅季点辑，岳麓书社，1984年，第453页。

来"①，后被广为传颂。自此，寄禅法师于诗道一途尤为用力，如他自己所言："然以读书少，用力尤苦，或一字未惬，如负重累，至忘寝食。有一诗至数年始成者。"②

寄禅法师以出世之身怀救世之心，他的诗歌中处处可见忧国忧民的殷殷之情、拳拳之心。

甲午战争爆发后，清廷命令湘军宿将魏光焘、陈湜、李光久在湘地募军出关迎战，牛庄一役异常惨烈，湘军战败。三年后，寄禅法师从胡志学那里听说战场情形，写了五首绝句，其一为：

> 一纸官书到海滨，国仇未报耻休兵！
> 回看部卒今何在？满目新坟是旧营。③

《辛丑条约》签订后，寄禅法师闻讯，大为悲恸，赋诗云：

> 天上玉楼传诏夜，人间金币议和年。
> 哀时哭友无穷泪，夜雨江南应未眠。④

但于一位大德而言，作诗毕竟为余事，是用来调护心灵的。寄禅法师一生功业主要在复兴当时已摇摇欲坠的汉地佛教，在保护寺产、联络各地佛教人士方面贡献尤巨。可以说，他就是一位佛教界的社会活动家。

太平天国起事后，席卷中国南方。作为以"拜上帝教"立"国"的军事集团，洪秀全、杨秀清的天国军队每当占领一地，首先做的是毁掉孔庙与佛寺。因此，在东南一带，许多千古名刹受到了毁灭性破坏。太平天国被镇压后，"洋务运动"兴起，西风东渐，各地又以办学为名来占领佛寺。寄禅法师是一个很会走上层路线的人，他奔走于达官显贵之间，借助官府的力量来维

---

① 释敬安：《八指头陀诗文集·自述》，梅季点辑，岳麓书社，1984年，第453页。
② 同上书，第453—454页。
③ 释敬安：《八指头陀诗文集》，梅季点辑，岳麓书社，1984年，第231页。
④ 同上书，第275页。

护佛门利益。例如，光绪十年（1884），寄禅法师返回湖南，主持衡阳上封寺。上封寺有寺田数千亩，但寺田多为佃农侵占，于是寄禅法师找到巡抚吴大澂，几番关说斡旋，要回了寺庙的土地。

寄禅法师先后住持衡阳大善寺，宁乡沩山寺，长沙神鼎寺、上林寺和宁波天童寺。在他的领导下，这些寺庙风气得到整肃，气象蔚然一新。寄禅法师还提倡寺庙自主兴办僧学堂，此举既为了应对"废庙兴学"的压力，同时也是培养佛学人才的自强之举。

辛亥革命后，民国建立。1912年，寄禅法师在上海开始筹建中华佛教总会。同年4月，各地佛教代表在上海留云寺召开筹备会，寄禅法师被推选为会长，总领佛教总会的全面工作，总会会址设立于上海静安寺。为了争取政治人物的支持，寄禅法师为筹建中华佛教总会亲自拜谒了临时大总统孙中山。孙中山复函中说：

> 道衰久矣！得诸君子阐微索隐，补弊救偏，既畅宗风，亦禅世道，曷胜赞叹！近时各国政教之分甚严，在教徒苦心修持绝不干预政治，而在国家尽力保护不稍吝惜，此种美风，最可效法。[①]

寄禅法师没有等到中华佛教总会正式成立那一天却遽然而逝，原因还是为了维护庙产——湖南老家的安化县发生抢夺寺产、销毁佛像事件。当时已是袁世凯任民国大总统，首都仍在北京，于是安化当地僧侣联名具状内务部，请求政府发文件来保护寺庙，而内务部拒不行文。1912年年底，寄禅法师赶到北京，和法源寺住持、弟子道阶法师赴北洋政府内务部陈情，但主管其事的礼俗司司长杜关态度蛮横。寄禅法师的脾气不好（唉，我们湖南人做了大和尚也是这样），两相争吵起来，据说杜司长还扇了寄禅法师一巴掌。受到侮辱的寄禅法师愤而返回法源寺，于当晚圆寂。寄禅法师的湘潭县同乡好

---

① 孙文：《复佛教会论信教自由书》，载《临时政府公报》1912年3月27日。又，载《狮子吼月刊》1940年第1期。

友杨度在《八指头陀诗文集》序言中叙述此事道：

> 民国元年，忽遇之于京师，游谈半日，夜归宿于法源寺。次晨，寺中方丈道阶奔告予曰："师于昨夕涅槃矣。"予询病状，乃云无病。[①]

杨度当时正依附袁项城（袁世凯），权迷心窍，想做大官，当然不会明言寄禅法师受了内政部官员的羞辱，只用了"乃云无病"的曲笔。

1912年8月，寄禅法师正在上海筹建中华佛教总会，其在写给宝觉居士（注：乃湖南长沙人吴嘉瑞，曾任翰林编修，与梁启超、谭嗣同交情甚笃）的信中言：

> 刬当此刹土变迁，新故交替，满目疮痍，俯时哀世，悲从中来。吃衲（寄禅法师略有口吃，故此自称）曩有"青天欲坠云扶住，碧海将枯泪接流""独上高楼一回首，忍将泪眼看中原"等语，不图今日竟写此"支那"惨象也。
>
> …………
>
> 吃衲徒高僧腊，无补缁门，内伤法弱，外忧国危，每一念及，辄欲绝粒，促此报龄。又苦被大众谬推总持佛会，负责有在，死非其时。且恐僧徒无识，为外界激刺，资生既失，铤而走险，依附外人，更起国际宗教交涉，只得忍辱苟延残喘，妄冀能续一线垂危之慧命，用报佛恩。[②]

国运民瘼，无时不萦绕在这位老和尚胸间。寄禅法师圆寂后，其两大弟子太虚法师、圆瑛法师担当重任，成为佛教界宗师级的大德高僧，可谓肉身亡而法不灭。

---

① 释敬安：《八指头陀诗文集》，梅季点辑，岳麓书社，1984年，第536页。
② 同上书，第503页。

赵烈文：一眼看穿大清的"中兴梦"

"抽心一烂"是曾国藩的幕僚赵烈文在同治六年（1867）对清廷命运的忧虑。此时，太平天国已被扑灭，曾国藩、左宗棠、李鸿章等能吏居于要津，一些士大夫还沉浸在"同治中兴"的迷梦中。赵烈文此论，对曾国藩来说，无异于"乌鸦嘴"。

赵烈文生在江苏常州的一个仕宦之家，他的故乡邻近太平天国的统治中心天京城，是清军和太平军反复拉锯的战场，因此其宗族死于战乱或逃亡者甚多。作为缙绅大族子弟，赵烈文与太平军有不共戴天之仇，因此他入曾国藩幕府有为亲族报仇之意。但难能可贵的是，赵烈文一直能以旁观者的身份清醒地看待政局。

赵烈文在同治六年六月二十日记载了这次他与曾国藩的谈话：

> 初鼓后，涤师（曾国藩）来畅谈。言得京中来人所说，云都门气象甚恶，明火执仗之案时出，而市肆乞丐成群，甚至妇女亦裸身无裤。民穷财尽，恐怕会有异变，奈何？余云："天下治安，一统久矣，势必分剖。然主威素重，风气未开，若非抽心一烂，则土崩瓦解之局不成。以烈度之，异日之祸，必先根本颠仆，而后方州无主，人自为政，殆不出五十年矣！"师蹙额良久，曰："然则当南迁乎？"余云："恐遂陆沉，未必能效晋、宋也。"师曰："本朝君德正，或不至此。"余云："君德正矣，而国势之隆，食报已不为不厚。国初创业太易，诛戮又太重，所以有天下者太巧。天道难知，善恶不相掩，后君之德泽，未足恃也。"师曰："吾日夜望死，忧见宗祏之陨。君辈得毋以为戏论？"余

曰："如师身分，虽善谑，何至以此为戏……"①

曾国藩作为一位见识广的大儒，何尝看不明白清廷隐藏的种种危机，所以才有"吾日夜望死"的幻灭感。曾国藩从守制期间组建湘军开始，十几年备尝艰辛，尤其对清廷对他的防范和官场的倾轧感受特别深，何尝没有赵烈文的同感——这也是他经常找赵烈文聊天的缘由。但作为挽清廷于既倒的第一功臣，作为坐镇东南的肱骨大吏，曾国藩身在局中不敢也不愿意相信自己效忠的朝廷会有"抽心一烂"的结局，他必须自我欺骗才有生存下去的勇气。例如，赵烈文同治二年（1863）九月十二日记载：

> 下午，访欧阳晓岑（曾国藩早年的布衣之交欧阳兆熊），闻沅帅（曾国荃字沅浦）前折批回，轮船事交总理衙门妥议具奏。又军务片内批：曾某（指曾国荃）未到浙江巡抚之任，嗣后军务与杨某、彭某一律咨由曾某（指曾国藩）奏报，毋庸单衔具奏云云。谒相国，命余速至金陵，盖恐沅帅郁抑。②

清廷为了鼓励曾国荃效劳，任命他为浙江巡抚，但不让其去赴任，而是继续在金陵城外带兵攻城。——此是西太后慈禧的笼络之术而已。清朝制度，按察使以上官员就可以单独上奏皇帝，不需要上司代转，而巡抚当然更有资格。于是乎，喜滋滋的曾国荃单衔上奏皇帝，建议朝廷买轮船作为交通和军事设备。朝廷一看曾国荃太把自己当回事，批复说轮船的事该总理衙门管，而你本人未到任浙江巡抚，本职仍然是带兵打仗，以后有什么军务不要单独汇报，与杨厚庵、彭玉麟一样都通过你长兄曾国藩向朝廷汇报。

这是朝廷对曾国荃的严重敲打，几乎已明白地说他不知轻重，不安分守

---

① ［清］赵烈文：《能静居日记》（第二册），"同治六年六月二十日"条，岳麓书社，2013 年，第 1068 页。

② ［清］赵烈文：《能静居日记》（第二册），"同治二年九月十二日"条，岳麓书社，2013 年，第 693 页。

己。如此，心高气傲的曾国荃接到这样的批复，心情之坏可想而知。曾国藩担心弟弟做事继续那样孟浪，于是派最信任的幕僚赵烈文去曾国荃营中帮其出谋划策。

赵烈文奉曾国藩之命来到曾国荃大营中，见证了湘军攻陷天京城以及善后的整个过程。对天京城破后主帅曾国荃默许部下烧杀抢掠，赵烈文在日记中表达了极大的愤慨。例如，赵烈文于同治三年（1864）六月十九日记载："嘉字营武赞臣来候，言及城中事，搜曳妇女，哀号之声不忍闻。"①又于七月初五记载了湘军将士进城后只顾抢夺财物与妇女，而让幼天王与忠王李秀成逃脱的事：

> 所恨中丞（指曾国荃）厚待各将，而破城之日，全军掠夺，无一人顾全大局，使槛中之兽，大股脱逃。幸中丞如天之福，民人得忠酋而缚之，方得交卷出场。不然，此局不独无赏，其受谴责定矣。②

当然，对朝廷和西太后慈禧而言，他们不会真的关心湘军抢掠了天京城内的百姓，虐杀了太平军的俘虏，而是借湘军抢掠和放走幼天王来警告曾氏兄弟特别是曾国荃不要居功自傲，要夹着尾巴做人。赵烈文很清楚地看到曾国荃因有大功而遭攻讦的根本原因：

> 至此次廷寄忽加厉责，其中别有缘起，余知其约略，而未敢臆断。大抵朝廷苟无奥援，将帅立大功于外，往往转罹吏议。③

当曾国荃等湘军将帅以为大功告成，沉浸在等着朝廷厚赏的兴奋中时，赵烈文早就看到清廷过河拆桥、鸟尽弓藏的必然。东南刚刚被湘军平定不久，

---

① ［清］赵烈文：《能静居日记》（第二册），"同治三年六月十九日"条，岳麓书社，2013 年，第 802 页。

② ［清］赵烈文：《能静居日记》（第二册），"同治三年七月初五日"条，岳麓书社，2013 年，第 809 页。

③ 同上书，第 810 页。

曾国藩即受命北上征讨捻军，将两江总督的大印转交给了别人。对此，赵烈文替老师曾国藩不平。其在同治三年十月十九日的日记中记载与另一位曾府幕僚张仙舫议论此事：

> 言及中堂进兵事。仙舫云：江督天下大缺，枢廷部臣衣食所系，安肯令湘乡公久居。此语诚然。①

可见，清廷从来没有真正信任过曾氏兄弟和湘军。对于恩师曾国藩如此肝脑涂地效忠于朝廷，依然被猜忌，这不得不让赵烈文寒心。后来，赵烈文在曾国藩的催促下，出山做过几年易州知州。曾国藩去世后不久，赵烈文便辞官回乡，于光绪二十年（1894）即甲午之战那一年逝世。在赵烈文死后十七年的1911年，"殆不出五十年"清廷必亡的论断应验了。

---

① [清] 赵烈文：《能静居日记》（第二册），"同治三年十月十九日"条，岳麓书社，2013年，第836页。

毓贤：一位自以为是而误国的清官

旧时的山西有"金太谷，银祁县，铜平遥"之说，可见晋中这几个县的富庶。风流总被雨打风吹去，而今说起山西，外人顽固的印象是一掷千金的煤老板，以及和煤炭行业千丝万缕的官场坍塌性腐败。

晋中三县合起来就是"祁太平"，口彩很好。明清时代此地富庶的原因，是山河表里的地理优势——相对北方其他省而言少经战乱，还有经营天下的晋商，而晋商又以开票号、银庄为主。从第三产业的高端金融业，退到现在以采矿业闻名，真让人唏嘘不已。晋中富庶三县，平遥因古城的保留而名噪天下，旅游业成了金饭碗；祁县次之，好歹还有乔家大院；而当年最富庶的"金太谷"，如今显得有些没落。

2017年6月18日，我受邀去山西农业大学信息学院做一个讲座，给孩子们讲讲独立思考与创新思维。题目是主办方建议的，但这个题目好大，讲不好就是灌一些听起来"高大上"其实没什么内容的"心灵鸡汤"。其时，六个同步教室打通，五六百个青年学生来听讲座。于是，我从山西农业大学前身铭贤学校建立的背景，引入了讲座的话题。

任何时候任何人，无论身处高位还是普通老百姓，不被乱象蛊惑而保持独立的思考和判断，很重要也尤为不易。

庚子事变前后，山西巡抚毓贤和南方几位总督李鸿章、刘坤一、张之洞就是典型的对比。

作为八旗子弟的毓贤，说他既是个忠臣，也是个廉吏，应该是比较准确的判断。但刘鹗在《老残游记》中说"清官若自以为是，危害比贪污严重"，指的就是毓贤这样的官员。

毓贤，字佐臣，隶属内务府汉军正黄旗，这样的出身自然是大清朝廷的自家人。毓贤由知府起步，到光绪二十五年（1899）接替他的老上司李秉衡，升任山东巡抚。毓贤对义和团有一个态度转变的过程，一开始他下令不准民间私立大刀会、红拳会，不准设场习拳，并杀害了济宁、汶口、巨野一带的义和团首领陈兆举等。随着与洋人和教会打交道多了，毓贤越来越感觉到洋人欺人太甚，而义和团也改变宣传策略开始树立"扶清灭洋"的大旗，于是他开始对义和团由"剿"变"抚"。

毓贤的所为，自然引起列强的强烈反弹。在列强的干涉下，清廷不得不调任袁世凯来山东做巡抚，而毓贤被调任山西巡抚。也许在山东受够了洋人的"鸟气"，毓贤到了山西便变本加厉地支持义和团，强烈地排外。

清廷决定重用"刀枪不入"的义和团兄弟向列强开战后，得到旨意的毓贤那更是放开手脚向洋人开战。在内陆省份山西，毓贤的"敌人"主要是传教士。毓贤在山西排外的"成绩"很大，甚至当清廷下诏要求保护教民，他仍然不停止杀戮。被杀害的洋人中，包括十一名幼童，而他本人亲手杀死了天主教山西北境教区正主教艾士杰。山西全省共杀害传教士一百九十一人、中国教民及其家属子女一万多人，焚毁教堂、医院二百二十五所，烧拆房屋两万余间，是各省中死人最多的一个省，竟然比八国联军经过的直隶和京师还多。

当八国联军攻陷北京城后，与清廷谈判的重要内容便是抚恤死难的洋人，惩罚排外仇教的官员。毓贤是列强必须追究的"罪首"，已经被判处流放新疆的毓贤被追加为死刑——老佛爷的"锅"他必须背到底。山西全省为毓贤的颠顸残暴行为付出的抚恤金和丧葬费等共计四百余万两白银，而清廷还停止了山西士人科举考试达五年之久以示惩罚。

毓贤为官清廉，在民间有着很高的美誉度。在毓贤死后，还有人为他在兰州修建祠堂来纪念，清廷得知后下诏拆除。他在临死前写了两副自挽联，其一曰：

臣死国，妻妾死臣，夫复奚疑，最难老母九旬，稚女十龄，未免凋伤慈孝治；

　　我杀人，夷狄杀我，亦有何憾。所愧奉君廿载，历官三省，空嗟辜
负圣明恩。[1]

　　在毓贤支持义和团排外时，同朝为官的刘坤一、张之洞在做什么呢？张
之洞出京后做的第一个地方官就是山西巡抚。刘坤一、张之洞等人策动了
"东南互保"，使南方半个中国免受战火的祸害。

　　当义和团运动席卷华北时，长江流域的洋人担心受到波及，策划两江总
督刘坤一、湖广总督张之洞等与列强合作，经盛宣怀牵线，由上海道余联沅
出面，与各国驻沪领事商定《东南保护约款》和《保护上海城厢内外章程》，
规定上海租界归各国共同保护，长江及苏杭内地均归各省督抚保护。

　　清廷向十一国宣战后，以两江总督刘坤一、湖广总督张之洞、两广总督
李鸿章为首，称宣战的诏书是拳民胁持下的"矫诏、乱命"，联合闽浙总督
许应骙、四川总督奎俊、铁路大臣盛宣怀、山东巡抚袁世凯，与各参战国达
成协议，以为"乱民不可用，邪术不可信，兵衅不可开"[2]。南方几位督抚后
来一致商定，与各参战国达成协议，无论北方情形如何，请列国不要进兵长
江流域与各省内地；各国人民生命财产，凡在辖区之内者，各地官员决依条
约保护。

　　同样是大清的封疆大吏，毓贤的个人操守不比刘坤一、张之洞差，对清
廷的忠诚度或超过二人，可是在那样的乱局下刘、张二人做出了不同的选
择，为个人、家庭以及所管辖的百姓带来了完全不同的命运。毓贤自挽联中
所言"奉君廿载，历官三省"，但他带给老百姓的是什么呢？两相对比，可
知"理性爱国"需要有独立的思考与判断。

　　清廷因庚子事变惩罚山西士人，停止晋省科举，而山西的近现代教育却

<hr>

　　①《自夸德行的自挽联》。梁羽生：《名联观止》(下)，广西师大出版社，2008年，第
690页。
　　②[清]罗惇曧等：《庚子国变记》，上海书店出版社，影印本，1982年，第8页。

也因这场祸患而生，如山西农业大学的前身铭贤学校。这或许可以印证中国古人所言的"祸福相依"。

铭贤学校和民国"财神爷"孔祥熙的名字是紧密相连的。孔祥熙是儒家至圣先师孔子的第七十五代裔孙，却是一位基督徒。他十岁时随父加入基督教，先后就读于太谷福音小学和河北通州潞河书院等教会学校。1901年，清廷与列强签订《辛丑条约》。孔祥熙因协助办理太谷教案"有功"，被太谷基督教公理会资助到美国深造。从1901年8月到1907年秋，孔祥熙先后完成了欧柏林大学和耶鲁大学的学业，获学士、硕士学位。学成归国前，孔祥熙向欧柏林大学建议，在山西设一纪念学府，以传播"欧柏林精神"。——庚子事变中，欧柏林大学的校友及眷属共十五人在山西省被杀，而"铭贤"即铭记殉难的先贤之意。

铭贤学校初建时是一所完全小学，学制为初小四年，高小三年。1909年，增设中学班次，学制为四年。这一年，学堂迁入太谷县城东的孟家花园，此地花草茂盛、林木扶疏，四周视野开阔，是办学的绝佳之处。

1951年，铭贤学校停办，改名为山西农学院。万幸的是，此处继续办学，原铭贤学校的这些老建筑才得以保存下来。现在，铭贤学校的旧址只是山西农大校区的一个角落，因为是文物，已不做教学、科研场所，只有一些类似工会和民主党派的机关驻在里面，整个院落显得安静、落寞。一百多年过去了，看铭贤学校的一砖一瓦，不得不感叹那时候的工匠做事之精细。

这次讲座后的第二天清晨，我来到山西农业大学校园里原铭贤学校的古院落内盘桓了半个小时。在院落里，正好碰到一群穿着民国时期服装的女学生，问她们是不是在排戏，其中一位女子回答说是在拍毕业照。看那青砖灰瓦的清末民初建筑，再加上一群穿着蓝色旗袍的女生，似乎时光倒流，不知今夕何夕了。

她们应该知道创办铭贤学校的孔祥熙，但是否知道毓贤呢？我本来想走上前问这个问题，但又觉得太唐突，终于忍住了。

青春真好，愿这些孩子们走出校门后的人生路洒满阳光。

康有为若听从建议弥合帝后关系，变法结局将如何？

近来，从图书馆借阅了一本朱德裳所著《三十年闻见录》。朱德裳（1874—1936），字师晦，取此表字应该是要以朱氏前辈大儒朱熹为人生楷模。——朱熹，字元晦，又字仲晦，号晦庵。

朱德裳是湖南湘潭人，生在晚清列强逼迫、民不聊生的大转型时代，难以在故乡安静地成长为一个"纯儒"，而是受到了湖南维新和留学风潮的影响，并于1903年被选为留日官学生。其中，同行的湖南籍学子有杨昌济（长沙）、仇亮（湘阴）、石醉六（邵阳）、陈天华（新化）、刘揆一（衡山）。

在日本，朱德裳加入了同盟会，和黄兴、蔡锷成为终身好友。在辛亥革命那代湖湘志士中，朱德裳因为活的时间比较长，能在晚年留下《三十年闻见录》这么一本书。《三十年闻见录》记述了清末民初所见所闻的往事和结识的人物，很有史料价值。

朱德裳所著《三十年闻见录》由岳麓书社于1985年出版，前言乃当时还不出名的唐浩明所写。由于当时没有互联网，检索史料很费工夫，书中一些问题编辑未能弄清楚，只得存疑。例如，这本书收录的一篇别人所写、刊登于当时报刊的文章《戊戌新党王照》（王照，字小航，直隶宁河县人），编者注曰："此篇系移录成作，未著撰人及书名。"不过，我在网上用了五分钟搜索，就搞清了这篇文章的作者以及其家世。（感谢伟大的互联网！）其文中说："先生为辛卯举人，甲午与先从兄莹甫同成进士，入翰林。于先世父子静公为年家子。先从兄研甫、艺甫暨家仲兄明甫均与稔交。"

甲午恩科（慈禧太后六十大寿）的状元是张謇，再查那一科的进士录，然后再查"字莹甫"的人，原来作者这位堂哥是徐仁镜，出自宜兴的望族徐家。徐仁镜的父亲徐致靖，字子静，是维新派的精神教父，戊戌变法时任礼部侍郎，替康有为上疏光绪帝请明定国是，"以一定心，而维时局"①，并向光绪帝推荐康有为、梁启超、谭嗣同、黄遵宪、张元济等人。其长兄徐仁铸，字研甫，光绪十五年（1889）进士，与谭嗣同、陈三立和陶葆廉（陶菊存）合称为"维新四公子"。

戊戌变法失败后，慈禧太后对引荐康、梁的"罪魁"徐致靖恨之入骨。徐致靖被囚禁后，慈禧太后"批示"其是第一个该杀的人，而徐家的子弟也清楚此番老太爷必死无疑，已买好棺材，准备后事。

菜市口杀新党时，徐致靖的侄子徐仁铨跑到刑场去收尸，参与变法的两个儿子徐仁铸、徐仁镜不敢出门，在家里等着办丧事。大家料想徐致靖官职最高、资格最老，肯定是第一个受刑的，可第一个被杀的是谭嗣同。等"六君子"就义后，看热闹的百姓散了，徐家才知道老太爷徐致靖这次保住了头颅。

原来，李鸿章和徐致靖的父亲徐家杰是同年进士，交情甚笃。李鸿章求慈禧太后的红人荣禄帮忙，救年侄徐致靖一命。荣禄向慈禧太后说情，说徐致靖只是个书呆子，根本不懂新政，只是在维新派里唱昆曲、下围棋而已，且在宣布维新后的三个月内光绪帝一次也没有召见过他。

慈禧太后派太监查询。皇帝召见任何人都有记载，太监核查后说：三个月内皇帝确实没有召见过徐致靖。这下，慈禧太后给了荣禄一个面子，改判徐致靖为"斩监候"（死缓）。

其实，光绪帝没有召见徐致靖的真正原因是因为他耳朵有些聋，别人必须大嗓门说话才能听清。光绪帝左右多有慈禧太后安插的耳目，所以为保密干脆不召见徐致靖。

1900年庚子事变后，慈禧太后、光绪帝逃到了西安。八国联军攻陷北京后，京城乱哄哄的，在大狱里的徐致靖没人管，平安出来了。这位维新"教

---

① 徐致靖：《请明定国是疏》。中国史学会主编：《戊戌变法》（二），上海人民出版社，1961年，第340页。

父"一直活到1917年，以七十三岁高龄寿终。徐致靖晚年自号"仅叟"，意思是戊戌变法时"六君子"被害，他是刀下仅存的老朽，并常对人说"后悔保荐了谭浏阳，否则他不会被杀"。

回到《戊戌新党王照》一文，知道此文的作者是徐致靖的侄子、徐仁镜的堂弟就好办了。因文中收录有王照给作者的回信，开头称呼为"一士年兄大人"，而"一士"显然是笔名或字号，再输入关键字"徐一士 徐致靖"查询，马上结果出来了：

> 徐一士（1890—1971），原名徐仁钰，字相甫，号蹇斋。曾自号亦佳庐主人。辛亥革命前后，以"一士"为笔名为各大报章撰文，遂以徐一士之名行世。……徐一士祖上为江苏宜兴大族，清中叶以后科举极盛，即其家乘《繁衍集》所谓"父子三翰林""三代十科十二举人""祖孙父子叔侄兄弟同登科""一时同堂五进士"等。

王照为光绪帝所器重，进士及第后任礼部七品主事，四年内超擢为四品京堂候补，赏三品顶戴，并被简任为出使日本大臣——因维新变法失败而未能成行。

与康有为、梁启超、谭嗣同等激进的改良派不一样，王照主张不要挑战慈禧太后的权威，尽量维护太后和皇帝的母子关系。徐一士文中曰：

> 在戊戌新党中，先生特有一种见解。以为后帝母子有意见，而帝之力不足以敌后。故主张调停帝后。于后则力加推崇，以美名奉之，使悦而不为梗。然后顽固诸臣失其依恃，新政之行可期，下令如流水。[①]

王照曾以礼部主事身份代拟一份奏折，将慈禧太后吹捧为"东方的维多利亚女王"：

> 自外交通，我皇太后听政三十年，忧劳备至。所有变通之端，皇上

---

① 朱德裳：《三十年闻见录》，岳麓书社，1985年，第99页。

继之，实皆由皇太后开之。与维多利亚东西媲美，非荷西诸女主所能并论。惟因诸臣奉行不力，致劳我皇上今日之奋厉。而皇太后起衰振靡之夙志，久已表著于中外矣。①

此种看法未免有些天真，但在慈禧太后手握绝对权力的当时，王照的建议还是很理性的。王照清楚地看到慈禧太后并不反对变法图强，但坚决不能接受因为变法而丧失手中的权力。——只要大权还在她手中，变法带来的美名归于她，她也乐见其成。

但是光绪帝最信任的张荫桓和康有为则不然，他们更看重自己的权位。如果光绪帝不掌握最高权力，还活在慈禧太后的阴影下，那么太后信任的旧臣很难迅速被清洗，而他们作为幸进的新贵，继续仕进之路将受阻，只有扳倒慈禧太后这个绊脚石，才有更好的机会。所以，利用年轻的光绪帝求治心切挑拨母子关系，是符合康有为自身利益的选择的。王照多年后回忆他曾劝说过康有为：

"太后本是好名之人，若皇上极力尊奉，善则归亲。家庭间虽有小小嫌隙，何至不可感化？"南海不悦曰："小航兄，你对于令弟感化之术何如？乃欲责皇上耶！"余不复辩。②

王照晚年为普及教育，发明了一套官话字母。据他所写的说明言：

用此字母专拼白话，语言必归一致，宜取京话。因北至黑龙江，西至陇，西南至滇，南至江，东至海。纵横万里，约二百余兆人，皆与京话略同。其余桂、粤、闽、浙、吴、楚、晋与京音不同；亦且各不相通。是推广之便，莫如京话，故可定名曰官话。官者公也。公用之话，自宜择其幅员人数多者。③

---

① 朱德裳：《三十年闻见录》，岳麓书社，1985 年，第 99 页。
② 同上书，第 100 页。
③ 同上书，第 100—101 页。

这番主张，与后来普通话的定义"以北京语音为标准音，以北方话（官话）为基础方言，以典范的现代白话文著作为语法规范的现代标准汉语"是何等的相近。

进入到民国后，王照隐居在北京，过着清苦的日子。胡适因新文化运动而声名鹊起，成为当时的第一文化"大V"。王照不顾年迈体弱，以前清翰林的资历去拜访胡适，并请胡适为自己的著作《小航文存》作序。胡适在序言中说：

去年（民国十九年，即1930年）九月，我来到北平，借住在大羊宜宾胡同任叔永家中。十月八日，有一位白头老人来访。我不在寓，他留下了一大包文字，并写了一张短条子留给我。我看了他的字条，才知道他是三十多年前的革新志士，官话字母的创始人王小航先生照。我久想见见这位老先生，想不到他先来看我了。第二天，我把他留下的文稿都读完了，才又知道这位七十二岁的老新党，在思想上还是我的一个新同志。他在杂志上见着梁漱溟先生和我辩论的文字，他对我表示同情，所以特地来看我。我得着他的赞许，真是受宠若惊的了。

第三天，我到水东草堂去看王先生，畅谈了一次。我记得他很沉痛的说："中国之大，竟寻不出几个明白的人，可叹可叹！"我回来想想，下面没有普及教育，上面没有高等教育，明白的人难道能从半空里掉下来？然而平心说来，国中明白的人也并非完全没有。只因为他们都太聪明了，都把利害看的太明白了，所以他们都不肯出头来做傻子说老实话。这个国家吃亏就在缺少一些敢说老实话的大傻子。

王小航先生就是一个肯说老实话的傻子。他在《贤者之责》一篇的末段有这八个字：

"朋友朋友，说真的吧！"

我去年十月读了这八个字，精神上受着很大的感动。这八个字可以代表王先生四十年来的精神，也可以代表王先生这四卷文存的精神。[1]

---

[1] 胡适：《小航文存序》。《胡适文存》（第三册），华文出版社，2013年，第337页。

在给徐一士的回信中，王照写道：

> 回忆三十余年，云卷风驰。子静、研甫、莹甫三公，已为古人。而义甫、明甫亦无消息。弟年过七旬，每念故交，尝抱邈若山河之憾。[1]

1933年，王照故去，寿终七十五岁。作为士大夫中的精英——翰林，他对国家和朝廷想尽一份责任，但历史没有给他也没有给中国机会，只能抱恨终身。一百二十年后再逢戊戌年，回顾他和康有为的争论，读史者只有一声叹息。

---

[1] 朱德裳：《三十年闻见录》，岳麓书社，1985年，第102—103页。

第五编　走不出的历史困局

天朝不跟蛮夷一般见识：曾国藩日记中的鸦片战争

道光二十一年（1841）的新年，清朝最高统治者道光帝过得不是很痛快，因为上一年和英国爆发了鸦片战争，立国两百年的清帝国从未遇到过这样强劲的对手。

1840年6月，英国远征军统帅义律率领舰队抵达广州海面，先用炮舰封锁广州、厦门的出海口，截断中国的海外贸易。接着挥师北上，于是年7月攻占浙江定海（今舟山市），将其作为英军的据点。8月，英国舰队抵达天津大沽口外，威胁京师。1840年8月20日，即道光二十年七月二十五日，原本主战的道光帝令琦善转告英人，允许通商和惩办林则徐，并派大学士琦善南下广州谈判。

是年10月，琦善署理两广总督，林则徐、邓廷桢被革职。琦善采取"拖字诀"，清廷同时下令沿海各省督抚筹防出海口，并令两江总督伊里布督师浙东，着手收复定海。1841年1月7日，即道光二十年十二月十五日，失去耐心的英军攻占了虎门大角炮台、沙角炮台，清朝守军死伤惨重。1月20日，即道光二十年十二月二十八日，两广总督琦善擅自与义律签订《穿鼻草约》，将香港岛割与英国。1月26日，即道光二十一年正月初四，英国军队派兵占据了港岛。

英夷虽然很可恨，君臣上下觉得窝火，但道光帝以下的中国人，在当时恐怕对中国和英国的实力的差距，并未有足够清醒的认识，更意识不到这场战争是中国历史的重大节点。沉浸在天朝上国之梦里的中国人，大多数人包括读书较多的士大夫大概也认为"胜败乃兵家常事"，一两次战败只是选将不精、武备松弛，只要皇帝足够重视，派出精兵强将就可以扭转战局。于是，北京城皇家的大年照常过得很热闹、隆重。

当时，日后的"中兴"重臣曾国藩是一位三十二岁的七品小官——翰林院检讨，他拜同乡理学大家唐镜海先生为师，立志做一位儒家名臣。对这场正在进行的战争，曾国藩也没有清醒的认识。曾国藩在这一年正月初一的日记里记载了其去紫禁城朝贺皇帝新年的情形，详细地记述了皇帝和皇太后、皇后、贵妃、阿哥、公主过大年繁琐的礼仪、气派的场面。

这一年正月初十，曾国藩在日记中提到了鸦片战争：

> 上年六月，英吉利豕突定海，沿海游弋。圣恩宽大，不欲遽彰天讨。命大学士琦善往广东查办，乃逆夷性同犬羊，贪求无厌。上年十二月十五（注：是为农历，公历为1841年1月7日），攻破沙角炮台。正月初五日报到后，又直逼虎门。正月初八报到，皇赫斯怒，于初六日通谕中外。初九日，授奕山为靖逆将军，隆文、杨芳为参赞大臣。本日又策侍卫四人往广东，备差遣。①

相比奏折和书信，日记更能反映书写者的真实想法。在曾国藩这则日记里，他对英军是蔑视而痛恨的。其大概意思是说，英军像野猪一样奔袭定海，军舰沿海游弋，而我大清皇帝圣恩宽大，不跟这些蛮夷一般见识，不想立刻彰显天威来讨伐他们。可是这些蛮夷给脸不要脸，像犬羊一样没有人性，贪得无厌，继续用兵，攻陷虎门。这实在太过分了，得到战报后皇帝震怒，告诉中外英吉利人是如何得寸进尺，命令宗室大臣奕山为靖逆将军，隆文、杨芳为参赞大臣。此番前去，一定要给英军苦头吃，以显示天朝之威。"皇赫斯怒"，典出《诗经·大雅·皇矣》："王赫斯怒，爰整其旅，以按徂旅。"意即天子怒了，乃整顿军旅讨伐，痛击敌人的侵扰。

今天读曾国藩日记中这段话，我们可能会哑然失笑，觉得连曾国藩这样的人对侵略者的认识亦如此浅薄，遑论其他人了。但如果设身处地，一个两

---

① 《曾国藩全集·日记一》，"道光二十一年正月初十日"条，岳麓书社，2011年，第60—61页。

百年来闭关锁国、有过所谓"康乾盛世"的帝国，君臣对洋人如此认识就太正常了。他们觉得天朝自己关起门来日子过得好好的，除了那些朝贡的藩属国，万里外的西洋诸国又何必和他们打交道，当然不必花工夫去了解。甫一与强敌交手，不但军事上没准备，整个统治阶层在思想上还是"天朝"的心态：我天朝富有四海，吃点亏，让点步，给对方点好处，对方总归会见好就收吧？这种走一步看一步、没什么章法的做法，与英国政府战争目标明确、军事行动部署周到、外交政策清晰相比，怎么可能打赢呢？更不用说双方的军事实力相差一个时代了。

当然，没有谁是先知，今人也不必嘲笑曾国藩那时候的见识。如果战败后仍然不找原因、不思进取，还想沿着老路走下去，才是后人复哀后人的悲剧。

日本"大河剧"中中国与中国书背后的历史真相

前些日子，有读者讥讽我用日本NHK拍摄的"大河剧"来谈历史，认为以文艺作品证史是很荒唐的事。

其实，这个问题前人早就论述过。钱钟书先生曾言：

> 历史考据只扣住表面的迹象，这正是它的克己的美德，要不然它就丧失了谨严，算不得考据，或者变成不安本分、遇事生风的考据，所谓穿凿附会；而文学创作可以深挖事物的隐藏的本质，曲传人物的未吐露的心理，……考订只断定已然，而艺术可以想象当然和测度所以然。在这个意义上，我们不妨说诗歌、小说、戏剧比史书来得高明。[①]

写历史的文艺作品，因为要增强戏剧性，在故事情节设计中有虚构，但对于社会背景、主要人物、重大事件等方面必须忠于历史真实，否则就是戏说。例如，刘和平编剧的《大明王朝1566》就是一部严谨的历史剧，剧中之事在史料里可以找到，而《还珠格格》就是一部与历史无关、只把清代宫廷作为其表的青春剧和言情剧。

"大河剧"中的历史剧大多属于言必有据的正剧，而非戏说，更非神剧。日本人做事很认真，在历史剧细节设计上非常用心，很难出现硬伤。例如，在《坂上之云》中，1902年秋山好古任天津的日本驻屯军司令，与清国直隶总督袁世凯交情不错，两人都嗜酒。一次，袁世凯去秋山好古的司令部拜会，两人畅饮一番后秋山好古拿出了珍藏的"汾酒"，袁世凯大喜说你怎么知道我喜欢喝这酒呢。

---

① 钱钟书：《宋诗选注·序》，生活·读书·新知三联书店，2011年，第3—4页。

这事是有历史所本的。清朝末年，汾酒行销各地（应该有晋商之功），其生产已经标准化和规模化。袁世凯喜欢汾酒是官场熟知之事，其做大总统后，"山西王"阎锡山每年要向其上贡几百坛汾酒。当时，茅台是贵州一个偏僻的小镇，一家一户酿造的烧锅质量参差不齐，难以规模化，也没有统一的品牌和营销渠道，不为黔省以外特别是北方诸省的人所熟知。所以，天津、北京等大城市当时是很难见到"茅台"的踪影的，而这和清末民初落后的商品运输能力有关。如果一位没做好功课的编剧来写这段戏，秋山好古可能会拿出"茅台"招待袁世凯，那就穿帮了。

"大河剧"的另一部历史剧《西乡殿》，展现了日本"明治维新三杰"之一西乡隆盛（另两位是大久保利通和长州藩的木户孝允）的一生。西乡隆盛和大久保利通都生长在萨摩藩鹿儿岛城下加治屋町的下级武士家庭。剧中将他俩设置为邻居、发小，两人的父亲亦是好友，这没有超过历史剧合理想象的范围。

两人成人后，都担任藩的低级官吏。当时，老藩主岛津齐兴守旧，与深得西乡、大久保等青年武士拥戴的嫡子岛津齐彬矛盾很深。为此，大久保利通的父亲因为站在少主这一边被老藩主流放孤岛，而大久保利通本人则被幽闭在家。

一日，西乡隆盛（当时叫西乡吉之助）去探望、安慰软禁在家的大久保利通（当时叫大久保正助），并带去一摞书。西乡对大久保说："对了，我新借到的书。还有正助一直想读的《海国图志》。"

尔后，大久保在家中组织町里的年轻人，一起学习这本来自大清国的《海国图志》。

不管历史上是否真有过西乡隆盛为大久保利通借来《海国图志》这件事，但编剧这个细节的设置是很符合历史的。魏源编撰的《海国图志》，成书于1842年，却对"鸦片战争"后的清朝影响甚微。但吊诡的是，这套书"墙内开花墙外香"，在东瀛日本对一代倒幕、维新志士影响甚大。

1851年，一艘中国商船在日本港口被查，日本官差从商人的行李中搜出来三本《海国图志》。这是《海国图志》最早传入日本的记录。

1853年，美国海军准将佩里率舰队驶入江户湾浦贺海面，用坚船巨炮威逼幕府打开国门，双方于次年（1854年）签订《日美和亲条约》，是为"黑船事件"。日本面临着的情势，与中国鸦片战争后一样，但两国受到西方列强凌辱后的反应和结果迥异。黑船事件刺激了日本以中下层武士为主的有识之士，了解世界、变法图强是他们迫切的愿望，而《海国图志》是中国及时送来的精神、知识资源。因为《海国图志》不像西方著作需要翻译，幕末时期日本也没有多少翻译人才，早期进入日本的英美商人竟然要聘请中国人当日语翻译。当时，用汉字书写的《海国图志》，受过一定教育的武士阅读起来几乎没有障碍。

1854年，日本翻刻了《海国图志》六十卷本，被日本知识阶层争相购读。《西乡殿》中，两位维新元勋西乡隆盛和大久保利通读《海国图志》就是这一大背景下的真实反映。日本学者井上清说过："幕府末期的日本学者、文化人等，经由中国输入文献所学到的西洋情形与一般近代文化，并不比经过荷兰所学到的有何逊色。例如，横井小楠的思想起了革命，倾向开国主义，其契机是读了中国的《海国图志》。"[1]梁启超在其《论中国学术思想变迁之大势》中亦说："日本之平象山、吉田松阴、西乡隆盛辈皆为此书所激刺。"[2]

只可惜，这套巨著终究是"墙内开花墙外香"。

---

[1]［日］井上清：《日本现代史》（第一卷），吕明译，生活·读书·新知三联书店，1956年，第214页。

[2]梁启超：《论中国学术思想变迁之大势》，上海古籍出版社，2001年，第127页。

"日本通"黄遵宪的悲剧：惊扰梦中人

2005年，台湾亲民党主席宋楚瑜访问北京，到访清华大学。清华大学校长向宋楚瑜赠送了《赠梁任父同年》的小篆条幅，诗云：

> 寸寸山河寸寸金，瓠离分裂力谁任。
>
> 杜鹃再拜忧天泪，精卫无穷填海心。

此诗的作者是广东嘉应州（梅州）人黄遵宪，受赠者乃他的同乡梁启超。这首诗写于光绪二十二年（1896），是甲午中日之战后第三年，清廷与日本签订丧权辱国的《马关条约》后第二年。作为清末著名诗人，黄遵宪这首诗可谓泣血之作，代表当时国内爱国士大夫对割地赔款的悲愤痛苦。

这首诗由黄遵宪写来，更有别样的凄苦伤痛。因为黄遵宪是那时候中国最了解日本的士大夫（没有之一），他在日本士人阶层中名望很高，并有许多日本朋友。其实，黄遵宪多年前便大声疾呼要重视日本的威胁，可惜"大音希声"，颟顸的当权者置若罔闻。

黄遵宪，字公度，出生于广东梅州一客家望族，他的身上亦具有客家人坚韧质朴、视野开阔、善于接受新事物的特点。光绪二年（1876），二十九岁的黄遵宪参加顺天乡试中举。这一年十二月，广州大埔籍的翰林院侍讲何如璋奉命为出使日本大臣。那时候，用同乡是官场风气，而且能够办外交的人才也多出自粤、闽等省。大约因为这些原因，新科举人黄遵宪被任命为驻日参赞官。——日本成了公度先生外交生涯的第一站。

出使日本期间，黄遵宪成为何如璋公使最为仰仗的左膀右臂。

光绪三年（1877）十月，何如璋、黄遵宪一行来到日本。次月，使馆遇到的第一件外交难题就是琉球使臣的求助。琉球和朝鲜一样，明清两代时为中国藩属国，代代朝贡。此时，日本明治维新不久国力渐盛，开始觊觎琉球。日本政府阻止琉球向清廷朝贡，要求琉球废除与清廷的藩属关系。

十一月初三深夜，琉球使臣马兼才进入清朝驻日使馆痛哭，说受琉球国王之命来求助于大清，并分析利害：若日本组织琉球进攻清廷，废除琉球与清廷的藩属关系，琉球必将亡国。

琉球对清朝的重要性，何如璋、黄遵宪等使臣十分清醒。他们一方面约见日本政府官员，申明琉球乃大清藩国的立场；另一方面上书清廷，要求阻止日本的阴谋实施。驻日使臣何如璋在上奏中言：

> 日人志在灭球，以阻贡发端，臣与日本当局论理数月，彼一味恃蛮，置之不答，甚至发令琉球改县，其轻视我国无理已极，义难坐视，今乘其国势未定，兵力未足，急与争衡，犹尚可及。若为息事，隐忍迁就，阻贡不已，必灭琉球，琉球既灭，必掠朝鲜。[1]

同时，何如璋还以个人名义致信当权的李鸿章，重申琉球对中国的重要性：

> 阻贡不已，必灭琉球；琉球既灭，次及朝鲜。否则，以我所难行，日事要求。听之乎、何以为国？拒之乎，是让一琉球，边衅究不能免。……他时日本一强，资以船炮，扰我边陲，台澎之间，将求一夕之安不可得。是为台湾计，今日争之患犹纾，今日弃之患更深也。口舌相从，恐无了局。然无论作何结局，较之今日隐忍不言，犹为彼善于此。[2]

应当说，何如璋、黄遵宪这些驻日外交官是非常尽责也是非常优秀的，他们看清楚了日本的狼子野心，如果日本顺利吞并琉球，必定会欲壑难填、得寸进尺，进而图谋朝鲜、台湾。因此，不如趁日本羽翼尚未丰满，对其采

---

① 俞政：《何如璋传》，南京大学出版社，1991 年，第 30 页。
② 同上书。

取强硬措施。

很可惜，腐败的清廷没有采纳这些驻日使臣的建议，容忍日本的扩张，直至琉球被日本完全吞并而亡国。

在日本期间，黄遵宪一方面恪守一个外交官的职责，与日本政府斡旋交涉，维护本国利益；另一方面则深入到日本的高层和民间社会，广交朋友，了解日本的政治、经济、民俗等各方面的状况。与黄遵宪交游的日本士大夫有伊藤博文、重野安绎、宫本小一、岩谷修、大沼厚、本武扬、大山岩、浅田惟常等重量级人物，他在《日本杂事诗》里对这类交友多有记录。

作为一位诗文俱佳的士大夫，黄遵宪不仅仅以勤于公事的官员标准要求自己，他还有着更高远的视野。他深感中国人包括士大夫对日本国情的隔膜，来到日本后不久便开始收集大量该国资料编撰《日本国志》。

光绪八年（1882），黄遵宪调任美国旧金山总领事，离开了日本。但是，他在政务之余，仍然孜孜不倦地编撰《日本国志》。这部卷帙繁多的大书直到光绪十三年（1887）才编撰完成，全书共四十卷五十万字，分为国统志、邻交志、天文志、地理志、职官志、食货志、兵志、刑法志、学术志、礼俗志、物产志、工艺志。——此书日后被誉为"近代中国研究日本的集大成代表作"。

黄遵宪在出使日本和编撰《日本国志》过程中认识到，日本"脱亚入欧"走上了近代化，在政治方面一个根本的标志是结束了东方传统的人治政治体制，走向了西方式的法治社会。因此，黄遵宪尤其注重在《日本国志》里对日本刚刚进行的宪政改革、近代法律体系的建立进行了介绍，也阐述了他本人初步的宪政思想。

很可惜的是，黄遵宪的《日本国志》在书稿完成后八年，即甲午中日战争失败后的第二年（1895年）才得以正式刊行。

甲午战争，对清廷来说是一场浪战。当时，清帝国经过三十年的"洋务运动"，一些西方的新技术被引入中国，全国也建立了一些新工厂，军队特别是海军从西方采购了一些先进设备。这段时期即所谓的"同光中兴"，比起太平天国造反时期，国力确实有了较大的增强。然而，这只是回光返照式的"中兴"，僵化、腐朽的政治体制没有得到改变，而多数士大夫特别是朝廷重臣也并不了解东邻日本在政治、经济、军事诸方面长足的进步。甲午战争的结果是海军、陆军大败，不但丢了朝鲜，还割让了台湾，赔款二亿两白银。——黄遵宪出使日本之初的忧虑变成了现实。

甲午战争期间，黄遵宪正担任驻新加坡总领事。他不主张和日本开战，其在与朋友的信中说，如果他仍然出使日本，必当历陈利害，阻开战衅。他认为，此时与光绪初年琉球事件时他力主强硬的情势已大为不同：日本经明治革新，国势强盛，十数年来进步神速，而大清仍固步自封，不知变通。在这种世界局势瞬息万变之际，亟须隐忍图存，急起改革，厚培国力，才足以应敌雪耻。然而，大清当权者多是不知己也不知彼的人，士人阶层也洋溢着一种盲目乐观的情绪，而清醒者如李鸿章虽明白战端不可开，但亦被朝议舆论所逼迫。甲午战争失败后，黄遵宪痛苦异常。在战争期间和《马关条约》签订后，他以悲愤之笔写下了一系列诗篇，如《悲平壤》《哀旅顺》《哭威海》《台湾行》《渡辽将军歌》。

光绪二十一年（1895），时为总理衙门章京的袁昶来到南京，其在旅途中携带着《日本国志》阅读。在南京，袁昶和黄遵宪相遇，其对黄遵宪说："《日本国志》这部书如果早些印行，可省岁币两万万（指对日本的赔款）。"[①]

到了光绪二十四年（1898）戊戌变法时，以黄遵宪的思想和经历，他自然是变法的重要鼓吹者和参与者。黄遵宪被光绪帝重用，任湖南长宝盐法道，不久代理按察使（主管一省政法），协助巡抚陈宝箴推行变法。

然而，戊戌变法亦如昙花一现，以"六君子"喋血菜市口而告终。作为变法重要人物的黄遵宪，慈禧太后自然也不会放过。黄遵宪当时正在上海，朝廷命令两江总督和上海道将他缉拿。幸亏黄遵宪曾出使英、美、日诸国，

①　参见黄遵宪《三哀诗·袁爽秋京卿》，诗云："马关定约后，公来谒大吏，青梅雨翛翛，煮酒论时事。公言行箧中，携有《日本志》，此书早流布，直可省岁币。"钱仲联笺注：《人境庐诗草笺注·卷十》，上海古籍出版社，1981年，第1000页。

上海又是领馆林立，包括日本在内的许多国家的使节向清廷交涉营救黄遵宪，而两江总督刘坤一也是同情变法的开明官员，于是黄遵宪逃过一劫，免官回故乡养老，直到光绪三十一年（1905）病逝。

甲午战争失败而有戊戌变法，变法失败而有光绪二十六年（1900）的庚子事变——清廷用义和团导致八国联军进京。其时，那位当年盛赞《日本国志》的袁昶，时任二品高官太常寺卿。他坚决反对用义和团排外，上书言"奸民不可纵，使臣不宜杀"，而慈禧太后等顽固派视其为"投降派"，下旨将其诛杀于菜市口，步了谭嗣同等人的后尘。

不知此时以老病之躯、戴罪之身息隐于故乡的黄遵宪，听说老朋友袁昶的噩耗有何感想？

其实，袁昶太高估一部书的作用了。若朝廷政治腐败，即使有黄遵宪这样的外交人才，有《日本国志》这类图书，也无济于事。因为有颟顸而贪婪的人当国，从甲午之战到戊戌变法再到庚子事变，大清在一错再错的道路上狂奔，直至亡国。

李经方如何做了日本天皇的"驸马"

光绪十六年（1890），王可庄在给张之洞的信中还提到了一件事，即李鸿章的长子李经方出使日本。

李经方，生于咸丰五年（1855），字伯行，号端甫，为李鸿章六弟李昭庆之子。因为李鸿章年过四十后膝下无子，就将其过继为抚子，后来李鸿章自己有了亲生儿子李经述，仍以李经方为嗣长子。这样的事在当时的大家族常有，如曾国藩的长子曾纪泽婚后多年无子，便将其弟曾纪鸿的儿子曾广铨过继为嗣子，后曾纪泽有了亲生儿子曾广銮，曾广铨依然是长房的嗣子。

李经方年纪轻轻跟着父亲李鸿章办洋务，耳提面命，潜移默化，成长为一个洋务好手。光绪十六年，李经方以候补道衔出使日本。王可庄的信中写道：

> 小合肥以洋债自媒，既得倭使，遂改债约，小人伎俩，虽复可恨，然未始非国家之福。[1]

"小合肥"即李经方，与官场称李鸿章为"合肥相国"一样，皆以籍贯指代。从王可庄这句话里可看出，他对李鸿章父子颇为不屑。他认为，李经方毛遂自荐和洋人谈判借债，因此得到了出使日本的好差使，然后通过谈判改了债约，是小人的伎俩。但是，这类颇为士君子不齿的手法，未尝不是国家之福。也就是说，王可庄鄙夷李经方之品行，但肯定他办洋务的业绩。

至于王可庄信中提到的"洋债"，说的应该是在欧洲借洋债修芦汉铁路的事。

---

[1] 黄濬：《花随人圣庵摭忆》，中华书局，2013年，第112页。

经过镇压太平天国一役，清朝中枢集权的势态有所改观，各省督抚有了较大的自主权。中法战争后，洋务运动勃兴，地方大员开展了一场办实业的竞赛，有点像以GDP增长来评价政绩的味道。各省督抚为了办厂修路，自行借外债，但由于借款渠道不一而利息较高，一般在六厘以上，甚至有高于九厘的。各省借债由于并不通过朝廷，清政府也无可奈何。

福建侯官人陈季同，早年入福州船政局附属学堂学习，深得沈葆桢器重，后被选拔至欧洲，"学习交涉切用之律"。陈季同和马建忠进入巴黎自由政治科学学校（L'Ecole Libre des Sciences Politiques），"专习交涉律例等事"。陈季同法语娴熟，可谓是"欧洲通"，郭嵩焘出任驻英、法大臣后颇为倚重他。

在欧洲多年的陈季同交游广泛，与欧洲工商界人士多有交往，对大清帝国各省洋债情况很了解，"尝默记当时各省所借外债为数甚巨，息约六七厘、八九厘不等，若合借一家，年可减息银数百万金"[1]。

陈季同认为，不能让各省不同渠道借债，争相将利息抬起来，若由清廷统计各省所需，以中央政府的名义出面借债，可降低利息。陈季同为此事上条陈于李鸿章，而李鸿章当然大力赞成这种有利于国家的事。当时，恰好李鸿章之子李经方正在欧洲担任驻英大使的参赞，也力主此议。"甲申易枢"后，通晓洋务的恭亲王奕訢被逐出权利中枢，主政者为醇亲王奕譞。李鸿章以此事告之，奕譞也赞同，并与李商议借银三千万两，修建芦汉铁路。——这件事发生在光绪十五年（1889）夏秋之间。

王可庄竟然对办了一件有利于国家之事的李经方如此评价，这固然与李鸿章父子在官场长袖善舞遭人嫉恨有关，但还有一个更重要的原因：因为甲申年（1884）军机处大换班后，占据中枢的是一些短视、守旧、颟顸的大臣。其时，曾国藩已死，曾国荃、左宗棠等大臣在外任疆臣，整个帝国的外交政策变得保守，较之恭亲王奕訢主政时全面倒退。于是，妖魔化办洋务的官员成为一种潮流，而其中首当其冲的是李鸿章、李经方父子。

---

[1] 沈瑜庆、陈衍等纂：《福建通志·卷三十四》，民国二十七年（1938）刻本。

何况当时在中枢权力甚大的翁同龢和李鸿章有陈年旧账，即李鸿章早年在曾国藩行辕内当幕僚，主笔参劾翁同龢的哥哥翁同书任安徽巡抚时所用匪人，纵容苗沛霖荼毒当地百姓。其中，李鸿章所拟参劾翁同书的奏稿中有一名句："臣职分所在。例应纠参，不敢因翁同书之门第鼎盛，瞻顾迁就。"这一句话堵死了慈禧太后想要关照翁家子弟的借口，最后翁同书被流放新疆。

翁家是"两朝宰相，再世帝师，三子公卿，四世翰院"，门生故吏遍天下。翁同龢长年担任光绪帝的老师，和光绪帝情同父子，而光绪帝对他是言听计从。但翁同龢为人阴柔而多智，表面上礼贤下士，一团和气，尤其对青年才俊更是多加笼络。王仁堪（字可庄）高中状元后，被授予翰林院修撰，随担任工部尚书的祖父王庆云在京生活。翁同龢对其十分青睐，其在光绪四年（1878）的日记中这样评价："王仁堪，功夫极细"，"王仁堪，极好，通各家说"。

丑化李鸿章父子的"舆论工程"想必对王仁堪影响不小，作为"清流党"青年骨干的他在笔端顺手贬损了李经方。同时，丑化李鸿章父子也波及整个办洋务的官员。黄濬在《花随人圣庵摭忆》中说：

> 李伯行，当时群以小合肥呼之。其时朝士皆反对合肥，尤鄙言洋务，出使外国，几为朝官所不齿，吾乡罗稷臣丰禄为出使英国大臣，于外交界负盛名。其丧归里，卞宝第为总督，佯语藩臬司道，问罗丰禄为何如人，群知卞意，答以不知，故延宴阖城文武，不许往吊。此皆其时轻视使节一证。而庚寅、辛卯间，正常熟（翁同龢）一系柄国之时，合肥极不得志，李经方为日本驸马等谣所由起也。[1]

使日期间，李经方做得不错，他与日本朝野关系十分密切（这是被朝廷守旧官员攻击的重要论据），并发挥在日本容易获知朝鲜情报的优势避免了朝鲜与清廷的疏离。

---

[1] 黄濬：《花随人圣庵摭忆》，中华书局，2013 年，第 113 页。

这当然是丑化李氏父子的人所不愿意看到的，于是编出各种谣言诋毁父子俩，其中最荒诞不经的谣言是说日本天皇将公主嫁给李经方。——堂堂的大清帝国出使日本大臣成了倭国的驸马爷了，这还了得！

"李经方为日本驸马"的谣言很符合中国人的口味。在中国的传统戏曲中，皇帝喜欢某位年轻官员，标配的待遇是让女儿嫁给他，可见编造谣言的人深谙传播学原理。那些贩夫走卒相信这类谣言犹可理解，可有一位御史张仲炘竟然在弹劾李氏父子的奏折中称李经方出使日本时与日本皇室往还甚密，并议聘明治天皇女为儿媳。——奏折里说的是李经方的儿子成为日本驸马，似乎更合乎情理。当时，李经方已三十五岁，妻妾颇多，天皇之女不可能下嫁这样的油腻中年男，但民间以讹传讹成了李经方做天皇驸马。

这样的奏折，以翁同龢的见识与学问，以及掌握的信息，难道看不出其荒诞可笑？可翁同龢看了后却大为赞赏，称其写得"绝妙"，似乎只要能攻讦政敌，哪怕是谣言，也要让子弹多飞一会儿。四年后（光绪二十年）甲午浪战，翁师傅可是重要的推手，让李鸿章掌控的淮军陆军、北洋水师惨败，他终于出了口恶气了。但如果侥幸打赢了呢？他作为帝师、坚决的"主战派"，当然是首功。如此，他反正横竖不会吃亏。

官场排斥外交官的潮流，当然得到了慈禧老佛爷的默许。因为帝国整个洋务系统是恭亲王奕䜣为首建立的，其中的官员多为恭亲王提拔，所以老佛爷乐见"洋务系"被打压——也就是打压恭亲王的政治势力。

那么，由清廷统一筹划借外债修铁路的事，最终结果如何呢？

光绪十六年（1890）三月，李鸿章去电函给陈季同，要求："借库平银三千万两，分三年交清，径运天津，运保费该商自认。每年四厘半息，收银若干，即日起息，俟二千万兑完，再按年匀还本息，每年连付本利在内不得过二百万。"[1]与以往各省借款相比，年息四厘半是很低的了。

---

[1]《李鸿章全集·电报三》，"光绪十六年三月二十三日"条，安徽教育出版社，2008年，第49页。

经陈季同近八个月的艰苦谈判，奥地利银行家伦道呵最终全部答应清政府的条件。光绪十六年十一月十五日，陈季同将双方所订合同寄呈李鸿章，等待清廷批准。此时却突生变故，奕譞去世了，无人敢拍板，而李鸿章权力被大幅削夺做不了主，况且此事从始至终有不少反对者——其中应该少不了翁同龢。于是，先是"廷议借款缓办"①，不久"廷议（洋债）暂作罢论"②。

可怜外交官与洋人唇枪舌剑，耗尽全力争来的一点利益，却被朝廷内的政治斗争生生地损耗掉了。其实，不是弱国无外交，而是内政糟糕的国家无"外交"，因为他们的外交政策就像打摆子一样没个谱。

---

① 《李鸿章全集·电报三》，"光绪十七年正月十六日"条，安徽教育出版社，2008年，第 155 页。

② 《李鸿章全集·电报三》，"光绪十七年二月十一日"条，安徽教育出版社，2008年，第 163 页。

逼别人当烈士可耻：比较王炎午和曾广河的选择

宋景炎三年（1278）腊月，大宋王朝已经进入了倒计时。宋少保右丞相兼枢密使文天祥带领残兵且战且退，退到南海之滨的海丰县，屯兵于五坡岭。那天正值开饭时间，宋军生火做饭，元兵望烟而至，宋军来不及防备，文天祥被俘。此处后人建"方饭亭"纪念。

文天祥科场高中状元，仕途官至宰相，在那个时候是男人最为成功的两大标志。可惜他生于末世，书生典兵，抗击当时最强大的蒙古军团，注定是一种知其不可为而为之的行为。

被俘后，文天祥被押解北上大都，途中写下了"惶恐滩头说惶恐，零丁洋里叹零丁。人生自古谁无死？留取丹心照汗青"（《过零丁洋》），悲壮中有绝望。

当时，文天祥已经抱以必死之心，曾服毒、绝食自杀未遂，后决定不能草草死于途中，随元兵到大都后面见元朝高官，言语抗争，不屈而就义，以彰显气节。用现在的话来说，即使就义也要挑重要的地点和时间，有利于传播。

可是，南宋许多士民非常着急，但他们不是担心文天祥的性命，想办法去营救宰相，而最担心的竟然是：文天祥不死，最后投降元朝。这可是大宋王朝的奇耻大辱呀！于是，他们所要做的就是千方百计激励甚至逼迫文天祥尽快当烈士，其中最积极的是文天祥的同乡、旧部王炎午。

王炎午洋洋洒洒写了一千八百多字的《生祭文丞相文》，此文才华横溢、情感饱满，但核心思想只有一个：希望文丞相尽快自杀，成就烈士美名。

那时候，没有京广铁路，从岭南去北京走的路线是翻过南岭，顺赣江北上。王炎午唯恐文天祥看不到此文，抄写了一百多份，沿押送文天祥军队的必经之路——赣州至吉安、樟树、南昌、九江等地，张贴于驿站、码头、山墙、店壁显眼之处。王炎午因担心文天祥不能近观，抄录的文章字大如掌。在文天祥到达赣州之前，王炎午早早赶到赣江码头，亲自贴了几份"生祭文"，然后设了祭坛，焚烧纸钱哭祭一番；文天祥一行到南昌码头前，提前而至的王炎午亦是如法炮制。——当时，元朝对新占领的地区统治力还是有限，竟然允许士大夫这么搞。

祭文极尽铺排之能事，论述了文天祥必须死，没有活下来的任何理由：

> 呜呼，大丞相可死矣！文章邹鲁，科第郊祁，斯文不朽，可死。丧父受公卿，祖奠之荣；奉母极东西，迎养之乐，为子孝，可死。二十而巍科，四十而将相，功名事业，可死。仗义勤王，使用权命，不辱不负所学，可死。华元踉蹡，子胥脱走，可死。丞相自叙死者数矣，诚有不幸，则国事未定，臣节未明。今鞠躬尽瘁，则诸葛矣；保捍闽广，则田单即墨矣；倡义勇出，则颜平原、申包胥矣；虽举事率无所成，而大节亦已无愧，所欠一死耳。①

王炎午担心文天祥苟且偷生，当不成烈士，其在文末还告诉文丞相数种求死的方法，而且警告他如果不死而活下来将铸成千古之大错：

> 旧主为老死于降邸，宋亡而赵不绝矣。不然，或拘囚而不死，或秋暑冬寒，五日不汗，瓜蒂喷鼻而死，溺死，煨死，排墙死，盗贼死，毒蛇猛虎死，轻一死于鸿毛，亏损赞于泰山。而或遗旧主忧，纵不断赵盾之弑君，亦将悔伯仁之由我，则铸错已无铁，噬脐宁有口乎？②

文天祥最终没有让王炎午等人失望，在大都囚禁了四年后，于至元十九年（1282）十二月初九英勇就义，留下了"孔曰成仁，孟曰取义，惟其义尽，

---

① [宋] 王炎午：《吾汶稿·生祭文丞相文》（卷四）。[宋] 华岳等：《翠微南征录　莆阳黄仲元四如先生文稿　吾汶稿》，上海书店出版社，影印本，1986年。

② 同上书。

所以仁至。读圣贤书，所学何事？而今而后，庶几无愧”①的遗书。

消息传开后，王炎午一块大石头落地了，他敬重的文丞相终于做了烈士。于是，王炎午又发挥自己擅长做祭文的才华，又写了一篇《望祭文丞相文》。其开头便说：

> 相国文公再被执时，予尝为文生祭之。已而庐陵张千载心弘毅，自燕山持丞相发与齿归。丞相既得死矣，呜呼痛哉，谨哭望奠。②

这简直是有些得意呀，意思是说当初我生祭丞相，希望你不要活下来，你现在果然当了烈士。好呀！——"呜呼痛哉"只是惺惺作态。

一个高官被敌国俘虏后，自杀明志或慷慨就义，当然值得敬仰。但如果他像冯道、洪承畴那样投降敌国而活下来，也是他自己的选择，为此必将付出背负千古骂名的代价。但其他人尤其是旧部，又有什么资格催促别人去当烈士呢？

以王炎午为例，他在历史上留下一笔，也就是因为生祭文天祥，逼着老首长当烈士。不过，文天祥就义后，其留下的遗孤过得很惨，但也没见王炎午照顾文天祥子女的记载。王炎午虽然没有仕元，但一直活到元泰定甲子年（1324），以七十三岁高寿而逝，距文天祥就义已四十二年！

如果王炎午能在文天祥当了烈士后，自杀以追随文天祥为大宋殉节，那敬他是条汉子；可他活得好好的，烈士却只让别人去当，这就是垃圾！

清末戊戌变法失败后，有一个人无意中做了和王炎午一样的事，促成了谭嗣同当烈士。但是，他最后的选择却大不一样。

据朱德裳著《三十年闻见录》一书中《戊戌四军机章京之死及株连》载：

> 政变起，帝被囚。嗣同至旭寓，意态甚激昂。谓"我辈之头颅可断，

---

① 《宋史·文天祥传》。
② ［宋］王炎午：《吾汶稿·望祭文丞相文》（卷四）。［宋］华岳等：《翠微南征录 莆阳黄仲元四如先生文稿 吾汶稿》，上海书店出版社，影印本，1986 年。

中国之法不可不变也"。旋谓"吾素善日馆中人，君如欲行，当为绍介至日使馆，蘄其保护出险"。旭曰："君如何？"嗣同泫然曰："天下岂有无父之国乎？吾决死此矣。"旭亦不肯行。遂均被逮。又尝闻人言，嗣同先以行止谋之于其友曾某（官某部员外郎，其名失忆待考），曾曰："君逃固善，惟今上能偕逃乎？"曰："不能也。"曾又曰："老伯（指嗣同父继洵）能偕逃乎？"曰："亦不能也。吾知所以自处以。"留京之意遂决。六君子遇害之日，曾闻菜市口杀人，虑嗣同不免，亟往观。嗣同瞥见之，以目示意告别。曾归而大恸，谓复生之死，实我杀之也。遂仰药而死云。①

从这段记载可知，谭嗣同找过一位姓曾的朋友商量对策，逃走亦是选项之一，但这位朋友实话实说了。因为谭嗣同主张借袁世凯的部队包围慈禧太后所居的颐和园，连累了光绪帝被囚；而谭嗣同如果逃走，慈禧太后肯定会泄恨于其正在做巡抚的父亲谭继洵。那么，即使谭嗣同活下来了，也要背着不忠不孝之恶名。

谭嗣同在如此生死关头所找商量大事的友人，一定是他最为信任的至交。这位曾姓朋友便是谭嗣同的湖南老乡，亦为世家子弟，而且门第远比谭家显赫。他就是赠太傅、谥忠襄、一等威毅伯、做过两江总督的曾国荃之孙曾广河，其父是曾国荃的长子曾纪瑞。

曾广河生于同治十三年（1874），当时二十四岁。曾国荃光绪十六年（1890）去世时，其两子纪瑞、纪官已先行亡故，当时朝廷的恩诏如此说："伊孙特用主事曾广汉，即著承袭一等伯爵，毋庸带领引见；附生曾广江，著赏给举人，准其一体会试；监生曾广河，著赏给员外郎，分部学习行走。"②也就是说，曾广河蒙祖荫特赏"副司长"，在刑部供职。朱德裳是湖南湘潭人，对曾氏一门应该很了解，他为什么忘记了劝谭嗣同留下的人是大名

---

① 朱德裳：《三十年闻见录》，岳麓书社，1985年，第96—97页。
② 《曾国荃全集·传略》（第六册），岳麓书社，2006年，第9页。

鼎鼎的曾九帅之孙，不解。

曾国藩的长孙曾广钧（曾纪鸿之子）之女曾宝荪当时正随祖母住在北京，其在回忆录中的记载亦可佐证曾广河仰药而死的史实：

> 那是戊戌八月里的一天。那天清早有蒙蒙雨。我家里从祖母起，都起得极早（注：这是曾家家风）。那时我父亲已于七月离京，家中只有二叔父母（注：曾广镕）、七叔父母（注：曾广钟）及其余女眷。我只看见家中叔父们还有听差的出出进进，往来奔走，有时大声呼叫，有时附耳细语。连教书老师也没有上新书。我们三个学生，只想知道是甚么事。只听见说菜市口杀人，又说有湖南人，又说亏得我父亲走了！过了好几日，又听说我们忠襄公房下的伯航三叔服毒自尽，可见我们曾家也是新党。我的祖母郭太夫人（注：曾纪鸿之妻郭筠，江苏淮扬道郭沛霖之女，著名的女诗人）最有见识，当出事的那一天，便吩咐七叔去湖广会馆，把门簿拿去烧了，否则按图索骥，不知道会株连多少人了！[1]

曾宝荪所说的"伯航三叔"就是曾广河，其号伯航，应该是取《诗经》中"谁谓河广，一苇航之"的意思。

不过，我以为曾广河和王炎午还不太一样。曾广河并没有一定要让谭嗣同做烈士，只是出身于功勋之门的他低估了政治斗争的残酷性；也有可能谭嗣同并没有将包围颐和园武力解决慈禧太后的计划告诉曾广河，而曾广河只是以为维新变法触怒太后罪不至死，所以不建议他逃走。

谭嗣同被杀后，曾广河有着深深的负罪感，认为是自己的建议让谭嗣同留下来而送了性命。谭嗣同做了烈士，他只能一死殉友。

自己惜命不敢去死，却一个劲地劝别人做烈士，这样的人可耻。

---

[1] 曾宝荪：《曾宝荪回忆录》，岳麓书社，1996年，第11—12页。

耆英的悲剧：在皇帝和洋人之间两头哄骗

读第二次鸦片战争的史料，常有哭笑不得的感觉。若以现在的眼光来分析当时诸大员行事，简直是把国事当作儿戏，尽耍小聪明，像幼儿园小孩撒谎骗老师那样。可再了解当时清帝国政治结构和运行规则，又会对那些官员有同情之理解，而处在当时情形下他们那样做，也是自然而然的选择。

主流史书谈到第二次鸦片战争爆发的缘由，多强调英国趁中国陷入太平天国的内乱，企图扩大在华权益，对清廷提出"修约"要求被拒绝，最后伙同法国利用"亚罗号事件"和"西林教案"悍然出兵侵华。

这个描述当然不错，但历史的大事件之发生往往由某些小事引发，历史拐弯处的一些细节很值得注意。以第二次鸦片战争而言，最早导火索不是什么大事，就是英国要求清廷履行两国在第一次鸦片战争后所签订的诸条款，具体而言就是第二款有关英国人入城事宜。在这个大事件中，清朝宗室、曾任两广总督的爱新觉罗·耆英扮演了一个可笑而又令人同情的悲剧角色。

耆英是嘉庆朝东阁大学士禄康之子，以荫生授宗人府主事。道光十八年（1838），任盛京将军。1842年3月，奕经在浙江战败，清廷命耆英署理杭州将军。同年4月，耆英被任命为钦差大臣，同伊里布一起赴浙江向英军求和。8月，耆英与伊里布在南京跟英国代表璞鼎查（Henry Pottinger）谈判，签订了中英《南京条约》。这一条约第二款规定：

> 自今以后，大皇帝恩准英国人民带同所属家眷，寄居大清沿海之广州、福州、厦门、宁波、上海等五处港口，贸易通商无碍；且大英国君主派设领事、管事等官住该五处城邑，专理商贾事宜，与各该地方官公文往来；令英人按照下条开叙之列，清楚交纳货税、钞饷等费。

这一款规定英国商人随同家眷可居住在港口——港口一般在城外，而英国领事等外交官住"五处城邑"，也就是说明确了英国人可以进城。对中国百姓来说，大多数分不清英国商人和外交官的区别，也没法区别。其实，外交官进城设立领事馆长驻其间，便是"洋人入城"了。在上海、福州、宁波等处，这一款规定顺利地履行了，但在广州则遇到了麻烦。

广州在当时的政治、经济地位远非其他四个城市可比，是两广总督、广州将军驻地。当地民风强悍，老百姓在第一次鸦片战争时和英国人打过仗，非常痛恨洋人，大多数士民坚决反对"番鬼"入城。

签订《南京条约》的英国代表璞鼎查因有功被任命为香港第一任总督兼驻华全权代表及商务总监，当时的两广总督正是签约时的中方代表耆英。两位中英高官是熟人，沟通起来较为方便。

耆英知道如果贸然允许英国人住进广州城会激起民变，那么他这位两广"最高军政长官"是难逃干系的，于是采取捣糨糊的方式尽量拖延。为了维持和璞鼎查的关系，这位黄带子降尊纡贵，认了璞鼎查的长子为"干儿子"结了"干亲"，对方总不至于太为难他了。

1844年5月7日，璞鼎查卸任总督一职返回英国，接任的德庇士仍然坚持英国人要入广州城。那时，广州城内外仇英气氛很浓，像个火药桶般一触即发。广州府附廓县之一的番禺县一街区贴出揭帖曰：

> 但见番鬼到来，务宜齐心留意防备，如有再敢欺藐，立将番鬼杀死，放之河海。若番鬼尽出，与我乡内厮杀，番禺合县统众，尽杀其鬼，烧其洋楼，令其无容身之地。[1]

耆英不敢得罪英国人，也不敢触怒民意。怎么办？只能两边糊弄。一方面他对德庇士说广州老百姓桀骜不驯，很难搞定，这事不能急，他会尽量去

---

[1]《秀水社学十乡字启》。[日]佐佐木正哉编：《鸦片战争后的中英抗争》（资料篇稿），日本东京，近代中国研究委员会，1964年。

找士绅疏通。他以两广总督的名义在广州城贴出告示，明确告知百姓英国人进城是合理的要求，大伙不许阻挠，云："且现在通商五口，除厦门无城郭外，其余福州、宁波、上海等处，皆许英人入城，并无滋扰情事，广州碍难独为拒绝。"①另一方面他想利用汹汹民意来吓阻英国人。他私下告诉广州士绅代表，说官府的布告贴出来后，你们可以贴反对英国人入城的揭帖，让他们知难而退。

于是，人民群众的"爱国运动"按照"官府的吩咐"轰轰烈烈发动起来了。最搞笑的是，揭帖一多，就有直接指责官府软弱无能的内容了，最后引发官民冲突，并把广州知府衙门焚烧了，知府刘浔受了轻伤，仓皇逃走。

道光二十五年（1845）升任广东巡抚的黄恩彤（山东宁阳人）是个明白人，他对发动群众运动来给英国人施加压力的做法很不以为然。其如此评论道：

> 一二粗通文墨、不安本分、不知谁何之人，徒欲假忠义之名，自快一时之笔舌，今日标红单，明日出白帖，刊刻张贴，欲以空言吓夷胆，不知区区伎俩，早为洋人窥破。粤患未已，不在外而在内也。②

这种向民众忠君爱国之热情泼冷水的说法，自然不讨喜，被视为近乎汉奸之论。道光二十六年（1846），黄恩彤遭时论斥责，被参劾降级使用。

夹在中间的耆英，所持的仍然是"拖字诀"。他对英国人一再诉苦，说粤人犷悍，这事不能强行推进。1847年4月，他答应两年后一定把这事搞定，让英国人入城。英国人也觉得有道理，就应允了再等两年。

耆英的如意算盘是，他已经在两广总督的位置上待了好些年头了，再过两年肯定调回北京城了。果然，道光二十八年（1848），耆英请入觐，留京供职，赐双眼花翎，管理礼部、兵部兼都统，不久拜文渊阁大学士——

---

① 广东省文史研究馆编译：《鸦片战争史料选译》，中华书局，1983年，第342页。
② 中国史学会编：《第二次鸦片战争》（第一册），上海人民出版社，1978年，第145—146页。

这就相当于做了相国。至于广州的烂摊子，留给了接任总督徐广缙和广东巡抚叶名琛。

徐广缙和叶名琛较之老油子耆英，对英国的态度很强硬。当时，英国驻华公使换成了文翰。道光二十九年（1849）年初，文翰向徐广缙发出照会，要求履行耆英曾经答应两年后允许进城的约定。徐广缙的回复是，他个人并不反对英国人进城，但此约系前任总督耆英所许，乃姑为权宜之计。现在民情激愤，众怒难犯，强行进城恐引发严重后果。——徐大人以民意为名，拒绝了对方的要求。

是年2月17日，文翰邀请徐广缙到虎门海面上英国军舰上会面，再次要求进城，并认为即使没有和前任总督耆英的两年之约，按照《南京条约》规定，也早就应该入城了。徐广缙仍然以民情汹汹反对洋人进城来应对，并伪造了一封道光的上谕来让英国人死心。这道糊弄洋人的"假上谕"里有这么两句话："民心之所向，即天命之所归。今广东百姓，既心齐意定，不愿外国人进城，岂能遍贴誊黄，勉强晓谕。中国不能拂百姓以顺远人，外国亦应察民情而纾商力。"[①]

1842年，英国在第一次阿富汗之战中败北，损兵折将，并支出了超过1.5亿英镑的巨额军费（约相当于当时英国一年半的财政收入）。1847年，英国国内又爆发了经济危机，还没有做好在远东对清帝国采取强硬措施的准备。文翰通告在广东的英国商人，不要强行进广州城，并对徐广缙表态"进城一事可先搁置不议"。

徐广缙以为英国人终于知难而退，便向道光帝上奏说英夷从今往后不再提进广州城的事了。道光帝好不容易盼到了一个难得的喜讯，于是下旨将徐广缙大大地夸赞一番："昨英酋复申入城之请，徐广缙等悉心措理，劝合机宜。入城议寝，依旧通商。不折一兵，不发一矢，中外绥靖，可以久安，实

---

① 复旦大学历史系中国近代史教研组编：《中国近代对外关系史资料选辑（1840—1899）》（上卷·第一分册），上海人民出版社，1977年，第113页。

深嘉悦！"①特赏两广总督徐广缙双眼花翎、世袭一等子爵，特赏广东巡抚叶名琛为世袭男爵。广州阖城士民热烈庆祝这次对洋人的重大胜利，集资盖牌楼以示纪念，并以士绅的名义恭献"众志成城"之匾额给徐广缙总督、叶名琛巡抚。

但中国官员哪能想到，英国人做事是那样持之以恒，入城之约不可能永远拖延下去。既然两广总督没法沟通，那就一路北上要说法。因为中美《望厦条约》中有一款规定，条约"恐不无稍变通之处，应俟十二年后两国派员公平酌办"——给这个条约留下了十二年后修订的活口，英国因为在中国享有"最惠国待遇"，即其他国与中国签订的条约所享有的待遇必须当然地享有。咸丰四年（1854），英国公使以此为由邀请美国、法国公使一起坐船北上，要求修约。他们在南京与两江总督怡良接触，但怡良这个老滑头说通商事宜归两广总督管，和他没关系，打了一通"太极"。英国人继续北上到了天津，直隶总督桂良闻报连面也不见，派长芦盐政文谦和前任长芦盐政崇纶接待了几位公使。

碰了一鼻子灰的英国人这下明白了，走外交途径看来彻底没戏，只有出兵让炮舰来惊醒大清帝国的皇帝和大臣。

战争打响后，徐广缙运气好，因为其是咸丰帝心目中的能吏，被调任湖广总督去对付太平军。叶名琛升任两广总督，此人三十八岁就做了巡抚，但志大才疏，对英国人强硬、不谈判，可也不备战。英国人打进广州城，将其俘虏并押送到英国殖民地加尔各地，最后客死异邦。——其情可悯，其节可敬。

在第二次鸦片战争中，其实有很多机会是可以止损的。大清君臣做事有路径依赖：兵临城下时签约，危机暂时解除就不认账或者推脱，引起对方更猛烈的攻击。直至英法联军攻陷北京，咸丰帝逃到承德，《北京条约》加《天津条约》，吃亏太多。单就领土而言，沙俄以调停之功，攫取了中国东北和西北大片领土。

---

① 齐思和整理：《筹办夷务始末（道光朝）》（第六册），中华书局，1964年，第3180页。

英国人攻占广州城后，缴获了两广总督衙门里的公文档案，并让人翻译成英文。英国人发现他们以前印象很好的大英帝国的"老朋友"耆英中堂竟然两面三刀，在给皇帝的奏章（文稿在衙门有存档）中说的和对英国外交官说的完全不一样——耆英在上奏皇帝时没有如实禀报英方的要求，英国人的气愤可想而知。咸丰八年（1858），英国人打到天津，咸丰帝令长年与英国人打交道的耆英代表清廷去谈判，被英国人断然拒绝。

耆英在洋人和皇帝之间两头哄骗的把戏穿帮了，咸丰帝大怒，先罢官，后令其自尽。不过，耆英被赐死还有一个原因是他对咸丰帝这位青年天子态度不够恭顺。清末户部文选司郎中崇彝在其《道咸以来朝野杂记》中载：

> 耆平日实有自取之咎，因宣宗朝曾奖耆"有守有为"之语，于是耆相大书一联悬之客厅，云"先皇奖励有为有守；今上申斥无才无能"。此罢官时考语。故意令人见之。此联轩轾两朝，含有阳秋，有人言之当权者，此自造杀身之祸也。①

对于咸丰帝的斥责，耆英竟公然以对联的形式发牢骚。意思是说，皇帝您的父亲先皇道光帝曾夸奖我"有守有为"，您却说我"无才无能"，到底谁说得对？此乃近乎讥讽咸丰帝不孝呀。这真是找死！

在晚清那样的政治生态中，耆英这样的大臣不敢将夷人的无理要求如实向皇帝禀报，也可以理解。因为对皇帝来说，那是由于做臣子的办事不力，洋人才会提出无理要求，而这样的难题你们自己不消化，还将矛盾上交让皇帝来解决，这是不够忠诚与尽责。

于是，做臣子的只能两头哄骗，寄希望于麻烦被弥缝过去而不穿帮。

---

① 崇彝：《道咸以来朝野杂记》，北京古籍出版社，1982年，第23页。

洗冤何以难：大错掩盖小错滚雪球

杨乃武与小白菜案无疑是晚清四大奇案之一，它影响巨大，造成了官场大地震，百余年后的今天仍是影视作品的题材和法制史的教材。

这个冤案的发生、平反以及对相关责任人的处理，今天再分析依然有较大的价值。民国初年，黄濬就此案感慨道："前清最重视命案，恪守古人勿杀一不辜之训。"①

杨乃武是浙江余杭县的一位秀才，后参加浙江乡试考中举人，娶妻詹氏，此人风流倜傥，善于猎艳。小白菜姓毕，早年父亲死了，母亲王氏改嫁给喻敬添，她跟着母亲到了喻家。同治十一年（1872）三月，她嫁给了葛品莲，故官府文书称其为"葛毕氏"。《清代野记》说"毕氏肥白，颇有风姿"，也就是说长得白皙丰满，故有"小白菜"之绰号。小白菜的丈夫葛品莲也是个"拖油瓶"，其父早亡，葛品莲之母喻氏带着他再嫁给沈体仁为妻，官府文书称"沈喻氏"。葛品莲成年后，由继父沈体仁将其推荐给豆腐店当伙计。

这一奇案的缘由，说法很多。民间流传最广有二：一是"争风吃醋酿命案"；二是"公报私仇成冤案"。

《清代野记》是第一种说法。其说小白菜不守妇道，艳名远播，既和县令刘某（指刘锡彤）的儿子有染，又和杨乃武通奸。杨乃武想娶她为妾，她激将道："你这一科乡试中举，我就从你。"那科乡试发榜，杨乃武果然及第，便找到小白菜要求其兑现诺言，但小白菜说那是玩笑话，我丈夫还在，怎么能嫁给你做妾？这番对话被跟踪在后面的县令之子偷听到，于是找来毒药偷偷地放到葛品莲的茶瓯中，毒死了葛品莲，并嫁祸于杨乃武与小白菜。

---

① 黄濬:《花随人圣庵摭忆》，中华书局，2013年，第578页。

江阴人祝善治撰《余杭大狱记》持第二种说法。其文说杨乃武有文名而好渔色。此人行事高调,喜欢妄议地方官吏的短长。县令刘锡彤因为多收漕粮被他带头举报,嫉恨在心。

葛品莲和妻子小白菜租住在杨乃武的家中。杨乃武在葛品莲去豆腐店打工时,私下里为小白菜讲传奇故事,并手把手教她写字。不料,被回家的葛品莲撞见了,于是葛搬离了杨家。不久,杨乃武乡试中举。刘锡彤担心有了更大功名的杨乃武对自己不利,恰好葛品莲暴死,其母沈喻氏怀疑儿子是被毒死的而控告到县衙门。于是,县令刘锡彤由平时和杨乃武有仇的诸生陈氏、讼师王氏出谋划策,严刑逼供小白菜,咬出她与杨乃武合谋毒死了丈夫葛品莲。——活脱脱是西门庆、潘金莲合谋毒死武大郎的故事呀。这是大罪,按律杨乃武当被斩首,小白菜要被凌迟。

这个冤案昭雪后,刑部上奏给慈禧太后和同治帝的调查报告,显示这仅仅是一例法医技术的"乌龙球"导致的错判,但后面各级官吏为了维护自己的乌纱帽一错再错,捏造伪证,用一个谎言掩盖另一个谎言,雪球越滚越大。

这份奏折收录在《光绪政要》中,将冤案发生的经过和原因叙述分析得十分详细,并对相关官吏的处理也做了建议。据这份奏折称,同治十一年(1872)三月,葛品莲娶毕氏即小白菜为妻(官方文书称"葛毕氏"),四月就租住杨乃武的房屋。七八月间,葛品莲从豆腐店回家见到小白菜和杨乃武坐在一张桌子上吃饭。——对方是个读书人,自己是个豆腐店伙计,妻子又长得漂亮,于是很自然地怀疑妻子和杨乃武有奸情。因此,葛品莲在门外屋檐下偷听了多次,但只听到杨乃武教自己的妻子读经卷。同时,他也将此事告诉了母亲沈喻氏和小白菜的继父喻敬添。沈喻氏曾去找儿子葛品莲,也见过儿媳妇小白菜和杨乃武坐在一起吃饭。但老妇人存不住话,向外人议论此事,于是闾巷传言杨乃武与小白菜有染。

几个月后,杨乃武要求增加房租,于是沈喻氏劝儿子就此退租。同治十二年(1873)闰六月,葛品莲夫妇搬到喻敬添表弟王心培隔壁居住,王心培便留心察看，见杨乃武与小白菜并无来往。

八月二十四日，葛品莲因为妻子腌菜迟了，就责打了小白菜。于是，小白菜大哭，并将头发剪掉，扬言要出去当尼姑。小白菜的亲妈喻王氏和婆婆沈喻氏闻讯赶来。按照中国民间社会不成文的规定，两亲家婆各人管教各人的孩子，喻王氏骂女儿说这点小事，何至于要去当尼姑？沈喻氏也痛斥了儿子。葛品莲因为被骂，气愤之下便说妻子是恨自己搬了家不能和杨乃武在一起，借机挑事，云云。

十月初七，葛品莲身发寒热，膝上红肿，于是小白菜劝他找人替工，别去豆腐店了，但他不听。十月初九，葛品莲由店回家，继父沈体仁见到他行走迟缓；地保王淋在点心店前，也见到葛品莲买粉团吃，即刻呕吐。到家门口时，隔壁邻居王心培的妻子也见到他双手抱肩，全身发抖，还问他是不是病了。葛品莲进屋后就上床睡下，让妻子小白菜为他盖两床被，并嘱咐妻子拿一千文钱去找继岳丈喻敬添买东洋参、桂圆煎服。病情加重后，小白菜让邻居王心培叫来婆婆沈喻氏和母亲喻王氏，一番抢救无效，申时死去。当时，葛品莲的母亲沈喻氏为死去的儿子换了衣服，并不怀疑有其他原因。

这个葛品莲是个胖子，虽死在初冬，但浙江气候较暖，隔天（十月初十）尸体尸身发生变化，口鼻内有血水流出。于是，他的干妈冯许氏说，死得这么快，可疑。经这么一提醒，沈喻氏觉得有道理，再仔细看儿子的尸体，面色发青，怀疑是中毒，盘问小白菜，小白菜说没什么其他原因，就是急病。

沈喻氏因为平时儿媳小白菜轻狂，加上和杨乃武有流言蜚语，自然不相信小白菜的话，就叫地保王淋代写状子去县衙门控告。知县刘锡彤刚看完状子，正好懂医术的生员陈湖（字竹山）在县衙门看病，便说起这件案子。陈竹山便说，小白菜原来租住在杨乃武家的房屋，两人不避嫌疑，外人多有议论；葛品莲搬家后夫妻吵架，小白菜扬言要当尼姑；葛品莲暴亡，外人纷纷说是小白菜毒死的。

刘县令派人去民间查访，果然有陈竹山所说那样的流言。于是，先入为主的刘县令便带领门丁（大约相当于刑警）沈彩泉和仵作（法医）沈祥去验尸。当时，已发生尸变，腹部隆起，出现疹疱。因口鼻出现的血水流入眼睛和耳朵，法医沈祥用银针探入喉咙，银针呈淡青黑色。——最要命的是，事先法医没有用皂角水擦洗银针，此前受到污染的银针此时呈现的颜色根本说明不了问题，更无法辨认中了哪种毒，所以沈祥含含糊糊做出"服毒身死"的结论，而门丁沈彩泉则妄断中的是砒霜之毒。

　　看到尸检报告，刘县令将小白菜带回衙门，加以刑讯。小白菜受不过严刑拷打，只好诬认和杨乃武通奸，且十月初五杨乃武亲手将砒霜交给她，让她毒杀亲夫。于是，刘县令将杨乃武传讯到衙门，十月十二日请示学台将他的举人功名革去。十月十六日，杨乃武的堂弟——也是一位秀才——杨恭治和妻弟詹善政到衙门申诉，证明十月初五整天杨乃武出城了，在南乡詹家即其岳父家，怎么可能将砒霜交给小白菜？

　　刘锡彤不管杨乃武亲人的申诉，谎称尸检的银针事先已经过皂角水擦洗，随即将杨乃武带到杭州府。在杭州府知府陈鲁督审下，刘锡彤对杨乃武严刑拷打，追查砒霜的来历。杨乃武不堪痛苦只好随口招供说，他十月初三由余杭县进省城，路经一个叫仓前的小镇，有钱姓仁爱堂药铺，谎称要毒死老鼠，花钱四十文向店主钱宝生买得红砒霜，交给葛毕氏即小白菜。

　　于是，杭州知府陈鲁命令刘锡彤传讯钱宝生，欲问清卖砒霜给杨乃武的事。——这情节是杨乃武在严刑之下编出来的，一查肯定要露马脚，而且店老板叫钱坦，根本没有"宝生"这个名字。此时，害怕露馅儿的刘县令让杭州府幕友、仓前人、训导章濬写信给钱坦，让他承认卖砒霜给杨乃武，同时给县衙门看病的陈竹山也面对面开导钱坦，让他承认杨乃武以买毒鼠药为名从该店买得砒霜。在官府淫威下，钱坦照着杨乃武所招供的做了伪证。按照当时的律法，事关重大，应该将这个关键证人带到杭州府衙门与疑犯杨乃武对质，但刘县令仅仅将钱坦的书面证言送到府衙，而知府陈鲁则据此结了案。

　　其实，当时各方的证言已是矛盾百出。例如，小白菜受刑之下，胡乱诬供，说八月二十四日杨乃武和她在房内调笑，被丈夫葛品莲撞见，将其责打；丈夫葛品莲死后，婆婆沈喻氏盘问小白菜，她当即交代了毒死丈夫的情节。但沈喻氏第一次到县衙门控告怀疑其子暴亡是别人谋害时，并未提到小白菜已经对她招认下毒。——如果此情节是真，要为儿子讨个公道的母亲告状时怎么可能隐瞒不说呢？刘锡彤为了顺利结案，又把小白菜诬供中的"口鼻流血"等言语全部改成"七窍流血"，求得与尸检报告一致。

知府陈鲁相信了知县刘锡彤提供的书证，以小白菜与杨乃武合谋毒杀葛品莲结案，拟将小白菜凌迟，杨乃武斩决。

案子交给上司按察使（掌管一省的治安与司法）蒯贺荪和巡抚杨昌濬复核，杨昌濬派了候补知县郑锡滜到余杭县做调查，但也是走过场，最后维持县、府的原判。

这样，判死刑的案子必须交给刑部再次复核，然后由皇帝勾决，才能执行死刑。就在刑部核查期间，杨乃武自己写状子进行申诉。——大概是为了夸大自己的冤情，从而引起官府和舆论更大的关注，杨乃武的申诉也说了假话。他说是一个叫何春芳的男子在葛家与小白菜玩笑，被余杭县县令刘锡彤的长子刘子翰得知便向何春芳敲诈，而他自己完全是被屈打成招的。于是，巡抚杨昌濬派员复查，仍然维持原判。

杨乃武的亲人一看冤案在浙江没办法昭雪，于是进京上访。同时，浙江在京的士人议论纷纷，认为这是浙江巡抚杨昌濬以下一帮子地方官炮制的冤案。

在这期间，同治帝去世了（民间传说是患梅毒），年幼的光绪帝即位。光绪元年（1875）四月，给事中（监察官员，和御史合称科道官）王书瑞上奏要求朝廷派员审讯此案。皇帝准奏，下诏派浙江学政（主掌一省的文化教育大权）胡瑞澜，与宁波府知府边葆诚，嘉兴县知县罗子森，候补知县顾德恒、龚世潼组成专案组，再次审理此案。尽管审理中发现彼此证言有冲突之处，但胡瑞澜仍然草率结案，维持原判。这下舆论更加汹涌，给事中边宝泉上书称"案情未协"，浙江籍绅士江树屏等人联名到都察院（最高纪检机关）控告杨昌濬、胡瑞澜涉嫌包庇，铸成冤案。

　　案子已经来回折腾三年多了，球还是踢到了刑部。刑部只得亲自提审此案，毕竟是专业人士，一看案卷，疑窦重重。刑部在给皇帝和太后的折子中如此奏道：

　　　　臣等自提到犯证卷宗，先将全根详加综核，因其谋毒本夫虽秘密，总由恋奸情热而起，何以学政讯时，王心培供词坚称未见杨乃武到过葛家？且沈喻氏控县原呈，亦未提及杨乃武一字。钱宝生卖砒既系杨乃武在杭州府供出，自当提到钱宝生与杨乃武质审，何以仅在余杭县传讯取结，即行开释？葛品莲果系毒发身死，沈喻氏当时应看出情形，何以事隔两日，始行喊控？案情种种可疑，虚实亟应根究，随提集犯证，逐类详鞫，讯出银针颜色未经擦洗，仵作、门丁互执尸毒，则县官之相验未真。钱宝生出结，系幕友函嘱生员劝诱，即砒霜来历未确。当经奏提葛品莲尸棺到京，复加检验，骨殖黄白，系属病死，并非青黑颜色，委非中毒。取具原验知县、仵作甘结，声称从前相验时尸已发变，致辨认未确，误将青黑起疱认作服毒。讯据尸亲邻右人等，金称尸身发变，由于天气晴暖。检查学政七月间讯取沈体仁供词，亦有天热之语，是原验官、仵作称因发变错误等情，尚可凭信。复经提犯环质，得悉全案颠末，历历如绘。①

刑部对此冤案的结论是：

　　　　是此案刘锡彤因误认尸毒而刑逼葛毕氏，因葛毕氏妄供而拘拿杨乃武，因杨乃武妄供而传讯钱宝生，因钱宝生被诱押结而枉坐葛毕氏、杨乃武死罪，以致陈鲁草率审详，杨昌濬照依起结，胡瑞澜迁就复奏。历次办审不实。皆轻信刘锡彤验报服毒，酿成冤狱，情节显然。②

---

　　① 黄濬：《花随人圣庵摭忆》，中华书局，2013 年，第 561 页。
　　② 同上书，第 562 页。

清廷对相关责任人的处理不可谓不严。始作俑者知县刘锡彤流配黑龙江，刑部的报告确认他只是"误认尸毒"而刑讯逼供，并无民间传说的公报私仇，也就是说是"技术原因"造成的冤案，没有诬陷杨乃武与小白菜的主观故意，否则处罚绝对不是流放那么简单。——这个结论也给朝廷自己留了面子。巡抚杨昌濬、学政胡瑞澜（冤案昭雪时已是兵部右侍郎）、知府陈鲁，以及联合办案的那些知府、知县、候补知县全部被免职。杨昌濬闲居两年后，因左宗棠规复新疆，奏请起用他管理后勤，后因功官至总督。

这个案子之所以能够昭雪，我认为原因有二：

一是清廷对死刑判决非常慎重。尽管咸丰三年（1853）颁布了"就地正法"章程，授予州县官对土匪、会匪、强盗等公开作案的嫌犯可以"就地正法"，相当于那个时候的"严打"，但这是应付太平天国等造反起义的权宜之计。诸如毒杀丈夫这类疑案，仍然遵循原来逐级审理、刑部复核、皇帝勾决的程序，如果杨乃武和小白菜就在浙江巡抚的权限内便被取决，饶是杨乃武本人再有文采也无申辩的可能。

二是政治局势大变，带来了冤案昭雪的机会。这个案子被查清，出大力的是刚刚就任刑部侍郎的翁同龢。当时，刑部尚书认为已经过数次复查，没有再次审理的必要，但翁同龢据理力争。翁家是父子帝师，四代翰林，翁同龢要翻此案固然有浙江籍士人舆论的影响，但我以为还有翁家和湘军是宿敌的原因——曾国藩授意李鸿章拟稿参劾其长兄翁同书任安徽巡抚时误保苗沛霖酿成大祸而被判处斩监候。杨昌濬是湖南人，胡瑞澜是湖北人，而杨更是湘军重要人物。当时，湘军系大小官吏遍布东南，光绪帝还是个小孩，因此慈禧太后和醇亲王也想借一个案子来打压湘军系的势力。御史王昕上书指责杨昌濬等官员蔑法欺君，"此端一开，以后更无顾忌，大臣倘有朋比之势，朝廷不无孤立之忧"[1]，打动了慈禧太后的心。

至于刑部这个调查报告是否是真相，知县刘锡彤果然只是"技术失误"

---

① 黄濬：《花随人圣庵摭忆》，中华书局，2013 年，第 577 页。

而错判，那就只有天知道了。但是，对于此案的昭雪，朝廷或者直白地说老佛爷才是最后的赢家。如果朝廷没有政局的变化，这个案情并不复杂的冤案能否昭雪还真难说。

滇西北百余年前一个教案的复杂政治光谱

2016年9月下旬的一天下午，我和几位朋友离开云南迪庆州维西县前往德钦县城。车行驶在澜沧江东岸河谷陡峭的公路上，这条德维线几乎在刀劈斧削的山崖上凿出，右边是高耸入云的大山，左边则为水流湍急的澜沧江。

车进入到德钦境内不久，当地的纳西族司机老赵将车停在路边，指着对岸一个村子说："你们看看，茨中教堂就在这个村。"

我们隔江望去，澜沧江西岸的碧罗雪山树木葱茏，在高出江面约十几米的平缓台地上层叠的梯田里的庄稼——应该种的是青稞——已经收割。白色的房屋错落有致，一座飞檐瓦顶的钟楼如鹤立鸡群。这就是大大有名的茨中教堂。

由于天近黄昏，我们要赶到德钦县城过夜，于是匆匆一瞥后不得不启程，很遗憾未能过江近距离地观看茨中教堂。

提起茨中教堂，就不能不提百余年前与这个教堂修建相关的一系列教案。遥望着对岸一片安详静谧，想起一百一十年前维西一带血雨腥风的往事，愤怒的民众焚烧教堂，传教士或死或逃，颟顸的官员举措失当……

对维西教案及茨中教堂的由来，网上的介绍是：

> 当地百姓不能容忍天主教士的传教活动，引发了维西教案。在1905年的维西教案中，愤怒的群众焚毁了澜沧江、怒江沿岸的十所教堂，杀死了法国传教士余伯南和蒲得元。当时清政府迫于帝国主义的势力，派重兵镇压僧俗民众，反洋教的群众抵抗了三个月，最终被镇压下去，教会因此而获得了巨额赔款，在茨中约三分之二的土地上兴建茨中教堂。1921年，茨中教堂竣工，成为天主教"云南铎区"主教坐堂，下辖两个分堂。

应该说，此类描述也没有大问题。清末，由于天主教和基督新教的传入，中华各地都先后爆发了大大小小的"教案"，而中国近代史上许多大事件和"教案"都有着直接的关系。云南、广西地处边陲，相邻的越南和缅甸先后成为法国与英国的殖民地，因此传教士便于入境传教，而这两省民族众多、生存环境闭塞，加之民风强悍，便成了"教案"爆发的重点地区。例如，深刻影响中国历史进程的第二次鸦片战争，爆发的原因之一便是广西与云南接壤的西林县爆发教案，法国的马神甫及两位教徒被处死。

爆发于滇西北的维西教案，除了有内地教案的共性原因外，还有着边疆地区更为复杂的成因，如已在此地根深蒂固的藏传佛教和外来天主教的矛盾，官府与土司的矛盾，地方上层家族之间的矛盾，等等。

从十九世纪七十年代开始，法国天主教传教士进入滇西南的三江并流地区传教。开始，他们取得了当地土司、头人和官府的信任，获得了土地修建教堂，与地方势力相处还算融洽。但时间一长，矛盾就出来了，此地的藏族及一些其他族民众信仰藏传佛教，天主教的传教活动相当于抢藏传佛教的市场，冲突是必然的。这也是滇西南除藏族、纳西族等民族之外，傈僳族、怒族等人数较少且多是原始崇拜的民族更早皈依天主教的原因。

说起维西教案，必须从十九世纪与二十世纪之交的藏区局势说起。光绪三十年（1904），英国武装侵略西藏，本地武装抵抗失败，达赖喇嘛出逃。清廷认识到必须加强对藏区的管理，否则这块土地会沦为列强之手，于是任命凤全为驻藏帮办大臣，经营川边（康区），以"固川保藏"，赐予凤全"就近妥筹办经边各事"的权力。

凤全来到与滇西北相邻的巴塘地区，进行练兵、垦殖，并对当地藏族的土司和寺庙的特权进行了一定的限制，如命令削减寺庙喇嘛数量，在今后二十年内禁止招收僧徒。或许是为了抑制地方豪强，凤全采取了平衡术，赐予了巴塘的法国天主教神父一块土地建造教堂。这就更加引起地方上层和僧俗民众的仇恨，他们把朝廷派来的官老爷和外国传教士看作是一伙的，终于引发了"巴塘之乱"。据《清史稿》载：

光绪三十年，（凤全）充驻藏帮办大臣。行抵巴塘，见土司侵细民，喇嘛尤横恣，久蔑视大臣。凤全以为纵之则滋骄，后且婴患，因是有暂停剃度、限定人数之议。喇嘛衔之深，遂潜通土司，嗾番匪播流言，阻垦务，渐至戕营勇，燔教堂，势汹汹。凤全率卫兵五百人往，至红亭子，伏突起，战良久，被害。[①]

杀死了朝廷大官的土司和僧俗民众一不做二不休，开始聚集更多的人，往天主教在藏区的据点、位于今天西藏芒康县和云南德钦县之间的盐井进发，两位法国传教士被追杀，逃到德钦向云南地方政府求救。

当时，德钦还没有县的建制，由维西厅管理。云南地方政府不敢含糊，一方面行文当地土司，要求制止民众骚乱，保护洋人；另一方面令维西通判李祖祜带兵到阿墩子以示弹压。可这位李大人很是糊涂，他立功心切，想给当地豪强势力一个下马威。这个心态被人利用了，他的翻译赵天赐的家族和当地土司禾氏素有矛盾，于是借刀杀人。赵天赐告诉李祖祜，骚乱是由禾氏土司挑唆的。这李老爷也不经调查，竟然抓捕了土司千总禾文耀，游街之后再处死。至此，彻底激怒了当地民众，于是民众联合起来围攻官军和教堂，杀死蒲德元、余伯南并教徒十余人；官军团防哨官、五品蓝翎李双全并团兵三十六人，以及奔子栏官兵五十余人，全被愤怒的民众杀死，军官杨桂珍更是被抓到喇嘛寺内剥皮。时在光绪三十一年（1905）。

事态到了这个地步，清廷当然不甘罢休，于是增派重兵进入到该地区屠杀反抗的僧俗人士，德钦寺、东竹林寺等寺庙被焚烧，引发这场惨祸的赵天赐和轻举妄动的通判李祖祜被处死。可以说，这场骚乱，清廷和地方势力两败俱伤。清政府赔偿法国人白银十五万九千两，其中一部分由当地藏传寺庙分摊；为被杀法国传教士蒲德元、余伯南二人建坟立碑；拨出茨姑村附近茨中村的土地，用于重建教堂。

一百一十年后再来回顾这件大事，不能不感叹在王朝末世上下乖离时，

---

① 《清史稿·卷三百五十三·列传二百四十·凤全列传》。

往往一项出发点很好的举措，结果却恰恰相反。到了离清廷覆亡只有七八年的时候，清廷对西藏、云南等边远地区的政治局势依然很是关心而并非不想有所作为，朝廷和地方官府做出的决断也恰当，如派凤全坐镇川边"固川保藏"；当冲突起后，及时命令地方政治势力保护传教士并派员带兵前去弹压。可是，这些措施在具体实施中却大大走样，而一个翻译的谗言竟然引发那样严重的后果。只能说，整个帝国已患了系统性重病，极易引发蝴蝶效应，小事不慎就会带来灾难性后果。

从举子应试看帝国的统治成本

道光二十九年（1849）正月，时任礼部右侍郎的曾国藩在北京寓所给四位弟弟写信说：

> 李子山、曾希六族伯托我捐功名，其伙计陈体元亦托捐。我丁酉年在栗江煤垅，此二人待我不薄。若非煤垅之钱，则丁酉万不能进京。渠来托我，不能不应，拟今岁为之办就。其银钱嘱渠送至我家，有便将执照付至家中。渠银钱一到，即发执照与渠可也；即未收全，亦可发也。丁酉年办进京盘费，如朱文八、王燧三、燧六等皆分文不借，则曾、陈二人岂不可感也哉！①

这段话叙述了一件曾国藩受惠于他人的往事。道光十七年（1837）丁酉，已经两次会试失利的曾国藩，准备第三次参加道光十八年（1838）的会试。尽管曾家在当地是个家境还算殷实的小地主，但前两次会试已经几乎花光了家中的钱，于是只能去族人和亲戚朋友家借贷。朱家、王家一分钱都不愿意借，他只好走到栗江找同族的伯叔辈曾希六。曾希六是一个做买卖的人，他和自己的伙计陈体元将钱借给了曾国藩，因此曾国藩才得以进京赶考，并在第二年的会试中考取了进士得以进入翰林院。从此，曾国藩平步青云，并在他三十七岁时就官至二品，成为大清开国二百多年来升官最快的湖南人。现在，曾国藩发达了，当然到了报恩的时候：两位当年有恩于他的生意人让他帮着在朝廷捐一个官衔——当然没有实权，但对生意人来说官衔是某种保护

---

①《曾国藩全集·家书一》，"道光二十九年正月初十日"信，岳麓书社，2011年，第158—159页。

伞，而且死后墓碑上也光彩。曾国藩垫钱在京中替二人办理，办理完毕后将执照寄回家，并告诉弟弟们：即使曾、陈二人还给曾家捐官的钱不足额，曾家也应先将官职执照给两人。

从这封信可以看出，曾国藩实则是一个人情练达、知恩图报的人，对社会各种明规则、潜规则十分娴熟，也更能反映出那个时代举人进京会试的艰难。

从隋朝正式开始科举取士，到光绪三十一年（1905）晚清罢科举，一千四百多年内中国的士子进京赶考，其交通方式与通信方式未有根本的改进。一个人哪怕取得了去首都考进士的资格，其进京之路也是十分艰险的，不但家庭需要承担繁重的盘缠，而且路途中有不可知的风险。以曾国藩三次会试为例，那时候距今不过一百六十来年，可与今天的交通通信方式相比，真是天壤之别。曾国藩所处的时代，与唐代的韩愈进长安，宋代的苏洵、苏轼、苏辙父子去汴京，明代的张居正去北京，交通条件几乎没区别。同时，清帝国幅员辽阔，京师又在版图偏东北的北京，经济和文化中心又转移到南方，南方人才又多于北方，因此也就普遍增加了举人们进京赶考的难度。

在几个朝代中，宋代的版图是最狭小的。就以北宋全盛时期而言，北部燕云十六州及以北是契丹统治，西北陕北部分地区和甘肃大部分地区是西夏领土，西南的云南是大理国，而首都汴梁从军事角度来看是难守易攻，不是做首都的理想城市。但若以帝国之间人员来往、财货转运而言，却是很合适的地区，汴梁处在帝国版图的中心，且有数条河流汇集，水运方便。因此，几个朝代中，宋代士子进京赶考的成本是最低的。嘉祐元年（1056），苏轼和父亲苏洵、弟弟苏辙进汴梁参加第二年的礼部会试，父子三人北出剑门，翻越秦岭到关中，然后往东进入中原，到达京师。——从眉州到汴梁，这在宋代已经是很漫长和艰难的赶考之路了。

苏轼这条赶考路若放在清代，已经是相当轻松的了。在清代，帝国的进士大多出自江浙、福建、广东、四川、两湖地区。南方诸省和西北边疆地区的举人到北京应试，路上的行程少者一个月，多者三个多月。清乾隆之前，考期定在农历二月,乾隆十年(1745)改为农历三月,算是给偏远地区举子们的一种照顾。例如,进京最艰难的云南,乡试一旦出榜,及第的举人要想参加第二年春天在北京的会试,必须马上打点行装在初冬就得出发,否则赶不上会试了。因此,云南等偏远省份的举人进京会试,往往要在途中的旅店里过大年。

这对应试者来说,既是财力考验,也是心理素质和身体素质的考验。举人进京赶考,被称为"公车"应试,顾名思义是可以使用官府驿站的车马。到了清代,"公车"待遇货币化了。对赶考的举人,官府根据其路途分别发给三两至三十两银子的路费。这些钱对漫长的旅途花费来说,几乎是杯水车薪,如果途中患病,那就风险更大、花费更巨了。

曾国藩的家乡湖南湘乡,距离北京约两千来公里,和广东、福建、云南、四川相比,尚属并不偏远的地区,可那时候湖南到北京要走一个多月。道光二十一年(1841),曾国藩的父亲曾麟书在北京儿子家小住了一段时间,然后出京回湘。曾国藩收到父亲到湖南报平安的家信后,欣喜地回信道:

> 诸悉祖父母大人康强,家中老幼平安,诸弟读书发奋,并喜父亲出京一路顺畅,自京至省,仅三十余日,真极神速。①

北京到湖南走了三十多天,竟然算得上"神速"。不过,曾氏如此说绝非虚言,道光二十七年(1847),他的四弟曾国潢从北京回湘,坐船过洞庭湖遇到风暴,耽搁时日,到长沙用了七十多天。

在科举时代,连捷者——即前一年乡试中举第二年会试考中进士的举子,是极少数的幸运儿。曾国藩考了三次(第二次是恩科)高中,已属于考运很好的了。多数人要考许多次,三年一回再加上增加的恩科,有些人

---

① 《曾国藩全集·家书一》,"道光二十一年五月十八日"信,岳麓书社,2011年,第4页。

从二十多岁考到了五六十岁，而这花费的银钱以及路上消磨的时光，真是很惊人。

但是，一个庞大的帝国要维持大一统，就必须要花费高昂的成本，而举子进京赶考，只是其中小小的一部分。

江南士子被逼出来的"冒籍"

乾隆四十二年（1777），乾隆帝虽然已经六十七岁了，但一点也不糊涂，而且精力旺盛。七月的一天，他突然决定在宫内接见浙江解饷官绍兴府通判张廷泰。通判，只是一个正六品官，能得见天颜可谓皇恩浩荡了。——估计是皇家和京师百官主要仰仗江南的赋税，所以接见押送钱粮进京的小官，以此来显示对江南的重视。

可麻烦就出在这"皇恩浩荡"上。皇帝见官员，一般首先问籍贯、履历、家世，张廷泰说自己是顺天府（今北京及周边河北数县）人氏，可精明的乾隆帝听出了他的绍兴口音。这在当时是大事，一则本地人在本地当官，违反回避制度；二则张某可能是冒顺天府籍在京师参加的科考。尽管张廷泰回奏"幼曾随父至绍兴住居数年，遂习其土音"，但乾隆还是大怒，下旨曰：

> 至顺天应试，例有审音御史、验看月官，则特派九卿、科道，皆宜悉心询察。且朕于各官引见，奏对履历，为时无几，尚能辨其语音。诸臣审音验看时，如果留心听察，南北音声无难立辨。皆由诸臣视此等事不以为意，遂至混淆莫辨，殊失敬事之义。[①]

意思是说，我就凭两句话便听出了张某说的是南方口音，你们那些"审音御史"是吃干饭的吗？

何谓"审音御史"呢？这是专门为打击"科考移民"即"冒籍"而设置的。

古代中国十分重视籍贯，即使是父、祖做大官，其子弟依然要回原籍参加科考。清朝对考试报名地点有严格规定，其祖父在某地入籍二十年以上，

---

① 《清高宗实录·卷一〇三七》。

当地有祖坟、田产、住宅，才能在当地报名应试，后来改为考生本人入籍二十年以上方准应试。朝廷如此防范"冒籍"，乃是为了最大限度地平衡大一统帝国各地的利益，维护政治稳定。不过，规定也有例外，国子监的监生（国立最高学府）即使籍贯为外省，也可在顺天府参加乡试。所以，当大官的只要给儿子弄一个国子监监生的资格，就可以来北京考试了。譬如晚清大臣李鸿章，籍隶安徽合肥，他要参加安徽、江苏两省生员在南京的江南乡试，这是全国竞争最激烈的举人选拔赛。可在他中秀才后不久，被庐州府选为优贡，即优秀的生员贡献给国子监。道光二十三年（1843），二十一岁的李鸿章奉命进京参加次年的顺天乡试，过卢沟桥快到北京城时他写下了牛气冲天的两句诗"一万年来谁著史，三千里外欲封侯"，并在道光二十四年（1844）高中顺天乡试第八十四名举人。如果李鸿章留在老家参加江南乡试，很难说初次就能考中。

实际上，宋代就已出台措施防止"冒籍"，但由于当时版图没有明清两代大，各地经济、文化发展相对平衡，因此这一规定并不十分严厉。到了明清两代就不一样了，帝国疆域广阔，士子众多，而各地经济、文化教育发展极不平衡，因此对某些地方进行政策性倾斜是必要的。邓云乡在《清代八股文》中介绍：

> 举人各省均有定案。一般只一百几十或零几名，因此文化发达的省份和文化较差的边远省份，在考试难易上大不相同，在程度上也不大一样。像江南江宁试场（贡院）、浙江杭州等试场，都一万多号舍，应试者都过万人……边远省份，参试者少，中试名额亦少。如贵州中额三十六，甘肃中额三十。参试者人数与中试名额比例，大省如顺天、江南（包括江苏十之六、安徽十之四）、浙江、福建等，大约均是百分之一强的机会，即一百零几名中才能取中一人。[1]

---

① 邓云乡：《清代八股文》，河北教育出版社，2004年，第47页。

边远省份录取名额少，但参加考试的人也少，而且教育不发达，像江浙一带文风鼎盛地区的士子若"冒籍"应考，显然比在本省把握大得多。首都所在的直隶省得到朝廷的照顾，其录取名额和江浙为最多的地区，但其本地士子的考试水平不如江浙等省，这也是江南士子喜欢在顺天"冒籍"的原因。

其实，不仅是考举人的乡试，即便是科考的最低阶梯——考生员（秀才），也难易程度不一样。齐如山先生说，他的家乡直隶高阳在文风盛时三十余名童生才取一名生员，而同一省的涞源常常考生还不够应录取的名额，基本上能把前两行八股文写顺溜就可以中秀才。由于生员录取是以县为单位，童生们彼此熟悉，因此要"冒籍"很容易被人告发。同时，考秀才有"作保"制度，考生拿钱请廪生（生员的一种，可以在政府领粮食，相当于公费生）做保人，考试前考官点完考生名后再叫"某人保"，作保之廪生必须应声"某人保"，一旦"冒籍"事发，作保的廪生也会被革去功名。

乡试以省为单位，而且考取举人的利益更大，那么防范"冒籍"则难度更大，只能用严刑峻法待之。据明末沈德符《万历野获编》记载，明朝对"冒籍"处罚非常严厉。万历十三年（1585）乙酉科顺天乡试后，"冒籍"之说纷起，给事中查明冯诗等八名浙江秀才"冒籍"在顺天考试。奉旨查办，冯诗等二人枷示于顺天府前，并和其他六人都发配为民，禁锢终身，即终身剥夺考试资格。八人中有名史纪纯者，他父亲是翰林编修，也被革职。同时，一干官员受到不同程度的处罚。

这个案子是怎么起来的呢？据沈德符《万历野获编》记载："乙酉乡榜，有顺天诸生张元吉者，投揭长安，谓浙人冒籍得隽，致妨畿士进取。"也就是说，原来是北京所在的顺天府的某位秀才向中央政府告发，好几位浙江人是"高考移民"，冒充直隶省的籍贯考取举人，妨碍了京畿秀才的前程。——这一幕，是不是很熟悉呀？

不过，王朝处罚"冒籍"有如松紧带，不同皇帝在位，其严厉程度不一样。嘉靖年间，有个超级考试牛人、浙江绍兴籍的陶大顺，"冒籍"顺天考了个经魁（前五名）——这也发挥太好了，太扎眼了——被人告发，剥夺举人资格。但是，这次朝廷很仁慈，没取消他日后的考试资格，过了几年他在浙江乡试中考了第四名，紧接着登乙丑科进士，官至左副都御史，即专司纪检监察的二把手。

明亡清兴后，"冒籍"的这种把戏仍然时有发生，清朝打击"冒籍"一如明代那样严厉。到了康熙年间，开始对考生"审音"，即凭其口音确定是否冒籍。到了乾隆十年（1745），在顺天乡试时，朝廷特派满、汉御史各一人参与"审音"，被称为"审音御史"。但中国是个人情社会，那些"冒籍"者的父、祖多半是有能量的官员，审音御史往往睁只眼闭只眼送顺水人情，于是就出现了乾隆爷痛斥审音御史"殊失敬事之义"一幕。

考察明清两代"冒籍"的案例，发现浙江士子特别是绍兴府的士子比较多，其原因：一是浙江文风鼎盛，乡试的竞争激烈程度一点不亚于江南乡试，而绍兴文风又是浙省最盛的。二是绍兴多师爷，全国各府县的衙门离开绍兴师爷就无法运转。绍兴师爷成为一大地域性产业，师爷们彼此沟通信息，知道哪个地方考秀才或举人容易，找谁疏通关系从而可以成功"冒籍"。

在这些绍兴师爷中，许多人就是在浙江考不上举人的落第秀才，估计他们为出自北方各省的老爷当幕僚时，心中很可能有种不公平感：你是老爷我为你打工，如果我当年在你的家乡参加乡试，没准坐在堂上的老爷就是我。

可见，江南士子"冒籍"参加其他省的乡试，这都是被逼的呀。

慈禧太后其实很喜欢洋货，洋制度除外

王仁堪（1848—1893），字可庄，又字忍葊，号公定，闽县（今福州）人。光绪三年（1877）第一名进士，即通常所说的状元。此人道德学问皆好，书画被朝野看重。他长期做京官，是朝廷内清流党的重要人物，耿直敢言，深得清流前辈张之洞的器重。

光绪十六年（1890），王仁堪在一封给时任湖广总督张之洞的信中报告了慈禧太后荒唐、蛮横的一些做法，笔端颇为痛心，有"大不敬"之嫌疑：

> 宫中饲蚕，南北海隙地，来岁悉种桑田，慈圣每膳后自觅桑秧，出地甫寸许，以彩旗标识之，中官分段司其灌溉，槁死，或为麋鹿践食，辄鞭之。彩旗高下弥漫林阜间，而中官望之，咸蹙頞也。中元北海放灯，以红绿纸翦花若叶，粘木片，插短烛，翌晨入直，醉纸泪蜡，拍浮水面。苑内火车路，以数十人牵挽之，若冰床然。两宫出入，多乘东洋小车，制如沪上，惟黄幄朱轮耳。蚕市口洋楼，发银六十万，不用内府，交总署监修，大约一切陈设器具皆要洋式。耳闻目见，殊非好气象。涉笔偶及，千万付丙，防《申报》传刻，闻者不免解体，不独守温树之戒也。[1]

王可庄写这封信时，光绪帝已经大婚，名义上亲政了。经过湘淮军敉平太平军、捻军和西北之乱，加上一些开明大臣包括收信的张之洞推行"洋务运动"，整个帝国的经济、文化有了一些新气象，便有人吹捧为"同光中兴"，而实际的掌权者慈禧太后当然被称颂为英主。

---

① 黄濬：《花随人圣庵摭忆》，中华书局，2013年，第112页。

宣称已经将政事交给光绪帝的慈禧太后，其实还在控制着整个国家，只是更有理由享乐了。王可庄的这段话里说到了慈禧太后在宫内几件耗费人力财力的"游戏"：

一是在紫禁城西面的皇家花园中南海和北海（统称西苑）空地里种桑树养蚕，以示重视农桑。当然，她自己是不会费力的，而是分段承包给太监，但桑苗枯死或被鹿啃掉必定会招来一顿鞭打。如此种桑，彩旗飞舞，就是在玩乐，而太监们则不堪其苦。

慈禧太后种桑养蚕是玩游戏，而她的儿媳妇也即娘家的侄女隆裕皇后则是认认真真地做这事。因为恶婆婆慈禧太后对其管教甚严，丈夫光绪帝又不喜欢她，在宫内寂寞难耐的隆裕皇后便以养蚕来消磨时光，而当蚕宝宝出来时她则高兴得像是做了母亲。

二是七月十五中元节在北海里放荷花灯。王可庄认为，在这样的国家重地，不应该像民间仕女那样玩乐。

三是在宫禁内坐火车。如果看过姜文导演的电影《让子弹飞》，对马拉火车在铁路上奔跑的一幕想必印象深刻，而西苑内的火车却是用人来拉的，与纤夫拉船一样。

这条铁路又称紫光阁铁路，总长1510米，南起中海的紫光阁，向北穿福华门（中南海北门），入北海的阳泽门（北海西南门），再沿北海西岸北行至极乐世界转向东，从龙泽亭以北，经阐福寺、浴兰轩、大西天，至终点站镜清斋。运行的火车是李鸿章的心腹"财神爷"天津海关道周馥和候补道潘骏德向法国新盛公司德威尼订购的，包括列车厢六节，丹特火车头一台。这是一台蒸汽机车头，烧煤作为动力，因为黑烟隆隆而受到守旧派大臣的反对，认为会破坏风水，于是改作人力来牵引。当时，一首流传的"清宫词"写道："宫奴左右引黄幡，轨道直铺瀛秀园。日午御餐传北海，飘轮直过福华门。"[1]

四是耗费巨资在蚕市口修洋楼，而且一应生活起居皆用洋货。

---

[1] 刘源：《御苑里的小火车》，载《紫禁城》2005年第6期，第116页。

蚕市口，又名蚕池口，在紫光阁西。康熙年间，在教士南怀仁等人请求下于此地建立了教堂。光绪十一年（1885），慈禧太后准备归政。清廷以西苑为太后住址、地势狭隘为由，派李鸿章斡旋，置换西安门内西什库建教堂。——当然补偿了传教士一笔巨款。法国传教士于光绪十三年（1887）将蚕池口北堂交出，清政府下令征收附近旗民两千余户宅地，在此为慈禧太后建洋楼。

在王可庄看来，慈禧这种做派是奢靡，是贪图享受，不是一个国家蒸蒸向上的好气象。当然，这种议论最高统治者的大事，自然是害怕流露出来，于是王可庄在信的结尾叮嘱张之洞看完烧掉。——在天干地支中，丙丁属火，而"付丙"就是付之一炬的意思。但王可庄要站在政治正确的高度上说，这样做是担心一旦被《申报》的记者知道了，刊登出去对国家形象影响甚大，而不仅仅是因为守做官须谨慎的戒条。如此看来，"防火防盗防记者"的历史可真不短。

"温树之戒"，典出《汉书·孔光传》：

> （孔光）复领尚书，诸吏给事中如故。凡典枢机十余年，守法度，修故事。……沐日归休，兄弟妻子燕语，终不及朝省政事。或问光："温室省中树皆何木也？"光嘿不应，更答以他语，其不泄如是。

这段话说的是孔光身居高位，常常去皇帝所居的长乐宫温室殿值班，回家后对兄弟和妻儿也严格保守秘密，从不提及宫中的任何事情。有人问皇宫中种植什么树木，孔光也只默不作声，不搭腔。

历史教科书把慈禧老佛爷说成是一个顽固守旧的老太太，这话不甚正确。慈禧太后对新事物有强烈的好奇心，尤其对那些能使生活更加舒适的洋货——各种进口的消费品，很是喜欢。她曾经力排众议在宫禁内装了电灯，并对反对者说："钟表是洋玩儿，我们照样使用，没出什么事嘛。"对铁路，她也不排斥，那速度和舒适度确实比马拉人抬要强太多了。其实，她排斥的只是外来的制度——让她以及皇室丧失特权的洋规矩。

为什么王可庄如此事无巨细地向张之洞禀报这一切呢？那是因为清代封疆大吏在外最关心的是太后、皇帝和其他大臣的言行，哪怕是片言只语，也可能传达出强烈的政治信息，关系重大。所以，各省督抚往往委托在朝廷内的心腹好友打探消息，及时通报。这是中央集权制的必然。

被时势逼到死地的赵尔丰

1911年12月22日（农历辛亥年十一月初三）清晨，宣布脱离大清而自治不到一月的四川省省会——现在应该称"大汉四川军政府"首府成都，已是寒意袭人。平时，此刻街市行人稀少，而今天却大不一样，在城中心皇城明远楼前，一队军人抓住一个只穿着内衣、还留着辫子、须发斑白的老人，一个高大魁梧的军官在宣布他的罪状。老人破口大骂这个军官"忘恩负义""背信弃义"，但于事无补。很快，几个汉子上前将这老人砍头，人群里爆发出一阵欢呼声。

这位被杀的老人便是曾任四川总督的赵尔丰，宣布他罪状的那位军官是曾为其属下、并受过他和兄长赵尔巽提拔之恩的尹昌衡，现为四川最高长官即军政府都督。

辛亥革命在中国历史上应该算得上是一次比较和平的权力更迭，由于最终清室和平逊位，最大限度地避免了流血。各地的独立，基本上是士绅和革命党出面，逼着旧官僚和平交权。多数大清官员受到了善待，包括北京城的王公贵族，即便没有了铁杆庄稼可吃，但人身权、财产权并没受到多少侵害。赵尔丰是辛亥那一年巨变中被杀掉的最大的官员，另一位和他同级别的端方也被部下杀死在四川。辛亥革命期间，清朝封疆大吏仅有三个人死于非命，还有一位是山西巡抚陆钟琦，级别低于总督级的赵、端二人。两位大清能干的高官都横死在四川，不禁让人感叹历史的吊诡。

平定西藏叛乱功在千秋

赵尔丰家族算得上清季的政治豪门。赵家属汉军旗，父亲赵文颖是进士出身，在知府任上因抵抗太平军战死，遗下的四个儿子作为"烈属"得到朝廷的善待。赵氏四兄弟也非常争气，大哥赵尔震、二哥赵尔巽是光绪十三年（1887）的同科进士，老四赵尔萃是光绪十五年（1889）中进士。其中，赵尔震官至工部侍郎，赵尔萃官至道员。在四兄弟中，官做得最大的是赵尔巽和赵尔丰，都是一品大员总督，而赵尔丰虽是捐班出身，但胆略、见识都强于其他三位正途出身的兄弟。

赵尔丰最大的贡献是在清朝末年国运衰弱、朝廷对藏区控制力越来越弱时，以霹雳手段平定康区，并进而率领大军进入西藏，剿灭英国人支持并企图独立的西藏叛军，将西藏留在了中国的版图内。

由于英国势力进入藏区，挑动藏族高层脱离中央政府，西藏和川、滇藏族聚居区局势十分复杂。光绪三十一年（1905），驻藏帮办大臣凤全被巴塘土司杀害，赵尔丰受命于危难之中。

赵尔丰是光绪二十九年（1903）随川督锡良入川，先后任永宁道员、建昌道道员。光绪三十二年（1906）七月，清政府成立了相当于省级建制的川滇边特别行政区，以赵尔丰为川滇边务大臣。赵尔丰采取恩威并施的方式，实行"改土归流"、发展藏区文化教育、改良残酷剥削底层藏民的"乌拉差"（无偿为领主和官府提供脚役），而对分裂势力毫不手软。在任边务大臣期间，赵尔丰自然也有杀戮之事，但在当时内地多数士绅眼中，这种行为是为了拱卫边疆、维护国家统一的不得已之举，是功而非过。

光绪三十四年正月，即1908年2月，朝廷任命赵尔丰为驻藏大臣，仍兼任边务大臣。赵尔丰在打箭炉驻兵，并上奏朝廷改设打箭炉为康定府，加强对西康的控制。

由于赵尔丰在西康的强硬措施，西藏噶厦知道赵尔丰当驻藏大臣也会有与川边一样的改革，于是调集藏兵想用武力阻止赵尔丰入藏。宣统元年（1909），赵尔丰打败了进攻巴塘的西藏叛军进入西藏，先后收复江卡、贡觉等四个部落地区，越过丹达山向西，一直到达江达宗，而此时距离拉萨只有六天的路程，达赖喇嘛逃往印度。宣统二年（1910），赵尔丰与另一支由正黄旗的钟颖统领的军队会师于查木多，然后两军迅速推进到工部一线，进入波密地区。紧接着，赵尔丰又收复了三崖（今贡觉、瞻对、波密和白马岗等地），基本平定了全藏。如此，由英国政府指使，西藏部分僧侣、土司和官员企图脱离中央政府的图谋，又一次被挫败。

保路运动中各派势力的角力

宣统三年闰六月初六，即1911年7月31日，赵尔丰再次受命于危难之中，被清廷调任四川总督，而此前任川督的是其兄长赵尔巽，因其调任东三省总督而将大印留给了亲弟弟。——在同一个总督位置上兄弟相继的"盛事"，以前只李鸿章兄弟有过。

此刻，清廷的寿命已经进入倒计时，末世之象随处可见，赵尔丰接手的已不再是一份美差而是一个烫手山芋，保路运动正在全川如火如荼地进行着。

保路运动，概言之就是1911年5月9日清廷在邮传大臣盛宣怀的策动下，明发上谕，宣布"铁路国有"政策，将已归商办的川汉、粤汉铁路收为"国有"，直接引发民间反对清廷的风潮。

清朝末年，全国各地掀起了一股"铁路潮"，与铁路刚进入中国朝廷大佬普遍抵制相比，此时朝野一致认为铁路是发展经济、充实国防、增强国力的新兴事业。中国人干什么都喜欢"大跃进"，那时候搞铁路也不例外。于是，在地方官员和士绅推动下，筹备建造汉口至广州、汉口至成都两条干线。这两条干线即使在今天看来也是耗资巨大的工程，而朝廷又没钱，怎么办？搞民间集资，成立公司，发行股票，铁路修成后按股收益。——这本是现代市场经济中不错的办法，川、粤、湘、鄂四省民间十分踊跃，特别是四川集资最多，上自田土千顷的财主下至引车卖浆的小商贩，纷纷倾其所有购买了铁路股票。

市场经济本是法治经济，其要义是无论谁包括政府都应按照契约办事。但信奉权力至上的清廷仅仅把发行股票这类方式看成渡过难关的权宜之计，自己没有守约意识，看到有利可图就悍然将铁路收为"国有"。这一下，民间舆论炸窝了。由于广东华侨多，又是"乱党"发源地，与洋人关系甚密，朝廷得罪不起，便答应全额退款。湖南自湘军崛起后，占据朝廷和地方要津的湘籍官员甚多，且十分维护家乡利益，而湘人素来强悍，朝廷也得罪不起；湖北筹集资金最少，但自古两湖一体，于是这两省的筹款也退了。独独四川数额太大，由于种种原因包括选址的不当、管理层的贪腐，川汉铁路寸路未修，川人筹集的一千五百万两花了一大半，而清廷不但不愿意全额退款，且还将余下的七百多万两截留。这就彻底激怒了四川人，各地纷纷成立"保路同志会"举行集会，痛斥"川汉铁路国有"政策的倒行逆施，提出"商人罢市，工人罢工，学生罢课，农人抗纳租税"。

如果说1911年4月的黄花岗起义还只是同盟会领导、青年学生为骨干的一种军事冒险，而"保路运动"因为触犯了多阶层的利益，使潜伏在新军中的革命党人、各地的乡绅和平民以及主张立宪的士大夫因目标一致空前团结了起来。当时，四川的军队和各地乡绅与袍哥的关系千丝万缕，作为江湖帮会的袍哥，其组织系统是现成的，在"保路运动"中起到了重要的组织动员作用。

赵尔巽卸任和赵尔丰接任之间的两个多月期间，由布政使王人文护理川督（以低阶官员代理高阶官员的职务，称为护理）。这位云南籍高官深谙四川民情，他知道自己是守摊的，并不愿意得罪四川绅民，所以他一再上书要求清廷体恤四川人民，收回成命，废止"国有"。但是，颟顸的中枢看不到局势的凶险，拒绝了王人文的请求。赵尔丰一来，王人文终于卸掉了这副千斤重担。

大局势下不得不死

赵尔丰是一个能吏，对局势的评判也是很清醒的。甫接川督，他也不愿意得罪本地绅民，开始采取了和王人文一样的态度，认为"四川百姓争路是极正常的事"，一面开导民众一面电恳朝廷"筹商转圜之策"，并联合成都将军玉昆等联名致电内阁，请代奏川汉铁路公司股东会将借款修路一案交资政院、谘议局议决，电称"目前迫令交路，激生意外"，但清廷依然不为所动。还有一个因素是官场的争斗，另一个旗人能吏端方在直隶总督任上，因慈禧出殡时拦路拍照留念，被保守势力弹劾"大不敬"而丢官，此时复出任督办川汉粤铁路大臣，但这是个临时性差事，到底不如当一个封疆大吏过瘾，谋湖广总督不成便觊觎川督这个位置。于是，端方参劾赵尔丰"庸懦无能，实达极点"[①]，而清廷则电令赵尔丰"仰体朝廷爱民之意，剀切开导，设法解散。俾各安心静候，照常营业。懔遵迭次谕旨，迅速解散，切实弹压，勿任蔓延为患，倘听藉端滋事，以致扰害良民，贻误大局，定治该署督之罪"[②]。

在民意和上谕之间，作为清廷委任的封疆大吏，赵尔丰不得不选择了服从命令，决心用他在川滇边对付土司和藏民的办法，以霹雳手段解决"保路同志会"，维护局势稳定。七月十四日（9月16日），赵尔丰召集各营军官训话，部署弹压保路风潮。七月十五日（9月17日）上午，赵尔丰以到督署看邮传部电报为由，将应约而来的四川谘议局正副议长暨四川保路同志会正副会长蒲殿俊、罗纶，川汉铁路股东会正副会长颜楷、张澜，主事邓孝可、胡嵘，举人江三乘、叶茂林、玉铭新九人诱捕，并软禁在衙门内。闻讯赶来的成都市民手捧先帝光绪帝的牌位集聚在官署前，要求释放蒲、罗等人，进而发生了冲突，守护官署的卫兵开枪，多人中弹死亡。次日，城外居民纷纷裹白巾冒雨到城下求情，官军再次开枪射杀，造成了震惊全国的"成都血案"，被杀害者达三十二人。为了控制消息流通，赵尔丰命令关闭城门、停止电报业务、切断邮路。然而，他低估了民众的创造力，同盟会员将有关血案的消息写在木牌上，涂上桐油投入锦江，流出城外，史称"水电报"。华阳、温江、新都、崇州、彭县（今彭州）等地闻风而动，纷纷组织"保路同志"，将成都团团围困。

"成都血案"以前，赵尔丰和川民之间的矛盾尚可转圜，而枪一开，他

---

①《宣统政纪·卷五十八》，中华书局，1987年，第1040页。
②同上书，第1044页。

再也无法获得川民的原谅，"赵屠夫"之名是无论如何洗刷不了了。那时四川地方的官府兵力极少，各州县官员无法弹压，大半政权落入"同志会"手中，而驻守在龙泉驿的新军在夏之时领导下起义，辗转于成渝之间。此时，惊慌失措的清廷令在武汉的端方带兵进川镇压。不久，因武昌城内爆发了起义，紧接着各省先后独立，端方又在资州被手下的兵士所杀。十月初二（11月22日），川东重镇重庆宣布独立，成立以张培爵为都督、夏之时为副都督的蜀军政府。至此，清廷已是风雨飘摇。

宦海历练多年又半生戎马的赵尔丰看到了危险，因为此时朝廷已将他抛出作为"替罪羊"，授岑春煊为四川总督。手中掌握数千巡防营的赵尔丰当然不愿束手就擒，采取主动和谘议局政府议长蒲殿俊、罗纶等人谈判，得到新政府负担其巡防营军饷、供给械弹给养等承诺后交出了政权。于是，大汉四川军政府宣告成立，蒲殿俊任都督，赵尔丰的心腹、十七镇统制朱庆澜任副都督。赵尔丰自度手中有枪杆子足以保住性命，但文人出身的蒲殿俊无法镇住巡防营的骄兵悍将，而涌进成都城的各路以袍哥为首的"同志会"自恃有功，与赵尔丰旧部矛盾不断。终于，在都督蒲殿俊阅兵时巡防营发生叛乱，大肆抢掠成都城各商号、银行和民宅，军令部长尹昌衡及时逃到凤凰山召集新军平叛。此时，威信丧尽的军政府不得不改组，职业军人尹昌衡任军政府都督。

巡防营的"兵变"进一步把赵尔丰逼入死地，他所欠的血债尚未偿还，而此时四川坊间又盛传"兵变"乃他操纵，为的是重新掌握四川政权。——这当然是四川绅民最不愿意看到的局面。对新任都督的尹昌衡来说，赵尔丰一日不死，川局一日不得安宁。更让他忧心的是，先期在重庆成立的蜀军政府认为成都军政府与赵尔丰媾和是出卖四川人民的利益，必须诛赵尔丰以谢川民，并宣布将组织军队西征。——如此，蜀军政府在川民心中显然比成都军政府更具有道义上的合法性。

尹昌衡决计诱杀赵尔丰，他先向保卫赵尔丰的三千巡防营发放欠饷，并增发兵饷一月。官兵得饷款，彻夜饮酒狂欢，放松了警惕。辛亥年农历十一月初三日（12月22日）晨，尹昌衡带兵将督署团团围住，然后派敢死队冲进赵的住处将赵尔丰抓捕，并押送到皇城明远楼前枭首示众。

待到第二年，大势已去的清廷不得不宣布逊位，将权力交给袁世凯。诱杀赵尔丰的尹昌衡尽管在川人心中是大英雄，但在高层政客心目中则是一个不义而背信的小人，于是赵尔丰的二兄赵尔巽向大总统袁世凯控告尹昌衡。尹昌衡后被袁世凯骗至北京，以"亏空公款"罪判处九年徒刑。1916年袁世凯死后，尹昌衡出狱，从此闲居。

应当说，赵尔丰作为一个家族皆深受皇恩的高官来说，忠于朝廷是他合乎常理的选择，对"保路同志会"和激愤的川民采取强硬措施也是作为地方长官不得已的措施，而尹昌衡要借他的人头来安定川局、保住自己都督的位置亦事属必然。赵尔丰有功于边陲，为官清廉，对朝廷一片忠心，这样的官员在哪朝哪代本都应受到敬重，但在清季那种政治局势波诡云谲的末世，他这样一个忠臣、清官、能吏被一步步推向了死地，而多少贪官、庸官却在大清覆亡后能悠游林下、安度余生。这就是历史的残酷，从赵尔丰逃不过的劫数，或能窥知一个帝国的宿命。